裁判員と「犯罪報道の犯罪」

浅野健一
ASANO KENICHI

昭和堂

はじめに

日本国民なら誰もが刑事事件に裁判員として参加する可能性のある裁判員制度が二〇〇九年五月二一日にスタートする。裁判員になったときに、新聞、テレビ、インターネットでその事件について知ったことをすべて忘れ真っ白な状態になって、裁判の審理に臨まなくてはならない。そんなことができるだろうか。事件を取材・報道するマスメディアに、事件の被疑者・被告人になった人について、一般市民が予断や偏見を抱かないような配慮が求められる。

本書は一般市民とメディア関係者の双方が、裁判員制度下の犯罪報道のあり方を探るための参考本である。

〇八年一一月末、裁判員候補者名簿が決まり、最高裁判所から約二九万五千人に裁判員候補通知書と調査票が郵送された。このうち約十二万五千人が調査票を返送した。返送者で辞退が認められる理由を申し出た人は約七万人いた。七〇歳以上の人、重い病気やけが、学生や生徒らだ。

裁判員は衆院選挙の有権者名簿から無作為に選ばれる。従って、自分が裁判員に選ばれると、よほどの理由がない限り、裁判員にならざるをえない。「どうしても私は忙しい。漁船に乗って、その頃はいない」とか、そういう理由のある人なら参加しなくてもOKになると思うが、「そういうことをやりたくない」ということでは、認められない。「死刑制度に反対」だけではダメで、「宗教的な理由で死刑には反対だから、死刑にかかわると精神的、肉体的に心身に障害が出る」という医師の診断書をもらうとか、そういう証明がないと「何となく嫌だ」だけではダメというふうに法令で決まっている。

裁判員裁判になるのは凶悪事件だけである。裁判所に四、五日行って、自分たちの目の前にオウム真理教の元教祖、茨城県土浦市の無差別殺傷事件、東京・秋葉原連続殺傷事件の青年とか、大阪で個人ビデオ店放火殺人を疑われた人とか、そういう事件の被告人が目の前に現れる。いろんな証拠を見せられて目撃証人、遺族や被告人本人の尋問を聞いて、犯罪事実があったかどうかを認定し、量刑まで決める評議に参加する。被告人を死刑にするか、無期懲役を選ぶか、懲役一五年にするかという判断まで市民がしなければならない。

今までは大きな事件が起きても「あの犯人はけしからん、早く死刑にしろ」とか井戸端会議のように言うだけで済んでいたのが、自分で有罪かどうかを判断し、刑罰を決めなければならないことになる。犯罪被害者の人の話を聞くと「もうちょっと刑を重くした方がよかったかな」とか、刑を終えて出てきた人が、再犯を犯すと、「あれは死刑にしておいた方がよかった」というふうに悩む人もいるかもしれない。実際に裁判員になると、思ったより大変なことだと、私はこの制度導入が決まった時から思っている。

私の生まれた香川県では、一九八四年に財田川事件（一九五〇年）の死刑囚、谷口繁春さんが三四年後に無罪となり釈放されるということがあった。四大死刑冤罪事件の一つだが、その時は、「可哀相にね、なんで裁判所は無実を見抜けなかったんだろう」とお茶のみ話で済んだが、自分が死刑を言い渡した人が三〇数年後に無罪となって社会に戻ってきたら、すごく辛くなることもあるのではないか。私は冤罪被害者の方に裁判員制度の賛否についてよく聞く。鹿児島県志布志市の県議会選挙（二〇〇三年）事件の〝踏み字〟被害者川畑幸夫さんは、「絶対に冤罪が増える」と警告している。富山県氷見《ひみ》市の強かん事件冤罪被害者の柳原浩さんは、「誤った判断をした市民が、それを苦に自殺することだって考えられる」と言っている。ほとんどの冤罪被害者は実施に反対である。松本サリン事件の冤罪被害者である河野義行さんは、「やることは決まっているので、これを機会に司法・メディア改革を考えるべきだ」と言っている。

〇九年五月二一日以降に起訴された事件から対象になる。逮捕は二〇日くらい前だから、五月はじめ頃に起きた強盗、強かん殺人などの凶悪事件に限って裁判員制度が行われる。しかも一審の地方裁判所だけである。高裁、最高裁では裁判員裁判はない。こういういびつな形で制度が始まる。

私はこの制度にいろんな問題があると思う。NHKの世論調査でも国民の七〇％以上が「やりたくない」と言っている。かかわりたくないという意見が多い。日本の刑事制度はさまざまな問題を抱えている。とくに逮捕されてから警察留置場で二日間、次に検事勾留が一日あり、裁判所の許可を得た上で一〇日間、続いて勾留延長一〇日と続くのが普通である。裁判所はほぼ一〇〇％勾留を許可するので、従って二三日間も拘束される。大体、先進国では逮捕から二四〜四八時間で、裁判を受けるかどうかの判断をしなければならない。欧州では一日。検事勾留では法務省が管轄する拘置所に移管しなければならないのに、警察留置場を拘置所の代用とするという代用監獄制度があるので、取り調べをする刑事と同僚の警察官が二四時間被疑者を管理する。

また、日本は別件逮捕が多く、最初は死体遺棄で逮捕してから、二三日後にもう一回「本件」の殺人容疑で逮捕する。三、四回も逮捕する場合もある。長期間拘束して自白を迫るという取調べの手法があって、富山県氷見市で、強かんを全然していない柳原浩さんが刑務所で服役して出て二年後に、鳥取県で真犯人が出てきて無罪判決が出るということが〇七年にあった。志布志事件で一三人の人が公選法違反で逮捕されて約五年後に全員無罪が確定した。その人たちも一年前後、不当に勾留されていて、「お前だけ、自白していないんだ」と言われて半分くらいの人が虚偽の自白をした。

司法改革をやるなら、まず冤罪を生み出す原因を除去しなければならない。第一に参考人としての任意同行の段階からの取り調べの可視化が前提だ。任意同行を求めるときの「警察のものです」とのあいさつから始まって、車の中、取調室からトイレに立つときの状況も含めた取り調べのすべてを録画・録音して、たとえば自白が本当に任意であるかどうかを分かるようにしておくことだ。調べを受ける側だけでなく、取調官の言動もすべて映像・音声で残すべきである。当局は取調べの一部を警察官や検察官の裁量によって可視化しようとしている。しかし自白調書ができあがった部分だけを見せられても、本当に自白が任意であったかは裁判員には判断できず、かえって冤罪の温床を拡大するだけだ。

死刑囚の人が次々と無罪になり三十数年後に釈放されたことが、一九八四年ごろに四件あったが、こんなことは世界で例がない。死刑囚が独房から解放されるということが四人も続いた。そういう警察や検察の取調べの実態はあまり変わってないのではないか。むしろ悪くなっているところもありはしないか。一事不再理という原則がある。一度逮捕されて不起訴、無罪になった人は、絶対に同じ罪で再逮捕されない。捜査すること自体が禁止されている。double jeopardy（二重の危険）を避けるためだ。一審判決で無罪が出ると国は控訴できない。有罪になった市民は控訴、上告ができる。日本以外の先進国は皆そうである。国が負けても上訴できるのは、日本以外では全体主義的な一党独裁的な国だけである。民主主義的な国では一審で国が負けたら控訴できない。被告人の方は負けたら最高裁まで行ける。一度裁判で無罪になったんだから、国側はそれをやり直すことはできないということだ。

米国でO・Jシンプソンという人がいて、多くの米国人はどう見ても彼が殺人をやってると思っていたが、検察が出した証拠の手袋が捏造だった。法廷で、犯行に使われたという手袋が、サイズが合わず、シンプソン氏の手に入らなかった。そういうことがあり無罪になった。違法な捜査で起訴した場合は、どうしてもこの人がやっているのではないかと思われていても無罪になる。

捜査の手続きを間違えると、それが適正手続き、法の支配に反しているということになる。冤罪者を出してはいけない。一人でも無辜の市民が冤罪で苦しむことがあってはいけないから、十人のうち九人は逃げても仕方がないというのが、「推定無罪」の原則である。だから、裁判は冤罪の発見のためにある。人を「裁く」のではなく、無実の人が誤って有罪にならないように、法令に基づき証拠を吟味して事実を認定する神聖な場なのだ。

日本の場合は逆である。「一人残らず捕まえて有罪にしてやれ、十人の中に一人くらい冤罪が出てもしょうがない」というのが日本の裁判所やマスコミや一般の世間の考え方である。九九人を逃がさないために、一人ぐらい犠牲になってもそれは甘受すべきだという、一七八九年のフランス革命以前の社会観なのだ。

フランス革命で確立した人権の概念、法の適正手続きの保障が日本の世間では完全に否定されている。証拠がなければ無罪になるはずだ。有罪か、無罪かではなく、有罪にできるか、できないかである。外国では guilty or not guilty（有罪か有罪でないか）という。日本では有罪か無罪か、無罪でも、真っ白の無罪か、灰色の無罪があるという言い方がされるが、それはおかしい。有罪と決定できない場合は、「非有罪」になるのだ。

米国では有罪かどうかを陪審員が決める。全員一致の評決である。陪審裁判を受けるかどうかは、被告人が選択できる。職業裁判官だけで裁判をしてもらいたい人はそれを希望できる。有罪か、有罪でないかを一般の市民だけで決める。裁判官は入らない。そういう制度の方がいいのではないか。市民が裁判に参加するなら、陪審制度の方がベターだと思う。実は日本の陪審員制度は今、凍結されている。治安維持法制定と同じころの一九二三年に導入（二八年一〇月から実施）されている。日本の敗戦後に停止されたままで、法律として残っている。だから、陪審員法を凍結解除して再開すればいいのではないかというのが私の考えである。日本の裁判員制度を導入する時も、陪審員制度にするか、ドイツなどの参審制とか、いろいろスタイルがあるが、その議論があって、欧州の仕組みを基本に日本独特の制度になった。

もう一つの問題点として、在日外国人の市民が裁判員になれないということがある。とくに日本が強制占領していた旧植民地の朝鮮や台湾などから日本に来ていた人たちとその子孫などの特別永住者の人たちは選挙権がなく、有権者登録をしていないので、名簿に載らない。日本では外国人に投票権が認められていない。これも世界の先進国ではほとんど例がない。少なくとも地方自治体の市議会議員選挙、都道府県議会議員選挙には、必ずその地域に住んでいる人は皆、参加できるようにすべきだ。税金だけは払わされるのに、日本には国籍条項があって、それができない。刑事裁判では、在日の人も被告人になる。日本国籍を取得した人も含めれば在日朝鮮人は約百万人くらいいるだろうと思うが、日本国籍を取得していない人たち五十数万人は、被告人になる可能性はあるが、裁判員にはなれない。日本人だけで外国人を裁くということになる。弁護士だけは日本国籍はなくても大丈夫だが、検察官も裁判官も全員が、日本国籍者である。そういう形での裁判員制度は問題があるのではないかと思う。米国ではアフリカ系の人が被告になった時、白人だけが裁判をするのは不適切だとよく議論になるので、日本の裁判員制度には、そういう問題点もあると考えられる。

裁判員制度をにらんだ「公判前整理手続き」が〇五年の一一月に導入された。公判前に裁判官、検察官、弁護士の三者が非公開で協議し、証拠や争点を絞り込んで審理の計画をたてるというものだ。「裁判の迅速化」が目的だから、これによって被告人が犯罪事実を認めている事件は一回の公判で終わる。通常は長くても四回か五回の公判で終わるというのだ。

裁判員制度では、対象になるすべての刑事裁判がこの手続きによるというのだ。この制度では、捜査当局が事件や犯人をでっち上げるということ、つまり冤罪のケースを全く想定していない。被告人は公開の裁判で有罪が確定するまで、犯人ではない、罪を犯していない、という「無罪の推定」を前提で裁判を行うという適正手続きに挑戦するきわめて恐ろしいやり方だ。

仮に冤罪だったとしたら、たった四日か五日で無実を証明することはできまい。松川事件や狭山事件をそんな短期間で終わらせることができないことは誰でも分かることだ。裁判は短期間で結論を出した方がいいとは思うが、しかし真相解明には時間がかかるものなのだ。

警察・検察の全証拠の開示、横に弁護士のいない取り調べはダメだから弁護士を最初からつける、外国人だったら通訳をつける、代用監獄の完全廃止、接見交通権の確保など、刑事訴訟手続きの透明化・民主化をすべてやった上で、公判前整理手続きを導入するというなら理解できないこともない。

「人権と報道」の立場から見ても、裁判員制度の問題点はたくさんある。まず挙げられるのは、裁判員が守秘義務を負い、マスコミは裁判員には取材できない点である。

裁判員法の第二章「裁判員」第九条は《裁判員は、第七〇条第一項に規定する評議の秘密その他の職務上知り得た秘密を漏らしてはならない》などと規定。第一〇二条は《何人も、被告事件に関し、当該被告事件を取り扱う裁判所に選任され、又は選定された裁判員若しくは補充裁判員又は選任予定裁判員に接触してはならない》と定めている。また第八章の「罰則」第一〇八条（裁判員等による秘密漏示罪）は《裁判員又は補充裁判員が、評議の秘密その他の職務上知り得た秘密を漏らしたときは、六月以下の懲役又は五〇万円以下の罰金に処する》などと規定している。

裁判員は裁判員として自分が法廷の審理で知りえたことを一生、外に漏らしてはならない。裁判員になったということも裁判が終わるまでは口外してはいけない。「しんどかったよ」という感想はいい。しかし具体的に「何々の事件で、私は無実だと思ったけども、何々裁判員が強硬に有罪に誘導した」などと言うと、懲役六月・罰金五〇万円以下の刑罰を受ける危険性がある。刑務所で服役しなければならない。また、報道関係者が裁判員になった人に会って話を聞き出すことも、漏洩を教唆したということで罪になる。取材した記者も起訴されて有罪判決を受ければ刑務所に行く可能性がある。漏らした方も、漏らすようにすすめた方も皆、起訴されて処罰される。こういう法律も日本と韓国だけである。米国では陪審員の体験を本にしている人が、多数いる。米国は開かれた国、すべてをオープンにして監視する〝チェック・アンド・バランス〟の国だから、そういうこともある。情報漏洩を法律で刑罰まで科して統制するのはいかがなものかと思う。

「すごくこの裁判はおかしい。このままいくと全然やっていない人が犯人になるかもしれない」と社会的に告発することもできない。総じて、この裁判員制度というのは冤罪の可能性、警察や検察が証拠をでっち上げたり、目撃者がウソをついたりすることがありうることを前提にしていない。裁判が始まるまでの警察や検察における違法な取り調べ（任意という名の強制的な聴取を含む）、証拠の捏造などがあることを全く想定していない。これは怖いと思う。

繰り返すが、裁判というのは有罪か、有罪でないか、何もやっていない人を犯人にしてしまわないかということが最も重要である。だから憲法は「すべて裁判官は、良心に従ひ独立してその職権を行ひ、この憲法及び法律にのみ拘束される」（第七六条③、傍点筆者）と明記してある。今回の裁判員法には、この「良心に従ひ独立してその職権を行ひ」という条項が入っていない。

裁判員制度と類似した陪審制・参審制をとっているどこの国でもこんな罰則規定はない。これだけでもこの裁判員法はおかしい。

一般市民の犯罪、たとえば秋葉原の事件、秋田の児童殺害、光市の事件などは、真相が分からない裁判開始前において、被疑者や被害者のことを細かく報道する必要はないし、原則として名前もいらないと思う。たとえ報道するにしても、親が子どもを殺した、子どもが親を殺したと疑われている、そのことが社会の病理に根ざした事件ではないかといった記事は必要だとは思うが、個々の事件を大騒ぎして報道する必要はないと思う。

ただ権力犯罪は別だ。〇八年に起きた防衛省をめぐる事件、昔のロッキード事件、リクルート事件などの汚職・疑獄事件、そして松川事件やＪＲ浦和電車区事件のような権力によるでっち上げ事件、違法不当な捜査だという疑いがある時は、捜査段階でも力を入れて報道しなければいけない。

結局、この裁判員法は権力犯罪と社会の病理の現れともいえる一般市民の犯罪事件を一緒にして、すべて同じパターンでやろうとしているのだ。

鹿児島・志布志事件や富山・氷見強かん事件のように、警察が証拠をねつ造したり、全く無関係な人を犯人にデッチ上げていることが目の前で起きているにもかかわらず、それを裁判員は絶対に外に漏らしてはいけない、新聞記者は裁判員に取材してはいけないというのだ。しかもこれを犯したら罰せられるのだ。

たまたま裁判員になった市民が知り得た情報を漏らして犯罪とされる危険性があるという理由で、みんな裁判員を辞退したらいいと思う。どこかの飲み屋で話してしまうかもしれないし、おそらくずっと黙ってはいられないだろう。あるいは告発しなくてはいけないと新聞社に電話したら犯罪者にされてしまう。とんでもないことだ。

〇七年一一月から一二月にかけて全国ニュースとなった、香川県坂出市の祖母・孫娘三人行方不明事件で、娘二人の父親がマスコミに度々登場して、「早く娘を返して」などと訴えた。テレビが父親の顔を大きく写して、現場から報道した。みのもんた氏がTBSテレビで、「父親の警察への通報が遅れたのは不自然」「なぜ泣かないのか」などと発言したこともあって、日本中で、父親が怪しいということになった。私は当時所用で高松に帰省していたが、高松で会ったほとんど人は「あのお父さんがやっている」と言っていた。一九九四年の松本サリン事件で河野義行さんが犯人に疑われ、ひどい目に遭ったのと同じである。

「財田川事件のような冤罪があるかもしれないし、あの父親を疑わしいと言うのはおかしい。公正な裁判をして証拠があるかどうかを見極めるべきだ」ということを頑張って、職場、喫茶店、家庭で言った人がいたら、たいしたものである。私の知っている朝日新聞、四国新聞、西日本放送などの地元記者や幹部も「父親で決まりだろう」と口を揃えていた。メディア各社は父親の逮捕を前提にして、逮捕の予定原稿を用意していた。それで、毎日新聞が「警察が親族を逮捕へ」「いよいよ事情聴取」というスクープ記事を出した。そして逮捕されたのは、祖母の義弟にあたる親類だった。義弟の供述どおり、三人の遺体が発見された。それまで父親を疑っていた報道機関は、今度は義弟を叩いた。高松地裁は〇九年三月一六日、叔父に死刑を言い渡した。

毎日新聞が特ダネで「親族に逮捕状」と報じたが、実は、毎日新聞はその時も、逮捕される被疑者は父親だと思っていたという説が有力である。毎日新聞の人に聞いたが、皆、「そういう質問には答えられない」と逃げる。その表情を見ると、警察が誰かを捕まえることは間違いないけれど、てっきり父親だと思っていたのではないかと私は強く疑っている。

私は今まで被疑者、被告人のことを述べてきたが、被害者も同じである。被害者も死亡すると、その人のプライバシーがすべて暴かれる。上智大学外国語学部の学生が殺された時、ボーイフレンドがどこにいるとか書かれた。夜遅いアルバイトをしたこともあると、埼玉県上尾市のストーカー殺人の大学生のケースでは報道された。JR尼崎線事故で悲しくも犠牲になった同志社の学生もそうである。家族、友人が皆、追い駆け回される。顔写真を集めて、サークルでどんなことをしたかを追う。同志社大学の田端信廣・副学長は記者団に写真を提供しなかった。学生証の顔写真の提供を求められた時、「プライバシーに踏み込むことはやめてほしい。大学はご遺族の了解なしには出せない」と言った。ご両親は写真を提供しなかった。その時、朝日新聞の若い記者が手を上げて、「どうせ我々はどこかから写真を入手するんだから、学生の写真を出すべきだ」と言った。人間としての最低限の倫理感が欠如している。

沖縄には二つの地元新聞と三つの民放局がある。沖縄本島で〇八年一月、中学生が暴行されて問題になって、被害者が告訴を取り下げた。なぜ彼女が告訴を取り下げたのか、ゼミ生と一緒に〇八年九月に四日間、沖縄で調査をした。その結論は「週刊新潮」と「週刊文春」とテレビのワイドショーの記者が被害者の家族に取材した。家に行ってピンポンとやっている。友だちにも「どんな子だったか」と聞いた。こういう悪徳メディアは「なぜ米兵について行ったのか」と非難した。しかし沖縄の新聞は「あなたは何も悪くない」という記事を何度も書いている。

「米軍基地があるから、こういう事件が起きるのであって、あなたが米兵についていったことは悪くないんだ。悪いのは米軍の基地を沖縄に押しつけている日本政府である。米兵の蛮行を許すな」という記事。ここに新聞の未来がある。被害者のプライバシーを断固守る。被害者のケアこそ大事なんだと書く。警察も裁判所も、教育委員会も皆が、この少女を守る。だから年齢も書いていない。どこの公園で米兵が捕まったかも書いてない。

ところが東京の新聞社やテレビ局は「どこの公園で」と書いたり、詳しい地図入りで報じた。一九九五年、二〇〇一年の事件でも、沖縄の新聞は「沖縄北部の少女」とか「中部の大型商業センターで起きた」と書いていて、「私たちは徹底的に弱い人を守る、この不幸な目に遭った女性が将来、ちゃんと生きられるように皆でサポートしよう」という論陣を張った。そういう人に優しい精神を沖縄の新聞は持っている。

裁判員制度の前に、前近代的な日本の司法制度を変革し、国際標準に引き上げる努力をすべきだ。沖縄で米兵による事件があったときに、米国務省が被疑者の引き渡しを拒む理由として、「取り調べに弁護人が同席できない、二十日を超える長期勾留など日本の野蛮な刑事手続き」を挙げることが多い。日米地位協定そのものが不当であり、不当な口実だが、米当局の言うことに一理はある。

今、学生でもブログを持ち、発信している。小学生の時から携帯でメッセージを発信して、それが原因で揉めたり、事件を引き起こすことさえ起きている。今までは新聞・放送記者がどういう新聞をつくるか、取材してどう報道（表現）するかということが悩ましい問題だったが、今は皇太子妃が「そっとしてほしい」、皇太子も「雅子妃をそっとしておいてほしい」とメディアに懇願している。天皇家が「マスコミにもっと考えてもらいたい」と訴えている。小学生から皇室メンバーまで、マスメディアとどう付き合うかということを真剣に考えざるをえない時代に入っている。報道する側と報道される側の境界線がなくなっている。

裁判員になる市民が日々接するマスメディアの現場は警察・検察の言いなりである。私のゼミ出身の新聞記者が研究室に来た。「今の事件報道は間違っている」。彼の悩みは深刻だ。普通のときは午前八時半までには警察のクラブに出る。何か事件があると午前七時には起きて、出勤前の県警幹部の自宅へ〝朝駆け取材〟する。午後九時過ぎからは、また警察官の家へ〝夜討ち〟をかける。仕事が終わるのは日付の変わる午前一時半ごろで、他社の記者たちと飲んで自宅へ帰るのは三時ごろになる。睡眠時間は三時間ちょっとだ。

「警察や検察をチェックしているという新聞・通信社幹部の主張はうそ八百だ。捜査官からどれだけ情報を取れるかで勝負しているのだから、警察に都合の悪いことは書けない」。

私が記者になった一九七〇年代初めの頃と全く変わっていない。情報量が増え、人員は合理化で減らされ、記者たちの労働条件は悪化している。まともな神経をしていたら絶対に勤まらない仕事になっている。

大手新聞社、ＮＨＫの若い記者たちは、サツ回り取材の出来で勤務評定され、希望の職場に行けるかどうかがかかっている。捜査機関からどれだけ情報を入手するかで記者の優劣が決まってしまう。日本の記者の多くが入社後数年間、強制される警察取材でだめになると私は確信している。誰が逮捕されるか、逮捕された被疑者がどういう人間か、自白したかどうかで競争している現状を変える以外にジャーナリズムの再生はない。

本書が「裁判員制度下における人権と報道をどうするべきか」ということを考える手掛かりになることを願っている。

【本書に出てくる人たちの役職などは、いずれも原則として当時のものである】

裁判員と「犯罪報道の犯罪」◎目次

はじめに　i

I　裁判員制度と犯罪報道……1

裁判員制度開始に向けて／判決を感情が左右する被害者参加制度／死刑制度の廃止／裁判員制度の諸問題を見抜いている国民

1　「偏見報道」条項をめぐる攻防……5

実名報道は「権力チェック」をしているか／最高裁刑事局・平木正洋総括参事官による提案／現状維持の新聞協会「事件の取材指針」／「無罪推定」無視の報道界

2　自主規制で対応を……24

報道評議会の設置を提案／各社は最高裁・平木氏の提起を受け止めよ／裁判員制度に向けた報道各社の対応／「人を裁く」のではなく冤罪の発見の場に／不十分な新聞協会の各社対応／舞鶴逮捕は裁判員裁判回避か／裁判員は判決後、記者会見を　新聞協会が呼び掛け／誤判が増えると断言する冤罪被害者／裁判員抜きの公判前整理手続きの危険／裏金告発の巡査部長の裁判員制度批判／救済のために裁く場と光市事件元少年／各社の事件報道指針が出揃う

II　犯罪報道の犯罪……57

マスコミのリンチ的実態に変化なし

1　「犯罪報道の再犯」を続けるメディア……69

2 文春発禁問題を考える……70
3 「裁判所」批判を展開した文春……72
4 メディア責任制度の不在こそ問題……73
5 今も続く「犯罪報道の犯罪」……76
東京・歌舞伎町ビル火災報道／三浦和義さんの無罪確定／「報道と人権」ではなく「人権と報道」／匿名報道主義でしか解決できない／封建的なメディア労働現場／被害者も実名が原則か／報道界に見られた一定の改善

Ⅲ 犯罪報道は私刑だ

Ⅲ 犯罪報道は私刑だ……91
1 疑惑の目でみられるのを私は耐えられない……92
マスコミの取材攻勢が父を殺した／おかしなマスコミの大騒ぎ／事務長の妻に聞く／マスコミは犯人を裁くな
2 私たちの真実の声を直接聞いてもらいたい……98
幻の首都圏連続女性殺人事件／予断の構造／別件逮捕三日後に犯人扱い／松戸事件から首都圏連続女性殺人の犯人に／警察とマスコミの癒着／小野さんシロ説もあった／小沼さん事件の「犯人」と断定／逮捕は放火殺人でない宮田さん事件／疑惑とウソの積み重ね／デッチ上げ報道の金字塔／週刊誌、テレビもすごかった／想像もしなかった処分保留／半年後にはじめて届いた無実の叫び／改ざんされた私の獄中会見記／妹さんの結婚記念指輪まで押収／決まって夜中に電話をかけてくるテレビ局／姉妹すべてのところに刑事と報道陣が押しかける／十年すぎた公判／少しはまちがいを感じてもらいたい／小野悦男さんに無罪判決／第二次小野悦男さん報道

3 いつまで続くマスコミの人権侵害……129
常に人を傷つける危険性がある／ニュースは中味が問題だ／えらいものを書いてメシを食うてはるのやなァ／アリバイがあっても書くマスコミ／そして何も変わらなかった

Ⅳ 犯罪報道を考える……139

1 新聞はどうみられているのか……140
読者は批判している／マスコミは「個人の権利や自由を侵している」と見られている

2 犯罪報道はどう批判されてきたか……142
五〇年代にも新聞批判はあった／救援運動家からの問題提起／真実を書いても人権侵害は起こる／匿名報道主義を提唱した日弁連／明らかにされた報道による人権侵害／相次ぐ匿名報道主義の主張／もうひとつのマスコミ批判

3 マスコミはどう対応してきたか……155
あいまいな新聞の基準／自主規制のあゆみ／人権を守る報道に取り組み出した新聞労連／民放

労連の画期的なアピール／精神障害者の〝匿名特権〟は逆差別か／匿名報道主義にすれば解決する／新聞界の改革見送りとＮＨＫの呼び捨て禁止の波紋／被疑者に「さん」付けの新聞があった

4 問題だらけの新聞界……170
犯罪報道は客観報道主義から逸脱している／私の受けた新人研修／報道の自由をどう使うかが問われている／記者クラブの〝死のゲーム〟／記者はごく普通の市民でいい

5 犯罪報道は変えられる……180
匿名報道主義の導入を／有罪率が高いからよいのか／報道の迫真力も事実の追求力も弱くならない／匿名報道主義の方が権力悪を暴ける／マスコミに犯罪抑止効果を求めるな／実名報道だから冤罪を救えるのか／小手先の改革では解決しない／記者個人の想像力を

6 悪い点がすべて出た光市事件報道……194
主要新聞も同罪／権力と一体化した御用マスコミ

7 「テレビを見られないのはアンフェア」――光市事件の元少年の訴え……200
ようやく会えた被告人の元少年／元少年との面会のやりとり／検察とテレビが作り上げた「卑劣な判決」／香川事件で危うい犯人視／揺らぐ官憲依存の実名主義／警察裏金を調査報道せよ
協会加盟の大新聞の課題

8 南海日日の斉間氏「匿名報道」を二十年間実践……216

9 相次ぐ無罪判決……217
鹿児島県議選事件／富山冤罪事件／続く誤認逮捕／警察・検察が異例の指示／検察が糾弾した

10 日米「国家」とメディアの共謀で殺された三浦和義さんの遺志を受け継ごう……224
犯罪報道の犯罪
旅券に米国（サイパン）入国スタンプ／三浦さんは被害者だ／三浦さんの遺志を受け継ぎたい／最期まで〝引き回し〟のメディア／新聞報道も問題だ／最期まで醜悪な文春／評価できたテレビ番組と今後に期待

V スカンジナビアに学ぶ……235

1 なぜスカンジナビアか……236

2 定着する匿名報道主義……238
犯人の名前はニュースではない／報道評議会とプレスオンブズマン／人権侵害救済の仕組み／実名を書く意味を考えよう／どんな場合が不当報道にあたるか

3 匿名報道主義のできるまで……254
スウェーデンの新聞の歴史／センセーショナルな事件報道による報道の自由の危機／自主改革へのあゆみ／売れ行きは悪くならない／パブリシストクラブ会長に聞く／犯罪者の尊厳も大切にする／社会的側面からの報道を重視

4 ジャーナリズムの原点に立つ国……266
報道の自由は世界一／権力者には厳しい／警察にはとくに厳しい／脱税などの経済犯罪では実

5 日本が学びやすいフィンランドの報道……283
名も／麻薬事件で実名報道が一時復活／肌の色はニュースではない／指名手配者の写真も載せない／犯人の名前を書きたいとは思わない
フィンランドの報道評議会／人権に配慮する報道基準集／実名掲載基準の三分類／マスコミの役割を問い続ける

Ⅵ 人権を守る報道をめざして

Ⅵ 人権を守る報道をめざして……291
1 報道における絶対的自由と相対的自由……292
今後はどうしたらいいのか／人権擁護では発展途上国／人権無視の犯罪報道は〝公害〟だ／より少ない人権侵害をめざそう／日本にも報道評議会を
2 世界に定着する北欧型メディア責任制度……300
研究者として欧州を再訪／欧州での連帯／連帯してメディア法規制を阻止／リンド外相暗殺でも被疑者は匿名／刺殺事件の被疑者は匿名／市民を前にして審理するノルウェー報道評議会／集団取材に対応して綱領改定／法律に根拠を置くデンマーク／ＰＣＣのプライバシー専門委員が来日／韓流の報道被害者「駆け込み寺」言論仲裁委員会／「市民は匿名、公人は実名」が定着する韓国

資料1　スウェーデンの報道倫理綱領　321
資料2　一般市民のためのプレスオンブズマン　324
資料3　報道評議会憲章（九三年七月改正）　325
資料4　プレスオンブズマンへの指示（九三年七月改正）　327
資料5　浅野ゼミの「日本版メディア責任制度案」　329

あとがき　342

I　裁判員制度と犯罪報道

浅野ゼミで学生たちに通知書を示す男性、2009年4月22日同志社大学で

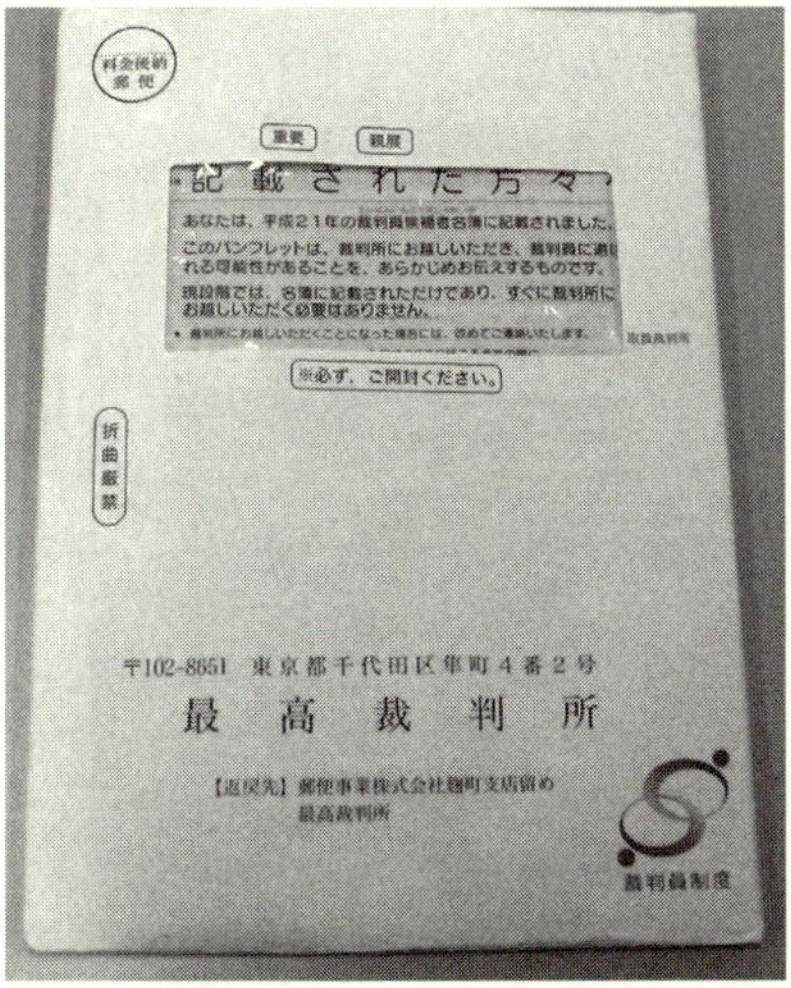

死刑廃止運動にかかわる市民に最高裁から送付された裁判員候補通知書

裁判員制度開始に向けて

裁判員制度では、現在、職業裁判官三人の合議で行われている凶悪事件の刑事裁判に市民が六人加わり、計九人で事実認定、有罪か無罪かの判断、量刑の決定まで行うことになる。裁判員法第一条では「司法に対する国民の理解の増進とその信頼の向上に資する」との趣旨を謳っている。

毎年、市町村選挙管理委員会が衆議院の公職選挙人登録名簿から「くじ」で次年度の裁判員候補予定者を選び、「裁判員候補予定者名簿」を作成して地方裁判所に提出する。受け取った裁判所はこれをもとに次年度の「裁判員候補者名簿」を作成し、名簿に記載された者に通知する。裁判所は裁判員候補者名簿の中から事件ごとに呼び出すべき裁判員候補者を「くじ」で選び、質問票と呼出状を自宅に送付する。裁判所に出頭した裁判員候補者の中から、非公開で裁判員と補充裁判員が選任される。

二〇〇九年五月二一日に始まる裁判員裁判制度で、「犯罪報道の犯罪」は法の適正手続きの保障の面から再び問題化するのは明白だ。もちろん、人権と犯罪報道の両立は裁判員制度の有無に関係なく実現しなければならない課題だ。しかし、裁判員制度の開始によって、逮捕から初公判までの間の犯罪報道を根本的に変えるためのデッドラインを突き付けられたと考えたい。〇四年五月二一日に制定された「裁判員の参加する刑事裁判に関する法律」（裁判法）で原案にあった偏向報道禁止条項は削除されたが、裁判員の守秘義務、裁判員への取材の禁止などが盛り込まれているのは大問題だ。報道改革を求める市民とマスメディア労働者の責任はますます重大になるだろう。

ところが現在、日本新聞協会も日本民間放送連盟も現状の犯罪報道を根本的に変えるつもりはない。被疑者の逮捕を取材報道の頂点とする実名報道主義に手をつけない「見直し」で済まそうとしている。日本雑誌協会は何も変える必要がないと断言している。

このままで裁判員制度が始まると、公判前の取材・報道による問題が続出するのではないか。今こそ、①メディア界で統一した報道倫理綱領の制定、②記者が倫理綱領を守っているかどうかをモニターする報道評議会の設置・プレスオンブズマンの設置――をセットにしたメディア責任制度を確立すべきである。被疑者・被告人の公正な裁判を受ける権利を妨害し、個人の名誉やプライバシーを侵害する犯罪報道の現状を変革しなければ、司法権力による報道規制が始まることは間違いない。このメディア責任制度は、メディアが自らの責任で、報道の自由と名誉プライバシーを両立させるための仕組みである。同制度は「第三者機関」ではなく、メディア界が市民の信頼を得るために、非メディアの人たちの協力を得て設置する自主規制機関だ。

マスメディア業界全体の自律的なメディア責任制度を設置する以外に法規制を防ぐ手段がないのは、一九世紀末以来に行われてきた人権と報道の国際的な取り組みからも明らかである。報道界全体で事件事故の取材・報道を自律的に改革する仕組みの確立がいま求められている。

判決を感情が左右する被害者参加制度

犯罪被害者の裁判参加制度が〇八年一二月一日から始まった。これは裁判員制度とのすり合わせがなく実施され、裁判員制度を想定したものでなかったことが大きな問題だ。

犯罪が起こってしまった以上、その被害者への経済的・精神的なトータルなケアは国の責任として行わなくてはならない。交通事故も同じだ。自分の愛する人を突然に失った悲しみをどうやって乗りこえていくか、残された遺族の経済的保障をどうするかを国が考え、そのために税金が使われなければならない。

ところが国の責任で行うべきケアを十分に行わず、被害者が法廷に出てきて加害者に悲しみを直接ぶつける制度を国はつくった。被害者が加害者に向かって「この人を死刑にしてくれ」と泣き叫べば、判決を感情が左右してしまう。これはあってはならないことだ。被害者が罪を許す寛容な場合と死刑にしろと叫ぶ場合とでは、刑罰に大きな差が出てしまう。これは罪刑法定主義の根本的な否定である。

被害者が許せないと言っている、だから死刑にするという論理はおかしい。たしかに痴漢でも万引きでも交通事故でも加害者を許せない。過労死した社員の家族は社長を憎む。だからといって死刑にしろ、一生閉じこめておけ、社長はやめろ、となっていいのか。遺族の感情とは別個に、冷静な措置が求められる。

こういうリンチ（私刑）のようなことは止めようというのが近代市民社会、法治国家の約束事だったわけだ。こういう視点をマスメディアがもっていないから、裁判員制度が始まると言いながら、その問題点を突きだそうとしないのだ。

さらに被害者の参加は、被告人が犯人（加害者）だという前提に立っていることが問題だ。起訴された人が本当に犯人かどうかを究明するために裁判を行っているのに、その裁判の場に被害者が出てくる。一九七四年に兵庫県で起きた甲山事件の裁判中に、無実の被告人である山田悦子さんの目の前に亡くなった園児のお母さんが立ち、「この人が憎い」などと泣き叫ぶ。そういう光景を想像するとどうしようもない気がするかもしれない。富山の強かん事件でも、女性が柳原さんに向かって「この人です」と泣き叫んだら、無罪と思う裁判員は絶対にいない。志布志事件や富山・氷見事件を題材にして、裁判員が冤罪であることを見抜けるかどうかのシミュレーションをすべきだ。当局にとって不都合な証拠が隠蔽される現状では、裁判員は絶対に冤罪を見抜けないし、そうしたらこの裁判員制度はダメだと誰でも思うはずである。

死刑制度の廃止

「私はクエーカー教徒ですから人を殺すことに加担できない」「私は真宗大谷派の信者ですから死刑判決を出す可能性のある裁判員にはなれない」と言われたらどうするのか。その人が裁判員になることで実際に病気になると分かった場合、裁判員には不適格だとして外されると思う。しかし、この不適格の基準がまだ何も決まっていない。

私は死刑制度を存置するのであれば、死刑執行は末端の刑務官に任せるのではなく、死刑判決にもっていった警察官、検察官、裁判官、死刑執行命令書にサインした法務大臣がその職にあたるべきだと思う。さらに処刑された人の遺体の運搬・遺族への引き渡しなどを国民が当番制で行うべきだと思う。そうしたらすぐに死刑制度は廃止になる。米軍基地にも原発にも言えることだが、みんな自分は関係ないと暢気なことを言っていられる。自分が直接かかわるとなったら、真剣に考えざるをえなくなる。

死刑制度がある国は、何百人もの死刑囚がいて、一年間にそのうちの何人かが死刑執行されて帰ってこないことを認めている社会になってしまっている。たとえ帰ってくる人がいても元受刑者に優しくできない社会になっている。

強かんをしたような人間は一生社会に帰すな、という被害者や家族の気持ちはよく分かる。しかし被害者がそう言っていても、過ちを犯した人の人間性をすべて奪うことなく、何年もかかって矯正してきた人を受け入れる寛容な社会にしなければならないと思う。

裁判員制度の諸問題を見抜いている国民

私は国民が裁判に参加するのはいいことだとは思う。しかし、このままの制度では裁判員になった国民が冤罪の共犯者にされてしまう。いま社会的な処罰欲が高まっているが、この中で重罪、最悪の場合には死刑は絶対増えていく。罪を犯しても、ちゃんと矯正してもらって、そのうえで共生していくという寛容な社会を目指す考え方が世界の流れだが、この流れを否定する人たちに裁判員制度が利用されるような気がする。

〇九年一月九日の朝日新聞の定期意識調査によると、「人を裁くことをどう受け止めているか」「法律・裁判」をテーマにした調査で、裁判員制度が「根づいていく」と考えている人は二六％、「根づいていかない」五九％と、懐疑的な答えが目立った。裁判員として参加したくない人は七六％で、そう答えた人に理由を聞いたところ、五〇％が「正しく判断する自信がないから」、二五％が「人を裁くのに抵抗があるから」と回答した。「裁判員になりたくない」という人が圧倒的に多く、やりたい人は三分の一もいない。その意味では、私の言っていることを国民はすでに見抜いているのではないかと思う。

この調査には、裁判員制度下の報道の在り方を聞く設問が一つもなかった。朝日新聞には「犯罪報道は今のままでいいか」「逮捕後の報道に接した市民が予断や偏見を持つと思うか」「公正な裁判の妨げになると思うか」と聞いてほしかった。「今のままでは、マスコミに影響を受ける」という回答が多くなるのを恐れて聞かなかったのだろう。

1 「偏見報道」条項をめぐる攻防

実名報道は「権力チェック」をしているか

「毛利さんは、漫画『家栽の人』の中で、捜査段階では、少年だけでなく大人の被疑者も匿名にすべきだと言っているが、それはおかしい。国家権力が誰かを勾留しているのだから、誰が逮捕されたかを実名で報道しないと、警察や検察などの権力の行使による捜査をチェックできないからだ」。

〇八年二月七日、「裁判員制度と報道」をテーマに東京で開かれた第三二回新聞労連新研部長会議で、毛利甚八氏（ライター、漫画原作者）が基調講演した後の討論で、信濃毎日新聞の報道記者がこう発言した。毛利さんは匿名報道主義に賛成してくれている。

毛利さんは〇三年四月に起きた志布志事件の例をあげて「今のメディアは記者クラブで捜査情報を警察からもらっている。志布志でも逮捕の際、事前に報道各社に『逮捕する』とリークして、県議の連行場面を取材させ、被疑者にジャケットをかぶせて、いかにも悪人のように印象付けた。あのような集落で大金をばらまくわけがないのに、警察が逮捕したということだけで犯人視した。権力監視をしていない」と述べた。志布志事件で〇三年六月四日に不当逮捕された中山信一県議は、報道陣に顔を見せると言ったのに、警察に自分の上衣をかぶせられた。

信濃毎日新聞の事件記者の「実名報道で権力をチェックしている」という見解は、私が一九八四年に出版した『犯罪報道の犯罪』で匿名報道主義（権力者は顕名原則）を提唱したとき、数ヵ月後に、朝日新聞と一部御用学者と企業メディア顧問弁護士が机上でつくりあげた屁理屈である。しかし、新聞協会の冊子『実名と報道』を全国にばらまいた結果、現場の若い記者が本気で「実名報道することで警察権力をチェックしている」というのだ。

私は発言を求めてこう反論した。「信濃毎日は長野県で昨日逮捕された市民の実名をすべて報道しているのか。長野県警が『逮捕した』と広報している事件だけではないのか。警察が発表しなかったら誰が捕まったかをつかめないなら、新聞記者を廃業した方がいい。本当につかめないのか。警察官から聞き出せないか。少年事件では仮名発表でも、被疑者をすぐに特定しているではないか。新聞社の販売店も動員して調べられるはずだ。今は当番弁護士制度もあり、弁護人は誰が逮捕されたか分かる。市民みんなが被疑者姓名を知る必要はない」。

毛利さんも「逮捕されたと名前が出ると人生おしまいになる。実名報道による被害は甚大だ」と述べた。

それでも記者は「権力のチェックのために被疑者の実名報道は不可欠だという主張に絶対一理はある」と譲らない。富山、志布志事件で、犯人をでっちあげた警察官の姓名は報道されない。その記者は「心神喪失者も実名を出すべきだ」とまで言った。

朝日新聞労組の井出雅春氏は「社としての見解ではない」と断った上で、「事件報道は面白いからやっているのではない。一種のリスク・コミュニケーションで、何が起きたかを知りたいという市民の要請にこたえなければならない。新聞は『かわら版』から始まった。誰が逮捕されたのか、犯人がどういう人かを知りたい。安全情報でもある」と述べた。

毎日新聞労組の伊藤正志氏（司法担当）も「私の個人的意見」と断った上で、「裁判員制度が来るからといって、報道を変えるべきではない。普通にやるべきだ」と表明した（新聞記者が労働組合の新聞研究の会で、「個人的意見だ」と断りを入れるのは違和感がある。新聞記者に「言論の自由」はないのかと思う）。

ＮＨＫでインサイダー取引をした記者たちの名前は報道されない。〇八年二月一九日に漁船に衝突して漁師の父子を海に放り出した海上自衛隊の「イージス艦」の艦長や乗組員のプロフィル、顔写真はほとんど出ない。天皇家（新聞協会は一九九二年から、皇太子の配偶者選びでは「取材しても報じない」という〝申し合わせ〟という名の協定を十一ヵ月間も結んだ）、首相、イラクの自衛隊、拉致被害者の取材報道については、報道界全体できめ細かい申し合わせがある。名もない市民が被疑者になった場合は「各社対応」で済ませるのだ。

私はその翌日の二月八日午前の講演で、四国新聞（高松）の山下淳二編集局長が、坂出の一家三人不明事件で、「被疑者の逮捕」で競争するのは意味がないと述べていることを紹介した。誰が警察に逮捕されるかでスクープ競争するのをやめようという意見だ。

講演後、四国新聞の若い記者が、「浅野さんは四国新聞の編集局長の方針に見識があると評価したが、我々は坂出事件で容疑者を逮捕の二日前に割り出していたのに、編集幹部に没にされた。取材現場で苦労して特ダネをとったのに、没にされた記者の悔しい思いをあなたはどう考えるか。せっかくの特ダネを他紙にさらわれた記者の忸怩たる思いをどう考えるのか。加ト吉の強制捜査の時も、事前に捜査情報を取ったのに局長らの意向で没にされた」と語った。若い労組員が「事情聴取へという前打ちの特ダネをつぶした編集局長に見識はない」などと表明したのは残念だ。これがジャーナリスト・ユニオンの会議なのかという気がした。

若い記者たちが、警察情報をとることで競争する現在の犯罪報道に疑問を感じないのは、報道加害の深刻さを知る機会があまりないからだと思う。世間とのずれが深刻だ。「実名報道をして権力を監視している（匿名では誰が逮捕されたか分からない）」と本気で主張し、いくら説明しても理解できない現場の人たちがいることに、時代の流れを感じた。

この新研部長会議には、北海道から沖縄まで多数の一線記者ら約五〇人が参加した。毛利さんの講演後のシンポジウム（司会・嵯峨仁朗労連委員長）で小池振一郎・日弁連裁判員制度実施本部委員は「新聞各社にある苦情対応機関は年に数回苦情が来るぐらいで、機能していない。報道界に横断的な報道評議会をすぐにつくるべきだ。新聞協会が対応策をまとめる前に、提言をまとめたのに、指針では一言も触れられていないのは残念だ」と述べた。

上智大学の田島泰彦教授は「裁判員制度について賛否も含め多様な批判をいろんな角度から報道すべきなのに大きな権力に追随しているのではないか。偏向報道だけではなく、裁判員への取材禁止などの規定も問題だ」と指摘、「権力から独立したジャーナリズムの主体的な報道をしてほしい」と強調した。

四宮啓早稲田大学法科大学院教授（弁護士）は「公正な裁判を実現するため何をどう伝えるのかを考えてほしい。英米では検察の主張を伝えるときに allegedly（真偽は不明だが申し立てられている）という副詞を使う。この機会に犯罪報道を改革してほしい」と要望した。

最高裁刑事局・平木正洋総括参事官による提案

最高裁事務総局刑事局の平木正洋総括参事官は〇七年九月二七日に福井市で開かれたマスコミ倫理懇談会（マス倫懇）全国協議会全国大会の「公正な裁判と報道」をテーマにした分科会で講演し、問題のある報道の六項目を挙げて、これらを報道することについて、裁判員に対し、被疑者が犯人だという予断を与える可能性があるとして「公正な裁判のためには一定の配慮が必要だ」と述べ、報道界に指針づくりを求めた。

平木氏の提案は、メディア界で「平木六項目提言」と呼ばれ、その後の報道機関各社の犯罪報道改革の取り組みを促す指針になった。一部メディアは「七項目提言」と呼んでいる。

マス倫懇の機関紙「マスコミ倫理」〇七年一一月二五日号によると、平木氏はまず、現在の事件報道において、《世間から高い関心を集める事件では、被疑者の事件への関与や被疑者のプライバシーにかかわる事実について、被疑者の逮捕以降、メディアが一斉に大量かつ集中的な報道を展開するのが常ではないかと思われます。裁判を行う前に、被疑者があたかも有罪であるかのような一方的な報道がなされると、その被疑者の立場からは、適正な裁判を受ける権利を著しく侵害されるということになる場合があるように思われる》と指摘した。

次に、松本サリン事件の河野義行さんのケースを挙げて、《捜査機関が取得した情報をあたかも事実であるかのように報道すること》を問題にした。捜査機関から得られた情報をどのように伝えるのかという根本的な姿勢をまず論じていることが重要だ。平木氏は、被疑者の犯人性に関わる証拠について、被疑者が無実を主張している場合でも、証拠能力や信用性が認められるかどうか分からない段階でその内容を報道することは、こうした報道に触れた国民に、被疑者＝犯人という強い意識を生じさせる、と警告した。

私なりに解釈すれば、「ペンを持ったお巡りさん、検察官」ではなく「市民の知る権利」を代行するジャーナリストとして事件を取材・報道すべきだというアドバイスだと思う。

平木氏は、「日頃報道を見ていてこういうところが気になる」として、具体的な新聞記事の内容に言及しながら、「(この記事を）読んだ人はこの人が犯人だと思ったりするのではないか」と問題提起した後、次の六項目に分けて、改善を求めた。

①被疑者が自白していることやその内容、②被疑者の弁解が不自然・不合理という指摘、③ＤＮＡ鑑定結果など被疑者の犯人性を示す証拠や「状況証拠」、④被疑者の前科・前歴、⑤被疑者の生い立ちや対人関係、⑥被疑者を犯人と前提した上での、事件に関する識者のコメント。

最高裁関係者が裁判員制度と人権と報道の関係について、公の場で総括的に懸念を示したのは初めてのことだった。「週刊ポスト」など一部の週刊誌は、「最高裁が突然規制に乗り出した」「平木参事官がいきなり六項目の話をし始めた」などと、平木氏がいきなり福井に乗り込んでいったように書き、毎日新聞は「飛び入り参加」と書いた。

事実は、マス倫懇の事務局とマス倫懇の当時の幹事社のＮＨＫと朝日新聞社の幹部が〇六年七月、最高裁に対し、「最高裁に勤務している下級裁の裁判官で、比較的最近まで裁判官実務をしていた方がいれば話をしてほしい」と要請し、最高裁が刑事裁判の経験の長い平木氏に依頼した。

マス倫懇側が、「日ごろ裁判官もやりながら報道も見ている身として意見や感想があれば話してくれないか」と頼み、

「表明する意見は、最高裁の意見として取りまとめるという性質のものではない」という前提で講演した。

新聞には「六項目が報道できなければ、どうやって報道するんだ」という記事が大きく出た。一部の週刊誌では、具体的な事件記事が書いてあり、平木六項目を当てはめるとこうなる、と全部墨塗りみたいになっていて「容疑者は、○○した」という風になっていて、平木氏はこのようなことをやろうとしているというように書かれた。

「文藝春秋」二〇〇八年新年特別号の「総力特集　エリートたちが日本を食い荒らす　暴走官僚　最強の取材陣が怒りをもって暴く腐敗と無責任」で、奥野修司氏（ジャーナリスト）が「4　暗黒の裁判員制度」で、裁判員法の是非が問われていると書いた。奥野氏は、最高裁が裁判員制度は民意の反映だと述べていることについて、元東京高裁部統括判事の大久保太郎氏の「こんな笑止千万なことを言うなんて、最高裁も地に落ちましたね」というコメントを掲載している。

政府与党が市民の司法参加について消極的だったのが、《その流れが変わったのは九〇年代後半だった。経済界から、「日本の裁判は時間がかかりすぎてビジネスペースにあわない。専門的な知識を持った弁護士が足りないといった批判」（法務省）があがり、九九年に司法制度改革審議会が設置されたのである》と述べた。

《ただ不思議なのは、経済界が要求していたのは民事裁判の迅速化であって、刑事裁判ではないはずなのに、刑事裁判に国民を参加させることが大きなテーマの一つとなったことだ。（略）出発点からしていかがわしさを感じさせる。》

次に、こう書いている。

《憲法違反の疑いさえある。たとえば、憲法が定めていない裁判員に裁かせることは違憲ではないかという指摘もある。西野喜一新潟大教授は一二の事例を出し、「違憲のデパート」とまで言い切っているほどだ。これほど問題のある裁判員制度を、軽々しくすすめていいものだろうか。

さらに奇妙なことが起こった。今年の九月、平木正洋最高裁参事官が突然、報道規制に言及したのだ。容疑者の自白や、生い立ち、対人関係など六項目を挙げ、これらを報道することは容疑者が適正な裁判を受ける権利を著しく侵害するという懸念を述べている。これを適用されたら、裁判が終わるまで全く報道できない。報道規制は裁判員法から削除されたはずなのに、なぜいまごろ持ち出してきたのか。

当の平木氏はあくまでも個人的な見解だと断ったうえでこう述べた。

「あの六項目は、私が長く裁判官をやってきた経験から、多くの報道に対して懸念している点でした。証拠のみに基づくといっても、はじめて参加する裁判員は慣れておらず、難しい面がある。だから、報道の自由と、被告人が公正な裁判を受ける権利のバランスを考え、メディアが自主的にガイドラインを作ってほしいという意味で言ったわけです」

しかし、個人的な意見とはいえ、総括参事官の立場で言えば、圧力と思われるのは当然ではないだろうか。根底に、メディアに対して不信があるからだろう。

奥野氏は《道理が沈んで無理が通る。官僚は転んでもただでは起きないのだ。》と結んでいる。

平木氏が突然、報道規制に言及したというのは、完全なでっち上げだ。前述したとおり、メディア界から意見を求められたので話をしたのである。

平木氏は提言した六項目については、「それにかかわる内容を報道するのがおかしい」とか「一切報道しない方がいい」というふうに述べていない。例えば、識者コメントに関しても、「前科とか識者のコメントとかを報じるときには、いろいろ難しい面もあるので、犯人視報道にならないように気をつけてほしい」と述べている。

平木氏は個人的な意見と断った上で、「経験のない裁判官の場合、証拠を前にしても報道の影響をうけ、公正・中立な判断をできるかどうか大きな不安がある。報道された事実と、裁判で証明された事実を区別するのは一般市民である裁判員には難しい。裁判員は報道に間違いがないと思ってしまうのではないか」と見解を述べた。

これに対し、報道側からは、「事件の背景を明らかにするために、自白の内容や前科・前歴の報道が必要な場合がある」「捜査当局の捜査に誤りがないかどうかをチェックすることは報道機関の重要な役割で、制約によって萎縮させるべきではない」と反論した。

マスコミ倫懇の大会には二百人が参加、二日目の九月二八日、「あらゆるメディア規制に断固反対」などとする大会申し合わせを採択し、閉幕した。

大会に参加した地方紙記者によると「平木氏の言うとおりにすると、事件報道は成り立たない。事件を報道するなということになる。具体的にどういう記事を書いたらいいかを示してほしい」と発言したメディア幹部がいたという。

平木氏の提言する報道の倫理規定は、欧州などですでに実践されている。「人権を擁護すると報道できなくなる」というような人間は、ジャーナリストを今すぐやめるべきだ。最高裁の幹部に「どういう記事を書いたらいいのか」と聞くこと自体がおかしい。

毎日新聞は〇七年一〇月八日、《裁判員と報道：裁判員制度　最高裁参事官「中立な判断していただけるか不安」》《冤罪掘り起こしも「予断」　公正さ理由の情報隠し懸念》（臺宏士、横井信洋両記者の署名入り）という見出しで、次のように書いた。

《国民が刑事裁判に参加する裁判員制度の下で、事件報道が裁判員に予断を与えるのではとの懸念が法曹関係者に広がっている。最高裁事務総局刑事局の平木正洋総括参事官は先月、容疑者の自白報道など「予断」の具体例を挙げたうえで、有罪視、無罪視のいずれの報道も問題があるとの見解を示した。だが、報道によって冤罪《えんざい》が掘り起こされた例もあり、死刑判決を受け逆転無罪判決を勝ち取った人からは異論が出ている。今後、大きな論議を呼ぶのは必至だ。

「裁判員は刑事裁判に参加するのは初めてで、報道された事実と、証拠に基づいて認定された事実とを区別して判断することに慣れていない。現在の事件報道のままで公正かつ中立な判断をしていただけるか大きな不安を有している」。平木参事官は先月二七日に福井市で行われた「マスコミ倫理懇談会全国協議会」の全国大会での講演でそう危惧《きぐ》を表明した。

平木参事官は「憲法三七条は公平な裁判所による裁判を保障している。だが、現在の事件報道は裁判を行う前に容疑者があたかも有罪であるかのような一方的な報道がなされ、容疑者が適正な裁判を受ける権利を著しく侵害されている場合がある」と指摘した。

（略）「とくにニュース映像を繰り返し放送される影響は格段に大きい」と強調した。

予断は、刑事裁判の無罪推定の原則に反する有罪視だけではなく、他に真犯人がいるなどの無罪視も含まれるという。捜査当局の手法や証拠に疑問を呈したり、もっと明確に逮捕・起訴された被疑者が無実ではないかと伝えたりすることも「予断」になるのか。

平木参事官は「有罪方向だけでなく、無罪方向の報道も予断になる。有罪視よりやや許容度が高いとはいえ、予断である

以上、無罪報道も困る」と明言した。（略）》

この記事には、裁判員裁判の下での報道規制の問題点として《佐藤一さん「第三者の目で監視、絶対必要」》というインタビュー記事を載せている。

《松川事件の実行犯として逮捕・起訴された佐藤一さん（八五）＝東京都在住＝は、無実を主張しながらも一、二審で死刑判決を受け、最高裁で逆転無罪が確定した。佐藤さんが無罪を勝ち取る決定的な証拠となったのは、検察が裁判所へ提出しなかった佐藤さんのアリバイを示すメモ。その所在を明らかにしたのは、毎日新聞の報道だった。佐藤さんに話を聞いた。

—松川事件の無罪判決は、裁判所に提出された証拠だけに基づく判断に危険性があることを突きつけました。

◆松川事件で無罪判決を勝ち取ったのは、検察官が裁判所に提出していなかった私のアリバイを示す「諏訪メモ」の存在が大きい。メモの存在を明らかにしたのは、仙台弁護士会であり、保管していた検事を突き止めたのは、毎日新聞記者だった。検察は、立証方針に反する証拠を意図的に出さないことさえある。どんなにたくさんの証拠を調べても見落とすことはあり得る。見落としを拾い、証拠隠しを暴いて正しい裁判が行われるかどうかを監視するのが第三者であるジャーナリズムの任務だ。弱めるようなことがあってはならない。

—予断や偏見を与える報道には有罪というだけでなく無罪も含まれるというのが平木参事官の見解です。

◆見解に従えば、毎日新聞の「諏訪メモ発見」報道は、無罪を示す証拠であり、裁判員に無罪の予断を与える報道だということになるのだろう。事件報道によって裁判員が予断や偏見を持つ恐れがあるというが、松川事件を見れば、職業裁判官であっても共産党に対する偏見が強かったことが分かる。裁判官こそ有罪を前提に判決を出してきたのではないか。

—地裁、高裁での二度の死刑判決をどんな気持ちで聞きましたか。

◆捜査機関に強要された他人の自白で有罪にされてたまるか、と思った。松川事件は証拠開示が重要だということを教えた。裁判所に提出されていない検察側の手持ちを含めたすべての資料を被告側が自由に閲覧できるよう法改正する必要がある。無実を訴える容疑者・被告の声が届かなくなる恐れがある。

——裁判官についてどう思いますか。

◆裁判官や裁判員を社会から隔離するわけにはいかないうえ、報道がなくても周りの人のうわさ話など必ず口伝えで耳に入るもので、排除するのは難しい。田中耕太郎・最高裁長官（五〇年三月～六〇年一〇月）は五五年五月の裁判官の会合で、松川事件などを念頭に、「一部有識者が係属中の事件に関し裁判の実質に立ち入って論議することは遺憾だ」と雑音のように切り捨てた。この訓示に象徴されるように、裁判官が偏見や先入観を持ったままでは、裁判員裁判で、公正で十分な審理が実現できるのか疑問だ。裁判員は裁判官の意見に引きずられるだろう。》

この記事には《松川事件、本紙が無罪証拠報道》という見出しの詳しい解説も付けている。

一月六日の朝日新聞（東京本社）「声」欄の「裁判員」特集に、《報道規制狙う悪用はするな》という愛知県の会社員（記事では実名）の投書が載った。

《裁判員制度のため事件報道が制約を受けることには同意できない。国民には知る権利があり、話題の事件なら隅々まで報道されて当然である。真実に迫ろうという場合、事実を基にした推測が入ることはやむを得ない。

例えば「秋田連続児童殺害事件」。容疑者は罪を認め、裁判では量刑を巡る争いとなっている。この事件では容疑者の疑惑を連日報道したことで、善意の被害者を装っていた容疑者が追い詰められた側面は否定できない。

「松川事件」も裁判だけなら無実の人が死刑を含む重罪となっていたはずだ。メディアを巻き込み捜査への疑問を投げかけたことが、全被告の無罪につながった。一定のルールは当然として、この制度が真実の隠蔽《いんぺい》に悪用されないことを望む。》

秋田の被疑者の女性と家族に対するメディア・フレンジー（凶乱）がどれだけ非人間的だったかを調査した私には、報道機関が一般市民を「追い詰めた」ことを評価する姿勢が理解できない。テレビの情報番組に大きく影響されたのだろう。こういう投書を掲載する新聞社の姿勢が問題ではないか。

少なくとも、日々の事件報道が、冤罪の発見のために行われているわけではない。

平木氏は「無罪視報道は困る」と言ったのだろうか。マス倫懇に参加した記者たちによると、平木氏が言いたかったことは、あくまで「被疑者段階の有罪視報道」が問題ではないかということだった。私は、市民や法律家から「無罪視報道」を心配する声を聞いたことがない。

マスコミ倫懇の質疑応答の時に「有罪視報道が困るということは無罪視報道も困るのか」という質問があり、「無罪視報道というのがどういうものなのか分からないですけれども、さっきも言ったように、被告人が有罪か無罪かというのは裁判で初めて確定されるのだから、裁判が始まる前にみんなあの人が無罪だと思うなら、それは理屈上問題なんでしょうね」と答えた。

しかし、「だけどそんなみんなが無罪だ、無罪だという事件を検察官は起訴しないいんじゃないいんですか」と捉えた人がいて、「無罪視報道も禁止か」という毎日新聞報道になったようだ。

メディアが調査報道で、無実の主張をするのは何の問題もない。平木氏が提言していることは、被疑者段階の事件報道の問題点だ。

例えば一九七四年に起きた甲山事件で、逮捕直後から山田（旧姓・沢崎）悦子さんは無実だと主張した記者たちを私は知っている（山田さんは二五年後の一九九九年無罪確定を勝ち取った）。〇八年に死去した東怜治氏は産経新聞記者時代、山田さんの第一次逮捕の二週間後に「起訴は困難」という記事を書いている。捜査・公判段階で「山田さんはやっていない」という記事を書いても、番組を作っても、それは問題ではない。

一部メディアはニュース報道と論評、主張を混同して批判している。

毎日新聞は二〇〇一年の仙台の北陵クリニック事件（筋弛緩剤混入事件）の守大助被告に関する報道で、阿部泰雄弁護団長が守氏と共著で『僕はやっていない！　仙台筋弛緩剤混入事件　守大助勾留日記』（明石書店、二〇〇一年六月発行）という無罪主張の本を出したことについて、〇一年七月一七日のメディア欄で、「宮城・仙台の筋弛緩剤点滴　冤罪疑惑報道　弁護側、会見や被告との共著本出版」という見出しの記事（野口美恵、佐藤敬一両記者の署名入り）を載せた。記事中央には「主な冤罪疑惑報道」という見出しで、十種類の雑誌・テレビの記事と番組の一覧表が載っている。記事のリードに「被告・弁護側がメディアを使った異例なまでの〝廷外攻勢〟を展開した背景と影響を探った」などとあり、本文には、当番弁護士の丸山水穂弁護士が一月七日に初接見したその日のうちに守大助氏の両親に「無罪だと思う」と電話し、冤罪の弁護で知られる阿部泰雄弁護士に依頼したとか、弁護団は否認に転じた守氏に勾留日記を書かせたと記述している。

この記事には「ワンサイドに立つな」という見出しで、三人の談話が付いている。田島泰彦上智大学教授（憲法・メディア法）の談話は以下の通り。

《一方的に有罪と決めつけたり、弁護側のキャンペーンに乗って無罪を主張するのは疑問がある。弁護士や検察官とは違い、ジャーナリズムの仕事は社会的な真実を究明していくこと。結果的にどちらかの立場に近寄ることはあっても、メディア自身が調査による証拠を持っているわけではないから、ワンサイドに立つのはいけない。／新聞が当初、犯人扱いの報道を一方的にする中で、週刊誌がカウンター的な見方を広めたことは、全体的なバランスとしておかしくはない。しかし弁護側の筋書きに乗って踊らされてはまずい。スタンスを持って報道するには、それだけの根拠と批判精神を持ちながら取材する姿勢が大切だ。》（一部略）

このように、毎日新聞こそ「無罪視報道はダメ」と言っている。あれだけ犯人だという報道の中で、弁護人が被告人と二人で「僕はやっていない」という本を出したのだが、それを、有罪視報道も問題だが、弁護士がそういう無罪という本を出すのも問題だというのは全く不当だ。阿部弁護士はクリニックの経営者に訴えられている。弁護士が事件の真相について書いたのが名誉毀損だというのだ。

朝日新聞の代表などは、報道界が人権を守るための自主規制を行うことは社会的公約でもあると指摘したのに対して、雑誌協会は「最高裁からこうして意見を言われること自体が規制だ。我々は自主規制を約束したことはないし、自主ルールを策定するとしても理念的なものにとどまる」と反論した。職業裁判官が「報道された事実と証拠に基づく事実を区別すること」が本当にできるかどうかも疑問だが、フェアな裁判のために現状の情緒的で犯人視の報道を変えなければならないのは間違いない。

会場からは、自主規制も含めあらゆる「規制」に反対という声が上がった。

朝日新聞によると「放送倫理・番組向上機構」(ＢＰＯ)*などが〇八年五月三〇日に東京で開いたシンポで、平木氏が「予断を与える報道」を控えるよう私見を公表していることについて、テレビ局のパネリストは「裁判員を無菌状態に置くことはできない。予断と偏見は情報量の不足から起こる」と反発。評論家の立花隆氏は「メディアは権力の検閲ではなく自己検閲で死ぬ。主要メディアが黙り込むと歴史にすら残らない」と述べた。

平木氏も会場から意見交換に参加し、二〇〇八年から始まる裁判員制度で、容疑者の自白内容などの報道が「裁判員に予断を与える恐れがある」とする主張を説明した。

立花氏のような主張は、報道被害の深刻さを認識しない暴論である。

私が共同通信の現場記者として、犯罪報道のコペルニクス的転換を主張したのは、このままの官憲依存の実名報道主義(被害者は死亡した時点で実名・被疑者は逮捕段階で実名)を続けていると、取材・報道被害を受ける市民からメディアが非難され、ジャーナリズム全体が人民の信頼を失うと直感したからであった。

マスメディアはほとんど報道しなかったが、マス倫懇の会合には、平木氏以外に西村健弁護士(日弁連・裁判員制度実施本部事務局次長、大阪弁護士会)が出席し、メディア界全体で報道評議会のような「自主的な第三者機関を作るべきだ」と提言した。

平木氏はマス倫懇の講演の最後に《裁判員制度下における事件報道の在り方については、外部から何らかの規制を加えるのではなく、メディア自身が、事件報道に当たり、適切な配慮を行うことが望ましいと考えており、裁判員制度の施行までに、メディアの方々がこの点を具体的に検討し、その結果を踏まえてガイドラインを作成することが期待されている》と述べている。

平木氏は「上から押し付けるのでもないし、規制しようということでもない」と何度も強調している。報道関係者がルールを策定するわけで、指針づくりの参考にしてほしい、と述べた。この「メディアの方々」とは報道に携わるメディア界の全体を指していると思う。

＊ＢＰＯとは

「放送倫理・番組向上機構」（略称＝ＢＰＯ、放送倫理機構）は、ＮＨＫと日本民間放送連盟が設置した放送界の自主的な自律機関。

《放送による言論・表現の自由を確保しながら、視聴者の基本的人権を擁護するため、放送への苦情、特に人権や青少年と放送の問題に対して、自主的に、独立した第三者の立場から迅速・的確に、正確な放送と放送倫理の高揚に寄与することを目的にしている。

ＢＰＯは、従来から活動してきた「放送番組委員会」と「放送と人権等権利に関する委員会（ＢＲＣ）」、「放送と青少年に関する委員会（青少年委員会）」の三つの委員会を運営する、放送界の自主的な自律機関。

ＢＰＯ加盟の放送局は、各委員会から放送倫理上の問題を指摘された場合、具体的な改善策を含めた取組状況を一定期間内に委員会に報告し、ＢＰＯはその報告等を公表する》

一九六九年五月に設置した「放送番組向上協議会」と、一九九七年五月に発足した「放送と人権等権利に関する委員会機構」（ＢＰＯ、「放送と人権等権利に関する委員会」＝ＢＲＣ＝を運営）を統合し、〇三年七月に任意団体として誕生した》（ＢＰＯのＨＰ）。

ＢＰＯはテレビ朝日報道局長発言、ＮＨＫやらせ、ＴＢＳビデオ問題などをきっかけに郵政省・自民党がマスコミ統制の動きを活発化させ、郵政省放送行政局長の私的研究会が九六年一二月九日、視聴者からの苦情に対応するための機関を設置するよう提言した。

こうした動きを背景に、放送界は協力してメディア責任制度を確立した。法律ではなく放送界が自主的に規定した内規で運営される制度が誕生したのは大きな一つの前進だった。苦情は重大な権利侵害にかかわる場合で、裁判になっていない案件に限定している。

ＢＰＯ（ＢＲＣを含む）の連絡先は電話０３・５２１２・７３３３（平日の午前一〇時から午後五時まで）、ファクス５２１２・７３３０。放送局とまず交渉して解決できない案件を受理するのが原則。

現状維持の新聞協会「事件の取材指針」

被疑者もしくは被告人が逮捕されてジャンパーで顔を隠されて連行されていく姿がテレビに映し出されたら、見ている人は冷静な判断はできない、絶対にあの人がやったと思い込んでしまう。被疑者＝犯人を前提とする報道を見た裁判員に公正な判断ができるわけがない。

これをどうするか。最初の裁判員法案の検討段階では、事件報道に関して「偏見報道禁止」規定というのがあった。しかし新聞協会、民間放送連盟、雑誌協会は「自分たちで自主的な指針をつくるので削除すべきだ」と一致して反対し、この規定は入らなかった。

○八年一月一七日の朝日新聞によると、裁判員制度と報道をめぐる主な動きは次のとおりだ。

［○二年七月　政府の司法制度改革推進本部裁判員制度・刑事検討会で、事務局が「報道をどのように考えていけばよいのか」と論点に

○三年三月　同検討会で事務局が示した「たたき台」に「報道機関は、事件に関する報道を行うにあたっては、裁判員、補充裁判員または裁判員候補者に事件に関する偏見を生ぜしめないように配慮しなければならない」との条項が盛り込まれる

五月　日本新聞協会、日本民間放送連盟、日本雑誌協会が「表現の自由を脅かす」として偏見報道禁止規定の削除を求める

九月　新聞協会と民放連が、報道の自主的な指針、指標作りについて表明

一○月　同検討会の井上正仁座長が示した試案で、偏見報道禁止規定は再検討課題に

○四年一月　同推進本部が偏見報道禁止規定を削除した骨格案を発表

三月　裁判員法案、国会に提出

五月　野沢太三法相（当時）が「報道機関の自主的取り組みを考慮し、報道に関する規定は設けないことにした」と国会で答弁。二一日に裁判員法が成立

○六年四月　自民党裁判員制度小委員会が裁判員制度と取材・報道について新聞協会からヒアリング」

平木氏提言の後、日弁連も報道界に対し、報道評議会などの自主規制機関の設置を求めた。しかし○八年一月に新聞協会と民放連が発表した指針は「各社で対応する」などというきわめて不十分なものだった。雑誌協会に至っては、「（新たな）ルール作りは不必要」として、何も変える必要がないと居直っている。これについて、裁判員制度・刑事検討部会の委員を務めた土屋美明・論説副委員長は「約束違反だ」と批判し、メディア全体で自主規制機関を設置すべきだと提言している。ところが報道界は土屋氏の試案も無視した。このままでは公判前の犯罪報道について法規制が導入されるのではないかと危惧する。

新聞協会の取材・報道指針は《事件に関する報道を規制するべきだという議論があった。これに対し我々は、そのような措置は表現・報道の自由を侵害し、民主主義社会の発展に逆行するもので到底認めることはできないと主張してきた》と述べた上で次のように書いている。

《事件報道には、犯罪の背景を掘り下げ、社会の不安を解消したり危険情報を社会ですみやかに共有して再発防止策を探ったりすることと併せ、捜査当局や裁判手続きをチェックするという使命がある。被疑事実に関する認否、供述等によって明らかになる事件の経緯や動機、被疑者のプロフィル、識者の分析などは、こうした事件報道の目的を果たすうえで重要な要素を成している》

《これまでも我々は、被疑者の権利を不当に侵害しない等の観点から、いわゆる犯人視報道をしないように心掛けてきたが、裁判員制度が始まるのを機に、改めて取材・報道の在り方について協議を重ね、以下の事項を確認した。

▽捜査段階の供述の報道にあたっては、供述とは、多くの場合、その一部が捜査当局や弁護士等を通じて間接的に伝えられるものであり、情報提供者の立場によって力点の置き方やニュアンスが異なること、時を追って変遷する例があることなどを念頭に、内容のすべてがそのまま真実であるとの印象を読者・視聴者に与えることのないよう記事の書き方等に十分配慮する。

▽被疑者の対人関係や成育歴等のプロフィルは、当該事件の本質や背景を理解するうえで必要な範囲内で報じる。前科・前歴

については、これまで同様、慎重に取り扱う。

▽事件に関する識者のコメントや分析は、被疑者が犯人であるとの印象を読者・視聴者に植え付けることのないよう十分留意する。

また、裁判員法には、裁判員等の個人情報の保護や、裁判員等に対する接触の規制、裁判員等の守秘義務などが定められている。我々は、裁判員等の職務の公正さや職務に対する信頼を確保しようという立法の趣旨を踏まえた対応をとる。

（略）加盟各社は、本指針を念頭に、それぞれの判断と責任において必要な努力をしていく》

指針は犯人視報道はいけないと言いながら、被疑者を犯人と断定して論をすすめている。捜査段階で被疑者について、実名を明記したうえで、「犯罪の背景を掘り下げ、社会の不安を解消したり危険情報を社会ですみやかに共有して再発防止策を探ったりすること」、「被疑事実に関する認否、供述等によって明らかになる事件の経緯や動機、被疑者のプロフィル、識者の分析など」を行うことが、問題なのだ。「捜査当局や裁判手続きをチェックする」のなら、逮捕段階で被疑者を犯人と断定して事件の経緯や動機、被疑者のプロフィルを書いてはいけないのではないか。

一九七四年の甲山事件で、山田悦子さんのことを書けば書くほど真実から離れていくのではないか。昨年十二人が無罪になった志布志事件も同じである。

中嶋啓明・共同通信記者は「週刊金曜日」〇八年二月一日号で、《そもそも、「犯罪の背景を掘り下げ」るために、被疑者の供述やプロフィルを報じるなどという主張からは、「無罪推定原則」を全く理解しようとしない姿勢しか読み取れない》と断じている。

指針の発表を伝えた新聞各紙は、《犯人視しない報道》を強調する一方で、《必要な情報提供を怠らないことが、報道に課せられた責務》などと論じた。

大新聞の編集幹部は「犯罪報道の犯罪」性について、認識が甘すぎる。自らの重い加害責任を自覚していない。また、新聞協会の指針の最後にある「各社対応」ではほとんど意味がない。新聞協会は〇四年から特別の委員会を設けて検討してきたが、報道界全体の報道倫理綱領の制定と苦情対応機関の設置を拒んでいた。このままでは、メディア・

フレンジー（集団的取材報道の人権侵害）を防止する手立てはなく、裁判員制度の導入後に、犯罪報道が法律で規制されることになると私は危惧する。

新聞協会は指針発表の広報資料で、「偏見報道」を禁止する案に反対する活動を展開する中で、「『公正な裁判』を担保するうえでも重要な報道のあり方は、メディア側の自主的な取り組みによって追求していくべきだと考えている」ことを表明してきたと強調した。

政府の司法制度改革推進本部裁判員制度・刑事検討会で、〇二年七月、事務局が「報道をどのように考えていけばよいのか」を論点にした。〇三年三月同検討会で事務局が示した「たたき台」に、「報道機関は、事件に関する報道を行うにあたっては、裁判員、補充裁判員または裁判員候補者に事件に関する偏見を生ぜしめないように配慮しなければならない」との条項が入った。同年九月に新聞協会と民放連が、報道の自主的な指針、指標作りについて表明していた。その結果、偏見報道禁止条項は〇四年に成立の法律には盛り込まれなかった。

この間の経緯は「裁判員制度・刑事検討部会」で委員を務めた土屋美明・共同通信論説副委員長が『市民の司法をめざして』（本林徹ら著、日本評論社、二〇〇六）に書いた論文に詳しい。

裁判員法から報道規制の条項が削除されたのは、新聞協会が民放連、雑誌協会と連携して自主規制で対応すると約束したからだ。同検討部会の元委員は「新聞協会は報道界全体でルールをつくり、報道評議会を設けるという道を選ばなかった。自主的ルールは不必要という雑誌協会は約束違反だ。裁判所・検察・日弁連の法曹三者は今回の指針の策定だけでは納得しないであろう。しかし、報道評議会などの設置は無理だろう」と語った。

今回の指針を策定したのは、新聞協会加盟の新聞・通信社、放送局（NHKを含む）の編集・報道局長五八社五八人で構成する編集委員会である。編集委員会の粕谷卓志代表幹事は「各社が事件報道の在り方について、改めて検討することを期待したい」との談話を発表した。各社で対応するというなら、協会で検討する必要はなかったのではないか。

新聞協会はこの五八人の役職と姓名を顕名で発表すべきだ。彼らには、報道界全体で対応するという努力を放棄した責任がある。

國府《こうの》一郎・新聞協会編集制作部部長は同協会の「事務局報」〇八年二月一日号に、協会の指針の策定の経過について、新聞協会編集委員会は一年間、「指針」作りに時間をかけたことを明らかにして、裁判員法に偏見報道の禁止条項が入ることについて《たとえ罰則のない訓示規定であっても、法律の条文で報道規制が明記されることなどあってはならず、これを撤廃させるため報道界は当時、総力を結集し、反対運動を展開した》と述べた。

続いて、《今回の指針は、最高裁の期待や要請に応えたわけではなく》《現に指針では、最高裁が裁判員に予断を与える懸念があるとした自供報道や被疑者のプロフィールなどについては、「事件報道の目的を果たすうえで重要な要素を成している」と押し返している》と書いている。誤った用語である「メディアスクラム」（メディア・フレンジーと言うべき）を二度も使い、《（偏見報道の心配をする前に）まず、国民への司法教育、情宣など体制整備を優先するべきで、それを怠り、報道のみに責任を転嫁する姿勢も容認できない》と強調した。

最後に、《ただ、今後は想定外の事態が続出する危惧もある。例えば結審後に「冤罪」と判明し、元裁判員が報道によって判断を変えたなど、責任を報道に転嫁されてもたまらない。また、その回避のために報道が過度に慎重になるのはさらに危険だ》などと書いている。

新聞協会事務局の幹部である國府部長はメディアが抱える深刻な現実を全く見ていない。報道界は法規制を阻止するために、報道界全体で犯罪報道を見直すと公約したのだ。裁判段階で「冤罪」と判明するという表現に問題がある。すべての被告人には冤罪の可能性があるのだ。責任の「転嫁」という言葉が好きなようだが、報道の問題は報道陣が自ら解決すべきだ。

裁判員制度に関する「国民への司法教育、情宣など」は、最高裁が新聞協会加盟の有力地方紙と「やらせ」の集会までやってきたことを國府部長は思い出してほしい。

また、日本雑誌協会（九六社、理事長＝村松邦彦・主婦の友社会長）は〇八年一月二二日、裁判員制度のもとでの事件報道について、「（協会として）ルール作りが必要とは考えていない」とする見解をまとめた。すでに定めている「雑誌編集倫理綱領」に人権や名誉、法の尊重が掲げられており、「改めてルール作りをするまでもない」との立場だ。今までどおりでいいというのだから、論外だ。

「無罪推定」無視の報道界

裁判員制度開始を前にしているが、事件事故を伝える企業メディアの現場には、①すべての被疑者・被告人には、有罪が確定するまで無罪を推定される、②どんな凶悪事件の被疑者にも公正な裁判を受ける権利がある、③有罪が確定した後に科せられる刑罰の目的は懲罰ではなく、矯正、更生である―などの近代市民社会の共通理解が著しく欠如している。

報道界は今も、警察に逮捕された被疑者と事件・事故で死亡した被害者は「実名が原則」で、被疑者・被害者の姓名、顔写真、住所、職業、生い立ちなどが本人（遺族）の了解もなしに勝手に報道される。私は一九七〇年代後半に、官憲による逮捕というアクションを実名掲載の根拠にしているこの旧態依然の方法を「実名報道主義」と名付けた。

この実名報道主義によって、本当の裁判が始まる前に、ペーパー・トライアル、メディア・トライアルによって社会的制裁を受けてしまっているのが現状だ。「お上」にしょっ引かれた人間に晒し刑を与えてもいいという江戸時代の「瓦版」と同じレベルなのだ。

検察側が裁判員裁判を先取りする形で、法廷の劇場化を狙っていることは、〇八年四月に東京都江東区のマンションで女性会社員を殺害し、遺体を切断するなどした元派遣社員の裁判で明らかになった。東京地裁は二月一八日、元社員に無期懲役を言い渡したが、結審までの六回の公判で、被害者の誕生直後からの写真や、下水道から回収された被害者の肉片、骨片をモニターに映し出した。被害者の遺族が二次被害を受けたのではないか。

2 自主規制で対応を

名古屋市の中京大学で〇八年六月八日開かれた日本マス・コミュニケーション学会（旧日本新聞学会）の〇八年春季研究発表会で、「裁判員制度とメディア責任制度」をテーマにしたワークショップがあった。メディアの現場記者も含め約三十人が討議した。

私は問題提起者として、「人権と報道の両立は裁判員制度の有無に関係なく実現しなければならない課題だ。しかし、

○九年五月二一日の裁判員制度の開始で、犯罪報道を根本的に変えるためのデッドラインを突き付けられたと考えたい」「裁判法で偏向報道禁止条項は削除されたが、裁判員の守秘義務、裁判員への取材の禁止などが盛り込まれているのは大問題だ」と述べた。

私は「このままで裁判員制度が始まると、問題が続出するのではないか。今こそ、①メディア界で統一した報道倫理綱領の制定、②記者が倫理綱領を守っているかどうかをモニターする報道評議会の設置——をセットにしたメディア責任制度を確立しなければ、起訴前報道が法的規制を受けることは間違いないと最後通告する」と警告した。

次に、同志社大学の浅野ゼミ（四年生）のゼミ代表、山田遼平氏が「メディア責任制度」浅野ゼミ試案を発表した。ゼミ試案によると、同制度は新聞・雑誌の活字メディアを対象とし、新聞協会、雑誌協会、新聞労連、出版労連が運営主体となる。運営経費は新聞協会と雑誌協会が負担する。

報道倫理綱領案は新聞労連が一九九七年に策定した「新聞人の良心宣言」を基本とし、英国、北欧、韓国の報道倫理綱領を参考にして、プライバシー保護、未成年者の取材などでより具体的な条項を加筆した。

報道評議会のメンバーは、四者と日本弁護士連合会、同学会が共同運営委員会をつくって決定する。報道評議会の構成は議長一人、メディア関係者六人、非メディアから報道被害者を含む有識者六人の計一三人とする。

学生たちは、メディア責任制度を日本に導入する際、メディア関係の労組の役割が重要だと見ている。この試案を三二九頁から【資料5】として掲載する。

○○年九月に日本報道評議会原案を公表した新聞労連（嵯峨仁朗委員長）は、○九年度の運動方針の中に、「良心宣言の改訂」を盛り込み、人権と報道の課題に取り組む方針だ。

続いて、人権と報道・連絡会の山際永三事務局長が、千葉大腸チフス菌事件の千葉地裁無罪判決文の中に、「ペーパートライアル」批判があったことや、東京高裁のロス銃撃事件・三浦和義氏の無罪判決における、マスメディア報道への批判を紹介した。

山際氏は、テレビが与える影響は裁判員だけではなく、証人、弁護士らにも及ぶことを光市事件報道を例に挙げて論じた。また、ＢＰＯの番組報道検証委員会が○八年四月に公表した「意見」を高く評価して次のように訴えた。「裁判員制度導入と被害者参加制度が一緒に始まる。目撃者等の証言が、報道が流した情報に引きずられないか。被害者の感情に同調することはないか。裁判と報道の二重構造が複雑化し、ペーパートライアルが裁判と一体になる危険性がある」。また、「冤罪は単純ではない。犯罪とは何か。犯罪は社会の病理であり、加害者への処罰強化、抹殺だけでは解決しない。再犯を防ぐためにも受刑者の更生、矯正が重要である」と述べた。

服部孝章立教大学教授は「二、三〇万人の候補者名簿から、誰がどういう理由で裁判員に選任されたのか、裁判員になった人の職業、年齢もすべて不明になる。裁判員が交通事故に遭ったときにメディアはどうするのか」と話した。

千葉の真田範行弁護士は「浅野さんが、報道評議会の設置を言い続ける姿勢を評価する。裁判員裁判の模擬裁判で弁護人役を務めたが、三人がかりだった。刑事専門の弁護士を育成しなければならない」と述べた。

またマスコミ倫理懇談会の事務局にいたという研究者は「雑誌メディアが冤罪の発掘などに果たした役割もみるべきだ」と強調した。

司会の中正樹静岡大学准教授は「報道の自由を守るための保険として、メディア責任制度の確立が必要であるという認識で一致した。メディアは、表現の自由がなぜ必要なのかを国民にしつこいぐらい説明しなければならない。そうでなければ、利益を上げるために報道の自由を言っているだけと思われる」と指摘。「若い人たちが裁判員になると、ネットの検索で事件について調べるはずだ。ブログなどでは、メディア情報と個人の意見、感想が同じ重みで出てしまう。何らかの社会規範が必要で、活字メディアが規範を示せば対抗意見となりうる。きれいごとを言っても無駄だという見解もあるが、ジャーナリズムはきれいごとを言うのが仕事ではないか」と語った。

報道評議会の設置を提案

日本弁護士連合会裁判員制度実施本部「事件報道のあり方に関するプロジェクトチーム」は〇七年一二月一九日、報道界に対し「報道評議会」を設置すべきであると提言した。この提言では、報道評議会は「学者、マスコミ関係者、弁護士会推薦の弁護士その他の有識者によって構成され、事務局は新聞協会等の団体内に設置し、運営経費はその団体が負担する」と具体的に提案している。

「Ⅳ　犯罪報道を考える」で詳述するが、日弁連は一九七六年に『人権と報道』を出版し、これまで人権擁護大会などでマスメディアの自主規制機関である報道評議会の設置を求めてきた。日弁連が今回提案した報道評議会メンバーに報道被害者、市民代表が含まれていないのは問題であるが、新聞協会などは日弁連の真摯な助言に従うべきであった。

司法制度改革推進本部が〇三年に裁判員法案に「偏向報道禁止」との報道規制の条項を用意していたが、報道界が自主的、自律的な取り組みを約束したことでその条項は削除された。その後、〇七年に最高裁の参事官がマスコミ関係者の会合で具体的な報道禁止項目を挙げ、報道界に自主的なルールの導入を求めていた。

報道を法律で統制する法案を官僚・政権党が用意する背景には、メディアの暴力を受けた市民が権力に助けを求めているという現実がある。

新聞協会が〇八年一月に公表した指針に見え隠れするのは「人権にも配慮する」という意識だ。しかし、報道のために人権があるのではない。人権や民主主義を確立するために表現の自由はあるのだ。被疑者・被告人が公正な裁判を受ける権利を保障され、被害者をサポートする報道の仕組みが望まれるのに、逮捕＝犯人（被疑者の有罪推定）の勧善懲悪的な報道にメスを入れる決意はうかがえない。報道被害に対する加害責任を自覚しているのかと問いたくなる。

メディア責任制度を導入すること以外に法的規制（人権擁護法案も含む）というメディアにとっての危機的状況を回避する方法はない。

そして記者たちは報道被害者・冤罪被害者に会って、「書かれた側」から体験談を聞くべきだ。被害者の中にはメディア改革、司法改革のために尽力したいと考えている人たちがいる。免田栄さん（免田事件）、山田悦子さん（甲山事件）、福富弘美さん（警視総監公舎事件）、輿掛良一さん（大分みどり荘事件）、河野義行さん（松本サリン事件）、林健治さん（和歌山毒カレー関連）、アブラハム・ヒムさん（アルカイダにでっちあげ）、柳原浩さん（富山事件）ら。子どもを交通事故で亡くした片山徒有さんもメディアに期待している。新聞労連、日弁連、メディア関係の学会も、市民と共に本格的に日本報道評議会設立に向けて積極的に動くべきではないか。

新聞労連は一九九六年、欧州へ報道評議会調査団を派遣し、九七年には「新聞人の良心宣言」（報道倫理綱領）を策定した。〇〇年九月には、報道評議会原案を発表し、日弁連の「報道と人権調査研究委員会」と連携して、新聞協会に報道評議会設置を強く働きかけたが、新聞協会が非協力で実現しなかった。新聞労連は、「良心宣言」の改訂版づくりを始めるという。

新聞協会に私は最後通告する。「裁判員制度の開始前にメディア責任制度をつくらないと、現在報道機関に対する法規制に反対している人たちも、メディアを見放すであろう」と。

報道各社は平木提言、新聞協会・民間放送連盟の指針を受けて報道各社犯罪報道の見直しに取り組んだ。中でも日本の主要報道機関が加盟契約している共同通信は〇八年春以降、約五十社の編集局長、編集幹部を集めて、改革案を練った。加盟社側から、共同の試案について「これではダメだ」と異論が噴出して会合を重ねたという。一部新聞社が「新聞読者に実際の記事を読んでもらって、記事の書き方のどこに問題があるか調査してはどうか」という提案があり、共同通信社会部が、新聞読者グループインタビューを八月五日と一九日に実施した。

東京都台頭区入谷の民家に集まってもらった近くの六〇—八〇代の男女三人と、中堅ゼネコン「佐藤工業」（本社東京都中央区）の三〇—四〇代の社員五人に、東京都江東区の女性不明事件と秋葉原無差別殺傷事件の新聞記事（五月二六日の朝日新聞、読売新聞、信濃毎日新聞＝共同通信配信＝）を見せ、意見や感想を聞いた。その概要（浅野が抜粋）は次のとおりだった。

【東京・入谷】

A　元会社員の男性（八一）

B　金物店経営の女性（七四）

C　主婦（六一）

（1）江東区の女性不明事件

——男の逮捕容疑は分かるか。

C　分からない。

A　よく分からない。

――それぞれ「不明になっている女性の部屋に侵入した疑い」と書いてあるところが、逮捕容疑で、殺人容疑ではない。

A　普通は殺したから逮捕されたと解釈する。侵入したのは過程であって結果じゃない。捕まってから書くんでしょ。侵入したから逮捕したって、おかしいじゃない。

――「調べでは」から「疑い」までが逮捕容疑なのだが、ほかの部分と区別して読めないか。

C　難しい。

B　意識して読んだことがない。

――記事を読んでいると、この男は犯人に違いないと思いますか。

B　犯人だと思う。

C　犯人だと見てはいけないのか。

――あくまで容疑者で、裁判で有罪が確定するまで犯人ではない。それが法律の建前です。もしかすると、警察の捜査が間違うこともあるし、これまでも冤罪があった。

B　容疑者だと書いているけど、そういうこととは思っていなかった。犯人だと思って読んでいる。

A　それは記事の内容にもよる。これは単純な事件だから、当然供述した通り、殺人犯だと思う。もっと複雑な事件だったら、自由にさせる過程で警察が何かしたのかと思うかもしれない。

――逮捕容疑のところは、朝日と長野の新聞は「調べでは～」、読売は「発表によると～」「警視庁幹部によると～」と書いている。受けるイメージは違いますか。

C　調べたのは警察ですか。これまで気付かなかった。

B　誰が調べたのかよく分からないが、調べた結果がこうだということなんだから、「発表」うんぬんより強く受け止める。

――「調べでは」では、先ほど話が出たように、誰が調べたのか分からないという問題が残る。

A　なるほど。

B　「警視庁の調べでは」とすればいい。

――昔は「警視庁の調べでは」としていた。しかし、新聞の活字は大きくする方向になっていて、記事の量が減り、単に「調べでは」とするようになった。逮捕容疑はストレートに「逮捕容疑は～した疑い」と書く方法を検討しているが、どうか。

B　その方が分かりやすい。

――次の記事では、全紙が「星島容疑者が女性の遺体を切断し、トイレに流したと供述していることが分かった」と書いている。また「待ち伏せた」「女性が帰宅した音を聞いて押し入った」という供述も出ている。こうした供述内容をそのまま事実と受け止めるか。

A　そのまま受け取るね。

A　おかしいと思ったが、新聞に「流した」と書いてあるから、そうなんだろう。おかしいところがあれば、後から出てくるだろう。

（2）秋葉原事件

――写真が載っていると、この男が犯人だという印象が強くなるか。先ほど言ったように、あくまで容疑者で、裁判で有罪が確定するまで犯人ではないだが。

B　写真を見る方が分かるわね。印象強い。

【2】佐藤工業

A　営業部長の男性（四七）

B　課長の男性（四二）

C　副課長の男性（三九）

D　係長の男性（四〇）

E　派遣社員の女性（四四）

（1）江東区の女性不明事件

――「調べでは～疑い」や「発表によると～疑い」というところに、逮捕容疑が書かれているが、「調べでは」というのはどういうことか分かるか。

C　実際は何なんですか、分からない。
A　「発表によると」は分かるが、「調べでは」は誰が調べたのか分からない。
B　記者の調べじゃないのか。
D　記事によっては「本紙の調べで～」と書いているものもありますよね。
――「調べでは」というのは、警察の調べのこと。読売は「発表によると」とか「同庁幹部によると」とか表記している。

A―E　（ほぼ全員が）へえー。

――次の供述内容を書いた記事だが、報道された供述内容はどの程度信用するか。
E　この通り供述してるんだろうなとしか思わない。ほかの新聞も記述が一緒であればなおさらだ。

（2）秋葉原の事件

――全般的に記事の書き方について意見はないか。
C　この「～が分かった」というのは、誰が分かったんですかね。よく見かけるが、分からない。日本語って主語がなくても通じるが、誰が言ったか分からないと、文書はあいまいになる。裁判員制度を念頭に言えば、誰が言ったのか書いていないと、信用する度合いは警察の話か、容疑者か、記者かによっても違うから、単に「分かった」では記事の信憑性が低いように感じる。誰が言ったのかをはっきりしてしまうと、コメントが出しにくいというのもあるのかもしれないが。
――ほかに記事を読んだ感想などを話してほしい。新聞に関する意見でもいい。
A　自分はしっかり読む方だが、「～という」が多いことまでは気付かなかった。もうちょっと記事は、ニュースソースが誰かとか、事実を整理してほしいとは思う。」

各社は最高裁・平木氏の提起を受け止めよ

○八年三月一日発行の日弁連人権擁護委員会発行の「人権ニュース」に《裁判員制度と事件報道をめぐって》《日弁連、新聞協会、民放連など》と題した特集記事が載った。この特集に、丸山重威・関東学院大学法学部教授（元共同通信記者）の《改めて「基本」に返った報道姿勢を――刑事裁判の危険な傾向と裁判員制度――》という見出しの記事が載った。

丸山氏は日本新聞協会が昨年一月に公表した「裁判員制度開始にあたっての取材・報道指針」について論評した。（私も同じページでインタビューを受けている。）

《（新聞協会、民放連などの）見解の内容はどれも当たり前のことで、捜査段階の取材、報道に問題があり「犯人視してはならない」というのもその通りだ。しかし、気になるのは「この見解で、事件報道と事件取材がどう変わるのか」ということだ。その点、「新たな事件報道のルール作りが必要だとは考えていない」とする雑誌協会の「考え方」の方がずっとすっきりしている。

つまり、メディアが求められているのは、まず総体として強まっている報道規制への抵抗であり、「容疑者の言い分」の取材も含めた捜査についての正当な疑問や、裁判で提示される弁護側の主張に、真摯に耳を傾ける姿勢ではないか、と思うからだ。

裁判員制度では、最初から事件報道の規制が提示された。裁判員選任に関する報道制限から裁判員への接触禁止、裁判員の守秘義務の規定が出され、最終的に削除されたが「偏見報道の禁止」まで入ってきた。これを削除させ、自主性を守るため、メディアはこんな見解を出さざるを得なかった。しかしこの見解で、取材・報道が規制されるのでは元も子もない。事実、昨年マスコミ倫懇大会で最高裁の平木正洋総括参事官が示した「懸念」は、事実上、事件取材を根幹から不可能にしかねないものではなかったのか。

刑事裁判は、「報復」ではなく、犯罪の再発を防ぐため、冷静に真実を明らかにし、必要な刑罰を科すことが要求されている。犯罪は社会の歪みが生んだものだと考え、本来、犯罪者も教育で更生できることを信じ、社会に貢献させることを目指すものだと思う。》

《私はこれらの「見解」が、メディア自身の「取材・報道の自由」と「責任」を規制することにつながらないことを祈るばかりだ。（関東学院大学法学部教授・マスコミュニケーション論・情報と法政策）》

丸山氏にも企業メディアによる報道加害の深刻さについての認識が全くない。私は、報道界と市民は今一度、平木氏の報道改革提案を真摯に受け止めるべきだと思う。平木氏の提言はまず、被疑者の逮捕以降、「一斉に大量かつ集中的に報道される中で、捜査機関が取得した情報をあたかも事実であるかのように報道すること」を問題にした。その上で、具体的に六項目の改善を求めた。

毎日新聞は〇八年一二月二二日、裁判員制度に向けたガイドラインを発表した。紙面で自社の取り組みを告知したのは初めてだ。朝日新聞は〇八年九月二六日のメディア欄で、マスコミ倫懇での議論を紹介する形で、同社の指針を公表した。読売新聞も同九月二七日にマスコミ倫懇の報告の中で、同年三月に作成した『事件・事故報道――取材報道指針二〇〇八年度版』の内容を初めて公表した。

東京新聞は二月一五日、「事件報道ガイドライン」を公表した。この記事の脇見出しは「犯人視避け公正に」だった。「情報の出所を明示したり、逮捕容疑を明確にしたりするなど、より公正で客観的な報道を目指し、記事スタイルを改めた」と表明し、三月から実施すると述べた。

また、記事は現行犯にも無罪推定は適用されると述べた。

《現行犯逮捕のケースでは、これまで「強盗の現行犯で、〇〇容疑者を逮捕した」といった書き方をしてきた。しかし、痴漢冤罪（えんざい）事件など、現行犯で逮捕されても「犯人」とは限らず、裁判で無罪となることもある。そこで今後は、現行犯逮捕の場合でも通常の逮捕と同様に「強盗の疑いで、〇〇容疑者を現行犯逮捕した」などと「疑い」を付け、あくまでも「容疑」がかけられた段階であることを明らかにするようにした。

ただし、衆人環視の中で起き、逮捕された容疑者の犯行であることがはっきりしている場合は、これまで通りの表記とする》

共同通信は『事件報道のガイドライン』を〇九年三月に発表した。

以上四社の新指針（案を含む）を読んだが、共通しているのは《情報の出所が警察・検察なのか、被疑者・被告側なのか、あるいは現場周辺の人、被疑者らを知る人なのか》（共同）など情報源を明示するということだ。《弁護士ら容疑者の言い分も取材して「対等な報道に」に努める》（朝日）という方針も同じだ。

また、各社は《前科・前歴は原則として報じないが、事件の本質や背景を理解するうえで欠かせない場合は報道する。生い立ちや生育歴なども事件の全体像にせまるために必要な範囲で報じる》（朝日）と規定している。

識者コメントでは、朝日が《容疑者ら個人に焦点を当てるコメントは、逮捕直後で状況や証拠が十分に明らかになっていない場合、原則掲載しない》と明記している。

各社とも事件報道の意義について、《容疑者はどのような人物で、なぜあの犯行に及んだのかなどの情報を知ることで、ある種の理解や納得感が生まれ再発防止策を考える機運も生まれてくる》（朝日）と主張している。

しかし、逮捕から起訴までの段階では、被疑者が犯行を犯したかどうか分からない。各社の方針には、被疑者の姓名、住所、顔写真などの個人情報を逮捕段階で報道する実名報道主義の見直しが一切書かれていない。逮捕と同時に実名を報道するのは、被疑者＝犯人と見ているからではないか。

捜査段階で拘禁されている被疑者から取材することはできないし、弁護人が被疑者の代弁をすることは難しい。《捜査当局や裁判手続きをチェックする》（各社）というなら、逮捕状を発付する判事、逮捕状を執行する司法警察員、起訴する検察官の役職と姓名を報道すべきではないか。捜査段階で被疑者は丸裸にされるが、捜査する側は顔をほとんど出さない。

報道各社の取り組みの詳細は市民に開示されていない。各社の指針の全文を公表すべきではないか。

裁判員制度に向けた報道各社の対応

裁判員制度の施行に向けた報道各社の対応について、朝日・毎日・読売・共同の四社が発表の記事・資料をもとに、項目別に比較したものを以下に記載する。

（1）情報の出所明示

朝日「動機などについての供述は全体像の解明と再発防止のためにも重要だが、任意性や信用性が疑われる事例もある。このため、情報の出所やその位置づけをできるだけ明らかにするとともに、これまで以上に弁護士ら容疑者の言い分も取材して「対等な報道に」に努める」

毎日「指針〈報道の信頼性を高めるために、情報の出所を原則として明示する。明示できない場合でも、可能な範囲で表現を工夫する〉」

読売「供述や証拠が絶対的ではないことが、読者に伝わるようにする。情報の出所を示せる場合は、捜査側の情報なのか弁護側の情報なのか明示するよう心がける」

共同「事件記事では、情報の出所が警察・検察なのか、被疑者・被告側なのか、あるいは現場周辺の人、被疑者らを知る人なのかなどを伝えることによって、その情報の位置付けが分かり、読者の受ける印象は大きく変わってくる。情報の出所を明示することで『過度の予断を与える恐れ』がないようにしたい」

（2）生い立ち、前科・前歴

朝日「前科・前歴は原則として報じないが、事件の本質や背景を理解するうえで欠かせない場合は報道する。生い立ちや生育歴なども事件の全体像にせまるために必要な範囲で報じる」

毎日「容疑者の対人関係や性格、生育歴などのプロフィルは、取材を最大限に尽くしたうえで、事件の本質や背景を理解するために、必要な範囲で報じる。容疑者をおとしめるような言い回しや表現は避ける。前科・前歴については、これまでと同様に、慎重に扱うが、容疑者が過去に犯罪等を起こし、それが当該事件との共通点、関連がある場合は、必要に応じて報じる」

読売「容疑者の生い立ちや経歴、人間関係や人物像に関する記事では、容疑者の悪性格だけを誇張することのないようにする。特に前科・前歴に関する記事は、裁判員の心証に及ぼす影響が大きいので、表現や扱いに注意する」

共同「被疑者と被告の生い立ち、性格、対人関係などを伝えるときは、まず事件報道の目的・意義を果たすため、必要な範囲はどこまでかを考える。報道する際は、情報の出所を明示し、被疑者らを有罪の確定した犯人と決め付けたような表現はしない」

（3）識者コメント

朝日「識者コメントでは、容疑者ら個人に焦点を当てるコメントは、逮捕直後で状況や証拠が十分に明らかになっていない場合、原則掲載しない」
毎日「事件の全体像が判明しない段階では、識者談話が事件の性格や容疑者・被告、被害者らについて誤った印象を与える恐れもあるため、十分に留意して取材する」
読売「捜査段階での識者のコメントは、確定していない事実を基にしたものであることに留意し、『仮説』であることがわかるようにする」
共同「被疑者・被告の有罪を前提とした識者コメントは避けたい。事件の背景を伝えるため、どうしても必要な場合は、まず『容疑者が事件を起こしたとの前提でみると』や『警察発表の通りならば』などと書き、論評を報じる」

（4）被害者報道

朝日「犯罪被害者や遺族に関する報道は、その思いを十分にくみつつ、裁判員に過剰な影響を与える恐れも考慮し、処罰感情をことさら強調しないように配慮する、などだ」
毎日「集団的過熱報道などを引き起こさないように留意しながら、必要な報道に努める。裁判員制度のもとでは、容疑者特定後の被害者についての報道が裁判員の判断に影響を与える可能性があり、被害者らの思いを酌みながらも、処罰感情を強調しすぎることがないよう、見出しの表現や記事の扱いを考える」
共同「集団的過熱取材などを起こさないよう十分注意しなければならない。犯罪被害者やその遺族らが記者会見や個別取材で、悲しみや犯罪を憎む心情などを明らかにした場合、必要な報道に努める。　…中略…　ただ、被疑者・被告の逮捕・起訴後、被害者らが被疑者・被告を一方的に攻撃し、激しい処罰感情などを明らかにした場合、記者活動の指針が〈基本姿勢〉に掲げる『客観的事実に基づく公正な報道』に当たるかどうかや『過度に予断を与える恐れ』を十分に考慮し、報道の是非を慎重に検討する」

（5）事件報道の意義

朝日「容疑者はどのような人物で、なぜあの犯行に及んだのかなどの情報を知ることで、ある種の理解や納得感が生まれ再発防止策を考える機運も生まれてくるのだと思います」

毎日「もとより、事件・事故に関する情報（裁判や刑の執行に関する情報も含めて）は、公共の関心事であり、社会に影響が大きい事件・事故ほど公益性は高いものです。国民の知る権利に応えるために、何が起きたのかを正確につかみ、人の安否に関する情報を早く社会に伝え、社会的背景を掘り下げて再発防止策を探ることは報道の基本的役割の一つです」

読売「ただ、刑事司法が犯罪者の適正・迅速な処罰を目的としているのに対して、報道には、犯罪をもたらした要因や、事件をきっかけに明らかになった社会問題の究明、同種事件の再発防止、公権力の行使が適正になされているかどうかの監視、国民の知る権利への奉仕など、より広い目的がある。裁判員制度を機に、従来の事件報道の意義が否定されるわけではなく、公平な裁判の実現を妨げずに報道機関としての使命を果たしていくことは十分に可能だと考える」

共同「協会指針は『刑事司法の目的のひとつは事案の真相を明らかにすることにあり、この点は事件報道の目指すところと一致する。しかしながら、事件報道の目的・意義はそれにとどまるものではない。犯罪の背景を掘り下げ、社会の不安を解消したり危険情報を社会ですみやかに共有して再発防止策を探ったりすることと併せ、捜査当局や裁判手続きをチェックするという使命がある』と述べている。こうした事件報道の目的・意義は変わらない」

なお、毎日新聞は公判前整理手続きの報道に関して、「《公判前整理手続き》検察側や弁護側の一方の主張に偏らないように留意する」と表明している。

「人を裁く」のではなく冤罪の発見の場に

○八年一二月一三日にＮＨＫで放送された裁判員制度の討論番組で、雑誌編集者が「日本の裁判は最悪の状態だから、裁判員裁判が始まってもこれ以上悪くならない」という趣旨の発言をしていたが、私はもっと悪くなると懸念している。

最高裁のＨＰに《裁判員制度Ｑ＆Ａ》がアップされている。その中で、マスコミに関係する質問と答えが三つある。以下、抜粋する。

《――裁判員になった場合、その事件が取り上げられたテレビのニュースを見たり、新聞の記事を読んだりしてはいけないのですか。

帰宅された後は普通の生活に戻るのですから、テレビを見たり新聞を読んでいただいて構いません。しかし、裁判員として判断していただくときには、あくまで法廷で示された証拠だけに基づいて判断してもらうことになります。

――裁判員をマスコミから守る制度はあるのですか。

判決の宣告前は、報道機関に限らず、誰であろうと、事件に関して裁判員に接触してはならないとされているので、取材を含め、面会、手紙、メール、電話などすべての方法によって裁判員と接触することが禁止されています。もし、裁判員の仕事に関して頼み事をした場合、その人は処罰されますし、判決宣告後であっても、職務上知り得た秘密を知ろうとして、裁判員と接触することは禁止されています。さらに、裁判員の名前・住所など、裁判員が誰であるのかを特定するような情報を公にしてはならないともされており、裁判員候補者の名簿も開示が禁止されているなど、裁判員の保護が図られています。

――報道機関により、裁判員も法廷内で撮影され、テレビや新聞に報道されることはあるのですか。

法律上、何人も、名前、住所その他裁判員であることを特定するに足りる情報を公にしてはならないとされていますので、裁判員の顔などが法廷内で撮影され、テレビや新聞で報道されることはありません。

なお、現在、法廷内での撮影は、開廷前に認められることがありますが、裁判員は、この撮影を終えてから入廷していただくことになります。》

不十分な新聞協会の各社対応

今のままの新聞、テレビ、雑誌、ネットの事件報道が続いたら、一般市民である裁判員が目の前に現れる被告人に対し予断や偏見を持ち、公判に出される証拠だけに基づき、法令に従って公正な裁判を行うことは難しい。

これまでに述べたように、報道各社は「平木六提言」を受けて犯罪報道の見直し作業を続けている。ＮＨＫの今年に入ってからの事件ニュースでは、「警視庁の幹部がＮＨＫの取材に対し、……と明らかにしました」などと情報の出所を前より詳しく報じている。

各社が犯罪報道を見直すのはいいことだが、これまで「県警の調べによると」と書いてきたのを「県警の捜査関係者が本紙の取材に対し……」と情報源を詳しくするだけでは、「本質的には何も変わっていない」（ある全国紙記者）と思う。

福地献一・朝日新聞東京本社社会エディターは〇八年九月二六日の記事でこう書いている。

《容疑者はどのような人物で、なぜあの犯行に及んだのかなどの情報を知ることで、ある種の理解や納得感が生まれ再発防止策を考える機運も生まれてくるのだと思います。（略）一方、冤罪は防がなければなりません。弁護人も含めて取材を尽くしたうえで、報道を抑制するのではなく、報じる情報の位置付けを明確にすることで、裁判員に予断を抱かせないようにしようというのが私たちの結論です》

事件発生から逮捕、そして自白までの洪水のような報道をどうするかだ。私が疑問に思うのは、なぜ「実名報道が原則」に固執するのかということだ。官憲の逮捕というアクションを実名掲載の根拠にしているのでは、捜査当局の監視はできない。被疑者を「犯人」と見ているから、実名を出せるのだ。

神戸のＵＨＦ局のサンテレビは〇八年秋、「犯罪被疑者の名前表記の基準案（たたき台）」を決め、「原則は匿名、以下の場合は顕名」として、①重大事件②収賄・横領など公務員（弁護士・税理士などの「士」を含む）が立場を利用して行った犯罪③著名人（政治家・首長・財界人・芸能人など）による犯罪④組織犯罪を起こした組織――を挙げている。①被疑者に責任能力がないか、責任能力がないと推察される場合②被害者に不利益が生じる場合③不起訴（起訴猶予）や無罪判決が出た場合――には匿名としている。まず匿名から出発して、顕名（名前を出す）にするかどうかを決めている。

日本共産党の「赤旗」は一般市民の匿名原則を実施し、創価学会の「聖教新聞」は被害者の仮名原則を貫いている。

新聞労連の一二年前の「新聞人の良心宣言」でもうたっているが、まず匿名からスタートして、顕名にするかどうかを取材記者とデスクの慎重な協議で決めるようにしようという方法だ。その基準は事件にニュースバリューがあるか、被疑者・被害者の姓名が「知る権利」の対象かどうか、つまり「人民の権益」に深く関係するかどうかで決める。

市民が逮捕された時に、匿名から出発していけばいい。そうすれば、「被疑者が精神医療のユーザー、知的障害者である場合に仮名にする」ということはなくなる。まず匿名だから、「一九歳の殺人被疑者は名前が出ないで、賽銭ドロボーの二〇歳の人の名前が出る」という矛盾も解決する。

メディア幹部は「事実を報道するのに、姓名は欠かせない」「権力監視のために実名は必要」と言うが、現職の裁判官は「メディアの人たちは、捜査機関の捜査活動を監視する役割もあるとよく言う。抽象的にはその通りであると思うが、そのような報道は比較的少ないのではないか」と指摘した。この裁判官はメディア界に次にように要望した。

「事件報道では、報道の自由と公正な裁判の確保というずれも重要な憲法的価値を実現できるように、ジャーナリズムの側で配慮・工夫をしてもらいたい。裁判員の選任手続きや裁判手続きの中で、裁判員が報道の影響により予断や偏見を持って事実認定がゆがむようなことのないように、十分気を付けようと思うが、メディア側の配慮がなければ、裁判官の配慮だけでは不十分であると思う。メディア各社が事件報道に関して自主的なガイドラインを策定されることを期待している」

舞鶴逮捕は裁判員裁判回避か

最高裁は四月一〇日、殺人事件や強盗致傷など裁判員裁判の対象となる事件は〇八年全国で二三二四件起訴され、〇七年より三二一件減ったと発表した。四月一一日の新聞各紙は各都道府県別の裁判員（補充裁判員含む）に選任される確立を試算した結果を発表した。共同通信の試算によると、五五九〇人に一人の割合で選ばれる。最も高いのは大阪地裁本庁（二九二二人に一人）で、最も低い山形地裁（一七四六〇人に一人）の六倍に上った。

一方、京都府舞鶴市で高校一年生（当時十五）を殺害したとして四月七日、京都府警に逮捕された男性（六〇）の取り調べをめぐって、京都弁護士会は一〇日、記者会見を開き、全過程を録画・録音するよう求めた。

府警はこの男性に対して、強引な家宅捜索を繰り返し、メディアも不当捜査を煽ってきた。府警の逮捕強行は、裁判員裁判を避けるためだったと思われる。

四月八日の読売新聞は次のように報じた。

《府警は今回、〇〇〇容疑者を殺人と死体遺棄の両容疑で一括して逮捕することを選択した。物証の乏しい殺人事件の場合、警察当局は死体遺棄など関連容疑で逮捕し、二十日間の拘置期限まで取り調べた後、殺人容疑で再逮捕することが多い。今回もこの手法を取って拘置期限を最も長く取れば、来月二一日が拘置満期になる計算だ。
来月二一日は、同日以降に起訴された殺人などの事件が裁判員裁判の対象となる大きな節目。七日に記者会見した京都府警の西裕捜査一課長は「裁判員裁判とは関係ない」と述べたが、府警や京都地検の一部には、「裁判員ではなく、職業裁判官に判断してもらいたい」という声があったことは確かだ。物証や自供がない中、状況証拠を積み上げて容疑者を逮捕した今回の捜査を、裁判員がどう評価するかは不透明で、捜査当局はぎりぎりの決断を迫られたとみられる》

（〇〇〇は記事では実名）

最近は物証のある殺人事件でも、当局は死体遺棄などの関連容疑で逮捕してから、二十日間の勾留中に自白を迫り、次に本件の殺人で再逮捕することが普通になっている。私が記者のころは、こういう逮捕は「違法な別件逮捕」として強い批判を浴びた。本来は例外的にしか認められないはずの「十日間の勾留」が自動的に二回認められることが問題なのに、メディアにそういう批判的視点は全くない。

殺人事件とこの男性を結びつける物証は何もない。男性は軽微な事件で実刑判決を受けて刑務所で服役中であり、証拠隠滅、逃亡の恐れは全くない。自白をとるためだけの逮捕だとしか考えられない。

いずれにせよ、五月二一日に始まる裁判員制度は捜査当局にとっても未知数のようだ。

裁判員は判決後、記者会見を　新聞協会が呼び掛け

新聞協会は〇九年二月二六日、裁判員制度が五月に施行後、裁判員を務める人に、取材・報道への理解を求め、判決後の記者会見への参加を呼び掛ける「裁判員となるみなさんへ」を公表した。新聞各紙は二七日にこの呼びかけ文を大きく報じた。最高裁も制度の定着には裁判員経験者の声が広く伝わることは重要として、記者会見の実現に協力するとしている。

新聞協会によると、各地の司法記者クラブが裁判所内の記者室で行う。会見は原則として、判決後直ちに実施され、参加を了解した裁判員経験者に出席してもらうという。「裁判用語を十分に理解できたか」「人を裁くプレッシャーを感じたか」などの質問を想定している。最高裁と新聞協会は裁判員法の成立以降、一二回に渡って非公式協議を重ねてい

る。最高裁は、「非公式協議を行っていることは公表していいが、出席者の役職、姓名や協議の内容は口外しない」という姿勢だ。

新聞協会が市民の信頼を失っているから、裁判所の力を借りて、裁判員に取材をしようという魂胆が透けて見える。最高裁がお膳立てする記者会見で、裁判所に都合の悪い情報が明らかにされるとは思えない。また戦前、治安維持法下で生まれた日本独自の「記者クラブ」の壁をどうするかも課題になる。新聞協会加盟社の記者で、各官庁や大企業の「記者室」に常駐できる記者、またはそれに順ずると「記者クラブ」が認定した記者だけが、「記者クラブ」メンバーになれる。私のようなフリージャーナリスト、「日刊ゲンダイ」など出版社系の新聞、「赤旗」など政党機関紙、ネット新聞の記者はこの会見に出られない。「会見」を求められる裁判員経験者は無作為に選ばれた市民なのに、会見に出る記者は特権を持つ記者だけになる。

メディアがいかに権力に弱いかを示す記事があった。弁護士や学者らが呼びかけてできた団体「裁判員制度はいらない！　大運動」が〇八年一二月二〇日、東京都内で、制度への疑問などから裁判員になりたくないと主張する裁判員候補者３人の記者会見を開いた。

三人は会見で、本名、職業、顔を明らかにして「裁判員にはならない」と明言したのに、新聞各社は《東京都内の会社員（六五）》《千葉県内の元教員（六五）》《ＩＴコンサルタント（六三）》（朝日新聞）と仮名にした。一部のテレビは三人の顔にモザイクをかけた。私の見た限り、三人を顕名報道した大手メディアはなかった。

読売新聞は見出しに《裁判員制度に反対、実名で会見》と書きながら、三人を仮名にしたうえで、《裁判員法では、罰則はないものの、裁判員や候補者のプライバシーを保護し、不正な働きかけを防ぐために個人情報の公表を禁じている》と書いた。

誤判が増えると断言する冤罪被害者

私は昨年から、ゼミの学生たちと共に、冤罪の被害者やジャーナリストに、「裁判員制度についてどう考えるか」「犯罪報道はどうあるべきか」を聞いてきた。

二年間刑務所で服役した後に、〝真犯人〟が現われてやり直し裁判で無罪になった富山県氷見市の強かん冤罪の柳原浩氏は「現時点で、裁判員制度をやる必要はない。プロである裁判官もこの人は有罪であるか、無罪であるか決めかねているのに、裁判員になった市民が決められるわけがない。しかも警察検察は自分たちに有利な調書しか出してこないので、裁判員も有罪の方向にいかざるを得なくなってしまう。そうすると冤罪被害者は減っていくどころか、ますます増えていってしまうだろう」と予測する。

「今、裁判所の機能は止まったままだ。そもそも、裁判を多数決で決めるというのは信じられないし、あってはいけないことだ。今やるべきことは、取調べの全過程の可視化だ。任意同行の取調べの段階から、取調室の中をすべて映す。自分から話して自白したのか、脅されて自白したのか、つまりどんな風にして自白をしたのかが証拠で残る。捜査員はどんな姿勢をとっていたのかも見える。今一部、可視化を実施しているところもあるが、あれはたくさんの取調べをやった後に『今から撮りますよ』と言って撮った映像しかない」。

「私の場合だと、捜査員六人が突然来て取調べが始まった。ずっと密室の中だ。引き当たり捜査の時も映像を撮るべきだ。私は警察に被害者宅の前に連れて行かれて『どの家か指せ』と言われた。指すも何も、前にはその家一つしかない。そして、中を見た後に「見取り図を描け」と言われた。すでに見取り図が鉛筆で描かれていて、『それをペンでなぞっていけ。間違っているところは消しゴムで消せ』と言われた。そんな捜査も映像があればすべて分かる」

柳原氏は裁判で「自分はやっていない」と言えなかった。「六人の裁判員がいても自分はやっていないと言えないか」と聞いた。

「提出される証拠が有罪になるようなものしか出ていない。はなから無罪だとは誰も思わないだろう。また私の弁護士は、役に立たない弁護士だったから、自分はやっていないと言えるチャンスもなかった。弁護士は全部証拠を確認して、ここがおかしいと言えるはずなのに、それができない。弁護士がいても有罪の弁護になってしまうのだ。とくに国選の場合はほとんど有罪の方向にもっていかれてしまう。私の場合も国選だった」

柳原氏は「死刑判決を言い渡して、その後無罪であったことが証明された場合、裁判員の中で責任を感じて自殺をしてしまう人が出てしまうのではないか。裁判員の方は誤った裁判にかかわってしまう。警察に有利な情報しか公開されない裁判において、裁判員は決断に迫られて、死刑判決を出してしまい、執行された後にその被告人の無罪が証明された場合、一度でも裁判にかかわった裁判員は悔やんでも悔やみきれないと思われる」と話した。

柳原氏は報道についてこう提言した。

「ローカル新聞などは警察から情報をもらうため、警察の批判をできないと言い、それが中立な報道がなされない原因であるが、対策はあるか。また、報道関係者はどうあるべきか。警察から情報がもらえなくなってもいいと割り切って、警察官の名前などを公表してしまえばいい。逮捕時、新聞は自分の関係しているところは、切り抜かれているか、黒く塗りつぶされているかで、刑務所内にて自分の報道されているものを見る機会はなかった」

柳原氏は「氷見事件では、鳥取で真犯人が出てきた。これは本当に奇跡中の奇跡である。日本では冤罪の人が無罪を勝ち取るっていうのは、針の穴に通るくらい難しいということだ。あらゆる冤罪事件で怖いのは、もし本当にその犯人が出てこなかったら、私は今も、元強姦魔として、刑務所から出てきた人として一生を終えていただろうということである。これが本当に怖いことだ」と語った。

裁判員抜きの公判前整理手続きの危険

第一次逮捕から二五年後に無罪が確定した甲山事件の山田悦子氏は次のように語った。

「現在の犯罪報道のあり方は、逮捕時に社会的有罪判決を下してしまっている。日々、新聞やテレビの報道に晒されている市民は、よほどしっかりした視点をもった人でないと、犯罪報道に疑問をもつことは困難だ。裁判員制度は重大事件が審理の対象となっているので、マスコミの報道は、冷静さを失いよりセンセーショナルなものになる。マスコミによって作り出される社会風評に、市民が影響されないという保障は、どこにもない」

山田氏は「司法の流れが厳罰主義に働いているわけだから、検察官の用意した有罪証拠、しかも、裁判員抜きの公判前整理手続きで厳選された有罪証拠の中から、冤罪を訴える被告の無罪を発見するのは、今以上に困難になると言える。しかも迅速裁判だから、数回の審理で無罪を証明するのは難しくなる。現在九九・九パーセントの有罪率は一〇〇パーセントになると予測される」と見る。

「無実の被告人には、検察官の有罪証拠を潰すためには時間が必要だ。公判前整理手続きは、裁判員不参加の非公開が原則だから、裁判員は、証拠をめぐり、そこで、どのような検察官と弁護士の応酬があったかを知ることはできない。冤罪事件の最初の激しい抵抗の姿を裁判員は目撃することができない。公開されない法廷の、検察官と裁判官に対する権力チェックなど、今のマスコミには毛頭ないでしょうね」

鹿児島志布志事件（踏み字事件）の冤罪被害者・川畑幸夫氏も「捜査の全過程の可視化」を訴える。

「裁判員制度を始める前に、取り調べを可視化しなければいけないと思う。市民は、自白調書がどのようにして取られたのか分からない。検察庁は一部可視化すると言っているが、取り調べで刑事に恫喝され、ひるんだところで録画・録音を始める。それが自白調書になれば、かえって危険だと思う。任意取り調べの最初の段階からすべて可視化しないと、裁判員は調書を信じてしまうのではないか」

川畑氏はメディアと記者に次のように訴えた。

「報道に対して、本人・家族は目を覆い、耳をふさぎたくなるが、逃げたくても逃げられない。冤罪を作った警察幹部は匿名を守られ、異動で逃げ出せるが、私たちは、どこにも逃げられない。警察も裁判所も、とてつもない大きな組織です。無実の市民を犯人にするのは、赤子の手をひねるようなものです。冤罪とわかっても、県警本部長は一人の刑事に責任をかぶせ、トカゲのしっぽを切っていなくなる。警察とはそういうところです。長年、警察のモニターとして協力してきたことが恥ずかしい。報道機関は、警察の言いなりにならず、自分たちで調べた事実を人間としての道理、ルールを守って報道してほしい。若い記者は夢を持ち、正義感に燃えて新聞社に入ってくるのだと思う。それを捨てないで、事実を伝える記者になってほしい」

このように冤罪被害に遭った人たちのほとんどは、裁判員制度で冤罪が増えると断言している。

松本サリン事件被害者の河野義行氏は、〇八年十二月に始まった被害者の裁判参加制度と裁判員制度が一緒になることを懸念している。

「私が検察官だったら、被害者参加について、『これは利用できるな』というように思うだろう。例えば検察は、その人が罪を犯したということを証拠で示せなかった場合、感情で訴えればいい。裁判員制度というのは、裁判官と裁判員になる市民が同等の権限を持つということだから、その法廷の場所で被害者を言ってみれば最大に利用できる、ということだと思う。元々、被害者が加害者に尋問するという前提は推定無罪の原則に抵触する。その人がやったという前提で、被害者側が被告人に尋問する、これもちょっと怖い。例えば証拠がなくて決め手にならない時に情に訴える時、裁判員の前で泣きながら、『うちの娘を帰せ』『うちの息子を帰せ』と泣き崩れたらどっちへ寄るかということを考えてほしい。裁判員は、公正中立といいながらもやっぱり情のところに流される、怖さがある」

河野氏は裁判員制度について、「確かに問題がないわけではないが、今の職業裁判官の判決を見た時に、いわゆる市民感覚でおかしいと思う裁判がある。和歌山カレー事件の被告人の林真須美さんの場合、林さんが砒素化合物を入れて事件を起こしたという立証はできていない。立証できていないが死刑判決が出ている。そういう意味では、いわゆる市民感覚にちょっと希望する面はある。同時に怖いものを感ずることもある。裁判を短期間でやるというけども、裁判官が検察と対抗できるだけのマンパワーで、証拠の検証とかできるのか。あるいは被告人に対しての、言ってみれば意思疎通もできないうちに判決になってしまうのではないか。いろんな怖い面はある。しかしいずれにしてもこれは、これから始まるわけだから、問題が出た時にそれを徹底的に修正していくということが大事ではないか」と述べた。

裏金告発の巡査部長の裁判員制度批判

全国で唯一の現職警察官として警察の組織的裏金作りを実名告発した仙波敏郎・愛媛県警巡査部長が三月三一日退職した。私は同日松山に入り、仙波氏の県警本部前での支援者へのあいさつと、同日夜、松山市内のホテルで開かれた仙波氏の退職と『現職警官「裏金」内部告発』（講談社）の出版を祝う会に参加した。

仙波氏は「現職　仙波敏郎」とサインした新著をプレゼントしてくれた。同書には現職時代には書けなかった裏金作りの具体的な記述があり、四月一日に発売された。

北海道警の裏金を調査報道し新聞協会賞を受賞した北海道新聞の佐藤一（はしめ）デスク（現在、東京支社社会部記者）、中原洋之輔記者から贈られた日本酒が飾られた。

仙波氏の退職祝賀会の前に、仙波氏の闘いを支えてきた元産経新聞記者の東玲治氏を偲ぶ会が約四〇分開かれた。

同志社大学浅野ゼミは〇八年一〇月一六日、仙波、東両氏を招き、「警察の裏金とマスメディア」をテーマにしたシンポジウムを開いた。このシンポから五日後の一〇月二一日、東氏が松山市内で心筋梗塞のため死亡した。東氏は前から心臓が悪く、シンポの当日も薬をのんで登壇していた、と後で仙波氏から聞いた。東氏の同志社での講演は、ジャーナリスト・東氏さんの後に続く記者たちへの遺言となった。

仙波氏は裁判員制度の導入について「裁判員裁判で司法がよくなるとは思えない。国民の裁判参加で、国民の意識が変わるとも思えない。なぜなら最初に被疑者を捜査する警察が全くまともではないからだ。捜査をする人が裏金づくりで犯罪をおかしている。上の人間の評価だけを気にしているから、正しい捜査ができるはずがない。また、富山の柳原浩さんのように、警察は『犯人』をつくる。刑事訴訟法では『疑うに足る相当の理由』が必要なのに、証拠に基づく捜査を全くやっていない。捜査がそのままでは、裁判員も間違ってしまうと思う。また、検察庁には捜査能力がないから、警察任せになる。裁判官には正義感はあるが、自分で見る目がない。プロでさえ間違える状態なのに、冤罪が起これば、市民が冤罪作りの共謀罪の犯人になってしまう。職業裁判官が言うのだから、ということで裁判員になった市民は、裁判官に従ってしまうだろう」と述べた。

「私は三十年以上、マスコミの記者たちに裏金があると伝えて、取材し報道するように頼んできた。しかし、どこも書かない。記者クラブで談合して書かない。〇五年一月二〇日、私が実名、顔出しで裏金問題を内部告発する記者会見をやると知った愛媛新聞は、会見当日に一面で大きく報じた。この報道は迷惑だった。県警が会見を阻止しようと必死になったからだ。いつの時代も、警察はマスコミを統制したい。マスコミは自分の力で真実を探り、見つけるべきだ」

東氏も「警察が裏金という違法なことを日常的にやっている。裁判に市民の風を入れると言っても、事件の捜査をして被疑者を逮捕し、送検する警察官がまともにならなければ、公正な裁判もできない。今やるべきは、警察を市民のための組織にすることだ」と指摘した。東氏は「警察は証拠を捏造し、自白を強要し、検察は自らの体面のために、証拠に基づかない起訴をすることがある。捜査権力がモンスター化している」と指摘した。

救済のために裁く場と光市事件元少年

四月一〇日、広島拘置所第二面会室で約二五分、光市事件被告人の元少年と二度目の面会をした。ゼミの四年生も同席した。〇八年一二月、別のゼミ生と共に会って以来だったが、元気そうだった。元少年は〇八年四月、差し戻しの広島高裁から死刑判決を言い渡され、最高裁に上告中だ。

元少年は私の「マスコミ市民」〇九年三、四月号の連載記事を熟読した上で、「裁判員裁判についての見解」をノートに書き留めて、面会室で読み上げてくれた。

「雑誌で取り上げられている人たちはみんな無実の罪で苦しんだ冤罪者ばかりで、自分のような実際に犯罪を侵した有実者が出ていいのだろうかと悩んだが、私の裁判員制度についての考えをまとめた」

以下は元少年との面会の記録である。

《法の理念は「救済」にあって、「裁き」にはないということは、日本国憲法がまずもって証明しており、数多くある法律の中で一番、日本国憲法が日本人から支持される由縁はそこにあると思います。そして「裁き」とは法を著しく逸脱した者に対して与えられるペナルティ。ですから、何人も裁きを恐れてはならない。裁判員になる人たちは、むしろポジティブに構えるべきだ。「法の実現」のために歩みたいと思う人のためには何が必要なのか。それは裁きではなく、救いだ。僕の立場を考えると、ペナルティを受けなければならない存在ではあるが。しかし現在は、僕には、裁きこそが救いとなっていると思う。裁くことがその人にとっても救い。裁判員になる人、ならなくても可能性のある人は、そこに救いのない実態を知れば、怯えてしまうだろう。人を断罪するものであるならば、足が運びにくい。

自分は個人的には裁判員制度に対して「悲しい」と思っている。人は本来優しいもの。だから、傷ついてしまう。形を変えて、より逞しくなろうとして、愛しい存在や大切なものを守ろうとして生きてきた。守ろうという気持ちは、ある程度どうしても片方を守るためには、片方に危害を加えなければならないという問題が生まれると思う。

その気持ちは最近自分にかかわってくれる人が増えて、気付くことができたのかもしれない。なぜ悲しいか。メディアは人が着目するところを扱う。一面しか見ない。人は多面的な生き物である。つまり、怒りだけではなく、優しさもあるというところを取り上げてほしい》

《メディアは決して絶望状態ではない。むしろ、可能性を秘めている。マスコミが支持すれば、人々も支持していって、裁判員制度もプラスに進む。浅野先生のまとめた「マスコミ市民」〇九年三月号四二ページの最後に「凶乱メディアの改革は不可能だ」とあるが、メディアが能力を失ったのではなく、能力があるのにそれを発揮できていないということに対する悲しみがある》。

元少年はメディア責任制度にも関心を持っている。

《責任制度というと、手かせ、足かせのように感じられる。メディアは既にかせをはめられている。浅野先生にできることはもう少しあるはず。まずは、かせを外してあげること。「良くなりたい」という気持ちは彼らにもあるはず。相手にとって形が変わってしまうこともある。弁護士に悪意があるとは感じられないはずだ。しかし、遺族に対する気持ちが強い。こちら側が追いやられている現状もある。双方がよくなっていく可能性を信じたい》

「人には怒りだけではなく、優しさもあるということを、どういうときに感じたのか」と聞いたところ、元少年は「僕のような立場の者に声を掛けてくださったりする人たち。そういうことがあって、国民と呼ばれている人たち。人は優しいということを感じることができる」と答えた。

「死刑というものを宣告されて、時間はかかってしまったけど、今思うのは、悔いのないように生を謳歌していきたい。生きるためにはある程度の蓄えが必要。生きて、活かしていきたい。生活とは、生きて、活かすことができなければ、という問い掛けだと思う」

どういう人が会いに来ているかと聞いた。

「ジャーナリストや記者が多い。組織の中で、異色の存在の人たち。個人的に来ている人もいる。遠方から、費用を問わずに来ている新聞記者もいる。休暇をとって来る人もいる。まず手紙が来る。ある程度まとめてからでないと、記事にできないが、いずれ記事にしたいとの思いで来ている。東京の人が多い。全国紙の社会部の記者や、雑誌編集者だ。自分としても、できる限り協力していきたいという気持ちがある。情報の受け取り手のことも考えていきたい。今、こうして思うまでにも、いろいろな過程があった。それを伝えていきたい。記者は若く、自分と同世代だ。６人くらい。定期的に連絡が来る」

「今は、読みやすいライトノベルとか読む。自分で詩や童話を書く。いつか本を出せたらいい」

マスコミ界の現状に絶望している私に、マスコミ労働者がやりたいことができるように、労働者をがんじがらめに縛っている手かせ、足かせを解き放つように努力してほしいと励まされた。私は、現場の記者たちに期待しているからこそメディア批判をしている。メディアの幹部に対する批判だ。

組織の中の記者としてではなく、個人として元少年に面会を続けている東京の記者たちが6人もいることに私も希望を感じた。「今は、面会していることを、デスクにも言えないし、記事にするのは非常に難しいが、いずれ報道したいと思う」と元少年に語る記者がいるのだ。

各社の事件報道指針が出揃う

裁判員制度の実施を間近に控え、新聞各紙は、事件報道に関する各社ごとの指針・ガイドラインを順次、策定するとともに、それに基づいた記事スタイルの紙面化を始めている。

朝日新聞は〇八年九月の中間的な指針に続いて三月二二日の紙面で《裁判員時代の事件報道へ　信頼される記事、積極的に　朝日新聞の新しい指針》と題して、《裁判員制度導入をひかえ、朝日新聞社では検討チームをつくって二年以上にわたり、事件・事故報道のあり方について検討と議論を続けてきた。その考え方を昨年九月二六日、中間的な指針として紙面で紹介し、約半年にわたり「試行」の形で実際の紙面に反映させた。試行結果とその後の議論を踏まえ、今回の指針をまとめた》と報じた。

指針の作成は《事件報道は、裁判員となる市民に予断や偏見を与えるのではないかとの意見が法曹側にある。朝日新聞社をはじめ各メディアが裁判員制度をにらんだ事件報道の改革に取り組んでいるのは、こうした懸念から報道規制につながりかねない条文が裁判員法に盛り込まれそうになったからだった》と述べた。

指針は「捜査段階の情報＝確定事実」ととられないよう、情報の出所をできるだけ明示することにした。

《情報の出所を明示することで、その情報は捜査側から伝え聞いたもので、あくまで捜査段階の情報だから確定した事実ではないと、示すことができる》として以下のように書き換えるという。

事件報道では、報道機関や記者が独自に進める取材による情報と捜査情報があるが、捜査段階の情報は変遷する可能性があるほか、情報の裏付けを報道機関が即座に行うには困難を伴うことがある。しかし事件の核心に迫る上で捜査情報は非常に重要で、報道機関の判断で、いち早く読者に提供しなければならない。

そこで情報の出所を明示することで、その情報は捜査側から伝え聞いたもので、あくまで捜査段階の情報だから確定した事実ではないと、示すことができる。「情報の主体と性格をはっきりさせる」というのはこうした意味だ。

捜査情報を確定した事実と受け止められることのないよう、情報の出所をできるだけ明示する。そのために、

（1）従来の「調べでは～の疑い」といった表現をやめ、「〇〇署によると、～した疑いがある」などと情報の出所を示す。

（2）警察当局の発表である場合は、「発表した」「発表によると」などと発表であることを示す。

（3）独自取材にもとづく場合は、「捜査関係者」「捜査本部」などを使い、情報の出所がわかるような書き方にする。弁護側や容疑者周辺から取材できた場合は「弁護人」「容疑者の関係者」などの表現を検討する。

（4）容疑者・被告の「供述」は、社会の正当な関心事であり、特に自白は、事件の全体像を探るカギとなる。再発防止にも重要な要素であることを改めて確認するが、供述はしばしば変化し、人から人に伝えられるうちにバイアスがかかることなどに留意し、「捜査本部」や「捜査関係者」などと情報の出所を示し、こうした情報源から伝え聞いた供述内容であると読者に伝わるよう客観的な表記にする。

また、対等報道の徹底も謳っている。

《もう一方の当事者、とりわけ弁護側への取材に努め、その言い分を報道し、できるだけ対等な報道を心がける。（略）また容疑者・弁護側の言い分を安易に批判・弾劾しない》

こうした情報源の明示は一定の前進だ。被疑者側の言い分を対等に報道するのも当然だ。しかし、警察情報に依存する報道姿勢にメスが入らなければ犯人視報道を払拭できない。逮捕から初公判までに偏った実名報道主義を見直すしかない。

二月二一日には産経新聞も指針を掲載した。共同通信もすでにまとめていたガイドラインの運用を三月から始めた。

朝日と東京の指針に、実名原則が明記されていないのは評価したい。新聞・通信各社の指針は共通点が多い。平木正洋最高裁総括参事官の六項目提言に沿ってガイドラインを設定した。

フリーライターの山本ケイ氏が「マスコミ市民」〇九年四月号で《裁判員裁判開始に伴う記事表現見直しで無視された「匿名報道」》と題する論稿において、浅野ゼミのメディア責任制度試案を高く評価してくれた。まさに私が一九八三年末から提唱してきた「匿名報道原則」は黙殺されている。私の主張そのものがなかったようにされている。

《今年五月から始まる「裁判員制度」に伴い、マスコミは犯罪報道（事件報道）について新たな記事表現を模索している。とりわけ犯罪報道をリードする立場にある新聞社の対応が注目されるが、現段階で公表されている状況を見ると、本当に犯罪報道について改善する意思があるのか疑問を抱かざるを得ない。裁判員制度の下で犯罪報道がもたらす影響としてもっとも懸念されているのが「犯罪報道が市民である裁判員に予断を与え公正で公平な判断に影響を与えるのではないか」という点である。しかし現状では従来の犯罪報道の域からほとんど出ないお粗末な内容となってしまっている》

《もっともな内容であるが重大なことについて検討された様子が全く見られない。それは実名報道と匿名報道の問題である。ここに示された指針は全て実名報道を基盤にしている。匿名報道とした場合には指針で示さずとも被疑者の人権は守られる可能性が高い。この「実名か匿名か」という議論をこの機会に全くすることなく、単に記事の書き方だけを変えようとしているところに大きな問題があるのだ。

その後に新聞紙面に掲載された朝日、毎日、読売の記事作成についての新たなガイドラインも新聞協会の指針を受けているため、ここでも実名か匿名かの選択は無視されている。記事表現を変えても記事から受ける印象は何ら変わりはないことは明確である。

朝日新聞が〇八年九月二六日付で掲載した「朝日新聞の考え方」には記事表現の見直しについて例示している。以下がそれだ。

■これまでの表現

○○署は二五日、××容疑者を傷害致死容疑で逮捕した。調べによると、××容疑者は二四日午後一一時四〇分ごろ、○○の路上で、同居する内縁の夫の××さんの腹を包丁で刺し、死なせた疑い。容疑を認めているという。

■朝日新聞が試行している書き方の一例

○○署は二五日、××容疑者を傷害致死容疑で逮捕したと発表した。同署によると、××容疑者は二四日午後一一時四〇分ごろ、○○の路上で、同居する内縁の夫の××さんの腹を包丁で刺し、死なせた疑いがある。容疑を認めている、と同署は説明している。

（傍線が変わった部分）

これまでと試行している書き方は確かに文章の一部は変わっている、しかし記事から受ける印象は全く変わらない。これで裁判員に予断を与えない配慮をしたのだとしたら残念ながら徒労でしかない。

毎日新聞、読売新聞も基本的には大きな変わりはない。》

《「匿名報道」を前面に打ち出した浅野ゼミ案

「犯罪報道の犯罪」など犯罪報道に関する多数の著書を執筆している同志社大学の浅野健一教授のゼミは昨年、「日本版メディア責任制度案」をまとめた。裁判員制度の開始を控えて、メディアへの法規制が強まる可能性が高まっているとし、新聞・雑誌業界に放送倫理・番組向上機構（ＢＰＯ）のような業界を横断する倫理綱領とそのチェックを行う「日本報道評議会」の設置を提案している。

それによると報道評議会とは「新聞協会・雑誌協会に所属する活字メディアを対象とし、市民から申し立てのあった事案について、倫理綱領違反が認められる場合に審議を行い、議決結果を公表する。これによって活字メディアが引き起こした報道被害の救済、メディアによる『犯罪』の再発防止のための抑止力となり、自浄能力を高めることで真の『表現の自由』を実現することを目指す」としている。

報道に関する倫理基準は日本新聞協会と各新聞・雑誌社が独自に設けているが、同ゼミが指摘しているように、横断的に報道について審議する体制はとられていない。人権侵害報道に遭った被害者は個別に各社に抗議するか、名誉毀損などの法的対抗手段をとるしかない。だが、個人にとってこうした対応は精神的にも経済的にも多大な負担を背負うことになってしまう。「報道評議会」が実現すれば報道被害の抑止や救済に大きな役割を果たすことが期待される。

同ゼミは新聞業界の労働組合で構成する新聞労連が一九九七年にまとめた「新聞人の良心宣言」をベースに学生主導で協議し独自に改訂版をまとめた。その中の「犯罪報道」の稿で明確に匿名報道を位置づけた。以下、新聞労連の良心宣言と同ゼミによる改訂文を併記する。

新聞労連の「犯罪報道」

新聞人は被害者・被疑者の人権に配慮し、捜査当局の情報に過度に依拠しない。何をどのように報道するか、被害者・被疑者を顕名とするか匿名とするかについてはつねに良識と責任を持って判断し、報道による人権侵害を引き起こさないよう努める。

① 横並び意識を排し、センセーショナリズムに陥らない報道をする。

② 被疑者に関する報道は「推定無罪の原則」を踏まえ、慎重を期す。被疑者の声にも耳を傾ける。

③ 被害者・被疑者の家族や周辺の人物には節度を持って取材する。

④ 被害者の顔写真、被疑者の連行写真・顔写真は原則として掲載しない。

浅野ゼミの「犯罪報道」改革案

新聞人は被害者・被疑者の人権に配慮し、捜査当局の情報に過度に依拠しない。また、市民に予断を与えるような報道を控える。被害者・被疑者の姓名については原則匿名とし、明白な市民の権益があると判断されるときに限り、顕名とする。匿名、顕名の判断においては記者が己の良識と責任を持って判断を行い、なによりも報道の結果として市民が不当な被害を受けないよう努める。

なお、犯罪報道を行う意義については「司法、警察当局等の権力を監視することで、冤罪の発生を未然に防ぐこと」と定義する。新聞人は、被害者及びその関係者の人権を最大限に尊重すると同時に、無罪推定を基本として被告人の人権を重視し、報道機関自身が冤罪の発生を防止する役割を担うということをつねに心に留め置かなければならない。

① 横並び意識を排し、センセーショナリズムに陥らない報道をする。

② 被疑者に関する報道は「推定無罪の原則」を踏まえ、一般市民の犯罪に関しては匿名報道を徹底し、姓名を公表しない。

被疑者の声にも耳を傾ける。
③　被害者・被疑者の家族や周辺の人物には節度を持って取材し、その身元及び身元が特定につながるような情報の公開は行ってはならない。
④　被害者の顔写真、被疑者の連行写真・顔写真は当事者の了解なしに掲載しない。
⑤　姓名、写真を報道する全責任は、それを報道したものにあると紙面上に明記する。

新聞労連のまとめでは氏名の報道について「被害者・被疑者を顕名とするか匿名とするかについてはつねに良識と責任を持って判断し」としたところを同ゼミでは「被害者・被疑者の姓名については原則匿名とし、明白な市民の権益があると判断されるときに限り、顕名とする」と匿名報道を原則とした点に大きな違いがある。また、氏名報道について記者と新聞社に重い責任を課しているのも特徴だ。

裁判員制度は待ったなしでスタートする。犯罪報道はこれまで以上に責任も役割も重くなる。本来は国民、市民の側に立って社会の不正を暴き、健全な民主主義の発展に寄与すべきはずである新聞が、無神経な人権侵害報道で「守るべき人」に刃を向けてしまうこともある現状は看過できない。新聞社と新聞記者はこの機会に犯罪報道を根本から見直し「社会の木鐸」としての役割をきちんと果たせるよう努めるべきである》

このように、浅野ゼミの提案を真摯に受け止めてくれたジャーナリストがいることをうれしく思う。

山本氏に引用の許可をお願いしたところ、快諾してくれた。山本氏は四月一二日のメールで、「舞鶴市の事件では男性の逮捕後、ひどい報道が垂れ流されています。これを見てもマスコミは犯罪報道について改める気持ちはさらさらないことは明白だ。今後もウオッチを続けていきたい」と書いてきた。

同志社大学・浅野健一ゼミは〇八年一二月一九日、最高裁判所事務棟一階会議室で、平木正洋・総括参事官に約三時間インタビューした。浅野ゼミのメディア責任制度について意見を聞くのが目的だった。ゼミのジャーナル『DECENCY』第一四号に、インタビュー全文が掲載されている。申し込みは浅野（〒602―8580　京都市上京区新町

今出川上ル　同志社大学社会学部メディア学科、ファクス075―251―3066＝学部共用なので「浅野宛」と明記を）まで。

私は匿名報道主義を柱とする報道倫理綱領の策定と、日本報道評議会設立しか、「公正な裁判」と「権力監視の犯罪報道」を両立させ、メディアに対する法規制を阻止する方法はないと確信している。

裁判員裁判開始まで一ヵ月を切った。活字媒体の業界に、メディア責任制度を作ろうという動きが全くないことに呆れている。五月二一日以後に起きる各地での「裁判と報道」をめぐる混乱は必至だ。私はメディア業界全体によるメディア責任制度の提起を続けていくつもりだ。これは私のライフワークだ。

II　犯罪報道の犯罪

1974年7月、松戸事件の遺体発見現場で警官を取材する筆者

《「人の不幸を覗き見てはならない。そういう奥床しさを、私たちはもたなければならない」。新聞記者の浅野健一さんの言葉です。マスコミの「覗き見主義」によって、被疑者とされた人たちが捏造をともなって私生活を書きたてられ、社会生活を根底から剥奪されてきました。本人のみならず、家族まで及ぶ凄まじさでもって。

このマスコミの有様は、警察のデッチ上げに手を貸し、無実の人を苦しめる結果を、幾度となく生んできました。浅野さんは、書くことによって、書かれる側の不幸を作り出してしまうことを、無実を叫ぶ小野悦男さん事件の取材から学ばれ、その深い反省から、犯罪報道の匿名主義を主張されています。この主張に心から拍手を送ります。市井の人の不幸を覗き見しない、暖かで冷静な視点こそが、本来、マスコミの使命である権力監視の活動を支える思想になると信じるからです。》

（1974年に起きた冤罪・甲山事件の元被告人、山田悦子氏が1987年7月刊行の浅野著『犯罪報道と警察　なぜ匿名報道』裏表紙に寄せた推薦文より）

日本のマスメディア（新聞、放送、雑誌）企業はさまざまな問題を抱えているが、犯罪やスキャンダルにかかわる報道に最大の問題があると思う。捜査段階で犯人探しをしてしまい、無罪を推定されている被疑者・被告人を断罪する構造、体質は私が記者を始めた一九七二年当時と全く変わっていない。むしろ報道界は全体として悪くなったと思う。警察に逮捕された人を犯人と決めつけて社会的制裁を加えるような取材・報道は、「法の支配」を日々破壊しているのではないか。

インターネットの時代では、個人や団体を誹謗中傷する情報が簡単に世界中に流れる。メディア企業だけでなく、一市民が情報をいとも簡単に発信できる。

日本の皇室関係者が、結婚・出産などの取材・報道について、「皇族のプライバシーも保護されるべきだ」「人権を守る報道をしてほしい」と訴える時代だ。

その一方で、立法、行政、司法の各権力や大企業を監視する調査報道は衰退するばかりである。「弱いものには居丈高で、強者には臆病なメディア」に成り下がっていると言っていいだろう。

メディアは事件・事故報道において、捜査当局を監視し、司法の民主化に向けて市民を啓蒙すべきなのに、警察・検察・裁判所などの当局と一体となって、市民いじめに奔走している。権力に介入させないで、メディア倫理を確立するという困難な作業が不可欠である。人間の尊厳を尊重しないこの国の貧困なメディアをどうするのかを真剣に考えなければならない。

また、自ら情報を社会に発信できるようになった市民みんなも、どこまで伝えるのかという報道倫理を持つ必要がある。個人の名誉・プライバシーと取材・報道の権利とをどう両立させるかが地球市民の課題になった。

『犯罪報道の犯罪』（一九八四年九月に学陽書房から出版、一九八七年六月に講談社文庫、二〇〇四年に『新版　犯罪報道の犯罪』として新風舎文庫）というタイトルは、スウェーデンの新聞記者が一九七〇年代後半に出した『犯罪的な犯罪報道』という本の題名をヒントにして付けた。同書の「まえがき」に以下のように書いた。ここで書いたことを今も書き直す必要がないのは、四半世紀たった今もメディアの報道がほとんど良くならず、一部で前より悪くなっているからだ。

「この国では、警察に逮捕された人がマスコミでさらし者にされるのは当り前だと考えられている。私はそのマスコミのなかで働いている記者だが、記者という職業について以来、ずっと気になることがある。それは警察が犯人と断定しているからといって被疑者を犯人と決めつけ、その氏名、住所、写真などを報道していいのだろうか、ということである。もしその人が犯人でなかったら、取り返しのつかない人権侵害を犯していることになる。逮捕されても不起訴になったり起訴されても無罪になった場合、報道された人のプライバシー・名誉は回復不可能だ。そして、たとえその人が犯人だったとしても、マスコミが一般の犯罪者に社会的制裁を加えることは基本的にまちがっている。罪を犯した人を罰するのは裁判所の仕事である。また事件・事故の被害者についても、当事者の了解も得ず実名を出して、興味本位に報道することが少なくない。

最近のマスコミの犯罪報道は、野放し、無法状態といえないだろうか。事件を起こした本人の全人格が否定され、出身地や家族のことなどが詳細に報じられる。被害者のプライバシーが暴かれることも珍しくない。犯罪報道はブレーキのはずれた車と同じである。

その象徴が、一九八四年一月に「週刊文春」がテレビ朝日と連携して火をつけたロス疑惑と呼ばれる「情報の銃弾」である。明治以来の犯罪報道のウミをすべて出し尽くした観がある。ロス疑惑報道狂騒曲は、マスコミの人権感覚がマヒし、行きつくところまで行ってしまったことを如実に示している。

ロス疑惑騒動の一方で、死刑を求刑された〝爆弾魔〟に無罪判決が下るなど、冤罪の問題が注目を集めている。私たちは一年程の間に、免田事件、財田川事件、松山事件と三人の死刑囚が再審で無罪になるという世界にも例のないできごとに近年出会った。島田事件など多くの再審事件もある。これらの無罪判決があるたびに、マスコミは「死刑台からの生還」を大々的に報じてきた。松山事件の斎藤幸夫さんの無罪を伝え、別件逮捕、見込捜査、自白の偏重主義など捜査当局を叱責する記事が埋め尽くされていた七月一二日付（一九八四年）の各新聞が、ロス疑惑について「ロス市警が協力要請」と大きく報じていたのはいかにも皮肉であった。再審無罪判決で「被疑者・被告人・囚人＝犯人」とみることの危険性が指摘されながら、その一方で、まだ刑事事件にもなっていない一市民を予断と偏見で犯人視する記事が存在したところに、今日の犯罪報道の無原則さが露呈している。

この二つの記事を見て私は、現在犯罪記事を担当しているマスコミ記者は〝ペンをもったおまわりさん〟ではないか、と考える。ロス疑惑では、マスコミ記者は〝ペンをもった私立探偵〟かもしれない。

三〇年前後の年月を経て無実の晴れた三人は逮捕された当時、マスコミに犯人と断定されている。逮捕時点での〝ペンをもったおまわりさん〟は、被疑者が起訴されると〝ペンをもった検察官〟になる。たまに被告や弁護団の言い分も載ることがあるが、スペースも小さく公平な扱いとはとてもいえない。そして判決があると、今度は〝ペンをもった裁判官〟だ。有罪判決のときはそれまでの延長で被告人を指弾するのだが、無罪（再審開始決定を含む）になると大変だ。警察・検察への激しい批判が始まる。無罪が確定すると〝ペンをもった弁護団長〟あるいは〝ペンをもった救援会代表〟に変身する。

これが「客観的で公正な犯罪報道」の実態である。犯罪報道での〝ペンをもったジャーナリスト〟は一体どこにいるのだろうか。

私の勤める共同通信社は、内外の新聞、放送各社に二四時間ニュースを配信している。私は一九七二年四月に入社し、社会部で二年あまり、千葉支局で七年間、事件取材にかかわった。

私はある意味で、事件記者の落第生だった。どうしても警察が発表する被疑者に対し「ワルいやつだ」「何ということをする」などと全人格を否定してペンを走らすことに抵抗があった。連行される被疑者の写真を撮るとき「オイ、顔を見せろ」などと言えなかった。警官が犯人の髪を引っ張り上げてカメラマンに〝サービス〟するシーンは見るに堪えなかった。犯人と決めつけていいのかと思い、犯人だったとしても、その人には他人には推しはかれない事情があったにちがいない、と考えた。

このような気持ちは、Ⅲ章で述べる人びとと出会うことでますます強くなった。休日を利用して自分のペンで傷ついた人びとと会った。年休を利用して自費でスウェーデンやフィンランドの犯罪報道を見て歩いた。いろいろな文献にも当たった。さまざまな年代、職業の人に意見を聞いた。そして、私なりの犯罪報道改革への提言をまとめることができた。マスコミ記者という仕事を続ける以上、犯罪報道に何らかの形でかかわらざるをえないからこそ、私なりの人権侵害防止策を探し求めたのである。この作業は私自身の心のうずきを整理するためであり、当初は本にして多くの人に読んでもらうことは考えていなかった。

しかし、八〇年代から、マスコミの犯罪報道について社会的関心が高まり、とくに自民党田中派の人びとの批判をきっかけに、マスコミ内部でも議論が盛んになった。一九八四年一月から雑誌『マスコミ市民』で「犯罪報道は変えられるか」という連載を始めた私にも、各界から多くの反響があった。

とはいえ、正直言って、マスコミ内部で報道による人権侵害について発言するのは気の重いことである。こんな不合理なやり方はいつまでも続くまいと思う半面、商業主義、出世主義という厚い壁の前に無力感に襲われることもあった。それでも私が敢えて本書をまとめたのは、犯罪報道について批判する人びとが、それを訴える手段がないからである。「こんなにひどいやり方をしているのに、マスコミ批判をあまり聞かないのはどうしてだろう」という疑問をもつ人がいるが、犯罪報道の問題点をきちんと取り上げるマスコミがないのである。

一九四八年一二月一〇日国際連合総会で採択された世界人権宣言は、第一一条ノ一で「有罪の立証があるまでは、無罪と推定される」と規定している。一七八九年のフランス革命の「人および市民の権利宣言」第九条も「すべての人は、有罪と宣告されるまでは無罪と推定される」と謳っている。

私たちの社会は約二百年前のフランスの市民が宣言した「無罪の推定」を自分たちのものにしていない。この宣言では、法律に基づかない処罰も禁止している。現行犯のように最初から有罪が確実であっても、罪を問えるのは法律に基づいて公開の裁判において出される判決だけなのである。

冤罪を生み出さないためには、すべての被疑者・被告人は無罪を推定されていると言い切る以外に確実な方法はない。そして、この法律の根本原則を守りながら犯罪報道を行うには、スウェーデンなど北欧諸国がすでに実践している権力犯罪を除く犯罪関係者の匿名報道主義が考えられる最善の方法といえる。

すべての犯罪者は原則として匿名で報道すべきだ、という私の主張は、マスコミ記者の意見としてはいささかラディカルであることは十分承知している。しかし私は、それ以外に無実の人が犯人扱いされることを防ぎ、犯罪を実際に犯した人の公正な裁判とスムーズな社会復帰を実現する方法はない、と確信している。

マスコミに関心をもつ多くの人びとにこの本を読んでもらい、犯罪報道をどう変えたらいいのか考えてほしい。

マスコミは市民の上に立つ権力になっている。マスコミ記者の多くが、権力をもち、弱い市民を傷つけていることに気付いていない。自分のペンがどれほど多くの人びとの運命を狂わせているかわかっていない。犯罪報道の人権侵害をなくしていく運動は、マスコミを権力の座から市民レベルに引き戻すことにつながると思われる。犯罪報道で何をどう書くべきかが今問われている。マスコミの内部の努力とともに、一般市民の方がたの新鮮な風がいま必要である。」

内外の新聞社や放送局にニュース、写真を配信している共同通信社の現役記者時代に、新聞、テレビ、雑誌などの取材と報道が一般市民の名誉やプライバシーを侵害しているのではないかという問題提起をした。

共同通信記者三年目の二〇代半ば、千葉支局で「首都圏連続女性殺人事件」という前代未聞の冤罪事件に出会い、ほとんどのメディア記者たちが、捜査段階で犯人探しをしてしまい、裁判がまだ始まってもいない段階で、「ペンやカメラを持ったおまわりさん」になってしまっているのではないかと考えたからだ。

千葉の弁護士、研究者と勉強会を開き、共同通信労組の新聞研究部で問題提起した。その結果が、人事での不当な差別だった。警察と癒着して事件・事故報道に命をかける社会部関係者が私を敵視したからだ。彼らは労働組合も掌握していた。

閑職に追いやられた共同通信にとどまりながら、報道被害者の聞き取りを重ねた。有給休暇を利用して、犯罪報道では警察に捕まった市民の名前は原則として匿名にしているスウェーデンとフィンランドまで取材に出かけた。

新聞、雑誌、テレビの取材と報道で、生活を破壊された無数の人々の悔しい思いに一人のジャーナリストとしてこたえる責任があると思った。

幸い、学陽書房の単行本『犯罪報道の犯罪』は一六刷、講談社文庫版は一二刷まで版を重ねた。単行本も文庫本も社会派の書籍としては珍しく、息長く売れ続けたのは、「犯罪報道の犯罪」を生み出す構造に根本的なメスが入れられず、むしろメディアの多様化によって、事態はますます悪化しているからだと思われる。

こういう本は早く「古典」に納まるほうが健全な社会だ。メディアがよくなるどころか、悪くなっているので、いまもこの本が不可欠だ。いやますます必要になっていると思う。犯罪に対する見方を根本から変える本だからだ。

この本で、刑事事件に関係した一般市民を対象にする取材と報道は一種の「公害」であるということを証明し、その公害を防止する市民参加の仕組みを提示した。同書は、報道被害に苦しむ市民だけでなく、ジャーナリスト、法律家、研究者などから高い評価を受けることができた。またマスメディアによる人権侵害を社会問題として認知させ、「報道被害」という言葉を定着させたと自負している。

私は同書の中で、犯罪報道の犯罪を防止し、報道機関が市民の信頼を回復するために何をなすべきかを詳しく提案した。スウェーデンなど北欧では、政治家、高級官僚、大企業役員など公人の権力行使にかかわる犯罪嫌疑を除いて、一般犯罪においては匿名報道が原則であることを紹介した。公人の公的犯罪は顕名で、一般市民の私的な事件の場合は匿名が原則だという考え方は、民主主義体制を採る先進国では共通している。

八五年七月に「日本に匿名報道主義を柱とした報道倫理綱領の制定と、市民とメディアの対立を調整する報道評議会の設置を」というスローガンを掲げた「人権と報道・連絡会」（山際永三事務局長〒168‐8691　東京都杉並南郵便局私書箱23号）が発足し、関西には「人権と報道関西の会」が誕生した。その後、札幌、仙台、名古屋、福岡などにも同じような市民組織ができた。

こうした市民運動の成果もあった。毎日新聞が八九年一一月から、無罪推定原則を尊重して、刑事事件の被疑者に対する呼び捨てを廃止すると決め、同一二月から朝日、読売、共同、民放各社も追随した。読売は、新聞による〝犯罪者〟への「制裁」を認めない立場を表明した。

私の本が出てからの数年間は、報道界のみならず、さまざまな分野で「人権と報道」をめぐって活発な議論が行われた。私はＮＨＫも含めテレビ番組に何度も出演し、新聞、雑誌が私の提案を大きく取り上げた。

九七年には新聞・通信社の労働組合でつくる新聞労連が欧州へ報道評議会調査団を送り、翌年、犯罪報道の大転換を求める「新聞人の良心宣言」を発表した。日本弁護士連合会も二回、報道界に対し、報道評議会などの自主規制機関を設立するよう要望書を出している。これらの試みは、九七年、放送界において、「放送倫理・番組向上機構」（ＢＰＯ）の一部である「放送と人権等権利に関する委員会」（ＢＲＣ）として結実した。

ところが、新聞、雑誌などの印刷媒体の業界には、いまだにメディア責任制度は存在しない。それをつくろうという動きもほとんど見られない。

新聞・通信社約三〇社は九九年末から、外部の有識者で構成する苦情対応機関をつくった。新聞審査部門を維持している読売新聞を除く多くの報道機関が、「第三者機関」とか「日本独自のオンブズマン制度」と自画自賛している。私は各社の新機関を調査したが、他産業のメーカーがとっくの昔に作った消費者相談室程度のものだ。委員のほとんどは、各新聞・通信社の仕事に理解のある学者・文化人で、政府審議会の「有識者」選びと酷似している。苦情を受け付け、新機関に送るのは、各社の広報セクションだ。これでは報道被害者が相談もできない。

実際に報道された個人からの苦情申し立てば毎年数件に過ぎない。各社幹部は「苦情が来ないのは我が社が人権に配慮しているからだ」と自慢しているが、ほとんどの報道被害者は「あんなところに言っても仕方がない」とあきらめているのだ。「看板を出しただけで中身がほとんどない」と松本サリン事件の報道被害者、河野義行さん（長野県公安委員）は指摘する。詳しくは『メディア規制に対抗できるぞ！　報道評議会』（現代人文社）を参照してほしい。

大新聞、通信社、NHKなどの大放送局は、警察との癒着関係をそのままにして、「報道加害」を続けている。大事件があると報道機関が数十人、数百人の単位で押し掛け、地域の市民生活を破壊する集団取材の人権侵害が問題になった。

○三年に起きた読売巨人軍の監督問題で、渡辺恒雄・読売新聞社社長（現会長）もそうだったが、マスコミ企業が事件当事者になった場合の周章狼狽ぶり、そして「ハイエナのような取材陣だ」とボヤクのもまた常である。世界一の発行部数を誇る新聞社のトップが報道陣を前に、「てめーら、こういうのをメディアスクランブルというんだ」（メディア・スクラムの間違い？）と凄んだのは迫力満点だった。ついでに言えば、メディア・スクラム（media scrum）という用語の誤りについては後述する（八七〜八八頁）。

○四年一月三一日、当時の毎日新聞社社長が車の中に監禁されたときには、約一ヵ月もの間、事件発生も被疑者逮捕も伏せた。警視庁も、東京地検が男性六人を起訴した時点で初めて公表した。「本人や家族の安全とプライバシーの擁護のためだった」と毎日新聞は説明した。社長は、三月三日、「私と私の家族の人権」を守るために「起訴を公表する時期」とした手記を同時に載せた。そういう姿勢を一般市民の犯罪被害者にも示してほしい。

最近は何の罪もない犯罪被害者にも、ニュース性があれば、まとわりつき、人格を中傷するような集団取材による人権侵害も起きている。一時期は自粛していた、犯罪被害者へのしつこい取材も日常茶飯事になった。

日本のメディアは、事件・事故の被害に遭った人を当然のように実名報道する。しかし、被害に遭ったことを知られたくない人もいるはずで、諸外国では、遺族の意向を聞いてから報道する国も多い。自分の姓名は自分がコントロールする権利があるというのが、国際的な流れである。

私は一九九四年から同志社大学大学院文学研究科新聞学専攻（〇五年から社会学研究科メディア学専攻）と文学部社会学科メディア学専攻（〇五年から社会学部メディア学科）の教授に転じた。

社内で労働者を弾圧する社幹部は、社外では進歩的、左翼的なジャーナリストとしてみなされている人がほとんどであった。『犯罪報道の犯罪』を評価したリベラルな文化人が、共同通信の幹部に「なぜ浅野を社内で冷遇し続けているのか」と質した。

そんなことがあって、共同通信の社会部系幹部は八七年、私を編集局に戻した。希望していた外信部に配属された。その後、カンボジアなどの取材を経て、八九年から九二年までジャカルタ支局長を務めた。

九四年に同志社大学教授に転身した後も、ジャーナリスト活動を続けながら、「アカデミック・ジャーナリスト」としてメディア志望の学生たちにジャーナリズム論を教えている。

マスコミのリンチ的実態に変化なし

「ベルサイユのばら」「女帝エカテリーナ」などの作品で有名な池田理代子さんが〇三年五月、共同通信が配信した「心に残る一冊」で『犯罪報道の犯罪』を取り上げてくれた。全国の多くの新聞が掲載した「ジャーナリストを目指す人へ」というサブタイトルの付いたこの記事は次のように書いている。

《一七八九年のフランス革命で採択された「人権宣言」には、「すべての人は、有罪と宣告されるまでは無罪と推定される」と定められている。この理念は一九四八年の国連総会で採択された世界人権宣言でもそのまま受け継がれているが、残念ながらこの意味を真に理解している人は大変少ないように思える。

共同通信の記者であった著者の浅野健一氏は、有罪が確定する前のマスコミによるリンチ的な報道のあり方に深い義憤を感じ、綿密な調査と検証によって「犯罪報道の犯罪」を書かれた。

八四年に出版されたこの本を、虚偽報道の被害者の一人でもあった私は、今も時々取り出して読み返してみる。この本が出て二十年近くたった現在、実名報道や呼び捨て報道に関して一連の改革が認められるものの、マスコミのリンチ的実態にはあまり変化はない。

少しでも良くないことで報道されたが最後、何の罪もないその家族、関係者などは、週刊誌やテレビなどの後追い報道で、失業、離散、自殺などに追い込まれるという構図は相変わらずである。

司法になりかわって自分たちが人を裁けると思い上がっているマスコミの姿とともに、そういったことを要求する市民のレベルを鋭く、かつ冷静な筆致であぶり出した本書は、今なお、ジャーナリストを目指す人たちにとっての指南書的価値を失っていない。

本書の中で、ある刑事事件の報道被害者の手紙が引用されている。「こういう記事を書いている本人がかえってかわいそうになります。身すぎ世すぎとはいえ、えらいものを書いてメシ食うてはるのやなァ、気の毒な人生やなァと思うのです」私も、つけまわす記者に対して「大学まで出て、こんなくだらないことしててむなしくはないですか。人生は短いのよ」と嫌みを言ったことがある。精いっぱいの抵抗であって、決して前出の方のような達観からではない。「この程度の国民にこの程度の政府」という言い方があるが、それはジャーナリズムの在り方にもそのまま当てはまると私は思う。》

筆者の池田理代子さんは、『犯罪報道の犯罪』が契機となって誕生した「人権と報道・連絡会」の第三回シンポジウムのパネリストになってくれたことがある。

八四年に『犯罪報道の犯罪』を出した際の私への反論は、「日本の警察は優秀で、有罪率が高い」「読者が名前を知りたがっている」などというものだった。ところが、同年末に発行された「朝日ジャーナル」(朝日新聞発行、当時の編集長は筑紫哲也氏)で鼎談をした柴田鉄治朝日新聞東京本社社会部長(現、国際基督教大学教授)は「容疑者を仮名にすると誰が逮捕されたか分からなくなって、警察権力をチェックできなくなる」という反論を展開した。

最近は、『犯罪報道の犯罪』で私が提起した、犯罪報道の全面的な転換と報道評議会の設立について、田島泰彦上智大学教授、浜田純一東京大学大学院教授(現在、東大学長)、飯室勝彦中京大学教授(元東京新聞記者)らを代表とする反対派の学者、法律家が実名報道主義(警察の逮捕というアクションを実名掲載の唯一の基準とする原理)を擁護する理論を展開している。彼らは大手メディア(出版社を含む)と労働団体をほぼ制圧して、まともな議論がみられない。

「凶悪犯の場合は少年も実名にせよ」「報道評議会をつくると、権力に弱いジャーナリズムがますます衰退する」というのが彼らの主張である。彼らは新聞協会など業界団体にも庇護されている。すでに日本には報道評議会やオンブズマン制度があるというデマも世界中に流れている。そういう時期だけに、池田さんの文章は私を励ましてくれた。

企業メディアの市民に対する暴力はますますひどくなり、メディアに対する嫌悪感は社会の中に沈殿している。「報道の自由と言っても、マスコミはやりすぎではないか」という声が一般的だ。メディアに対する批判的な世論を背景に、〇三年六月、政府与党は個人情報保護法を成立させ、メディアの人権侵害を「四大人権侵害」の一つと規定した人権擁護法案がいつでも国会に再上程される可能性がある。

裁判員制度の導入で、犯罪報道を規制する動きもある。メディアを相手に名誉毀損で訴える有名人が増え、裁判所のメディアに対する目も厳しくなっている。メディア訴訟では勝っても数十万の損害賠償しかなかったが、最近は一〇〇〇万円前後の賠償命令も出るようになった。「週刊新潮」による医療法人への虚偽報道で、最高額は一四〇〇万円を超えた。

どこの国でも、新聞は今なおジャーナリズムの本流だが、日本では〝新聞離れ〟が顕著になってきた。〇一年七月に発表された内閣府の「情報化社会と青少年調査報告書」(〇一年二月に一二歳から三〇歳までの若者を対象に実施)によると、「新聞を全く読まない」が二二・三%で、五年前の前回調査の一五・四%から七ポイント近くも増加した。

日本新聞協会が〇三年に実施した「新聞評価に関する読者調査」で、新聞の「信頼度」を聞く設問の中に、「新聞は報道される人のプライバシーや人権に気を配っていると思うか」という質問に、「そう思う」と答えたのは三七・五%。「どちらともいえない」が三二・八%、「そうは思わない」は二二・一%。新聞界の調査で、新聞が人権を尊重していると答えた人が三分の一になったのは、深刻な事態だ。

新聞社の幹部は、「うちは人権に最大限の配慮をしている」「悪いのは週刊誌とテレビのワイドショーだ」とよく言うのだが、新聞の信頼度が下がり続けていることに危機感を持ったほうがいい。

一方、現役の新聞記者は、不眠不休のサツ回り取材でくたくたになっている。「給料は下がってもいいから自由にものを考えられる時間がほしい」「プライベートな時間が全くない」。私のところには、大新開記者からのクライシスコールが絶えない。

いま、三〇代後半から五〇代のメディア関係者は、大学時代か一線の記者時代に『犯罪報道の犯罪』を読んで、、事件・事故報道の問題点を認識している。公人の公的犯罪は顕名にしてどんどん調査報道し、弱い立場にある私人の被疑者・被告人は匿名にするという私の提案に賛成か反対かは別にして、そういう議論を踏まえて仕事をしてきたと思われる。

しかし、大手の新聞、テレビ、雑誌が私の主張を取り上げることがほとんどなくなった。

若い記者が取材先の裁判官、検察官、弁護士、研究者、NGO活動家などから「『犯罪報道の犯罪』を読んでから来い」と言われて、初めて本書を知ったという話もよく聞く。

共同通信の新人記者や内定者の中に、マスメディアへ就職を希望する後輩の大学生に対し、「浅野は共同で恩恵を受けていながら、共同のことを非難する本を出した」などと吹聴している者がいる。私の本を一冊も読まず、私に会いもせずに、一部の社会部系管理職の言うことを鵜呑みにして、私を中傷するのだ。

私が批判してきたのは事件・事故報道のあり方であって、共同通信の総体ではない。ジャーナリズムを愛するからこそ、記者をしながらメディア改革運動を展開してきたのだ。

一般市民がメディア法規制の動きに危機感を持っているとは言い難い。報道機関が市民の知る権利を代行しているという実感が年々薄れている。その原因は、「報道」が政治家、官僚、企業の〝巨悪〟を十分に監視していないからだと思う。報道界は市民とともに取材・報道のあり方を検証する北欧型のメディア責任制度を導入しなければ、法規制が導入されてしまう危機的状況にある。

朝日新聞によると、最高裁の町田顕長官は、〇四年五月三日の憲法記念日を前に、「裁判員制度」などに理解と協力を求める「談話」を発表した。記者会見では、各政党で改憲論議が活発化している現状について述べた後、政治家の家族の私生活報道をめぐる週刊誌の発行差し止め問題で浮上した、表現の自由とプライバシー権の対立をどう調整するかについては、「事前差し止めは、判例や憲法の検閲禁止の趣旨に照らして慎重であるべきだ」と述べた。

一方で長官は、「個人の私生活や私的情報をみだりに公開されない権利も大切。その調整は、一義的にはメディアをはじめとする関係者の行動に委ねられている」とも指摘した。

町田長官の言っていたように、今こそ報道界がメディア責任制度を導入すべき時だ。市民が要求すれば、企業メディア幹部は動かざるを得ない。

1 「犯罪報道の再犯」を続けるメディア

「警察が私を犯人と誤認し、マスコミが私に〝犯人〟というレッテルを貼り、市民が私を犯人と信じ込んで制裁を加えようとした。こうした古典的構造は今も変わっていない」(松本サリン事件被害者、河野義行氏)

もし、警察や検察が主張することが、事実に反していたらどうなるのか。

高校生がむしゃくしゃしていたから、電車内で横にいた中年男性を痴漢にしたということもあった。冤罪をかけられた会社員が半年をかけて無実の罪を晴らしたというケースもいくつかある。

本当にこうした犯罪をおかしているなら、法の手続きに従って刑罰を受けるべきである。被害者に謝罪し、賠償をすべきであろう。しかし、メディアは事実かどうかがまだはっきりしない段階で、犯行が行われたと決めつけて、その人を社会的に抹殺していいのだろうか。彼が無実であったと分かったときに、取り返しがつかない。裁判で事実関係がはっきりするまで報道の仕方を工夫すべきではないか。

マスメディアに報道されなければ、法による刑罰を受けるだけで済むことが多い。

メディアに取り上げられるかどうかで、その後の人生に、天と地ほどの差異が出るのは不合理だ。

おかしなことに、逮捕と書類送検(在宅起訴)は大きく区別されている。日本では逮捕を重大に考えすぎている。逮捕が懲罰になっていることが問題なのに、被疑者が手錠をかけられる瞬間を重大事と考える。法務省の統計では、被疑者の数は分かるが、逮捕件数はあまり出ない。

視聴率を上げるために不正工作した日本テレビのプロデューサーの名前はずっと伏せられていた。日本テレビが処分を発表して初めて姓名が出た。

同じような嫌疑があっても、逮捕されるか否かで天国と地獄ほどの差異がある。辻元清美氏と田中真紀子氏。鈴木宗男氏と加藤紘一氏。安田好弘弁護士と中坊公平弁護士を比べればよく分かる。逮捕さえされなければ何とかなることが多い。

八六年発覚した神奈川県警による緒方靖夫・共産党国際部長（当時）への盗聴を行った神奈川県警警部補ら五人はしばらく仮名だった。

裁判官も新聞、雑誌、テレビの犯罪報道に影響されている。自分のところに回ってきそうな事件のファイルを書記官に命じる裁判官もいるという。無罪を出せない社会的雰囲気のため、一審は有罪を言い渡しておいて、ほとぼりがさめてから無罪を出すという傾向が強まっている。司法の判断に先駆けたメディア裁判を誰も止められない。弁護士さえも報道に影響されて、目の前に現れた被疑者に対して予断を持つという話を聞いたこともある。

被疑者・被害者の姓名を報道することが報道の大原則だとする実名報道主義に固執するメディア幹部は、〝メディア企業用心棒〟ともいうべき大学教授や弁護士を動員して、犯罪報道のコペルニクス的転換を妨害した。

田島泰彦上智大学教授や浜田純一東京大学学長は、メディアがやることはほとんどすべて正しいという判断で、「表現の自由」を絶対視している。メディアは新人記者に報道倫理に関する教育も十分せず、いきなり警察署の記者クラブに放り込み、警察官から情報をとって、当局の流す情報を垂れ流すことが記者の仕事だという誤った姿勢を続けている。女性記者の多くは取材先の警察幹部などからセクハラ攻撃を受けながら、事件・事故取材を続けている。

こうして、警察、検察との二人三脚で、無実を推定される被疑者・被告人を社会的に抹殺する「犯罪報道の犯罪」を生み出す構造に何の変化もない。

❷ 文春発禁問題を考える

田中真紀子元外相の長女の離婚に関する記事を載せた「週刊文春」〇四年三月二五日号の出版差し止めを命じた仮処

分決定について、東京高裁（根本真裁判長）は三月三一日、文藝春秋が申し立てた保全抗告を認め、「事前差し止めは認めることはできない」として差し止め命令を取り消す決定を出した。長女側は決定を不服として、最高裁へ特別抗告する方針だったが、文春側が発行を停止していた同号約三万部を販売しないと表明したため、四月二日、特別抗告しないことを表明した。

地裁決定を「司法ファッショ」「言論へのテロ」などと糾弾してきた文藝春秋の社内では、高裁の〝逆転勝利〟の報に歓声が沸いたという。同社は「我が国における『表現の自由』が崩壊の瀬戸際で守られたものと評価したい」などという声明を発表したが、高裁決定も記事の公共性、公益性を明確に否定し、「長女らのプライバシーを侵害している」と明確に認定しているのだから文春側が「勝った」わけでは全くない。

地裁と高裁で正反対の判断が出たが、司法判断に一喜一憂するメディア界の現状を悲しく思う。文春問題は日本の報道界に深刻な課題を突きつけている。一部の全国紙は発禁処分について、「公権力の介入の口実を与えてしまった週刊文春には改めて反省を求めたい」などと、まるで他人事のように論評している。しかし、今回の司法判断は、新聞も含めたマスメディア業界全体が日常的に行っている犯罪報道やスキャンダル報道に関して、自浄努力を促す警鐘を鳴らしたと見るべきではないか。

ここで発禁命令が出るまでの経過を振り返ってみよう。

「週刊文春」四月一日号の、《裁判所には負けない》と題した特集記事の《小誌はなぜ報じたか》によると、編集部は三月に入って、長女の離婚の情報を入手し、同一一日に取材チームをつくった。一三日に《もう一方の当事者》A氏に当たり取材を開始。A氏の両親に取材した直後の一四日、長女の代理人から取材活動と記事掲載を止めるように申し入れがあった。長女とA氏の両代理人から、一五日に記事掲載を止めるように求める要請文がファクスで届き、その後、同様の内容証明が送られてきた。雑誌発売の前日の一六日、長女とA氏の両者がそれぞれ東京地裁に対し、プライバシーの侵害があったとして、出版禁止を求める仮処分命令の申し立てを行った。同日午後の審尋を経て、午後七時四五分、出版禁止の仮処分命令が送達された。文春側は約三万部の出荷を取り止め、JRなどで同誌が撤収された。この特集記事で、同誌は前号の該当記事を切除するなどして、約三〇〇〇部を無償配布したことも分かった。

文春側は一七日、異議申し立てを行ったが、地裁は一九日に原決定を支持。文春側は二〇日、東京高裁に抗告していた。

朝日、読売、毎日、日経、産経の五紙に掲載された文春問題に関する「識者」二〇人のコメントも調べてみたが、文春の今回の記事を評価しているか、もしくは裁判所の判断を「表現の自由の侵害」と考えている人が一五人に上った。文春の記事がプライバシーの侵害であると考え、裁判所の決定を支持した識者は五人にすぎない。前者では、「田中元外相の長女は、公人ではないにしてもきわめてグレーな私人である」という意見が多かった。

3 「裁判所」批判を展開した文春

立花隆氏による巻頭の《緊急寄稿これはテロ行為である》は、発禁問題を論じる際に、今回の記事の主題に直接言及することは避けてもらいたい、と同誌ならびにその代理人弁護士から要請されたとし、主題を表す言葉の部分を《●●》と表記した。

文春側は特集記事の《小誌はなぜ報じたか》で、《異例のことではあるが、（三月一六日の審尋中に）文春側から発売前の雑誌を裁判官と長女側に見せた》ことを明らかにした。

特集には、同氏以外にも三四人の識者がコメントを寄せているが、裁判官一人が非公開の短時間の審尋で憲法判断を下すこと自体が不当だと指摘し、別稿でも《司法ファッショ》《言論弾圧》だという批判が目立った。田島泰彦上智大学教授は《出版差し止めによって社会から情報が遮断され、読者が自分の頭で記事の是非を判断する機会が奪われてしまう》と強調している。

文春記事を読んだが、長女が離婚したという事実を「独占スクープ」として扱い、それ以外に情報はないのに、三頁も使っている。母親である元外相の「強引さが離婚の遠因になったのではないか」という憶測をもとに、元外相の資質を論じるような仕掛けになっているが、この根拠は証明されていない。情報源を隠した関係者の談話に、推測として出てくるだけである。「表現の自由が侵害された」と真正面から論じるような内容ではない。

つまらない記事でも、表現の自由が守られないと、権力批判の記事も書けなくなるという「表現の自由」絶対主義者の論者が多いが、逆に、こうした無意味なゴシップ記事が表現の自由を狭めていくのだ。市民の支持があっての表現の自由だからだ。

田中氏の長女は地裁決定が出た後、「報道の自由は非常に大切で守られるべきだ」と述べたうえで、「最終手段として不本意ながら法的手段を取った」と表明した。彼女とA氏が出版差し止めを求めた行為を非難するのは不当だ。とくに、田中氏の長女だけでなく、私人である米国在住の元配偶者A氏も共に仮処分を申し立てたことを忘れてはならない。

4　メディア責任制度の不在こそ問題

メディアに登場した識者のほとんどは報道被害を受けた市民にとって、裁判所に訴えるしか手段がないという日本のメディア状況を無視している。

《表現や報道の自由が損なわれれば不利益を被るはずの市民が権力による規制に賛成する現状の危険さ》（飯室勝彦氏）が最も深刻な問題である。

憲法第二一条で保障された「表現の自由」が他の基本的人権に対し、優越的な権利であることに異論はない。問題は、「表現の自由」は何のためにあるのかという深い考察が欠かせないのだ。記事が出ることによって傷つく市民の思いを、完全に無視して、「表現の自由」が論議されている。表現の自由は何のためにあるかという、哲学的な議論は皆無だ。

日本の活字メディアには、多くの諸外国にあるメディア責任制度がないので、裁判所の力を借りるしかないのに、裁判を求めた市民を悪者扱いするのは全く言語道断だ。

メディア責任制度は、①報道界全体で自主的に報道倫理綱領を制定する、②取材・報道によって名誉・プライバシーを侵害されるなどの報道被害を受けた市民の申し立てを受理し、裁定結果を公表する報道評議会（スウェーデンでは補佐役としてプレスオンブズマンを置いている）の設置――がセットになっている。

文春問題は、メディア責任制度のある国々では起こりえない。報道機関と「報道される側」の衝突があった場合、報道評議会が乗り出すから、裁判所が判断を迫られることもほとんどない。

英国であれば、長女とA氏は、文春記者から取材があった段階で、報道界が自主的につくり運営している報道苦情委員会（PCC、英報道評議会を九一年に改組）に相談する。PCCは文春側からも事情を聞いて、和解案を提示するだろう。〇三年九月に来日したPCCのプライバシー専門委員のロバート・ピンカー氏（ロンドン大学名誉教授）は、「公人の子どもや親戚の記事に関しては、その記事が、もし公人と血縁関係でなければ掲載されたかどうかを問う」と述べた。また、「プライバシー法などの法律で権力が公人か私人かを判断すれば、報道の自由を抑圧する。裁判は、報道を封じたい金持ちや有名人の道具として機能するようになる。PCCの受理するプライバシー侵害の苦情の九〇％が一般市民からのものだ。人々が苦情を申し立てれば、無料で、簡単に利用でき、解決をもたらす。迅速なサービスを受けられるのがPCCの利点だ」と述べた。

ブレア首相の息子がケンブリッジ大学に入学できなかったというニュースについて、PCCはプライバシー侵害だという裁定を下している。また、チャールズ皇太子と故ダイアナ元皇太子妃の子どもであるウィリアム王子がチリを旅行中に撮られた写真を掲載した雑誌も、PCCが定めた報道倫理綱領に違反していると判断された。

スウェーデンには一九二六年に誕生した世界最古の報道評議会がある。六五年には報道評議会の補佐役として「市民のためのプレスオンブズマン」職も設けた。放送も含めた報道界全体で報道倫理綱領を制定している。報道によって名誉・プライバシーを侵害されたと思った市民は、プレスオンブズマンに苦情を申し立てて、報道評議会に裁定してもらうことができる。

アンナ・リンド外相が〇三年九月にストックホルムの百貨店で刺殺された際、同国の報道界は外相の子どもについて一切報道しなかった。外相が生前、家族を公の場に出さなかったことを尊重しての判断だった。殺人の被疑者が逮捕されたが、ほとんどのメディアが匿名報道を貫いた。

日本にも報道評議会があれば、司法の枠外で、今回の文春記事が妥当かどうかの判断が示される。日本でも報道評議会についてこれまでさんざん議論をしてきたのに、いまだに報道評議会設立に消極的なのはなぜなのか。

あの記事が「表現の自由」によって正当化されるはずがないと思う。〇四年毎日新聞の社長が監禁された事件を、「本人のプライバシーと家族への危険」を理由に、一ヵ月も隠す報道界とメディア用心棒学者が、表現の自由はプライバシー権に優先するというのだ。毎日新聞社説は「ゴシップを知る権利」を主張した。

少数だが、裁判所に判断をゆだねざるをえない現状を変えようという識者もいる。桂敬一氏は《公権力が判断すると、検閲と同じ事態になる恐れがある。放送倫理・番組向上機構（ＢＰＯ）のように、放送界が自らを律する組織が出版界にはなかったのも事実で、そうした観点からの議論も必要ではないか》（〇四年三月一八日の産経新聞）と指摘。土本武司帝京大学教授も、《個人のプライバシーを傷つけずに表現の自由を保持する方策を模索する必要がある。その際、法の力に依存するのではなく、メディアの自立的な自己規制によって、その目的の達成を図るべきであろう》と論じている。

家族の一員が刑事事件の被疑者になったことでメディアリンチを受けた経験のある映像プロデューサー（妻が有名女優）は、《今回を契機に、有名人とは何か、その子供のプライバシーはどこまで及ぶのかといった点について、国が決めるのではなく、日本雑誌協会など報道側で議論し、ある種のガイドラインを設けてもらいたい》（三月二三日の朝日新聞）と呼びかけている。

私は二〇年以上前から、北欧や英連邦諸国にあるメディア責任制度を日本に導入すべきだと訴えてきた。同制度のある国では、人権と報道の分野において裁判所の出番はほとんどない。「人権と報道・連絡会」会員の現役記者らでつくった報道基準研究会（代表・山口正紀氏）は、一九八六年に公人・私人のグレーゾーンをどうするかなども含めた細かな試案を発表している。また、新聞労連も一九九七年に制定した「新聞人の良心宣言」の中で、取材・報道の指針を決めた。

放送界には不十分ながらも苦情対応機関ができているが、活字媒体業界には、いまだに統一した倫理綱領も苦情対応・救済機構もない。

人権と報道の衝突をどう調整するかは、新聞・雑誌業界全体で知恵を出し合うしかない。「文春」が日本報道評議会設立に向けてイニシアティブを発揮するよう期待している。

「田中家」の権力と「司法ファッショ」による「検閲」に対する非難の大合唱も結構だが、報道界、識者、市民は、メディアによる「報道加害」をどう防ぎ、報道被害者をいかにして救済するべきかについて具体的な対策に乗り出さなければならない。

5 今も続く「犯罪報道の犯罪」

一部の週刊誌、テレビのワイドショーだけが悪いのではなく、大新聞の社会部や放送局の報道局にも問題がある。新聞・通信社の記者たちは、警察の記者クラブで「記者教育」を受ける。記者クラブでやることは、捜査官と親密になって「信頼関係」を築いて、情報を非公式ルートで入手することだ。最近の事件・事故報道からメディアを考える。

東京・歌舞伎町ビル火災報道

〇一年六月一日未明、東京・歌舞伎町で起きた雑居ビル火災は、四四人の死者を出した。死者の多くはとばく営業をしていた麻雀ゲーム店と、〝過激なサービス〟の飲食店にいた。遺族が姓名、顔写真の報道を望まないのは明らかだった。しかし、テレビ各局は実名を放送、顔写真も数枚使った。読売新聞を除く主要新聞は実名を掲載。日経新聞は住所を伏せた。読売は、一日付夕刊で一部実名を報道したものの、二日以降は取りやめた。顔写真は朝日が一二枚（二、三日付朝刊）、産経新聞は五枚を掲載した。浜田純一教授は「顔写真は人生を伝える。一生を終えるとき、新聞に匿名でしか出なかったというのはむしろ情けない」（九月二三日の朝日新聞）と言うが、外国の一般メディアでは事件・事故の被害者の姓名は「当事者もしくは直近の家族がコントロールできる」というのが常識。テレビは発生直後航空会社などの連絡先を知らせ、「お心当たりの方はフリーダイヤルへ」と呼びかける。

最近は何の罪もない犯罪被害者のプライバシーまで侵害されている。とくに女性。以前は、「悪いやつを叩け」という社会的制裁を理由にしていたが、今は、ネタになればなんでもいいということのようだ。

京都の小学生刺殺事件では、住民は「マスコミ疲れ」でくたくたになった。人権と報道関西の会編『マスコミがやってきた！取材・報道被害から子ども地域を守る』（現代人文社）が明らかにしているが、地元の住民代表は「犯人も怖いが、マスコミはもっと怖かった」「ほとんどのエネルギーをマスコミ対策に使った」と話した。被疑者が判明するまで、報道陣は捜査員の数倍の人数で「犯人探し」をした。

三浦和義さんの無罪確定

私が『犯罪報道の犯罪』を出した年に、「情報の銃弾」を浴びた三浦和義氏の「ロス銃撃事件」無罪が、〇三年三月一〇日最高裁で確定した。三浦氏は後で述べるように、〇八年二月に米自治領サイパンで逮捕され、同年一〇月一一日移送先のロサンジェルスで死亡した。

米国ロサンジェルス市で一九八一年一一月に起きた「ロス銃撃事件」で、殺人などの罪に問われていた元雑貨輸入販売会社社長三浦氏について、最高裁第二小法廷（金谷利広裁判長）は三月六日までに、無罪の二審東京高裁判決を支持、検察側の上告を棄却する決定をした。

朝日新聞は三月六日夕刊で《報道が捜査に先行する異例の展開をたどり、過熱報道も問題となった「ロス疑惑」は、発生から二一年余りが経過し刑事裁判が終結する》と報じた。

朝日新聞が指摘したとおり、それまでの犯罪報道のやり方と全く違って、捜査当局がほとんど動いていない段階で、一般刑事事件に関して、「調査報道」と称して、三浦氏の人権を侵害する報道を展開し、警視庁、東京地検がこれに乗って、強制捜査に踏み切った。典型的な「犯罪報道の犯罪」であった。

最高裁の決定については、検察、被告人が五日以内に異議申し立てをできるが、最高検は一〇日、最高裁決定に対し、異議を申し立てないことを明らかにした。重大事件では、異議申し立てを行うのが普通で、「検察トップは最高裁の判断を受け入れたことになる」（三浦氏）と言えよう。

三浦氏に最高裁から決定を伝える郵便が届いたのは三月六日午前一一時前という。三浦氏は同一一時過ぎに柏市にある私の留守宅に電話で、連絡してくれた。妻から滞在中のニュージーランドの首都ウェリントンのホテルにファクスで連絡があった。私はすぐに三浦氏の携帯電話に電話を掛けて話をすることができた。三浦氏は「長い間、お世話になりました」と私に話した。三浦氏の無罪確定は、マスコミ報道の有罪確定だった。

マスコミによる三浦氏への取材・報道は常軌を逸していた。最初は慎重だったＮＨＫ、朝日新聞、共同通信なども、警視庁のリークを受けて、あの騒動に参加した。社会部記者たちは、「週刊文春」が創ったストーリーを自ら確認せず、無責任で無定見な報道が重なり合って、あの酷い報道が展開された。「三浦氏は自らすすんでマスコミに出ていたし、捜査当局に逮捕されたのだから公人だ」（前沢猛・元読売新聞・新聞監査委員、後に金沢学院大学・東京経済大学教授）、「三浦報道は調査報道だ」（山川洋一郎弁護士）、「メディアは一般刑事事件でも犯人探しをしていい」（田原総一朗氏）などと公言した「識者」「文化人」も有罪が決まった。彼らの人間としての対応を期待する。

最高裁決定が出たとき、テレビ朝日の「ニュースステーション」のコメンテーターをしていた清水建宇記者は、警視庁のリークで記事を書いたという私の批判に対して、「リークではない」と反論した。朝日新聞労働組合新聞研究委員会発行の「新研かわら版」に私との論争が載っている。清水氏は自らの言動を検証してほしい。

いったん三浦氏の弁護人になりながら、「子供がそのまま大人になったような人」などと三浦氏を中傷する記述を著書に書いた五十嵐二葉弁護士の釈明も聞きたい。

最高裁が上告棄却を決めた段階で、三浦氏は被告人ではなくなった。ところが、三浦氏が見た限り、朝日新聞と東京新聞以外は三浦被告と報じたという。最高裁が上告を棄却した段階で、被告人ではなくなったはずだ。

東京新聞が社説で、「ロス疑惑を調査報道とみなしたのは誤りだった」と指摘したのはすばらしい。他のマスコミは、三浦氏に対する取材と報道を反省する記事を全く載せていない。

三浦氏は六日午後から開いた記者会見で、「若い記者は、当時の報道を見て、自分の新聞社がいかにひどい報道をしたかについて振り返ってほしい」と述べた。

三浦氏は三月一三日、私の電話取材に「マスコミは反省する記事を載せていない。しかし、私と弁護団が午後五時から記者会見したのを一部民放が中継した。私がメディア批判をしたのが、そのまま生でオンエアされた。夜のニュースで記者会見の内容を、NHKや主要民放がそのまま伝えたのはよかった。マスコミに目を覚ましてもらうために、メディア訴訟が必要だ」と語った。

「犯罪報道を根本的に変えるしかない。私のような一般市民は匿名でいい。報道される側は実名が出ることによって大変な目に遭う。新聞社がつくった人権と報道に関する委員会も、その委員の顔ぶれを見ると全く機能していない。放送界がつくったBRO（現在のBPO）も、BROが問題なしと却下した案件が、民事裁判で名誉毀損と認められたこともある。これでは何のための組織かと思う。世界各地にある報道評議会やプレスオンブズマン制度を導入すべきだ」

一九八〇年代には、さんざん犯人扱いした人の無罪が裁判で確定したときには、メディアが過去の犯罪報道を検証して、報道の加害責任を反省する記事を載せていたが、最近は全く見ない。各紙の「メディア欄」は何のためにあるのかと疑問に思う。

ロス疑惑以降、さまざまなテーマで暴力的な取材・報道が繰り返された。犯罪報道は公人と私人、犯罪や疑惑の対象になった人の行為が、権力行使か個人間のトラブルかで分けるべきだと、私は主張してきた。

マスコミも、私人間の犯罪を取材して報じてもいい場合もあるだろう。しかし、記者が一般刑事事件で、ある人を犯人扱いして、その後、その人が犯人ではないことが明白になったら、切腹するぐらいの覚悟でやってほしいと書いた。「報道される」側は、マスコミ報道で家族、生活を破壊されるのだから、「報じる」側が、「取材・報道の自由」で逃げることは許されない。

三浦和義さんに対する不当な「ロス疑惑」報道に関して、通信社の配信記事に名誉毀損があった場合に記事を掲載した新聞社も賠償責任を負うかどうかが争われた複数の訴訟の上告審判決で、最高裁第三小法廷は〇二年一月二九日、新聞社にも通信社とともに賠償する責任があるとする初めての判断を示した。判決は、「私人の犯罪行為やスキャンダルにかかわる報道について、高い信頼性が確立しているとは言えない」と指摘。通信社の犯罪報道を信頼できないと断じた。私の問題提起を受け止めなかった共同通信社会部への鉄槌である。

ロス疑惑報道を調査報道だと断定し、三浦氏は公人だと言い放った前沢猛氏ら多数の文化人も〝敗訴〟したのである。しかし、無反省な企業メディアは、警察が逮捕したら悪人として社会的制裁を加える実名報道主義を変えようとしない。日本にしかない「記者クラブ」も不変だ。

「報道と人権」ではなく「人権と報道」

〇四年二月二七日、一連のオウム事件で麻原彰晃氏への死刑判決があった。

死刑判決について松本サリン事件（九四年）被害者である河野義行さんは、麻原氏に対する思いについて「間違った報道や警察に犯人扱いされたことの方が実感があり、憎しみはわかない」(朝日)と述べた。

河野さんは毎日新聞の連載記事(二月二二日付)で、「警察とマスコミによる犯人扱いは一年間も続いた。私にとっては、殺されるよりも、ずっときつかった」と強調した。死刑判決のもととなった一三件の事件の中に、松本サリン事件も入っている。松本サリン事件では、河野さんを長く犯人扱いにした。地下鉄サリン事件が起きて、冤罪が晴れた。なのに、主要紙で河野さんへの報道加害についてきちんと検証、反省した社はない。

一九九四年六月二七日夜、長野県松本市で起きたガス中毒事件。長野県警は、第一通報者の会社員、河野さんを「重要参考人」と非公式に表明、被疑者不詳のまま殺人容疑の関連先として河野さん宅を家宅捜索。捜索差押令状を出したのは松本簡易裁判所の松丸伸一郎裁判官。調合に失敗したというなら殺人ではなく、傷害致死になるはずだ。なぜそんな簡単なことにも気づかなかったのか。

河野さんはいまだに松本事件犠牲者の遺族とコミュニケーションがほとんどない。多くの遺族は一年近く河野さんを犯人と思い恨んだのだ。

河野さんが搬送しに来た救急隊員に、「妻と一緒に除草剤をつくろうとして調合に失敗して煙を出した」と語った、と六月二九日から一斉に報道された。調合失敗の報道は、直後に虚報と判明していたのに、各社は放置。NHKは、河野さんを搬送した救急隊員三人のうち二人から、そういう情報はないと「裏取り」し、二九日にももう一人からも「聞いていない」と確認したのに訂正しなかった。各社は九五年六月までに一斉に謝罪(NHKは一二月一八日)したが、その理由は、河野さんが提訴の動きを見せたことと、「捜査本部が松本事件もオウムと断定した」からだ。NHK(田端和宏報道局長)は九五年一一月九日に示談書を交わした。

「薬品調合に失敗」のデマ情報は警察庁幹部が各社の東京社会部警察担当記者にリークした。警察庁幹部は九五年三月二〇日に地下鉄サリン事件が発生した後もデマ情報を伝える。同時に事件の異常性を強調して無実の市民を事実上「犯人」扱いした警察とメディアの恐怖の「でっちあげ」構造も怖い。

長野県警の中に、九四年九月過ぎから、「オウムが怪しい」と見る捜査官たちがいたのに、河野さんに絞っていたため、これを無視した。「河野に年越し蕎麦は食わせるな」と暴走。九五年一月一日の読売新聞はオウムの名前は伏せて、新興宗教団体が松本サリン事件に関与の疑いと報道していた。

松本サリン事件では、警察は河野さんを犯人と見なし、報道は犯人のレッテルを貼った。またジャーナリスト、法律家が、公安警察のリーク情報だけを信じて、裁判が始まる前に真実がすでに解明されたと断定して議論する構造も怖い。「報道被害の古典的パターンだ」と河野さんは指摘する。妻の澄子さんの看病と、メディア改革の市民運動を続ける河野さんの活動については、河野さんとの共著『松本サリン報道の罪と罰』（第三文明社、講談社文庫、〇四年七月に新風舎文庫）、ドキュメント・ビデオ『人権と報道の旅』（現代人文社）を参照。

河野さんは私と一緒に日本の犯罪報道を変革する闘いに参加してくれた。また〇三年から三年間、長野県公安委員を務めた。澄子さんは十四年の闘病生活の末、〇八年八月五日に死亡した。

匿名報道主義でしか解決できない

日本の報道界は、警察に拘束された被疑者を、当局と一緒になってたたいているうちに、憲法や自衛隊法に違反したイラク派兵のチェックもできず、大本営発表報道をたれ流すようになった。

犯罪報道の根本的な改革と記者クラブ制度の全廃なしに、ジャーナリズムは創生できないと私は繰り返し訴えてきたのだが、メディア幹部はそれに耳を傾けず、「取材対象」との信頼関係（癒着関係）の構築だけに専念してきた。これが瀕死のジャーナリズムを招来したのだ。

ここでもう一度、匿名報道主義への転換が不可欠な理由を述べておきたい。

「一九歳の強かん殺人犯人が仮名で、二〇歳の窃盗犯がなぜ実名なんだ」「被害者は何の相談もなく実名、写真が報道されるのに、加害者の少年は匿名になるのは納得できない」

「一九九九年七月に起きた全日空ハイジャック事件で、機長を刺殺し、乗客を恐怖に陥れた犯人が、精神科の治療を受けたことがあるという理由でなぜ匿名になるんだ。実名を出すべきだ」

日本のマスメディアでは、犯罪報道において警察や検察の捜査当局に逮捕され、被疑者になると、その人の姓名、住所、年齢、職業、学歴、顔写真などが報道される。市民が当局に身柄を拘束されると実名報道される。強制捜査を受けた場合も実名報道される。例外は、被疑者が二〇歳未満の少年である場合と、精神障害患者の場合に限られている。また事件の被害者も原則として実名報道される。瓦版からの伝統で、ほとんどの市民がそれを当たり前のことと思っている。お上にしょっぴかれた人間は悪人だという封建的な考え方が、戦後の憲法の下でもそのまま存続しているのである。最近は凶悪な少年も実名にしろという声が高まっている。実名報道を禁じた少年法六一条の見直しを検討する動きもある。

〇四年五月一二日、名古屋高裁で「週刊文春」が少年の実名に似た仮名を掲載した民事訴訟の判決が言い渡され、少年側が、敗訴した。

いずれも、もっともな意見だ。ただし逮捕された市民や、事件で被害に遭った人は実名報道が原則だというルールが不変のものであればという条件を付けなければならない。悪いことをしたのだから、名前を出して、社会的制裁を加えて当然という前提があって成り立つ論理である。

私たちの国では、逮捕されたら実名報道が当然だが、そうでない国も少なくない。北欧のスウェーデンでは、犯罪報道で一般市民の実名が出ることはほとんどない。メディア全体が取り決めた報道倫理綱領で「一般市民の関心と利益の重要性が明白に存在しているとみなされる場合のほかは、姓名など報道対象者の明確化につながるような報道を控えるべきである」と規定されているからだ。

私の本が一つのきっかけになって、八五年七月には「人権と報道・連絡会」が誕生し、拙著『新・犯罪報道の犯罪』（講談社文庫）などで「顕名報道基準試案」（山口正紀さんが中心になって作成）を発表している。

八七年に熊本で開かれた日弁連の人権大会は「原則匿名の実現に向けて」活動すると決議した。報道される側の権利が社会的に定着し、八九年末にはメディア界が被疑者の「呼び捨て」の廃止を決定、朝日新聞などが被疑者の顔写真や連行写真の不掲載原則を決めた。

匿名報道主義に対し当初は、逮捕された人の起訴率・有罪率が高いとか、犯罪者を社会的に制裁するのは当然、無関係の人が疑われるなどという反論が多かったが、八六年ごろから「逮捕時点で被疑者の身元を明らかにすることによって冤罪を防いでいる」「実名報道主義を止めれば警察は被疑者を匿名発表してくるのは必至で、警察が被疑者を闇から闇に葬り去る暗黒社会になる」という権力チェック論が主流になった。この理論をつくったのは、紫田鉄治朝日新聞社会部長（現在、国際基督教大学教授）である。

最近は「実名を書いても、捕まった被疑者の側の主張が公平に伝わればいい、つまり被疑者を犯人扱いしなければ問題ない」（田島泰彦上智大学教授）という人もいる。また、警察が犯人と疑っていたというのは、その時の事実だから、後で犯人でなくても問題はないというメディアの言い方は無責任だ。警察の違法捜査や不適切な行為は当然、非難されるべきだが、警察が報道しているわけでないのだから、報道の結果生じる被害については、自らが責任を果たすべきであろう。

放送局や新聞社の定款に、犯罪者を懲らしめることを業務内容にしているところはない。実名を出すことで、犯罪者に制裁を加えている現状は、法律に違反したメディアのリンチである。

「悪いやつはやっつけて当然。被害者の悔しい思いを代行する」というメディア幹部には、被疑者が犯人ではないと分かったときに、誰がどう責任をとるのかということを、明確にしてほしい。

「誰が」はニュースの基本で不可欠だという言い方もよくされる。これは被疑者を犯人と断定しているからこそ言えるのだと思う。被疑者が犯人でなければ、「誰か」を詳しく書けば書くほど真実から離れてしまう。被疑者が犯人だとしても、犯罪の背景や原因を知るためには、必ずしも実名は必要ない。はじめに名前が出ると、事件の内容をかえって報道しにくくなることもある。事件報道から名前が消えると、絵にならないとかいうが、少年事件や、生活情報・医療関係のニュースでは匿名報道で十分伝わっている。

封建的なメディア労働現場

新聞記者の中で、女性記者はまだ八％（七〇年は一％だった）にすぎない。明らかな就職差別がある。現在の女性の管理職は一％以下だ。

女性記者のセクハラ被害も深刻だ。共同通信大阪支社社会部の記者は〇三年七月一六日淀屋橋警察署の副署長にホテルに連れ込まれ、強かんされそうになって逃げた。記者は転倒しけがをしたため明るみに出た。被害にあった女性記者は「副署長に嫌われると情報が取れなくなる、と思い、おかしいと思ったがホテルまで一緒に行った」と記しているという。支社の社会部長は、仕事に熱心なあまり、副署長の誘いを断れなかったなどと語っていたが、警察官とプライベートな付き合いをさせて情報をとるという取材方法や、報道の仕方に問題があるのだ。アナクロの夜討ち取材をやめるべきだ。

副署長が悪いのは当たり前だが、御用聞きのような取材の仕組みを変えるべきであろう。

朝日新聞は、取材先や社内のセクハラ防止のため、「スカートやキュロットをはかないように」と指示していた。

新聞はオジサン（妻はほとんど家庭にいる）がつくっている。男性・「有名大学」卒・非「障害」者が記者になる。新聞社のほとんどが採用の際、興信所を使って身元や思想信条を調査している。労働時間の長い新聞社が敬遠されて、出版社・テレビ局に人気が出ている。退社して行く記者たちも多い。松本サリン、神戸事件など大きな誤報、虚報があった後、多数の記者が退社した。ある地方紙は一年で八人の記者が社を去った。「犯罪報道を根本的に変えなければ、同じ過ちを繰り返す」と幹部に進言して無視されて退社した記者もいた。

若い記者は睡眠時間三時間前後で、支局はオウムのサティアンのようだ。一ヵ月の残業が三〇〇時間を超えることも珍しくない。過労で自殺者や病死者を出した電通を批判できない。ストレスがたまり、療養を余儀なくされる記者も少なくない。

在日外国人はメディアになかなか就職できない。大新聞、通信社は八〇年代後半まで、外国人をほとんど採用してこなかった。ＮＨＫの人事部員は九六年に採用した外国人に、「日本国籍をとってくれ」と迫った。

被害者も実名が原則か

日本のメディアは、事件・事故の被害に遭った人を当然のように実名報道する。しかし、自分の姓名は自分がコントロールする権利があるというのが、国際的な流れである。

ところが、日本を代表する新聞の一つ、朝日新聞は〇二年一〇月三〇日、「被害者報道のあり方」について特集する中で、被害者の遺族が反対しても実名が原則だという論を展開した。がっかりすると共に、こんなことを言い放つ新聞社はなくなってしまうだろうと思った。

この記事は朝日新聞の「報道と人権委員会」の委員である原寿雄元共同通信編集主幹、浜田純一東大大学院教授（情報法・憲法）、尾崎行信元最高裁判事の三人による議論をまとめたものだ。

原氏は「実名を出すのは、純粋な私人であっても、事件や事故に遭った時から公共性を帯びるからだと考えざるを得まい。運悪く被害者になった場合には、社会人として説明をする義務も負う」と発言。浜田氏は「原さんの意見は、基本的な理屈として重要だと思う。被害に遭った場合には、いや応なしに社会の脈絡に引き込まれる、という言い方になるのかなと思う」「事件や事故が起きてしまった時に名前の出るリスクは負担すべきだろう」と賛同した。

浜田氏は「原点はやはり、人々の素朴な好奇心だと思う。それ自体は、ある一定の倫理的な水準があるわけではない」と述べた。

原、浜田両氏の見解は時代錯誤だ。報道被害についての無知、無感覚に呆れる。

河原理子編集委員は次のように述べる。

「被害に遭った人やその関係者の話を聴くことは大切だ。被害に遭うとはどういうことか、真の姿を伝えることが、社会の理解を得るために欠かせない。多角的に真相に迫る意味もある」「『だれが』は地域社会にとって大切な情報であり、事件記事では実名が原則だ。しかし、被害者は配慮すべき要素が多く、匿名にするケースが増えている。これに対し、匿名では、記事のリアリティーが失われるのでは、という意見も強い。もちろん、問題は、単に実名か匿名か、ではない。被害者や家族にとっては、『どう報道されたか』が大きい。被害者にかかわる情報をどこまで書くか、議論を続けている」

「簡単に被害者の情報を消していくことで、被害者を単なる記号や数にしてはならないとも思う」

メディア企業の入社試験の面接で「被害者の雁首（顔写真）をとって来い」とデスクに命じられたら、どうするかという質問があるらしい。河原記者の見解が模範解答だろう。

〇三年一〇月一四日の新聞協会報によると、神戸新聞は記者の行動規範を明文化する中で、実名報道原則の見直しを検討した。「被害者は原則匿名、被疑者は微罪では原則匿名とし、例外的に実名とする場合を具体例で説明する」方向で動いたという。

高士薫社会部長は、「実名原則主義と社会の意識がかい離し、読者に説明のつかないところまで来ている」と同紙に語っている。残念ながら原則の転換にはならなかったようだが、この試みはいつか生かされるだろう。

また、サンテレビ（大阪）も「事件直後の被害者取材はしない」との方針だ。宮田秀和報道部デスクは「被害者の思いを伝えるのは事件の翌日でなくてもいい。息の長い取材が重要だ」と述べている。

私が主張する匿名報道主義は、「単に実名か匿名か」だけを論じているわけではない。

「改革の時代を見つめるたしかな目」を標語にした新聞週間の朝日新聞特集（〇一年一〇月一一日）を開いたら、二人の男女の大きな写真があった。「社外委員対談」と銘打って、朝日の「紙面審議会」委員の松永真理氏と「報道と人権委員会委員」の浜田純一氏が津山昭英東京編集局長補佐の司会で、「個人情報保護法案など言論の自由を揺るがしかねない動き」の中で、「転機の新聞」を論じている。

浜田氏はこう言っている。「ただ、事件報道が完全に匿名で、十分な情報がなければ、バーチャルゲームと変わりがなくなってしまう。やはり事件に対する怒りや悲しみへの共感がかき立てられるのは、写真が出たり、ある程度詳しい情報が伝えられたりすることで感じるのではないだろうか」

「新聞の役割は」という見出しの議論では、「私は新聞もいい意味での権力であるべきだと思う」と強調している。

浜田氏の「事件報道が完全に匿名になると……」などと発言するのは問題だ。事件の被害者が一般市民であった場合、「完全に匿名」にすることがなぜいけないのだろうか。そもそも年間約二〇〇万件以上ある刑事事件のほとんどは取材も報道もされていない。事件の被害者については、政治家や高級官僚、有名人以外の市民は、匿名か顕名かを決める権利があるのではないか。

この対談のサイド記事として、「報道と人権委員会」の佐藤公正事務局長が委員会の仕事について書いている。佐藤氏は集団取材のプライバシー侵害にふれた後、《そんな実態を描いて「取材・報道被害から子ども・地域を守る」とうたった記録本まである。私たちは、人びとの基本的な人権を踏みにじる「報道加害」者なのか》などと書いている。佐藤氏の「記録本」とは、人権と報道関西の会編『マスコミがやってきた！』（現代人文社）だと思われる。同書のサブ・タイトルが、『取材・報道被害から子ども・地域を守る』だ。なぜ書名を実名で書かないのだろうか。

新聞界で使われているメディア・スクラム（media scrum）という用語は誤りだ。一九九九年ごろから、集中豪雨的な取材・報道による個人と地域社会の生活を破壊する「集団取材の報道被害」「集団取材による人権侵害」の意味で使われているが、このカタカナ表現は不正確だ。

日本民間放送連盟の放送番組調査会報（一九九九年二月二五日）によると、「集中豪雨的取材の是正策については、原寿雄委員長（元株式会社共同通信社社長）が参考資料として配布した自身のメモ「集中豪雨的取材・報道（stampede media-scrum）の抑制策」（骨子を別掲）に基づき考え方を示す中で使ったようだ。その後、毎日新聞、朝日新聞などが使い始めた。私は使わない。

日本語で正確に表現できることを、わざわざカタカナで言うところに、メディア界のこの問題への受け止め方の誤りがある。

英国の media scrum とは、文字通り、ラグビーのスクラムと同じである。取材現場に押し掛けた報道陣という形態を指すが、日本で問題になっているような集団での取材・報道による人権侵害という意味では、直接使われていない。

メディア・スクラムは「取材記者が団結する」という意味で肯定的に使われることも度々ある。公的人物に対してパブリック・インタレストのある取材では、むしろ歓迎されている。パブリック・インタレストは公益性という訳では不十分で、市民みんなの権益にかかわることの意味である。英国の報道倫理綱領では、「パブリック・インタレストがない限り。何々をしてはならない」と決めており、「パブリック・インタレスト」があれば問題のある取材・報道も許されることがある。

井上泰浩広島市立大学助教授（元毎日新聞記者）が「法学セミナー」二〇〇二年五月号（日本評論社）に「人権侵害の境界線を越える取材」と題して書いている。井上氏はこの中で、《こういった人権を侵害する取材を「集団的加熱取材」と呼ぶことが、メディアは事の重大さを正しく認識していないように思われる》《英語では、サメの群れ（記者やカメラ・クルー）が一匹のか弱い獲物（市民）を食い物にすること（人権侵害）に譬え、「狂食」（feeding frenzy）という。加熱取材ではなく、集団狂乱取材だ。さらに、被害者の心情を無視して執拗な取材をすることをメディアによる被害者の「再被害化」（re-victimization）という。取材によっては被害者を二重の被害者にしてしまう、メディアは二次加害者になると認識を変えるためにも「集団加熱取材」「メディア・スクラム」という呼び方の変更を提言したい。ここでは、集団で襲いかかるような取材、そして人権やプライバシーをないがしろにする取材を含めて「人権侵害取材」と呼ぶ》と主張している。

また日本新聞協会などが使っている「集団的過熱取材」という日本語も、妥当ではない。報道関係者が集団として加熱した取材をすること自体がだめなわけではない。権力による不適切な行為や犯罪嫌疑については、もっと「過熱」すべきであろう。取材・報道の自由の権利は、市民の知る権利にこたえるためで、知る権利の対象は権力、大企業、大労組など公人が職務上行っていることである。

私自身では、「集団取材による人権侵害」と呼んでいる。

政府与党は「司法改革」の一環として、重大事件の審理に市民が参加する「裁判員制度」の導入を決めているが、裁判員に偏見を生じさせないよう、事件・裁判の報道規制を行おうという動きが出てきた。司法制度改革推進本部の検討会は、「公正な裁判を実現するため」という理由で、裁判の評議に関する内容を裁判員やその経験者が外部に話すことを禁じ、違反した場合に懲役刑を科すことや、偏見報道をしないよう配慮を求めた規定を盛り込む方針だ。

現在のマスメディア報道が捜査段階で被疑者に対して集中豪雨的な「実名・犯人視報道」を展開し、弁護士の選任まで妨害される「世論」ができあがる事態も見られ、公正な裁判のために報道が自己改革すべきである。

メディア企業は「表現の自由」を理由に、こぞって法規制に反対しているが、報道界が全体で自主規制する以外に報道規制を拒む道はないと思われる。個人情報保護法が成立し、廃案になった人権擁護法案などメディア規制が強化されようとしている今こそ、メディア責任制度を確立すべきだ。

新聞・通信社の記者たちは、報道倫理や表現の自由についての教育を十分に受けないまま、警察の記者クラブに放り込まれる。記者クラブでやることは、捜査官と親密になって「信頼関係」を築いて、情報を非公式ルートで入手することだ。メディアの幹部は、「記者クラブで権力を監視している」（小川一毎日新聞東京本社社会部副部長の二〇〇〇年一一月二四日、三田祭シンポでの発言）などと主張するが、現場の実態を見れば、記者たちの主たる仕事は警察の監視ではないということがすぐに分かる。

新聞記者のサツ回りの実態については、『犯罪報道と警察』（三一書房新書）一一一頁、読売新聞社の「サツ回り入門」を参照してほしい。

報道界に見られた一定の改善

『犯罪報道の犯罪』が出版された後、報道界にはさまざまな改革の試みがあった。

八九年末、被疑者の呼び捨てが廃止された。これは八四年にＮＨＫとフジ・サンケイグループがすでに実施していた。このほか、西日本新聞「容疑者の言い分」報道、朝日新聞千葉支局の犯罪報道の小改革、朝日新聞写真部の公人、凶悪事件被疑者を除く顔写真の不掲載原則、放送界の自主的な自律機関「放送倫理・番組向上機構」（略称＝ＢＰＯ）の設立。ＢＰＯの傘下にテレビ報道によって人権を侵害された市民が苦情を申し立てることができる「放送と人権等権利に関する委員会」（ＢＲＣ）がある。

新聞・通信社約三〇数社に苦情対応機関が生まれた。朝日、毎日は「日本独自のオンブズマン的組織」などと詐称しているが、外国のメディア責任制度とは全く違う。一般メーカーが一九七〇年代までに設けた品質管理、消費者相談室のレベルに過ぎない。

田中康夫長野県知事は長野県庁の「記者クラブ」を廃止（〇一年六月）し、同時に「表現センター」を設置した。八〇年代末から九〇年代にかけて、こうした改革があった。

愛媛県八幡浜市の南海日日新聞（〇八年五月末廃刊）は八五年から匿名報道主義で報道している。「しんぶん赤旗」は九一年から匿名原則を採用している。聖教新聞は被害者の匿名原則を導入した。地方紙には微罪匿名、被害者の顔写真不掲載原則などの動きがある。

新聞労連は九七年二月一日の臨時大会で報道倫理綱領「新聞人の良心宣言」を採択した。報道評議会設立を構想し、新聞協会に呼び掛けている。労連の綱領は「犯罪報道」の項で「新聞人は被害者・被疑者の人権に配慮し、捜査当局の情報に過度に依存しない。何をどのように報道するか、被害者・被疑者を顕名とするか匿名とするかについては常に良識と責任を持って判断し、報道による人権侵害を引き起こさないように努める」と規定した。労連は〇〇年九月、報道評議会原案を発表。日弁連の報道と人権調査研究委員会が、労連と新聞協会の橋渡し役を務める方針だ。

報道評議会とプレスオンブズマンは北欧などでセットで機能しているものである。報道被害をなくしていくためには、統一報道倫理綱領を制定し、取材・報道による苦情を受けつけて、報道関係者が倫理綱領を守っているかどうかを監視する市民参加型の報道評議会をつくるべきだ。河野義行さんは「メディアの人たちには加害者意識が欠如している。報道被害は市民を社会的に抹殺するということを分からせなければならない」と訴えている。

記者たちが、自らの信条に従いジャーナリズムの大道を歩むかどうか。それを支えるのは、一般市民のメディアへの積極的参加である。おかしな記事、番組があったらすぐに抗議し、いいものがあれば誉めること。市民がメディアを監視しているという緊張感を持つことが今絶対に必要だと思う。

III　犯罪報道は私刑だ

甲山事件の神戸地裁差し戻し審で2度目の無罪判決（1999年に大阪高裁で確定）を受け花束を受け取る山田悦子さん。右は偽証罪に問われ無罪となった荒木潔・元甲山学園園長。1998年3月24日、支援集会で（山田さんの了解を得て掲載する）。

《わが国における犯罪についてのマスメディアの報道は……ときに興味本位でありかつ断定的である。被疑者は起訴前においてすでに悪人のレッテルを貼られ、社会的には有罪と断定されてしまう場合がしばしばである。……この“ペーパー・トライアル”とも評すべき状態はもっと自制されるべきものと思われる。》

（一九七三年四月二〇日千葉大腸チフス事件一審判決文より）

1 疑惑の目でみられるのを私は耐えられない

マスコミの取材攻勢が父を殺した

警察に逮捕はおろか一度の事情聴取も受けていない一市民がマスコミの〝自主取材〟競争の渦中に自殺するという悲しいできごとに私は出会った。記者になって九年目のときだった。

一九八〇年三月二一日午後一一時半すぎ、国電（現ＪＲ）総武線電車に男性が飛び込んで即死した。この男性は千葉県内に住む早稲田大学総長室調査役兼早稲田高校事務長（当時五五歳）とわかった。三月六日に毎日のスクープの形で発覚した早大商学部入試漏えい事件で、元部下の二人の職員が逮捕された直後だった。その二人への報道ぶりは、本人の住所、顔写真、経歴、趣味から自宅の写真まであらゆるプライバシーを暴くすさまじさだった。

私は、早大への入学に三〇〇〇万円もの価値があるのかなどと感心したぐらいで、この不正入試が新聞の一面を連日飾ったり、たとえ本人たちが本当に不正に加わっていたとしてもその個人を徹底的に痛めつけたりしても、何にもならないと思ったものだった。むしろ、事件としては答案用紙（一枚一〇円程度）の窃盗にしかならないことがこれほどの大ニュースになる背景の学歴偏重社会にこそ目を向けるべきだと考えていた。

しかしマスコミは、この事件を超大ニュースとして扱った。事務長の死は忘れられ、調査報道の成果として今日も語られているほどである。逮捕された二人の取調べが進むにつれ、共犯者の存在がクローズ・アップされ始め、このまま報道がエスカレートするときっと犠牲者が出ると心配していた矢先の自殺だった。毎日が三月二一日夕刊で、「早大入試事件で犠牲者」と大きな見出しをつけ「ついに犠牲者が出てしまった」とリードで書いたのはいかにも皮肉だ。

「事務長はなぜ死んだか」に私がこだわった理由は三つある。

第一は、自殺直後に早大入試事件を捜査している戸塚署の加藤署長が「警察として事情聴取を行ったことはない。逮捕した二人の調べからも名前は全く上がっておらず、今後事情聴取の予定もなかった」とコメントしたことである。

第二は、自殺した事務長が「疑惑の目で見られるのは、もう私には耐えられません。毎日が断腸の思いです。このうえ当局の事情聴取でもあったなら輪に輪をかけて事実無根のものでも事実にされてしまうでしょう。そんな風にみられたらもう学校へも行けない。小心者の私には死を選ぶ以外になくなりました。然し一連の事件には関与してないことだけは死を前にして断言いたします。（中略）私には以前のことなので、証明するにも何のてだてもありません。（後略）」というメモ（遺書）をもっていたことである。

そして第三に最も衝撃的だったのは、事務長の長女（当時大学四年生）が三月二二日正午すぎから警察で異例の記者会見をして「マスコミの取材攻勢が父を殺した」と次のように語ったことだった。

「二一日から早大の春休みが始まったのと京成電鉄のストが重なったため、一日中家にいました。父は、午後七時五〇分から九時四〇分まで、ある通信社の記者の取材に自宅で応じていました。記者が帰った後『ひどい取材ぶりでへきえきした。頭に血がのぼったよ。頭を冷やしに外に出て、いっぱい飲んでくる』と一〇時ごろ家を出ました。連日つらそうな様子をしていたので、きのうだけ特別という感じはなかったんです。でも、お酒を飲めない人だし、飲みに行くなんて珍しいことだと思いました。プライドが高く潔癖な父なので、侮辱に耐えられなかったのではないかと思います。母と私が寒いのでやめるよう言ったけれど結局出かけ、一〇分ぐらいで帰ると思っていたところ、二二日午前二時半すぎ、○○署からの電話で自殺したことを知りました。

最初に早大事件を知ったとき、仕事熱心で愛校心の強い父は『どうしてこんなことになったのか』と驚いていました。しかも、ある程度知合いの商学部の人が犯人ということになり非常にショックを受けていました。父にも疑いをかけるマスコミの取材攻撃が連日続き、父は「自分も商学部に長くいたので疑いがかかるのは仕方がない」とあきらめた様子でしたが、マスコミの取材態度は一方的に父に疑いをかけるひどいものでした」（二二日付朝日夕刊と「共同」配信記事より）

マスコミの人権侵害について被害者が声を上げることは少ない。まして家族が「マスコミが殺した」と記者会見で発言したのはおそらくはじめてだろう。東京都内の新聞を見る限り、この会見を詳しく報じたのは朝日と共同だけだった。朝日は、会見の終わりに長女が「マスコミの方に私の気持ちをいっても、きっと取りあげてもらえないでしょう。マスコミ取材の詳しいことを知りたければ私の家に来て下さい。私は父の潔白を信じています」ときっぱりした口調で語ったと伝えている。毎日は「父は潔白です。遺書を読んでもらえばわかります。父はプライドが高かっただけにショックが大きかった」と引用しただけだった。
そして、長女の言った「ある通信社」とは、私の勤める共同通信社だった。

おかしなマスコミの大騒ぎ

いつから新聞は検事や警察官になったのだろう。憲法三一条は「何人も、法律の定める手続によらなければ、その生命若しくは自由を奪われ、又はその他の刑罰を科せられない」と規定している。警察の参考人でもない一市民に、何の令状もない民間人が集団でしつこく「取材」することは、やはり行き過ぎではないか。事務長は全マスコミに殺されたのであり、その反省なくして新聞は「公器」といえない。

事務長の死から約一ヵ月後の四月一九日には朝日新聞の朝・夕刊が、三月一五日に自殺した早大商学部教授の死は「不正入試事件が影響を与えた」とし「入試工作にタッチか」と社会面トップで大見出しをつけて報じた。記事の最後に本人から真相を聞きたいがいまはできないのが残念とあったが、死者を犯人と決めつけ墓場にまでムチ打つ報道ぶりはペンの暴力としかいいようがない。

一方私は、三月二三日夜の事務長の自宅での通夜の取材を担当させられた。辛い取材だった。報道陣は自宅に一歩も入れない。自宅前の狭い道路に一〇〇人近い報道陣が集まった。「マスコミは市民を死に追い込んだ後もこうして大騒ぎしなければならないのか。そっとしてあげたい」と思ったが、通夜の原稿はやはり現在のマスコミには必要なのだ。通夜には親類、大学の友人や卒業生など多くの人びとが次々と弔問に訪れたが、その人たちと報道陣には張りつめたような緊張感があった。通夜が終わった後、清水司早大総長は、テレビなどの報道陣にもみくちゃにされたが、一言も発言せず車に乗り込んだ。そして最後に大声で「心なき一部の記者の行動には深い憤りを感じる」と顔を紅潮させて話して去った。

私はこの事件で最大の責任者は、だれが犯人であれ結果として大学の入試を漏らしてしまった管理者であり、総長こそが社会から批判されるべきだと思っていた。だから、逮捕された数人がマスコミから総攻撃を受けながら大学の管理体制に批判の目が向けられないことに不満だった。それにしても、この総長のマスコミ批判発言は私には重かった。

そのころ千葉支局では、人権と報道についていろいろ話し合うムードがあった。事務長の死についても部会で取り上げられた。事務長に最後に取材したのは本社の社会部記者で支局に直接関係はなかったものの、やはり自分の社の記者が取材した直後に死を選んだことは何ともいえない気持ちだった。

私は「おそらく私がこの事件の取材班にいたらその記者と同じように事務長を取材しただろう。取材した記者個人がとくにひどいことをしたわけではない。あらゆる犯罪の取材と報道に当てはまることだが、いまのシステムではこうならざるをえないところが問題なのだ。たまたま共同通信の記者の取材が最後になっただけで、事務長が自殺するまでにはマスコミ全体の有形無形の圧力が彼にかかっていたのではないか」と言った。

事務長の妻に聞く

そのためには、マスコミの取材・報道と事務長の死の関係を検証することが重要である。わたしは一ジャーナリストとして事務長の妻と長女に手紙を何回か送った。こちらの意図を述べ協力を求めた。「取材に来て下さい」という長女の会見での発言を唯一のてがかりにお願いしたのだが、返事はなかった。八二年一一月二三日にお電話した。妻は私の送った手紙や組合の新聞研究誌に書いた文章のコピーを読んでいてくれたが、「もうそっとしておいてほしい」と取材には応じてくれなかった。

妻も長女も事件から二年以上たって「すべてを忘れたい」という心境のようだった。マスコミに殺されたと言う遺族が、そのマスコミのなかでも最後に取材した会社に勤務する私に会うのは強い抵抗があるだろう。いくらこちらが犯罪報道の改革の目的を伝えても「マスコミの人に会うのが怖い」「マスコミに何を言ってもいいことはない」というのが本心だったと思われる。

八三年七月三一日、私は妻のお宅を訪問させてもらった。予告なしの訪問だった。妻はインタビューに応じてくれた。私自身も、事務長の死から私たちジャーナリストが何も学ばなければまた次の犠牲者を出してしまうという思いで、線香をあげさせていただいた後、私は質問を始めた。

――マスコミ記者や事件報道について何でもおっしゃって下さい。

マスコミは売るためには何でもやるのでしょう。マスコミ記者は暴力団と同じです。長い間、取材に来た記者の名刺を見ながらその個人を恨んだものですが、いまでは、記者の人も上司に言われてやっているので記者個人には罪がないと思うようになりました。しかし、新聞は半分以上がウソだと思うし、小説を読むつもりで接しています。

いろんな事件の報道で、本人や家族の人がつらい目にあっていることでしょう。事件記事で名前を出して全国にばらまくのはどうかと思います。マスコミの報道がなければ多くの人がひっそりと暮らせるのに……。でもマスコミに何を言っても主人は帰ってきません。私たちは三年あまりたって、やっと前の何分の一かの平安を取り戻せました。

マスコミは被害者の痛みを少しでもわかってほしい。捜査機関に事情聴取を一回もされていない一市民をあんなに追いかけ回し、潔白を訴えて自殺した後もひどい対応をして……。そして自殺してから一年たって、再び早大に関する事件（成績原簿改ざん事件）が報道された際にも、また主人の名前や住所がマスコミに何度も出ました。いつまで苦しめれば気が済むのかと思いました。

一日も早くマスコミの事件報道のやり方が変わるよう希望しています。心ある記者ががんばって変革するよう祈っています。欧米では犯罪報道のやり方が全然違うようなので、そのあたりも研究してマスコミ界全体で改善してほしい、私たちはそう願っています。

マスコミは犯人を裁くな

この早大事件の二ヵ月前にはＫＤＤ事件が発生し、ＫＤＤ参与（六二）と秘書役（三九）が自殺している。ＫＤＤ事件でも逮捕された人びとに対する報道はきわめて派手だった。松本清張氏（九二年没）が一文を寄せているが、そのなかに次のような注目すべき指摘があった。

「極秘の汚職がもれるのは、たれ込みによるものが多い。対立企業のねたみ、派閥争い、不平組の密告などだが、ＫＤＤ事件では捜査当局に対してだけではなく、『内部告発』が新聞社などマスコミに向かって行われた。そのためマスコミ独自の取材活動が活発となり、連日のように新聞紙面に派手に報道されるようになった。これはとかく『国民の知る権利』に対し、真相を秘匿したがる捜査側の鼻をあかす一方、任意出頭して取り調べを受けている人の心理を大きく圧迫する。連日連夜のように自宅のまわりをマスコミの車に張り込みされていては、家族ともども神経が参ろう」

マスコミが汚職事件を書くのは当然だ。ただ大切なことは、マスコミが警察や検察、裁判所に代わって犯人を裁くという姿勢をとらないことだ。捜査当局が後日事件にすることがわかっているものを、一日も早く名前を割り出して社会的に葬りさるという競争は、やはり行き過ぎではないか。事件の内容を伝えることはいいのだが、ある個人を犯人と決めつけ、追い回し、氏名を報じていくことは、人権侵害になる。「罪を憎んで人を憎まず」という言葉もあるではないか。マスコミ独自の調査報道の努力は、捜査当局が知っていながら捜査を手控えたり隠蔽するような権力犯罪のケースにこそ向けられるべきだ。一般市民の氏名を挙げるのはごく例外とすべきである。これはジャーナリズムの原点にかかわることだ。

早大事件で、不正入試があったのを突き止めたことはマスコミの立派な仕事である。しかし、捜査当局が動き出して何人もの人が逮捕されたなかで共犯者の存在を暴いていくことは、司直の手にまかせてよかったのではないか。警察が事情聴取する予定もなかった事務長に何十人もの記者がインタビューし、しつこく真相を聞き出すことがマスコミの義務といえるだろうか。捜査の先取り的な取材や報道は人権侵害のおそれがあるだけで、社会的必要性はない。どうしても被疑者の固有名詞が社会的に必要な場合のみ実名を出すべきであろう。私はこの種の事件では、仮りに不正に加わったことが事実だとしても、その人の名前や写真、住所などは必要ないと確信する。名前などのアイデンティティを伏せても事件の内容は十二分に伝えられるからだ。

松本清張氏の提言が生かされて、事務長の元同僚二人が逮捕された後のセンセーショナルな実名報道がなかったら、事務長は他の方法で疑惑を否定できたと思う。二人の〝犯行〟は事実だったとしても、彼らのプライバシーを暴きさらし者にして制裁を与えることは、まちがいである。一度疑惑を向けられた一般市民とって、警察やマスコミとわたり合うのは容易ではない。

マスコミの犯罪報道がスウェーデンのような人権に十分に配慮する体制を確立していれば事務長は自殺していなかった。率直にそう認めることなしには、人権と報道について語る資格はない。

2 私たちの真実の声を直接聞いてもらいたい

幻の首都圏連続女性殺人事件

ある日突然警察に窃盗の疑いで逮捕され、三日後には全く身に覚えのない〝連続女性殺人放火事件〟の犯人とされる。新聞、テレビ、ラジオ、雑誌は毎日のように「一〇件一二人」もの女性を殺した凶悪犯として報道する。ところが約半年間かけた別件逮捕、拷問などによる不当捜査の末起訴されたのは、全然手口の違う一件だけ。その一審裁判が一一年の長期審理の結果、一九八六年九月無期懲役の判決が下った。しかし一九九一年四月、東京高裁で無罪判決を受けた。

現代の魔女狩りである。免田、財田川、松山などの死刑囚再審事件は「戦後の新刑事訴訟法施行後の混乱期」の冤罪事件とされている。しかしこれは一九七四年の夏に起こったのである。

警察とマスコミの共謀で「殺人鬼」に仕立てあげられたのは小野悦男さん（当時三八歳）だ。小野さんは七四年九月から約半年間、マスコミの集中豪雨的な人権侵害（全国紙だけで全国版に一六〇回報じられた）を受けたのだが、この一一年間の一審裁判での無実の叫びは全く報道されなかった。マスコミは小野さんについて一切続報しないことで「一〇件一二人」の殺人犯という大誤報を「訂正」してきたつもりだが、裁判官は起訴前の報道をそのまま信じ込んだ不当な有罪判決を言い渡した。

小野さんが犯人とされたのは「首都圏連続女性殺人事件」という〝事件〟だ。七四年六月から八月にかけて、東京、千葉、埼玉で、アパートに一人暮らしの若い女性が深夜、あいついで強かん・放火されて焼死し、六八年以降のその他の女性殺人もひっくるめて同一犯人による連続殺人とされた。このなかには〝犯人〟の血液型が別なものも含まれ、男性の被害者も入るという乱暴なものだった。小野さん報道はマスコミの歴史でもきわめて稀なフレームアップ報道だった。私もまた小野さんの全人格を否定する悪質な〝活字暴力〟〝電波暴力〟に加担した取材陣の一員だった。

私が千葉支局に転勤してすぐの七月一〇日、松戸市馬橋のアパート二階に住む市立馬橋小教諭小沼雅子さん（二一）

の部屋から出火してアパートが全焼し、小沼さんが焼死体で見つかった。

四日後の一四日には葛飾区四つ木の小料理店二階から出火、経営者（四八）と友人（五八）が焼死体で発見された。そして七月二四日未明にも、草加市氷川町のアパートで薬局店員（二二）が焼死体で見つかった。二つの事件とも放火殺人だった。

八月に入って、六日未明、今度は足立区綾瀬でＯＬ（二四）が二階自室で強かんされたうえ、放火されて殺された。二日後の八日には小沼さんのアパートから約五〇〇メートル離れた国鉄馬橋駅西口の区画整理地で、女性の死体が見つかった。「また殺しだ」と現場へとんだ。小野さんの唯一の殺人での起訴事件となった台東信用組合普通預金係宮田早苗さん（一九）の遺体だった。宮田さんは七月三日夜から行方不明になっていた。

翌九日には、志木市で、やはりアパート二階に住むＯＬ（二一）が強かんされ殺された。この騒ぎは、翌一〇日、六月末から行方不明の主婦高橋ハルさん（三〇）が馬橋で遺体で発見され、クライマックスに達した。

こうして一ヵ月半の間に七件八人の殺人事件があった。この七件に、六八年七月の足立区綾瀬のＯＬ（二六）、七三年一月の北区東田端のＯＬ（二二）の両強かん焼殺事件など三件も加えられ、小野さんは「一〇件一二人」の殺人犯とされていったのだ。同じ手口の犯罪は小野さんの服役中にもあったのだが、小野さんが「シャバ」にいた期間の未解決事件だけが選び出された。

半月の間に三件の女性殺人事件があった馬橋地区は大騒ぎになった。私たちは毎日のように松戸署と千葉県警幹部を取材した。それはいつものように、どの新聞が最初に容疑者を「割り出し」実名入りで報ずるかのスクープ合戦の始まりでもあった。

予断の構造

このスクープ合戦は、昔のテレビドラマ「事件記者」のように格好いいものではない。

報道各社は独自の調査で犯人探しをするわけではない。ニュースが多様化しページ数を増やしても、人員を増やすどころか減らすところも多い状況で、延べ二万人の捜査員を送り込んだ警察と「対等」にやれるはずがなかった。取材はもっぱら、警察からいかに早く捜査情報を取るかの争いになる。情報を多く取るためには、日ごろから警察官に信頼される記者であることが必要になる。警察に迎合し、信頼される「広報」を多くつとめることである、言いかえれば、ゴマスリ競争になり変わるわけだ。

この事件の取材は、各社とも本社の指示で最大規模の体制をとった。千葉支局出身の東京社会部記者が事件解決まで臨時駐在する社も数社あった。

松戸の三件の犯人は同一で、その犯人がそれ以外の七件の犯人でもあるという図式が大した根拠もなくいつの間にかできあがった。八月一〇日、松戸署に三件の合同捜査本部が設置され、県警一課の主力が投入された。捜査本部員は百数十名に達し、馬橋地区の区画整理や建築工事に携わった労働者三〇〇～四〇〇人をリストアップしてローラー作戦を展開した。公判での大矢房治警部（小野さん取調べ主任）証言によると、そのうち直接容疑者とされた者は約一五〇人おり、別件逮捕者（容疑はアパート侵入、窃盗など）は八名に上ったという。

この証言は、当時の捜査方法が怪しいと見ればだれでも調べ、何か逮捕要件があれば「別件逮捕」して自白させようというずさんな見込み捜査だったことを示している。しかもそのうちの三人は、住所、職業、実名入りで「容疑者」「重要参考人」として何度か報道された。しかし、小野さん以外の容疑者の記事は一〇月中旬にぷっつり消えた。三人の実名報道についての訂正も謝罪もなしにだ。

小野さんは少年時代にコソ泥で逮捕されて以来、盗みを繰り返し、その年の五月に網走刑務所から出所したばかりだった。そして、七月二七日、馬橋の殺人事件の現場近くで職務質問にあったことが運命を狂わせた。

別件逮捕三日後に犯人扱い

小野さんの名前を私たち共同通信が最初に加盟社に配信したのは九月一五日午前零時過ぎだった。警察庁担当の記者が次のような記事を書き、翌日の『日経』などに載った。

「七月以来、東京、埼玉、千葉など首都圏各地でアパートの一人暮らしの女性をねらった連続殺人、放火事件を調べている千葉県警松戸署の特別捜査本部は一四日夕、同事件の重要参考人として茨城県生まれ前科四犯、労務者Ａ（三七）を別件の窃盗容疑で逮捕、同事件との関連について本格的な追及を始めた。同本部では聞き込み捜査で七月二七日未明、松戸市馬橋の地崎工業の放火現場にＡがうろついていたという有力証言を入手、身辺捜査をしたところ不審な点が出てきたためこの一二日、別件の窃盗容疑で逮捕した。

本部がＡを連続殺人事件と関連があるのではないかとみているのは①前科のほかに逮捕歴が一二回ほどあるが、そのなかにアパート専門の放火が数回ある、②数年前に都内のアパートに忍び込み、寝ている女性に乱暴しようとしたことがある、③連続殺人犯の血液型はＯ型または非分泌型と断定されたが、Ａの血液型はＯ型、④松戸、綾瀬の連続殺人現場付近を知っている。特に連続四件女性がねらわれた松戸市馬橋のすずらん荘は火事のあった地崎工業の近く、⑤各現場についてアリバイがはっきりせず、連続殺人事件後、Ａは親類や知人宅を転々としている、⑥同事件は犯人が侵入の際はしごが使われているが、Ａは商売がらはしごの扱いにもなれているとみられる――など」（要旨）

「共同」の配信原稿は、「編注」で「Ａは小野悦男」と実名を入れていた。本文で実名にしたのは小野さんが婦女暴行容疑で再逮捕された九月三〇日からで「殺人容疑が強まってきましたので今後実名報道します」と説明した。また毎日も一五日朝刊でほぼ同じ内容の記事を小野さんの実名入りで載せた。

二社のスクープは警察庁刑事局幹部のリーク（意図的な情報提供）だった。これらの記事に、早くも小野さんが〝女の敵〟にされていったその後半年間の原型をみごとにみることができる。そこには放火の前歴があるなどウソがほとんどだった。小野さんは放火を疑われたことは何度かあるが、いずれも取調べ段階で無実となっている。県警幹部は、公式には小野さんを殺人の容疑者とは一度も言わなかった。しかし、警察庁がクロと見ているという事実は一人歩きしてしまった。

小野さんが別件の窃盗で逮捕されたのは九月一二日だ。足立区の妹の家に遊びに行っているところを、大勢の警察官に逮捕状も見せられずに窃盗容疑で逮捕され、昼は窃盗、夜は「大きな事件を話せ」と責められた。逮捕三日目の夜に早くも実名での断定調の記事が出た点は、注目すべきだろう。

日　時	被害者
○43. 7. 13	OL
	伊藤久美子さん（26）
○48. 1. 26	OL
	小口　伸子さん（22）
〃 2. 13	家政婦
	阿部　せんさん（67）
	店員
	園田　隆治さん（22）
○49. 7. 10	女教師
	小沼　雅子さん（21）
〃 7. 14	料理店経営
	石井　りうさん（48）
	同手伝い
	柳　悦子さん（58）
○〃 7. 24	店員
	柳沼　正子きん（22）
○〃 8. 6	OL
	高橋　啓子さん（24）
●〃 7. 3	OL
（失跡）	宮田　早苗さん（19）
〃 8. 8	（発見）
〃 8. 9	OL
	関根タケ子さん（21）
○〃 6. 25	主婦
（失跡）	高橋　ハルさん（30）
〃 8. 10	（発見）

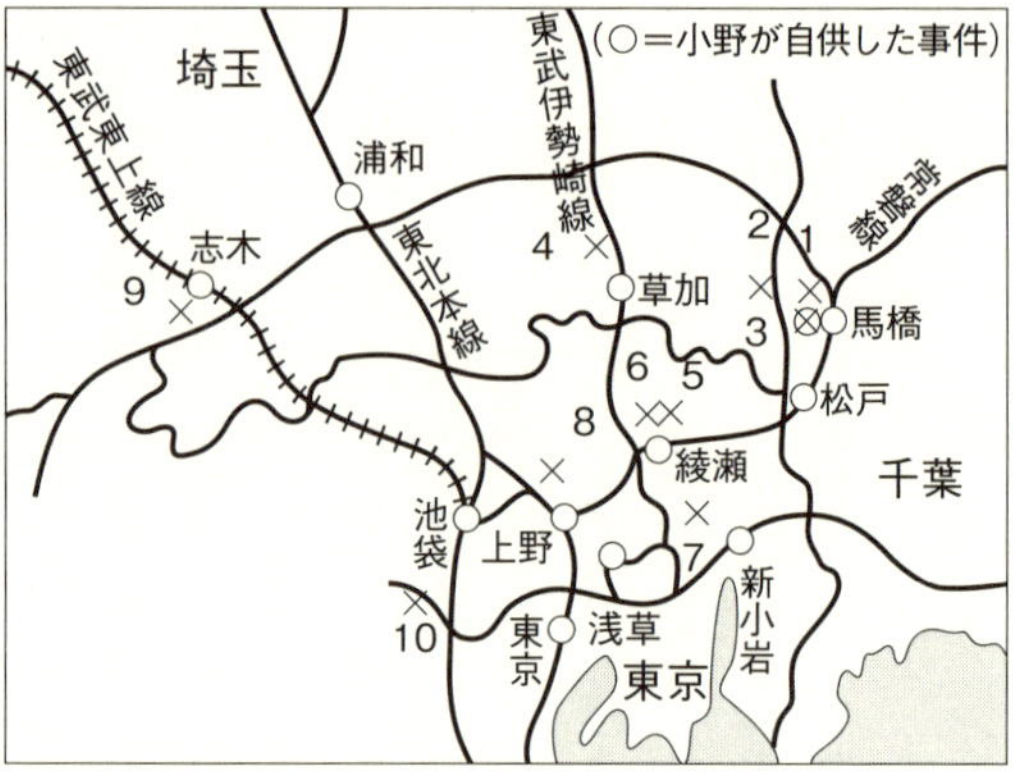

1	小野　雅子さん	（21）	49年
2	高橋　ハル 〃	（30）	
3	宮田　早苗 〃	（19）	
4	柳沼　正子 〃	（22）	
5	高橋　啓子 〃	（24）	
6	伊藤久美子 〃	（26）	43年
7	石井　りう 〃	（48）	49年
	柳　悦子 〃	（58）	
8	小口　伸子 〃	（22）	48年
9	関根タケ子 〃	（21）	49年
10	阿部　せん 〃	（67）	48年

首都圏連続女性殺人事件と小野の自供

（注）○印は小野の容疑が濃い犯行　○印は小野が自供
サンケイ新聞1974年12月2日より

松戸事件から首都圏連続女性殺人の犯人に

一〇月に入るとすぐに、小野さんは松戸事件の犯人から首都圏連続女性殺人事件の凶悪犯人とされ、取材現場は「小野は自供したか」の〝ご用聞き〟競争となった。小野さんの人格への中傷も始まった。

一〇月三日付毎日の第二社会面トップ「小野への疑い強める」は、「犯罪を繰り返し、長い刑務所暮らしで取調官の手のウチまで知りつくしている小野は、取調べが事件の核心に触れると貝殻のように押し黙ったり突然狂暴になったりしているが動揺の色は隠せないといわれる」「女性焼殺事件は、小野が出所しているときにいずれも起きている」と報じた。この記事には「小野の犯行と一連の婦女暴行・焼殺事件」と題した一覧表もつけられていた。

一〇月四日付『東京』朝刊の社会面トップも一覧表つきで「小野の容疑一

段と深まる／物的証拠に全力／しぶとく、いぜん否認」と報じた。本文では「前科が九犯もあるだけに取り調べの〝ウラ〟を知り尽くしているとみられ、ある捜査員は『小野はいわば〝犯罪士官学校〟出、物証を突きつけない限り自供に追い込むことはムリ』と捜査のむずかしさを話している」と書いた。

そして一〇月六日付『日経』は、「暴行焼殺魔か／逮捕の小野に新たな容疑」として、小野さんに対してはじめて「魔」という形容を使った。

警察とマスコミの癒着

ところで小野さんは九月三〇日の婦女暴行容疑での再逮捕後、松戸署から二〇キロも離れた利根川べりの印西署に移監された。当時印西署には他の留置人が一人もおらず、その後一六四日間、捜査本部員の二四時間監視体制のなかで、小野さんはたった一人にされた。看守はすべて捜査本部員がつとめた。

この印西署で小野さんはポリグラフにかけられた。「ポリグラフを拒否する」ということが夜回り先で言われ、それが記事になった。

たとえば一〇月一二日付朝日京葉版は「ポリグラフを使う段になるとこれを拒否している。同本部は小野を追いつめることができれば最終段階にでも使いたい、としている」と書いたのだが、この記事の一一日前にポリグラフは使われていた。公判で証拠採用されたポリグラフ検査書には、一〇月一日に婦女暴行事件、八日に小沼さん事件、一二月二一日に宮田さん事件で、それぞれ小野さんの承諾書をとってポリグラフにかけた結果が報告されている。デマ情報の受売りだったにせよ、〝拒否したから怪しい〟という理屈は乱暴すぎる。

さらに一〇月一六日付『サンケイ』朝刊は「小野ポリグラフに動揺」という見出しで「小野をポリグラフにかけたところ、『二階にあがって女性を乱暴して殺した』という小沼さん殺しの中心の質問には、ウソ発見器の針が激しくゆれ動いたという」と報じた。まさに見てきたような何とかだ。

一方、警察はマスコミに、小野には家族がない、親や兄弟にも見捨てられている、というデマを流した。新聞はそれをうのみにして「肉親からも見放された」などと一斉に書いたのだが、大矢警部らは「お前が黙っているので、今日も妹の家に大ぜいの警察官をやって、家の中を捜したり取調べをやったら、妹が泣いていたぞ。母親は警察の人が毎日毎日取調べに来るので家出していないそうだ。どうだ俺たちの言うことを聞け、そうでないと妹も嫁に行った家を追いだされてあの土地にも住めなくなるぞ。妹の家に警察官が行かないようにすることも俺たち取調官の口一つだ」と言って、家族の絆を脅迫材料に使った。

半年間家族に面会を許さず、お母さんに「刑事さんの言う通りにしなさい」というテープを録音させ、取調室で聞かせもした。この警察のリークが全くのウソであったことは、お母さんや兄弟姉妹が裁判を全面的に支援していることで明らかだ。

小野さんシロ説もあった

このころ私たち記者の間では動揺があった。一〇月二三日付『読売』京葉版の「有力な決め手なく、一部にシロ説も」という見出し記事を見よう。

「捜査本部が小沼雅子さん殺しについていまだに確信を持てないでいる裏には、有力容疑者としての〝カン〟がとれないためもある」「起訴後の未決拘置では、いつまでも印西署に身柄を置いて、〝殺し〟を本格的に追及することも難しく、本部としては苦しい立場。弁護士がつけば、身柄を警察留置場から拘置所に移せという申請も出るとみられ、追及が長引けば人権問題も起きかねない。しかも、造成地に埋められていた二事件は、小野との関連が薄いとされているので少なくとも宮田、高橋さん殺しの捜査は振り出しに戻ることになりそう」

この記事を書いた記者は刑事たちからかなりのいやみを言われ、その後何年間も警察取材がやりにくかったという。一方、捜査本部内には反対論も多く、それは事件が新聞の手で「解決」した後もくすぶり続け、「小野逮捕は大矢チームが毎日と組んで勝手にやったことだ」と突き放す見方が現在も県警内に残っている。

小野さんが救われるチャンスもあったわけだ。ところが一〇月二二日についた国選弁護人の清水昌三氏は、面会（たった一二分間）で小野さんの無実の訴えを聞きながら、拘置所への移監請求をしないばかりか小野さんの母親には「殺人の取調べ中だから面会はできない」とウソまでついて、警察の違法捜査に協力している。弁護士は小野さんに解任されるまでの五ヵ月間に四回計八二分しか接見していない。マスコミが小野さんを犯人と断定して異常なフィーバーぶりを示したため、県内の多くの弁護士たちも、別件起訴後の勾留中の違法な本件の強制取調べの問題に気付きながら、沈黙せざるをえなかった。弁護士が真犯人と信じ込むほどすさまじい決めつけ報道だったのだ。

小沼さん事件の「犯人」と断定

一一月に入ると各社はわれ先に「小沼さん事件で小野を殺人で逮捕へ」と書きたてた。私たちの情報源は九九・九パーセント警察だった。それも小野さんをクロと決めつけた捜査員のリークが頼りだった。「小野がシロというならその証拠があるのか」「殺しはやっていなくても強かんをやっているから凶悪犯だ」などという記者もいたが、それが異常と感じられないムードだった。警察幹部は意図的に情報を流し、その取材に消極的な記者は「ダメなサツ記者」ということになった。多くの記者にとっては、捜査の違法性、冤罪の可能性などはどうでもよかった。早く逮捕、自供の記事を書くことこそが社内で評価される道なのだから。

このころから警察は毎日と『東京』を意識的に利用し始めたフシがある。朝日の社会部は、小野さん報道では毎日に終始振り回されてしまったと総括している。

小野さん報道の集団ヒステリー状況は一一月一三日付毎日朝刊でクライマックスを迎えた。毎日取材陣は「どうだ」と言わんばかりの勢いだった。その記事は、「小野に動かぬ証拠／小沼さん焼殺、血液一致」という見出しの社会面トップ記事で、小野さんが「親類に預けていた荷物の中にあったクリーム色のジャンパーの血こん」が小沼さんのものと「確認」されたと書いた。血こんが小沼さんの血と一致する確率は九九・九九パーセント、逆に相違する確率は二万八〇〇〇分の一で、「小沼さんの怨念が小野を捕え」「とうとう小野のシッポを捕えた」というのだ。

いま、この記事を振り返ると、冤罪事件にいつも登場する「科学的鑑定」の怖さを思い知らされる。数字や記号を見ると何となく安心し、そのデータの出てきた背景を見落とすことが多い。論理の飛躍やウソがあっても気付かない。このジャンパーの血痕の「動かぬ証拠」が公判維持に耐えられる証拠ではなかったことは、概略の自白調書までもぎとられた小沼さん事件で小野さんは逮捕、起訴されず、事件はいまだに迷宮入りであることによって、はっきり証明されている。

それまで比較的慎重だった朝日は一一月一五日朝刊で、小野さんと網走刑務所で同囚だった人に取材した〝スクープ〟を大きく載せた。「出所前から計画?／小野、同房者に漏らす」という見出しで、小野さんは「刑務所を出たらしたいほうだいにやる。婦女暴行をしたいほうだいやり、あとで火をつけてやる。これは絶対成功するぞ。証拠が残るはずないからな」と話していたことがわかったというのである。

これはプロの詐欺師による全くのガセネタであり、警察がまんまと乗せられたものだ。警察はこの男に七〇〇〇円を謝礼として払っていたが、一一月二九日に詐欺の疑いで逮捕した。それにしても朝日がこの程度の話を信じ込んで全国版で大々的に報じたことで、当時の興奮ぶりがわかってもらえるだろう。

また同じく一五日付『読売』京葉版は「小沼さんの墓前に新しい花と線香を供え小野の犯行を報告する両親」という写真を大きく掲載し、「やはり、ヤツでしたか」「前科者でなければ、簡単に人は殺さない」「小野が死刑にならなければ、オレが刺し殺してオレも死ぬ」とまで言わせた。娘を失った肉親は悔しいだろう。しかし「小沼さん事件の自供始める」（一一月一四日「共同」）などと一一月末までに八件の殺人を「認めた」と各紙が報じたものの、この時点で、小野さんは殺人事件では逮捕令状の請求も出されていなかった。小沼さんのご両親は今も小野さんを犯人と思っているのだろうか。そうならば人違いの人を恨んでいることになる。デッチ上げ報道は被害者とその遺族にも回復不能の打撃を与える。

逮捕は放火殺人でない宮田さん事件

一二月一日、私は日曜出勤で支局にいた。県警本部から「松戸事件で午後三時から発表」という連絡があった。「いよいよ小沼さん事件で小野逮捕か」と急いで記者会見室へ出向くと、県警捜査一課長代理は「小野の自供に基づき、殺人の後排水溝に捨てた宮田早苗さんの洋ガサを発見した」と簡単なメモを読み上げた。「えっ、宮田さん事件?」。ほとんどの記者はなぜ急に宮田さん事件が出てきたのかびっくりした。それまで小野さんはアパート二階の連続強かん殺人放火事件の「犯人」とされてきた。連続殺人と全く手口の異なる宮田さん事件（屋外の強かん、死体土中埋没）は、マスコミであまり報道されていなかった。

大矢警部らの公判での証言によると、マスコミが小沼さん事件、草加事件で自供と騒いでいた一一月中旬から、捜査本部は完全に宮田さん事件の追及に切り替えていた。大矢警部は、一一月二〇日に捜査一課長と相談して「物証が出やすいから」ということで宮田さん事件に切り替えたと証言している。一審判決も「証拠の出やすい宮田事件に切り替えた」と無批判に認めた。なぜその時点で宮田さん事件の物証が「出やすい」と言えたのか。それまではアパートでの犯行ということで、小沼さん、草加、綾瀬の各事件の共通性が強調されていたのに、なぜ急に屋外犯行の宮田さん事件になったのか。小野さんによると、警察が小野さんの当時働いていたS工業を調べた結果、小沼さん事件については無関係であることがはっきりしたためのようだ。

カサ発見は二日付朝刊に大々的に報じられた。毎日は社会面をほぼ全部使って「宮田さん殺し遂に自供／小野『十人ぐらい殺した』／現場近くのU字溝で／『ここだ』と指さす小野」と報じ、「共同」も「年内にも全面解決へ」「実直な裏に殺人鬼の顔」などの見出しで全国の加盟紙、放送局へ配信した。宮田さんの出身地である秋田支局からは「憎い犯人」「小野を殺してやりたい」という遺族の関連記事が出た。

疑惑とウソの積み重ね

ところでこのカサは報道陣に公開されなかった。したがってオレンジ色、花模様、黄色などまちまちに報道された。証拠物となったカサは朱色の無地だが、公判で公開されるまでそれを見た記者はいなかった。もう一点、私が不審に思ったのは、カサの発見された場所である。宮田さん殺害現場から二〇〇メートルしか離れていない。強かん現場からは五〇メートルで、排水溝のフタを開けなくても横からのぞけば見える状態で捨てられていた。そのあたりは七月の遺体発見以来、延べ一万五〇〇〇人という警察官と、私たち取材陣が何度も捜索した場所だった。私もデスクや同僚と歩き回ったところだ。「なぜ今まで見つからなかったんだろう」というのが率直な疑問だった。

また、小野さんが「自供」し、カサを捨てた場所を最初に「指示」したのが一一月三〇日で、その日にカサを発見している。ところが翌一二月一日午前八時半ごろ、小野さんをひそかに現場に連行したことも不思議だった。被疑者の「指示」の証拠能力を高めるために遠巻きにした報道陣に見せるのが普通だからだ。実は報道陣だけでなく検察官にも、「自供」「指示」に基づいてカサが発見されたということを一一月三〇日には連絡していなかった。千葉地方検察庁の平田胤明次席検事はこの物証の出方に最後までこだわっていた。平田次席はこの後の〝物証発見〟でも警察による工作のおそれがあると警戒、翌年一月に何日間も午後一〇時ごろから午前五時ごろまで、地検松戸支部長の佐々木実検事や事務官にひそかに発見現場の張込みさえ命じたほどだ。

次に四日には、小野さんの「指示」通りに近くの川の土手から宮田さんの定期入れなどが見つかったという発表があった。午後三時半から令状に基づく現場検証があったが、県警は記者クラブに対し、現場に近づかないよう要請してきた。クラブはこれに応じ、警察は周囲にロープを張り、小野さんの車の周りには黒い暗幕が張られた。このとき朝日のカメラマンが東側の新聞販売店二階から写真を撮ったが、大矢警部に見つかり、フィルムを押収されている。協定違反というわけだ。小野さんは、大矢警部が「約束を破るのなら、もう絶対にお前らには記事をやらない」と記者を脅かしたのを聞いている。このフィルムには、小野さんが五、六人の大男の刑事たちに手足を引っ張られて車から出されているところが写っていたはずである。小野さんはこう書いている。「二階には三、四人記者がいた。私を無理に力ずくで降ろすところを写しているのに、警察官におどかされると、そのような真実のことを報道できないのですから弱いところがありますね」（七八年八月一八日付手紙）

当時、警察は、小野さんが新聞記者を一番いやがっていると盛んに私たちに言った。「記者がいるとブツを捨てた場所に行っても素直に車から降りない」という理由からだった。ところが小野さんは、記者に近づき無実を訴えようとしていたのである。たまたま傍に来た朝日の記者には実際に助けを求めている。小野さんは「ブンヤが嫌い」などとは一言も言っていない。一方では警察は、自白をもぎ取るために小野さんにこう言った。「テレビや新聞でお前の顔を写真入りで毎日やっている。外へ出てもお前を相手にする人はないぞ。家の人からもお前が帰って来ては困ると頼まれている」

ところでこの定期券も疑惑につつまれている。定期は事件の二ヵ月前に期限の切れたもので、当時使っていた定期はいまだに出ていない。地検は、これは警察の偽装工作によるものではないかと疑っていた。七七年二月の秋田への出張審理では、宮田さんの元同僚二人が「事件直後、宮田さんのお父さんがマンションに来る前に、警察官が三人位で所持品を調べていた。押入れなどからもダンボールを持ち出して手紙などを見ており、私たちがそばに行ったらおこられた」と証言している。翌年二月に大量に発見された衣類などの「物証」と重ねて考える必要がありそうだ。

翌五日、起訴済みの別件の窃盗、婦女暴行事件の初公判が行われた千葉地方裁判所松戸支部には報道陣が殺到し、テレビ中継車まで出る騒ぎになった。小野さんのお母さんが顔を見せると、カメラが彼女を追った。このとき、救援連絡センター運営委員で牧師の長谷川健三郎氏が、小野さんの冤罪を直感して傍聴に来た。後に映画監督の山際永三氏らと小野悦男さん救援会をつくった長谷川氏は、常に「ペンを持ったおまわりさん」から脱せよ、と新聞記者に熱心に説いていた。

デッチ上げ報道の金字塔

一二月九日、小野さんは宮田さん事件で逮捕された。各紙は「ムショ暮らし一二年のウソの天才」が粘り強い捜査でついに自供したための逮捕と報道した。一〇日の毎日朝刊は「小野を追って三ヵ月」という社会部の河内孝記者の署名記事を載せ早くも「事件」を振り返った。

「五日に開かれた別件の窃盗・婦女暴行事件の初公判のとき、初めて見た小野は、意外に物静かな男だった。ぬけ上がった額、一七三センチ、七〇キロ。殺人を得意になって捜査員に語るという男。裁判官の問いに背を丸め、消え入りそうな声で答えている小心そうな男が、あの小野なのか」

「だが、私には、頭にこびりついた『殺人者』のイメージがある。そのせいか、退廷するとき私たちをにらみつけた目は、すごかった。四三年以来、首都圏で起きた未解決の女性殺害事件を調べると、そこには必ずといっていいほど出所時の小野の行動との関連が出てくるのだ」

「ある捜査幹部は『確かに首都圏連続殺人の八件は、すべて小野の犯行。でも、それが全面解決するのは来年春すぎだろう』と事件の見通しを語る。なぜなら小野は三八年間の人生で、初めて〝無償〟で人に大切にされたからだ。重要な容疑者だけに、腹が痛いと言えば医者が飛んで来る。全部自供してしまえば、その〝幸せ〟はなくなる。死刑を覚悟している小野は、だからチビチビと自供してゆくだろう、というのだ」

その公判を私も傍聴したのだが、小野さんの目が「すごい目」だとは決して思わなかった。むしろ、この人が連続殺人事件の犯人かという気持ちが強かった。「八件はすべて小野の犯行」と言うが、小野さんは五日の時点で殺人で逮捕もされていないのだ。

毎日は一連のスクープで編集局長賞を出した。小野さんが一件しか起訴されず、その宮田さん事件も一審判決が出るのに一一年半かかり、ましてや他の九件一一人については逮捕状請求もなされなかったことを毎日はどう見ているのだろうか。他社の責任も同じである。

朝日は一二月二三日、再び焦りからくるスクープを掲載した。「高橋さん殺人自供／小野動揺、連続殺人全面供述へ」という大見出しで、「小野は高橋ハルさんを暴行して殺した六月二六日前日と前々日にも高橋さんを襲い、特に前日は都内の旅館におどして連れ込み暴行した、と供述した」とリードに書かれていた。朝日に〝抜かれた〟私は刑事部長室へ行ってコメントを求めたが「こんな事実はない。だれがこんなことを言ったのか」と刑事部長は憤慨していた。このひどい記事も、捜査員の一人が朝日を〝誤報仲間〟につなぎとめるため意識的にリークしたものだ。

週刊誌、テレビもすごかった

小野さんに対するデッチ上げ報道は週刊誌やテレビにも続々と登場した。週刊誌は、新聞よりもセンセーショナルだ。ロス疑惑報道の原型がここにある。見出しのごく一部を列挙してみよう。

「有力容疑者の軌跡から〝黒い部分〟を洗い出す／小野悦男という男の足あと」（「週刊ポスト」七四年一〇月一八日号）「小野悦男の母のこのおおらかな男関係」（「週刊読売」七四年一一月一一日号）「アリバイのない黒い男・小野悦男の〝夜の足跡〟を再度たどってみると……」（「週刊大衆」七四年一〇月二四日号）……。

テレビについては一番ひどかった一二月段階の報道のタイトルを見よう。一二月五日フジテレビ小川宏ショー「女一〇人殺した！殺人鬼小野悦男と言う男」、一三日日本テレビ朝ワイド「殺人鬼小野」、同昼ワイド「首都圏連続殺人・あなたも狙われている?!」、東京12チャンネル金曜スペシャル「小野悦男をめぐる黒い疑惑、暴行と焼殺の手口、狙われる女のタイプ」、二〇日日本テレビ昼ワイド「前科八犯鬼畜暴行焼殺魔とは‼」。このほかＮＨＫを含め、全国ネットの定時ニュースが小野さんを数百回犯人扱いしたことはいうまでもない。

想像もしなかった処分保留

マスコミは小野さんを何度も「自供」させ、「動かぬ証拠」の数々を報道したが、千葉県警は殺人逮捕での勾留期限の切れる三一日を前にして、千葉地検の処分がどうなるか不安だった。地検は県警の「物証なき捜査」に強い不信感をもっていた。そして県警の不吉な予感が的中し、三一日夕、地検は「物証に証拠能力はなく、公判維持は困難」と、宮田さん殺人について処分保留を発表した。同日朝刊に「今日、殺人で起訴」と書いた各紙記者はショックを受けた。小野さんは別件の窃盗・婦女暴行で起訴された刑事被告人ではあるが、殺人では処分保留となり釈放された形になった。

年が明けた七五年正月、県警幹部は大荒れだった。記者の前でも、「平田次席は学者気取りだ」などと名指しで地検を罵倒した。ＮＨＫ記者が警察の荒れ模様をＦＭ放送でしゃべって、県警が千葉放送局にテープの提出を求める騒ぎも起こった。

衣類などの新たな「物証」の出た後の一月末、私たち記者が平田次席に「どうして起訴できないのか」と聞いたことがあった。平田次席は冷静な口調で、「新聞では小野が犯人と簡単に書くけれど法律の世界ではそう単純ではない。どんな凶悪事件の被疑者でも人権は尊重されねばならず、被疑者と直接結びつく物証が必要だし、自白も任意性が厳しく問われる。検察官は裁判で犯罪を証明しなければならないのだからね」と話してくれた。そして「同じような物証がいくら増えても決め手にはならない」と暗に警察の捜査方針を批判した。

半年後にはじめて届いた無実の叫び

二月中旬から救援連絡センターが小野さん救援に乗り出した。三月三日に野崎研二弁護士が選任され、五日に野崎弁護士と小野さんのお母さん、妹さんが印西署ではじめて接見した。一一日には早坂八郎弁護士も選任された。両弁護士を通して小野さんの無実の叫びが記者たちに届いた。これまであれだけの報道陣が詰めかけながら、当事者である小野さんの声をどこの社も聞くことができなかったのだ。この国の報道の「自由」は何という自由だろう。ここで、大矢班から安藤班に代わった年明けの取調べの模様を小野さんに語ってもらおう。

「一月四日に取調べが再開しました。『やっていないことが大晦日にはっきりして検事さんが釈放したのだから、殺人で取調べを受けることは否定します』と言って私は黙りました。すると樋口部長が『お前がやらないと言ってももう警察はお前に決めてしまったのだから。黙っていればお前の体に聞いてやる』といきなり私の髪の毛を強く引っ張って椅子から引きずり降ろしました。そして『俺たちは、前の取調官とは少し違うぞ』と大声で耳元でどなり散らして、足でけとばしたり床に頭を押しつけたりするので、私が『ひどいことはしないでくれ』と言うと、宮崎警部補が『この野郎、口をきいた。おしではない』と言って耳元に口を近づけ『人殺し野郎』と何回もどなりました。午後五時ごろ安藤警部ら三人が入ってくると、宮崎警部補は『この野郎が口をきかないので体に聞いているところです』と言いました。すると安藤警部が『口をきかないのは人間ではない。タヌキだ。人間の取扱いはするな』と言って、今度は五人で取り囲んで玉突きを繰り返しました。玉突きというのは、丸く取り囲んで押したり突き飛ばしたりすることで、私が突き飛ばされて別な取調官のところへ行くと『何で俺のところにくる』とまた押し返すのです。

一月一〇日ごろにはテレビカメラで監視するようになりました。看守は別のストーブのある部屋からテレビで監視しながら『お前が黙っているから少し寒くして体に聞いてやる』と言って、窓を全部開けて留置場の中に寒風を入れました。正座をさせられ、やかんに入った水を首からたらされたこともありました。

一月一八日ごろからは、安藤警部らがダンボール箱を持って来て中から（松戸の三人の）位牌、死体の写真、線香、抹香、ローソクを取調べの机の上にならべ、部屋の中を煙だらけにしました。何時間も焚き続けられたので目とのどが痛くなり、本当にひどい苦しみでした。取調官は交替で外に出て休んでくるのです。さらに正座を長時間させ、床の上に写真などを置いて、私の髪の毛を石橋部長がわしづかみにして床に押しつけ『あやまれ、あやまれ』と大声でどなるのです。刑事たちは死体の写真を押しつけ、机の上にパンやミカンを山ほど積み『早く俺たちのいうことを聞いて腹一杯になれ。否認していれば留置場に何十年でも勾留しておくこともできるのだぞ。お前警察に入ったのははじめてではあるまい。警察の留置場が代用監獄になっていて、刑務所と同じで何年でも勾留できる位は知っているだろう』とまで言いました。

こうして毎晩のように遅くまで取調べがあり、やっと留置場に戻され疲れた体で眠りについたと思うと、看守が枕元に来て、鉄のドアをドンドンたたいて何回も起こすんです。空腹と不眠で精神的にも肉体的にもまいって、ついに虚偽の『自白』を強制されたのです」

これらの取調べは憲法三六条（拷問の禁止）などに明白に違反している。小野さんの訴えは七五年四月の衆議院法務委員会でも取り上げられ、拷問の一部は刑事も公判で認めたが、どこも報道しなかった。

こうした経過を経て、小野さんは別件逮捕から一八一日目の三月一二日に宮田さんの殺人で起訴された。これは「東京高検からの指示」であったことが、後の公判で、当時の地検松戸支部長により確認されている。起訴の発表の際、地検の木村検事正は「検察官一〇人のうち八、九人がクロの心証があれば起訴する社会的使命がある」と、公判の前途が楽観できないことを示唆していた。私は平田次席検事に「平田さんは物証の質が問題だとずっと言われてきたが、その点で一月末といまとで何か大きな進展があったのですか」と質問したが、ノーコメントだった。最後も毎日のスクープだった。夕刊でこの起訴をスッパ抜いたのだ。「小野がすでに認めている八件の連続殺人事件も全面解決の見通しとなった」と。「共同」本社社会部も「警察庁は〝千葉事件〟にこだわらず順次逮捕し一〇人殺しを追及」と書いた。

改ざんされた私の獄中会見記

それから約一ヵ月たって、私自身にとって大きな問題が起こった。小野さんとの面会の様子を伝える私の原稿が、本社段階で削除、改ざんされたのである。以下の支局送稿（上段）と加盟各紙に掲載された記事（下段）をごらんいただきたい。

えん罪訴える小野さん
黒白問われる殺人事件公判

首都圏連続殺人事件の一つ、ＯＬ宮田早苗さん殺しで起訴された茨城県生まれ、住所不定、元建設作業員小野

検察側こきおろす
ふてぶてしい小野

首都圏連続女性殺人事件の一つ、ＯＬ宮田早苗さん＝当時（一九）＝殺しで起訴された茨城県生まれ、住所不定・

悦男（三八）の殺人罪についての初公判は来月九日に予定されている。しかし小野は鉄格子の中から「私は絶対にやっていない。警察のデッチ上げだ」と無実を訴えており、法廷では〝黒白〟をめぐって激しく争われそうだ。そこで記者は初公判を前に、松戸拘置支所で小野と会い、いい分を聞いてみた。

　二重の金網で仕切られた接見室の小野は髪を五分刈りにして元気な様子。茨城なまりの言葉で一語一語はっきりとした口調で話した。

「宮田さんの顔は見たこともない。違法な調べで（殺人を）自供した。二十日間も取調室で四つ切りのカラーの死体写真や顔写真、位はいを顔に押しつけられ、香をたかれた。真冬に暖房を止められたり、窓を開けられた。髪を引っ張られたりしたこともある」と警察の強引な捜査ぶりを訴えた。

　洋ガサ、着衣など警察側が挙げている物証については「物証の出かたがおかしい。物証が出た後で（それに合わせた）調書をとられた。このことは公判で明らかにできる」ときっぱりと言った。

　印西署に留置されてから半年間の独居房での毎日については「留置人がほかにいないのにふろに二週間も入れないことが四回。すぐ横に運動場があるのに一回も出し

元建設作業員小野悦男（三九）の初公判は五月九日千葉地裁松戸支部で開かれるが、記者は一六日松戸拘置支所で小野に会った。小野は終始ふてぶてしく検察側調べをこきおろした。二重の金網で仕切られた接見室の小野は髪を五分刈りにして健康は良さそう。茨城なまりの言葉でしゃべる。

「宮田さんの顔は見たこともない。違法な調べで（殺人を）自供した。二十日間も取調室で四つ切りのカラーの死体写真や顔写真、位はいを顔に押しつけられ、香をたかれた。真冬に暖房を止められたり、窓を開けられた。髪を引っ張られたりしたこともある」などと。

　洋ガサ、着衣など警察側が挙げている物証については「物証の出かたがおかしい。物証が出た後で（それに合わせた）調書をとられた。このことは公判で明らかにできる」

　印西署に留置されてから半年間の独居房での毎日については「留置人がほかにいないのにふろに二週間も入れないことが四回。すぐ横に運動場があるのに一回も出してくれなかった。家族に会いたい、手紙を出したいと頼んでも裁判所に聞かないとダメだといわれた」とよく口が回る。

　私選弁護人が付き三月十二日に拘置所に移ってからは、

てくれなかった。家族に会いたい、手紙を出したいと頼んでも裁判所に聞かないとダメだといわれた」と語気を強めていた。

小野被告の救援をしている長谷川健三郎牧師は「小野君は国語辞典を片手に書きつづった五通の手紙で警察の不当な調べと人権侵害を指摘している。自供を得たい捜査官たる警察官が被疑者の全生活を二十四時間拘束するのは憲法違反だ。警察署の留置場を代用監獄として認めている監獄法にも問題があり刑事被告人全体の問題として公判で追及したい」と主張している。

検察側は「宮田さん事件は証拠十分。真相は裁判ではっきりさせる」としており、公判は冒頭から殺人についての白黒をめぐって争われそうだ。

警察の調べは一度もなく外での運動、面会や読書など自由になったという。

〔注〕上段の支局原稿では、もともと私は小野被告と書いたが、支局デスクの処理段階で、呼び捨てになったり検察側のコメントが入ったりした。なお、下段の出稿原稿でとくに大きくトーンを変えられた箇所に傍点をふった。

私は小野さんと救援会に謝罪する一方、歪曲の事実経過を調査し、現場から遠く離れた本社社会部デスクが、小野さんをめぐる状況の変化に無知なまま「ふてぶてしい小野」の誤ったイメージに合わせて削除、挿入、歪曲したことを知った。編集の常識では考えられないことだが、記事の改ざんは本社から事前の連絡や事後の了解を求める電話もなく一方的になされていた。救援会は本社に抗議行動を展開した。

支局には「延べ二万人の捜査員がクロとみている重みもある」「外部の団体がからんでいるから『共同』内部でことを荒だてるべきではない」とする記者も半数近くおり、結局支局としても組合の千葉班としてもまとまった見解は出せなかった。

そこで支局記者有志五人が署名を連ね、編集局長、社会部長、支局長宛てに問題点を指摘した抗議文書を提出し、〝事件〟をウヤムヤにしないためにどんな処置をとるのかについて回答を求めた。

編集局長は「再発を防ぐため社内で問題点を明らかにする」と約束したが具体的対策はとらなかった。富沢支局長の報告によると、社会部デスクは「この事件では抜かれっ放しのくせに生意気だ。千葉に反省する点はないのか」と言ったり「出稿の最終権限は本社にある。支局稿は不完全原稿でそのまま出せなかった。クロ報道してきた千葉は全面的なシロ説の根拠を示せ」と主張したという。警視庁キャップを含め多くのデスクが「こんな紙っぴれは何回でも突っ返せ」と異口同音に主張、井上社会部長が「私の判断で預る」ことになった。共同通信ではデスクも労働組合員である。

井上部長はその後「個人として」松戸拘置支所を訪れたが、拘置支所長が「新聞記者にはもう会わせない」と面会を妨害した。井上部長は法務省東京矯正管区に抗議し、面会不許可の根拠を質した結果、面会がOKとなった。翌日、再び拘置支所を訪れた井上部長は、小野さんに「記者の書いた記事が本社に来た段階で、現場に行っていない人（デスク）が記事をつくりかえた。これは報道として逸脱であった」と説明し、「ご迷惑をおかけして、責任者としておわびしたい」と謝罪した。部長は「一連の過熱した報道ぶりは率直に反省すべきだ。小野さんに会ってみて、冤罪ではないかと疑問をもった。引き続いてしっかり取材を」と私に話してくれた。記事の訂正や謝罪をタブー視するマスコミのなかで、部長の行動は唯一の救いだった。

妹さんの結婚記念指輪まで押収

一九七五年四月九日、私は小野さんのお母さんと妹さんに会った。新宿から私鉄で二〇分、閑静な住宅街にある妹さんの家でインタビューしたのだ。ゆったりした敷地にマイホームが建てられ、庭には春の花が咲き乱れていた。

妹さんは七〇年に結婚し、七三年にご主人を交通事故で亡くしていた。夫の実家の土地に家を建て、当時小学校一年生と保育園児二人の三人の子どもさんと暮らしていた。

――七四年九月一三日にはじめて捜索があったときの様子を教えて下さい。

午前九時に千葉県警の八人の刑事が令状を見せてドカドカと入ってきました。兄の持ち物、衣類、写真など家にあるものは全部持っていこうとするので、母と一緒に抗議すると「うるせい、人殺し一家」とどなられました。足立の姉妹のところにも刑事がきて、兄のもの以外のものまで持っていったそうです。書類もつくらずに持ち出し、いまだに返していないものも多いんです。

――捜索は何日も続いたのですか。

それから一日おきに二人組の刑事が現れました。決まって九時半から一〇時の間で、玄関で断りもせず、木戸を乗り越えてまるで忍者のように入って来るんです。令状もなしに家宅捜索と称して、毎回一日中家に上がり込みました。私が指にはめていた指輪を見せろと言い、それは亡夫との結婚記念指輪でイニシャルも彫ってあると説明しても、「後でも彫ることはできる。盗品かもしれないのでちょっと預からしてくれ」と押収書類もつくらずに持っていってしまいました。この指輪は現在まで返してもらっていません。亡夫の黒い靴も持っていこうとしましたが、子どもたちが「それはパパのだ。パパのだ」と言って取り返したんです。刑事は私のアドレス帳も押収して、載っていた知人のところへ次々と電話しました。近所にも聞込みに回りました。それに毎日ひどいことを言われたんです。

――どんなひどい言葉ですか。

メガネをかけたO刑事はひどかったです。「奥さん、アンタ、旦那がいなくてアレに不自由していないか」「女はサヤがないと不便だろう。我慢できないだろうよ」などと言うので、私が「もういいかげんに家には来ないで下さい」と頼むと「徹底的に聞きに来る。いやだといってもダメだぞ」とすごまれました。刑事たちは一日中家に上がり込み、いろいろな話を聞き出そうとしました。千葉県警だけでなく警視庁の人も来たし、埼玉県警からは三人で白い車に乗って来ました。両県警の刑事が玄関先でハチ合わせすることもたびたびでした。

決まって夜中に電話をかけてくるテレビ局

――マスコミはどうだったんですか。

新聞、雑誌、テレビの取材の人が連日来ました。あるテレビ局は決まって夜中に電話をかけてきました。新聞各社の人が次々に来るので「かんべんして下さい」と断ると「人殺し一家！」とどなっていったこともあります。庭先はいつもたばこの吸い殻の山でした。町内会の役員の人がそんな様子を見て「かわいそうに。私の家に避難しなさい」と言ってくれたこともありました。またテレビ取材班は母の声を録音し、「放送には絶対使わない」と約束しながら、オンエアしました。深夜になって取材に来たので戸を開けなかったら「前科九犯！」となっていったり、母の戸籍謄本をアップにして映したテレビ局もあったんですよ。

お母さんは小柄で明るい老婦人だった。七九歳、苦労人らしく、きりっとした顔立ちだ。一部週刊誌やテレビがお母さんのことを興味本位に取り上げたが、一度でも会ってみれば自分たちの報道したことのまちがいに気付くはずだ。

――お母さんも心配だったでしょう。

いま娘が言ったような状態が続き、娘は一一月ごろから心身ともに疲労がたまりノイローゼのようになりました。黒いかばんや警察官の顔を見ると目がすわるようになり、心因反応的な症状もあって、近くの精神病院に通いました。私が刑事に「しばらくは私に聞いて下さい。娘には会わないでやってほしい」と頼んでもダメなんです。「警察の車で来るなと言ったからマイカーで来た。ここまで八〇〇円ガソリン代がかかった。払ってくれ」と手を出した刑事もいました。仕方なしに足立区の娘の家に身を寄せましたが、そこへまたM刑事らがやってきました。

――新聞記事が捜査に使われましたか。

刑事はいつも「ここんち、新聞とってるか」と聞くんです。ジャンパーに小沼さんの血痕、という毎日新聞の切抜きを取出して「NHKや五大新聞全部に出ているからウソじゃないだろう。ほら、血液型が完全に一致したと書いてあるだろう」などと誇らし気に見せられました。

――お母さん自身も調べられたようですが。

私も何度か松戸署に呼ばれて、四、五時間参考人としていろいろ聞かれました。眼が回ったこともありました。O刑事が中心で「犯人隠避の容疑で調べる」と言われました。「刑事さんのいう通り正直に自白するように」という録音テープをとられたり、ハンドバッグを開けられ「いい年してピンクのチリ紙なんか入れやがって。息子も息子なら親も親だよな」と言われたりしました。

――新聞は「小野には心を許せる家族がない」と書きましたが。

マスコミには「家族に見捨てられている」などと言われましたが、それは全くのウソです。私たち肉親はこれまで刑務所から出てくるたびに優しく迎えました。〝事件〟の年も五月に出所してから娘のところで生活していたし、宮田さん事件のあった七月三、四日には足立区の娘のところに私と一緒にいたんです。あの子は小さいときからおとなしく、人殺しなんてできるわけありません。人がよすぎるところがあり、情が厚いんです。ただ一七歳のとき米を盗んで捕まってから盗癖がついてしまいました。

――実家の方ではどうですか。

都会は近所と付き合わなくても生きていけるけれど、田舎ではそうはいきません。マスコミで騒がれ、実家の長男の子どもも小学校で友だちや先生の冷たい視線を浴びました。長男の家に来たあるテレビ局のスタッフは無断で家に入り、一家団らんの朝食をとっているところをビデオカメラに収めました。犯人と決めつけて少年時代のことなどの聞込みをした取材陣もありました。小学校の担任の先生を訪ねて「どんな悪い子だったか」を聞いていったんです。この先生は「犯人と決めつけて悪いことばかり聞いた。犯人じゃなかったらどうするつもりだろうと思いながらインタビューを受けた」と話しています。

――小野さんとはじめて面会したとき、どう思われましたか。

顔を一目見て驚いてしまいました。全く気力がなくて幽霊みたいでした。半年間、弁護士の人が「そのうち会えるようにしてあげる」と言いながらなかなか会わせてくれず、苦労しました。顔を見て息子がかわいそうになり、しばらく何も言ってやれませんでした。

姉妹すべてのところに刑事と報道陣が押しかける

葛飾区に住む義理の妹さんにも会った。彼女は、関東のある県の著名な教育者のお嬢さんだった。刑事が来るまで悦男さんという義兄がいることを全く知らなかった。小野さんの家族は刑務所を出たり入ったりしていた彼のことを義妹にだけは隠していたのである。小野さんもお母さんらに「弟の家には行かないように」と言われていた。

――小野さんと本当に面識がなかったのですか。

私は二四時間ほとんど家にいますが、結婚して六年あまりの間、悦男さんに会ったことはありません。でも刑事はそう言っても信用しません。一日おきに五、六人の刑事が来て「新聞に犯人だと出ていただろう」と言いました。令状を持ってきたのは二回だけで、あとは勝手に入ってきました。あれから近所の人に知られてつらかったし、買い物にも出にくかったです。もちろん悦男さんの無実を信じています。私の実家もわかってくれています。

——小沼さんの血のついたジャンパーがお宅から出たと報道されましたが……。

一一月に毎日がジャンパーがうちから出たと書いたときは、本当にびっくりしました。私の家からも主人の衣類などをいっぱい運んでいったんです。あのジャンパーが一体何なのか親類みんなで話しましたけど、見当がつきません。多分、悦男さんがいっしょに大工仕事をしたことのある甥にあげたものが押収されたのではないかと思ってます。小沼さんの血なんてとんでもない話です。

足立区に住む姉の家にも、刑事と報道陣が押しかけた。彼女は「弟が犯人だ、凶悪犯だと毎日のようにテレビや新聞でやっていたときに、私たちはマスコミの記者さんに会った方がよかったのでしょうか。そういうときはどうしたら一番いいのでしょうか。取材に応じたら、私たちの声を真剣に取り上げてくれるのでしょうか」と私に真剣な声で尋ねた。

十年すぎた公判

小野さんの一審裁判は一一年四ヵ月かかり、公判は八九回を数えた。裁判長は五人、公判検事も七人だ。一一年といえば、殺人囚の平均服役期間である。最初から小野さんを知る判事は一人もいなくなった。事件当時たった一人で千葉県警と闘った小野さんは、いま多くの人びととの支援を受けている。

これに対し検察側証人となった警察官たちは、小野さんが「一〇件一二人」の犯人であるかのように何度も証言した。宮田さん事件の立証自体が物証も目撃も何ひとつなくメロメロなのに、「小沼さん事件の犯人としての確証をもった」「草加事件の容疑があった」などと述べ、マスコミのデッチ上げ報道を利用した。裁判官に予断を与えようという意図が見え見えだった。救援会は、この〝事件〟は警察と新聞の共謀によるフレームアップと見て、単に宮田さん事件の無実証明だけではなく、マスコミ報道の徹底的分析を通して連続殺人の虚構と全面的に立ち向かった。

宮田さん事件の起訴後も、本社の警察担当記者から「数日のうちに他の事件で小野をパクる」という夜回り情報が連日支局に届いた。しかし小野さんは「他の事件」で一度も調べられていない。小野さんの無実の叫びが一部の新聞に約五〇行載ったのは七五年春のことである。一方、小野さんが「一〇件一二人」の犯人であるという記事は各社とも数千行出たのではないか。その後は無味乾燥な公判記事がたまに地方版にベタ記事で出るだけだった。

「一〇件一二人」のうちの一つである四つ木事件では、七六年四月に会社員が逮捕され、有罪が確定した。この会社員は、事件後に小野さんが犯人として新聞に書かれていることを知って、苦しかったという。いまも小野さんと文通して、「自首せずに迷惑をかけてしまった」と謝っている。

私は公判をフォローし、警官が拷問の事実を認めたり千葉地検内で白黒をめぐりもめたことなどについて記事を書いたが、全国で二、三の新聞が掲載しただけだった。警察とマスコミはもう小野さんのことなどすっかり忘れた。小野さんだけが無実を晴らすための長い闘いを強いられているのだ。

私は小野さんと四十数回面会した。手紙も月に二、三通は出しあって四〇〇通近くになった。逮捕当時ふさふさしていた小野さんの頭髪はかなり薄くなった。しかし素朴な人柄、柔和な表情は全く変わらない。細い目でとつとつと話す口調も同じだ。ナイーブな面があり、少しはにかみ屋だがシンの強い人だ。面会のたびに拘置支所の係官の人たちと雑談したが、みんな「小野さん」と呼び、なかには「悦チャン」とニックネームで呼んで「長くなったわね。ずっとがんばってきたんだから……」と励ます女性係官もいた。

小野さんが逮捕された約一ヵ月前の七四年八月に私の長女が生まれた。いま長女は高校二年生になった。娘が育った同じ月日、小野さんは殺人事件の被告として自由を奪われてきた。一七年というのは大変な時間である。その間、小野さんは文字を覚え、文章を書き、知識を増やした。人間として一回りも二回りも大きくなった。

少しはまちがいを感じてもらいたい

私あての小野さんからの手紙の一部を引用しよう（原文通り）。

「記者でも本当の真実のこと書いている方も多くいると思いますがこんな方はあまりしゅっせはしない、本当におかしなものですね。警察官のいうことをそのまま書く人はどんどんえらくなる。警察でいうことをそのまま書く人には記事をどんどんくれると思う。警察のいうことを聞かない人には記事をくれなくなると思う。そうするとしゅっせしなくなりますね」（七八年八月一八日）

「浅野さんと出合ったのは五〇年三月でしたね。その間個人的につき合ってもらって私の事も判ってもらってとても感謝しています。

浅野さんたちが今まで被告人・容疑者の呼び捨て実名報道問題についていろいろのところになくすように呼びかけていましたね。

私はマスコミによって十何人も人殺しをやったように書かれました。宮田早苗さんの一件も、私はやっていないことなので公判ではじめから警察官のひどい取調べによってでっちあげられたのだと訴えています。

私は、警察情報のみに片寄ることなく真実のことをたしかめて報道をする方が多くなる事を願っています。私達の真実の声を直接聞いてもらいたいと思って居ります。

当時十何人も殺したように書いていたんですから少しはその間違いを感じてもらいたいですね。そうゆう方が一人でも多くなることを私は願って居ります。私のような人が二度と起こらなくするようにも、願っています。

現在は、地元記者の人が公判に来ているぐらいで千葉版に時々小さく載る位です。私が訴えたいのは、現在公判で一件のみだけの審理を一〇年もかかって審理をしているということを多くの皆さんにつたえてもらいたいのです。多くの人たちは当時の新聞、週刊誌、テレビラジオで十二人も殺したと思ってしまっていると思いますので。

どうか多くの皆さんご支援公判傍聴を訴えます」（一九八四年三月二二日）

小野悦男さんが七九年に出版した『でっちあげ』（社会評論社）などの影響で、この事件がフレームアップであることが、次第に明らかになった。八六年四月、日本テレビの11PMが特別企画番組「人権と犯罪報道」の中で小野さんの裁判経過を詳しく取り上げた。

弁護団は検察が唯一の物証としていた毛髪鑑定に偽造があることを突きとめ、勾留期限を過ぎて拷問的取調べを長期間行った事を明らかにし、その間のわずかな〝自白〟の非任意性も十分に解明した。

私たちは無罪判決が出るものと確信していた。判決を前に、救援会は各メディアに小野報道について公開質問状を出し、幹部に面会した。各紙記者は精力的に取材し、無罪を予想する人が多かった。小野さんに面会したデスクや記者もいた。七四年に最もひどい報道をした毎日新聞の若い記者が小野さんの無実を信じていたのが印象的だった。詳しくは『法学セミナー増刊「資料集・人権と犯罪報道」』のケーススタディと山際永三氏論稿を参照して欲しい。

小野さんの裁判は逮捕から一二年後の八六年九月四日、千葉地裁松戸支部で言い渡された。五人目の裁判長である丹野益男氏（陪席＝河村潤治、都築民枝の両氏）は不当にも無期懲役の判決を言い渡した。「事件は世人の耳目を聳動させる大事件であり、早期解決を計る社会的要請があった」「疑わしい者の中から一〇人が最後まで残り、他の九人は無関係と分かり、被告人だけが残った」。このように違法な見込み捜査、別件逮捕による取り調べを正当化した。また量刑理由でも「当時多数回にわたり報道され、犯行が社会に与えた影響も甚大」と述べた。起訴されていない残る「九件一一人」も小野さんを犯人と決めつけるきわめて悪質、違法な判決だった。

このように丹野氏は①「被告人の自白の矛盾と欠落は、被告人の自己中心的でしたたか、ウソつきの性格などに由来する」との決めつけ、②弁護側が明らかにした検察側主張の矛盾を〝細かいこと〟と片付け、無視するずさんな大筋論――の二つを柱として小野さんに無期懲役という不当極まりないデッチ上げ判決を下した。

このひどい丹野判決の中で、さすが弁護側の主張を認めざるを得なかった二つの問題点がある。

その一つは、処分保留後の被告人に対する強制的かつ連日長時間の（拷問的な）二ヵ月半の自白を証拠排除せざるを得なかったこと。ところがその期間の自白と連動して「発見」された「物証」については証拠としているのだ。

他の一つは、毛髪鑑定を証拠排除せざるを得なかったことである。

判決宣告後の「訓戒」で丹野氏は敵意をむき出しにして不法な言葉を残した。「裁判所は長い審理の結果、君を宮田事件の真犯人と断定した。裁判は延々一一年を要したが、その責任は罪をのがれようとして否認し続けた君自身にある」

裁判が長引いたのは小野さんの責任だという丹野発言の直後、山際永三さんは「それは違うぞ、裁判長、それは違う」と叫んだ。丹野氏は震えながら「退廷、退廷」と宣告した。「メチャクチャな判決だ」「許さないぞ」と傍聴人が抗議した。「退廷、退廷」。左の席の都築氏が丹野氏の方を振り向いて退廷を促した。狭山弁護団事務局の島谷直子さんが「自分で出るわよ。こんなふざけた裁判」と言って自主的に廷外に出た。小野さん本人も「控訴する、控訴する！」とやり返した。

各紙の報道は、有罪判決だったにもかかわらず、従来の「一方的断罪」報道に陥らず、判決内容、小野さんや弁護団、救援会の主張を冷静に伝えるものとなったが、これは判決前の救援会の精力的働きかけの結果といえる。特に、判決直前の読売千葉版の連載「一二年目の判決」（八月二二日〜九月一日）の小野さんとの面会記事、朝日全国版の「にゅうす・らうんじ――冤罪の叫びどう裁く」の二つの記事は、今後の冤罪事件報道のあり方に新しい方向を切り拓く優れたものであった。

判決後の小野さんからの手紙だ。

「不当な判決で悔しくて悔しくて、残念で眠れなかったです。今は気を取り戻していますが、あんな無茶くちゃな判決はないです。前科者だからと頭からお前は犯人だと決めてかかっていたのです。（略）二審から丸山輝久、石田省三郎、鎮西俊一の三先生が弁護団に新しく加わってくれます。何としても控訴審で無罪―無実を勝ち取るようしっかりと頑張って戦い抜きます。これからも見守ってください」（一九八六年一〇月二日）

小野悦男さんに無罪判決

小野さんは九一年四月二三日、東京高裁で無罪判決を受けた。東京高検は上告を断念、無罪が確定した。「裁判官は警察官、検察官と違って真実を見抜いてくれるはず」という小野さんの願いがかなった。これまでも死刑囚の相次ぐ無罪など、マスコミの犯罪報道の転換を迫る機会が何度かあった。しかし今回の小野さんの勝利はこれまでと比較にならないほどのインパクトを与えるであろう。

裁判長は「代用監獄は自白の強要等の行なわれる危険性の多い制度である」と指摘した上で「警察は連続殺人事件について自白を得るため代用監獄として寂しい新設警察署に単独留置し、捜査本部員に看守を充てて言動を報告させるなど、留置場を不当に利用しており、自白を強要したとのそしりを免れない」などとした。裁判所が代用監獄制度に踏み込んで判断したのは初めてのことだ。また「原判決には訴訟手続きの法令違反と事実誤認がある」と断定した。

堅山裁判長の無罪判決要旨を読み胸がすっとした。判決は当時私が記者として疑問に思い、デスクや仲間に話していた内容をほぼそのまま認定している。完勝だった。

無罪判決が確定した後、小野さんと国際電話で話した。小野さんはこう話した。

「裁判長が原判決を破棄する、と言った時に、勝ったと分かった。判決朗読後、裁判長は『ここにもたくさん来ておられるが救援会の支援の人たち、弁護士さんのことも思って、これから一生懸命やりなさい。長い年月大変だった。ご苦労さんでした。この経験を生かして頑張って下さい』と言ってくれた。うれしかった。記者会見では、他にもたくさん冤罪で苦しんでいる人がいるので、助けてあげてほしい、と話した」

今一番言いたいことは何かと聞いた。「警察でたったひとりで置かれることが一番辛かった。警察が代用監獄に隔離し食事を制限され、何年も置くぞと脅すと誰でもまいってしまう。一人で留置場に入れることを認める代用監獄制度を廃止してほしい。マスコミは警察の言うことだけを信用せず、捕まった人の言い分を良く聞いて報道してほしい」

小野さん無罪報道ではテレビ、ラジオも含め犯罪報道のあり方が問われた事件だったと強調した。各社は社説で小野さん無罪を取り上げた。毎日、東京、日経、共同が被害者を匿名にした。遺族の「今でも犯人と思う」と言った調子の記事も都内の最終版を見る限り全くなかった。朝日新聞はいち早く二三日夕刊で「問われる犯罪報道」という見出しで、当時の紙面の問題点を明らかにした。毎日新聞は二四日朝刊で田中社会部長が「欠けていた追跡調査」と題した文章を寄せた。会社が当時の報道を深く反省した。

小野さんと救援会は五月九日、新聞・通信一〇社に内容証明で「無罪報道だけで名誉回復が終わっていない。小野さんに対し謝罪する記事を掲載せよ」などと求めた。これに対し五月一二日の産経を皮切りに、千葉日報を含め東京の計八紙が謝罪記事を載せた。「反省」しても時が過ぎると、忘れてしまうのがこの国のマスコミの性癖でもある。小野さんがどうして「殺人鬼」にされたのかを検証し、改革の道を探る作業が長期にわたって行われるべきだろう。

第二次小野悦男さん報道

でっちあげ「首都圏連続女性殺人事件」の一つである松戸信用金庫職員殺人事件（七四年）で、九一年に東京高裁において、無罪が確定した小野悦男さんが九六年四月、刑事事件で被疑者として逮捕され、否認せず、有罪判決が確定した。小野さんが冤罪を晴らし自由の身になって五年後、こんなことが起きたのはきわめて残念なことであった。

事件そのものも衝撃的だったが、冤罪を晴らした小野さんが、その後に事件を起こしたことで大喜びをした記者たちがいたこともショックだった。犯罪が起きて被害者が出たことを喜ぶ人たちがいることが情けなかった。「冤罪のヒーローが転落した」「前の事件も怪しい」という洪水のような報道にうんざりした。

冤罪というのは最も憎むべき権力犯罪である。小野さんが実際に犯罪を起こしたからといって、小野さんに対して、代用監獄を悪用して虚偽の自白を強要し、証拠を捏造した千葉県警と、県警と共謀して虚偽報道を垂れ流し続けたメディア関係者の罪が消えるわけでは全くない。

私は『犯罪報道の再犯　さらば共同通信社』（第三書館）の第一章「第二次小野悦男さん報道の大問題」で一一三ページにわたって詳しく書いているが、ここでも私の見解を明らかにしておきたい。

小野さんが事件を起こし、被害者が出たことで、毎日新聞、共同通信などの社会部系幹部は、「それみたことか」という反応を示した。「これで浅野の主張の根拠が崩れた」と共同通信の職場で叫んだ社会部幹部もいた。

小野さんがおかした犯罪は松戸事件とは何の関係もない新たな事件だ。警視庁、検察庁の捜査官たちも「小野悦男さん救援会」（山際永三代表）のメンバーたちに、「今回の事件は、松戸事件とは手口も犯罪の態様も全く違う。動機もはっきりしている」と語っている。

しかし、進歩的とされるメディアの中にも、「無罪と無実は違う」という論理で、松戸事件の再調査をすべきだという論調があった。牧太郎毎日新聞記者が「世界」（岩波書店）などで、無罪が確定した前の事件の真実も調べなおすべきだなどと書いたのがその典型だ。私の抗議に対して、岡本厚編集長は「前の事件も怪しいと考えるのが自然な感覚だ」として牧氏を擁護した。岡本氏は、冤罪事件で被害者として有名になった人が、その後、新たな刑事事件で逮捕されたら、実名で大きく報道するのは当然とまで語った。いったん警察に犯人視され、逮捕された人は、裁判で無罪が確定しても、ずっと公人だというわけだ。

その後、松戸事件当時の小野さんの弁護人だった野崎研二弁護士が、さまざまなメディアで、七四年の事件も小野さんが真犯人だったのではないかとの疑念を強く持っているという見解を公表したことで新たな展開を見せた。野崎氏は控訴審では、ほとんど実質的な弁護活動をしていなかった。野崎氏の言動は控訴審で権力のでっちあげを暴く綿密な弁護活動をしてくれた弁護士たちへの侮辱でもある。

「週刊新潮」は九一年の小野さん無罪確定直後から、判決を言い渡した東京高裁刑事一二部の竪山眞一裁判長（当時）への誹謗を開始しており、九六年事件でエスカレート。小田晋、板倉宏、小林よしのり各氏らが、裁判経過を全く無視して、誹謗中傷を繰り返した。「FOCUS」「SAPIO」などのメディアも追随して、九六年の事件の後、竪山裁判長と「人権派」を「無罪病」などと糾弾した。

東京地検は高裁判決を受けて上告をしておらず、彼らが批判すべきは捜査当局ではないか。小野さんはあらゆる証拠に照らして無罪となったのである。

野崎氏は〇三年五月、『職業としての弁護士』（中経出版）で「裁判で否定されたはずの罪を犯していた」「『彼は、やはり前の事件でも真犯人だったのではないか』との疑念を今でも強くもって」などと記述して、小野さんが無罪になった松戸事件の真犯人であるかのように自説を展開している。しかもその根拠とされている「事実」には、明らかな虚偽が含まれている。こうした野崎氏の論説は、自由な論評の範囲を完全に逸脱しており、弁護士として依頼人に対する背信行為であり、守秘義務違反であり、弁護士倫理にもおとる、名誉毀損を構成する重大な人権侵害行為である。

救援会の山際氏、福富弘美氏、国分葉子氏は〇四年三月、第二東京弁護士会に対して弁護士法第五八条に基づく懲戒請求の申し立てを行い受理された。第二東京弁護士会は〇六年六月に野崎弁護士を「戒告に処する」とした。日弁連で〇七年五月、戒告が確定した。

野崎氏の論説に鼓舞された「反人権」メディアは〇一年以降、竪山裁判長攻撃を激化させた。

門田隆将氏は〇三年六月に出版した『裁判官が日本を滅ぼす』（新潮社）の第一章「小野悦男を解き放った無罪病裁判官の責任」で、野崎氏の新たなコメントをとって、竪山裁判長へのめちゃくちゃな誹謗を行った。

この後、佐木隆三氏が〇三年八月三一日の西日本新聞掲載の書評で、『裁判官が日本を滅ぼす』を取り上げ、竪山裁判長を非難。立花隆氏は「週刊文春」〇四年四月一五日号の「私の読書日記」で、同書を紹介する形で、竪山裁判長の無罪判決は野崎弁護士からすら「完全な誤判」「事実認定の能力なし」と酷評される内容だったと述べた。「週刊文春」差し止め決定をした裁判官をこき下ろすついでに、門田氏の本を評価した。

狭山事件に触発されたという本橋信宏氏は「実話ゴン！ナックルズ」（ミリオン出版）〇四年二月号で、『職業としての弁護士』を紹介して、「小野悦男事件」の真相がわかったとして、まちがいだらけの「事実」を論述した。

高山正之帝京大学短期大学教授は「週刊新潮」〇四年三月一一日号の「変幻自在」で《「詫びたら？」》と題して、私が九六年の事件の被害者の「遺族に謝罪していない」などと次のように書いた。

《小野は冤罪だ、という声が共産党系の人権派グループから湧き出し、その先頭にマスコミが立った》《共産党系の共同通信は代用監獄問題を追及し、小野の人権を侵害したとしつこく糾弾した》《彼の無罪に功のあった共同通信の人権派記者、浅野健一は大学の先生に招かれていった。》

高山氏は元産経新聞記者で、外信部編集委員などを経て、〇一年四月に帝京大学短期大学情報ビジネス学科教授に就任した人だ。

本書で明らかなように、私は共同通信の社内で、小野さんに対する報道をめぐって孤立し、社会部に戻れず徹底的に閑職に追いやられた。共同通信が報道機関として代用監獄問題をしつこく糾弾したという事実もない。高山氏は共同通信の配信記事を受けている産経新聞で記者、デスクを長くしていたのだから、共同通信が共産党系であるというのは事実誤認だと分かるはずだ。小野さんを救援する声が共産党系のグループから上がったというのも、全くの誤りだ。

小野さんは九六年に起こした事件の遺族に謝罪したいと伝えているが、被害者の家族に拒まれている。小野さんは損害賠償金を供託した。高山氏が私に「あやまれ」と言ったのは全くの筋違いだ。

東京高裁で陪席裁判官だった荒木友雄元東京高等裁判所判事は松戸事件について、『河上和雄先生古希記念論文集』（青林書院、〇三年）で、松戸事件においては代用監獄による不当な取調べがあり、刑事訴訟法に定める「勾留」の目的を逸脱した「自白の強要」がされ、実際、「証拠物の発見経過」に大きな不審があったことを強調した上、三人で審理して、無罪判決を出したのだから、「裁判長個人を批判した一部のメディア」はおかしいと書いている。

3 いつまで続くマスコミの人権侵害

常に人を傷つける危険性がある

これまで「私の犯した人権侵害」について見てきたが、私たち記者が犯罪報道にかかわるときには、常に人を傷つける危険性がある。悩みの連続といえる。例を挙げるとキリがないが、私が記者になってからの一五年間で印象に強く残った事例をいくつか紹介したい。

駆け出し記者のころ、東京の下町で起きる強盗、心中、詐欺などすべて警察の発表通りに書いていた。あるとき刑務所から出てきたばかりの高齢の男性が無銭飲食で逮捕された。この種のニュースは年末になると結構うける。リードに必ず「三食昼寝付きのムショ暮らしがなつかしい」というコメントが入る二〇～三〇行のストーリーになる。男性の前科、出身地も必ず入る。ふるさとの家族や親類に迷惑がかかるだろうなと思った。

男性は刑務所に帰りたくて帰ったわけではない。刑務所では厳しい労働を強いられるが、その報酬は一ヵ月三〇〇〇円（週四四時間労働だから時給一五～一六円）にすぎず、ほとんどの囚人が出所の際に持っている金は一〇万円以下である。東京まで出てきて何日間かすると金がなくなる。〝前科者〟への差別が強いから仕事もなかなか見つからない。男性は刑務所に戻るしかなかったのだ。

犯罪をフォローしていて強く感じたのは、犯罪者は何らかの意味で社会的弱者が多いことだ。この男性の犯罪にも社会的背景がある。年の暮れに刑務所にいかざるをえない長い長い生活史があったはずである。男性にインタビューすべきだが、留置場に記者は入れない。それにいちいち感傷的になっていては仕事にならない。機械的に警察発表を右から左へ記事にしていくことになってしまう。

一九七六年九月一九日未明、八千代市の習志野署京成八千代台駅前交番で、市内の会社員が警察官三人に暴行を受けて死亡する事件があった。酔っぱらった会社員がタクシー運転手とトラブルを起こしていたところへ、警官が介入して殴る蹴るの暴行を加えたのだが、その一部始終を別のタクシー運転手が目撃していた。この運転手は遺族のために証言することを決意し、一二月一三日、記者会見した。会見の際、運転手は、タクシー会社名や氏名が出ると生活しにくいため出さないよう各社に要望した。タクシー会社の管理職の一人は習志野署交通課ＯＢだった。社長は地元の防犯協会会長で、警察とつながりが深かった。ところが、一部の新聞は運転手の氏名などを出した。団地の名前、棟、号数まで書いた社もあった。「実名で報道しないと証言の信用度が低くなる」というのが実名掲載の理由だった。

新聞に名前が出たことで状況は一変した。千葉県警ににらまれたタクシー会社は、事実上、彼を解雇した。第三者からのいやがらせが続いた。家庭もおかしくなった。新しいタクシー会社に入ろうとしても、邪魔が入った。善意の証言者がマスコミ報道で被害を受けたのである。彼らが裁判などで実名を出して証言するのは必要だろうが、マスコミは別の判断をもっていいのではないか。

この事件では遺族が警官を刑事告訴したが不起訴となり、国家賠償請求訴訟が東京地裁で争われ、八四年七月末に遺族は敗訴した。実名報道が予期せぬ人権侵害を招くことを忘れてはならない。

七七年一一月一日、松戸市内の国鉄常磐線で、若い母親が生後四ヵ月の赤ちゃんを抱いたまま電車に飛び込み心中した。各紙は母子の実名、住所はもちろん、夫の名前や勤務先、それに遺書の内容まで詳細に伝えた。アパート名、部屋の号数、出身地まで書いたものもあった。

この女性の夫がたまたま私の妻の勤務する高校の同僚だった。何人かの教職員は現場に駆けつけたが、その際の報道陣の取材態度がひどかったという。妻子を確認する瞬間をカメラに収めようと、付添いの教師をはねのけたり、「お気持ちは？」などと次々と質問を浴びせる。数人の記者は通夜の取材にも押しかけたという。

地方版には「子の顔をもう一度！父親、棺に取りすがる」という見出しで六段記事が載った。「同僚に抱き抱えられて妻子を確認する、悲嘆の父」と説明のついた大きな写真も載った。ご丁寧に「父は右から三人目」とまで書いていた。この報道ぶりを見て、その高校では激しい新聞批判が起こった。「妻子を失い、悲しみにくれている人間を、なぜつけ回して追打ちをかけるのか」「夫が高校教諭だからニュースになるのか」……。母子が心中した理由は簡単にはわからない。それなのに警察や近所の人の話をもとに、数時間のうちに「育児ノイローゼ」「死への逃避」などと、心中の原因を分析してみせる〝器用さ〟を批判する声もあった。そして何よりも、この心中がそんなに大きいニュースなのかという声が強かったという。

私もそう思う。赤ちゃんを道連れにしたことに社会性を認めるとしても、この家族の固有名詞は必要ない。夫の職業を細かく書く必要もない。背景を追う記事を書く場合も「松戸市内の二七歳の母親」で十分だ。遺族となった教員をさらし者にして得るものは何もないのだ。

この教員は、事件の翌年、千葉県から遠く離れた県の高校に転勤していった。マスコミに報道されたことが関係あるのかどうかはわからない。無関係であることを祈りたい。しかし、一番そっとしてほしかったときにマスコミに騒がれたことの辛さは言葉では表現できないだろう。妻は同僚たちに「あなたのご主人、因果な商売ね」と言われたという。その通りだ。しかし、大事なことは「因果な商売」と居直らずに、書かれる人の立場になって、何を伝えるべきかを真剣に考え、改革していくことだ、とそのとき痛感した。

七九年三月二九日の読売新聞京葉版は、千葉市役所の課長が市内のスーパーで「消えた五千円札事件」のトラブルに巻き込まれたことを報じた。レジから五千円札三枚を盗んだとして千葉中央署に突き出されたのだが、課長は犯行を否認し釈放された。紙面では匿名だったが、スーパーの店名が出たため、近くに住む課長は簡単に特定された。

課長は「財布にあった五千円札は私のお金だ。レジから盗んだというなら、お札にレジの店員の指紋が残っているはずだ」と主張し、警察も指紋を採取したが、店員の指紋は発見されず、疑いは晴れた。しかし課長は役所に行きづらくなり、長期療養に追い込まれた。そして一一月一五日、市役所そばの公園で首つり自殺した。

たとえ匿名にしても書き方に気をつけないと、人生を狂わして死に追いつめる場合があることを私は知った。課長の自殺した後、記者仲間の一人が「新聞が殺したようなものだ」と言った。

ニュースは中味が問題だ

次に私が事件取材から離れたのち三年半にあったニュースのなかから、人権と報道を考えるための事例をいくつか挙げてみよう。

現在、マスコミ界は実名主義を守り抜くことでは一致しているのだが、個々のケースで氏名をどうするかはその場しのぎで判断している。

えらいものを書いてメシを食うてはるのやなァ

私が学生時代の七一年には、朝霞自衛官刺殺事件で指名手配中の京大助手・竹本信弘さん（ペンネーム＝滝田修）を自分の文化住宅に匿ったとして、私の高校時代の同級生の女子大生が逮捕された。彼女はすぐに釈放され起訴もされなかった。しかし、彼女の実名、住所、出身校などが詳しく報道された。

この時点で竹本さんは、強盗致死、窃盗で指名手配された被疑者だった。彼女は無罪を推定されている被疑者を匿ったとして「犯人蔵匿」（刑法一〇三条）の容疑で逮捕されたのである。これは、竹本氏を裁判どころか逮捕もしないうちに有罪と決めつけるものである。そしてマスコミは、警察の逮捕発表をうのみにして女子大生を断罪してしまった。彼女の逮捕の翌週の週刊誌のほとんどが、彼女の父親の職業などのプライバシーにまで踏み込んだ記事を大きく載せた。

竹本氏は「逃亡」二年後の八二年八月八日に川崎市内で逮捕された。「あの過激派の時代」の爆弾闘争の教祖の逮捕という調子で一面に大きく報道された。ほとんどの読者が竹本氏が自衛官を刺殺した「下手人」として逮捕されたと思い込んだにちがいない。

竹本さんを殺人犯人として断罪する報道をにがにがしく思って見ていた。一二月になって、その報道の仕方についての私の考え方をまとめて竹本さんに手紙を送った。竹本さんは八三年元旦に私へ返事をくれた。一面識もないジャーナリストからの手紙を喜んでくれ、マスコミについて貴重な意見を寄せてくれた。

「私に関する新聞・週刊誌の報道についてですけれど、それこそ一〇年前からもうありとあらゆることを言われてきたのでこのごろだいぶなれてきました。（中略）なれたといっても、やはりそのたびに深く傷つきますよ。

しかし、そのたびに、こういう記事を書いている本人がかえってかわいそうになります。身すぎ世すぎとはいえ、えらいものを書いてメシ食うてはるのやなァ、気の毒な人生やなァと思うのです。こんな記事を書かずに、もっと人びとがたのしくなるような、人の幸せのためになるような文章を書いたら、本人もどんなにか幸せやろうに、と思います。この種の人たちは、しかし、いくら言って聞かせても、わからへんのとちがうやろか？（中略）いくら言うても批判にならんような空しさを感じます。彼らは虚偽の中にあっても、ソレを居心地よく感じてしまっているらしく、悪として感じていないでしょ。ですからいくら虚偽を指摘されても平気なのね。したがってぼくら大衆のまともに生きんとする願いが、彼らの虚偽をまるごと呑み込んでしまうような力となり、彼らを顔面蒼白にしないと、どうしようもないようです。

この世にゴマンと存在するジャーナリストの、そのせめて一割でもいいから、あなたのような人がいてくれたら、ぼくたちのような社会的少数者はどんなにか助けられるでしょう」

アリバイがあっても書くマスコミ

八三年三月九日、東京地裁は警視総監公舎爆弾事件で福富弘美氏ら五被告全員に無罪判決を下した。アリバイを認め「自白も不自然、不合理、利益誘導の疑い」と捜査当局を批判した。福富さんらは淡々と記者会見し、被告の一人は「私たちをこんなめにさせた一人ひとりが責任をとってくれるものと思う」と述べた。毎日によると彼は保釈になった後、福祉施設勤務の女性と結婚した。彼女も法廷闘争に加わり熱心に活動したが、二年後に「一緒に弾圧を受けないとわからない」という遺書を残して服毒自殺した。彼は「権力犯罪が彼女を殺した」と判決の朝語っていたという。

しかし、五人を逮捕し拷問を加えた警察官、検察官、そして犯人扱いしたマスコミからは、今日まで責任をとるどころか反省の弁も聞けない。かわりに「爆弾事件の続発した当時（治安維持に）ひとつの役割を果たしたことは事実だ」（三月二二日、吉永祐介東京地検次席検事）という冤罪肯定論が現れた。

福富さんは、小野悦男さん事件に早くから注目し、救援活動の中心となった。マスコミの犯罪性についても雑誌などに発表してきた。そのなかで最も印象に残るのは「記者が最低限論理的にものを考える能力と習慣を持ち、文章のまともな書き方をおぼえ、法律知識を身につける（憲法と刑事訴訟法を一通り頭に入れる程度でも）というそれだけでも、マスコミ報道はかなりましにならざるをえないのではないか」（「展望」七五年一〇月号）という言葉である。

一連のデッチ上げ爆弾事件では、〝真犯人〟を名乗り出た山荘経営者が元〝共犯者〟の名前をマスコミに話し、大学助教授、広告会社役員の住所、氏名、年齢などがマスコミに出たことがあった。被告たちの冤罪を証明するため法廷で実名を挙げて証言することは必要かもしれないが、それをそのまま報じるマスコミの無神経さは批判されるべきだ。新聞に実名報道された一人は「人には墓場にまで沈黙のまま持っていくこともある」とコメントしたが、この談話を実名入りで掲載することは談話の趣旨に矛盾しないのだろうか。

八四年六月七日、九州芸術工科大学の助教授（四二）が覚せい剤の密輸容疑で下関署に逮捕された。出張先の韓国からフェリーで帰国した助教授の乗用車の中から覚せい剤が見つかったためであるが、助教授は「全く知らない。だれかにはめられたにちがいない」と一貫して否認した。しかし翌日の新聞には、助教授の氏名、住所、写真などが大きく報道された。それから二一日目の六月二七日、山口地方検察庁は「証拠が不備」として処分保留のまま釈放した。そして各紙は、助教授を犯人扱いしたことをケロリと忘れ「十分な証拠もなく逮捕に踏み切り、自供を期待した捜査のあり方も改めて論議を呼びそうだ」などと書いた。

この場合は、助教授の社会的地位が高く、韓国の学者たちが出張中の行動を証言するなどの支援もあった。もしこれが普通の市民であれば、自白をもぎとられ強引に起訴されたかもしれない。

そして何も変わらなかった

八三年七月の免田栄さん無罪判決についての新聞、テレビ、ラジオの報道ぶりは、想像通りの派手さだった。翌日夕刊まで、一面扱い（社会面もトップ）が続いた。「いま〝命の喜び〟」「『死の淵』から生還」「ズサン捜査に新たな怒り」「処刑の恐怖一万二六〇〇日」……。判決を下した裁判長を「人」欄で登場させ、社説や解説面で捜査当局を批判し、投書欄に読者の声を紹介して、マスコミの〝免田フィーバー〟は終わった。

そして何も変わらなかった。

免田さんは三四年半前に警察に犯人とされてから、マスコミに一貫して真犯人と決めつけられてきた。いまから七年前、熊本に赴任した後輩記者を訪ねたとき、「熊本の人吉で免田さんという死刑囚の冤罪事件があるんですよ」と聞かされたことがあった。それ以来、免田さんのことを気にとめていた私にとって、無罪判決は嬉しかった。私の社でも「今後、免田被告を免田さんと呼びます」という決定があり、免田さんはマスコミの犯人扱いからも釈放された。

それでは三四年半前、マスコミは免田さんに対しどういう報道をしたのだろうか。地元の熊本日日新聞に免田さんの名前がはじめて出たのは殺人での逮捕から三日後の四九年一月一九日。今日の新聞と同じように凶悪犯人として、連行写真、住所、年齢が報道されている。免田さんの逮捕で事件は解決したと断定している。一月二三日には「涙ぐましい努力の数々」という見出しの次のような記事を載せている。

「人吉市の強盗殺、傷害犯人免田栄の検挙については、高尾署長と杜多公安委員会長は二十日全署員に辛苦を謝し、特に田山二夫、福崎良夫両巡査部長と多良木利次、益田美英両刑事および事件発覚の端緒をつかんだ八代地区署木村刑事部長、宮地村駐在島崎巡査に特別賞を贈り表彰した。事件発生以来犯人を逮捕するまで松本刑事課長以下全署員の苦労は涙ぐましきものがあり、松原刑事など水ゴリをとって犯人逮捕を祈願し、また松本刑事課長は病気を押して検挙にあたり事件を送致した当日、犯罪捜査の歌を作り表彰式席上披露関係者を泣かせた」

一九日付朝日新聞（西部本社）は「人吉の殺人強盗捕る」という見出しで、免田さんの顔写真の下には「犯人免田」とあった。毎日新聞も「騒がれて凶行／四人殺傷事件一六日目に解決」、西日本新聞も「〝自白してグッスリ眠れた〟／祈祷師殺し犯人の告白」などと免田さんを犯人と断定している。

この後免田さんが紙面に出たのは、五〇年三月二四日付の熊本地裁八代支部の死刑判決の記事だ。また五一年三月二〇日付では福岡高裁の控訴棄却を報じたが、死刑確定から第三次再審請求まで一行の報道もなかった。

免田さんのデッチ上げにマスコミの責任はなかったのか。死刑囚として、さんざん本人や家族の人権を侵害しておきながら、裁判所が無罪と認定するや、悲劇のヒーローにして、警察・検察を批判し今度はお涙頂戴記事の洪水。これではあまりにも虫がよすぎはしないか。

免田さんは凶悪犯から悲劇のヒーローに変わったが、無罪を伝えるマスコミには、無実の市民を犯人に仕立て上げた当時の警察官、検察官、裁判長の個人的責任を追及する記事は一行もなかった。無罪言い渡しの裁判長をもち上げることはしても、これまでに何度も免田さんに死刑判決を下し、再審請求を棄却した裁判官たちを糾弾する記事は一行も見られなかった。熊本日日新聞が連載で事件を振り返った（日本評論社刊『検証　免田事件』として刊行）のが救いだった。

このパターンは、八四年三月一二日の財田川事件、七月一一日の松山事件の再審無罪判決でも繰り返された。八六年に無罪となった梅田事件も同じだった。死刑の確定した人が三人も約三〇年後に無実が晴れるという稀有な経験をもちながら、マスコミ界に捜査段階での犯人決めつけ報道を変えようという声が湧き起こってこないのはどうしてなのだろうか。

報道機関が捜査段階で犯人探しをする〝少年探偵団ジャーナリズム〟が無数の市民を傷つけている構造は、その後もほとんど変わっていない。その典型的なケースが、九四年六月二七日夜、長野県松本市で起きたガス中毒事件の第一通報者の会社員、河野義行さんに対する報道被害である。長野県警は事件の翌日、河野さんを「重要参考人」と非公式に表明し、裁判所が出した捜索差押令状にもとづき、「被疑者不詳」のまま殺人容疑の関連先として河野さん宅を捜索した。

ＮＨＫなどは六月二九日から、河野さんが搬送しに来た救急隊員に、「妻と一緒に除草剤をつくろうとして調合に失敗して煙を出した」と言っていたというデマ情報を報道した。「調合失敗」は、直後に虚偽と判明していたのに、各社が訂正・謝罪をしたのは翌年三月に地下鉄サリン事件が起きて、オウム関係者が逮捕された後だった。松本サリン事件では、警察は河野さんを犯人と見なし、報道は犯人のレッテルを貼り、報道を見た市民が河野さんを犯人と思い込んで嫌がらせなどをした。河野さんは、「メディアの人たちには加害者意識が欠如している。報道被害は市民を社会的に抹殺するということを、分からせなければならない」と訴えている。

また、九九年末、「流産」という不幸なニュースで終わった皇太子妃の「ご懐妊の兆し」をめぐる報道で、宮内庁が「皇太子、皇太子妃の人権」を守るようにメディアに異例の要請をした。英国のダイアナ元皇太子妃の死、クリントン大統領の女性問題などで「人権と報道」が世界的な課題になった。インターネット時代で、故人を誹謗中傷する情報が簡単に世界に流れるようになり、権力の介入を排しながらメディア倫理を確立するという困難な作業が不可欠となってきた。

最近は個人に対する報道被害だけでなく、神戸連続児童殺傷事件、和歌山毒カレー事件、京都小学生刺殺事件などで、長期にわたるマスメディア取材で地域住民の生活が破壊されるという深刻な問題も出てきている。政府と与党は九九年三月の脳死臓器移植報道や犯罪被害者のプライバシー侵害を理由に、法的規制を狙っている。

こうした意味で、ＮＨＫと民間放送連盟が九七年五月から「放送と人権等権利に関する委員会機構（ＢＰＯ、「放送と人権等権利に関する委員会」〝BRC〟を運営）」を設置したのは意味がある（BPOについては一八頁を参照）。全国の新聞・通信社の労働組合でつくる新聞労連も九七年二月に「新聞人の良心宣言」を採択し、九八年三月には「報道被害相談窓口」を発足させた。

報道の受け手である一般市民は、メディア企業の消費者である。消費者意識を持って、おかしな記事、番組があったらすぐに抗議し、いいものがあればほめることだ。電話、ファクス、電子メールなどを駆使して、報道機関に接近していきたい。市民がメディアを監視しているという緊張感を、メディアの人たちに持たせることが今絶対に必要だと思う。

Ⅳ　犯罪報道を考える

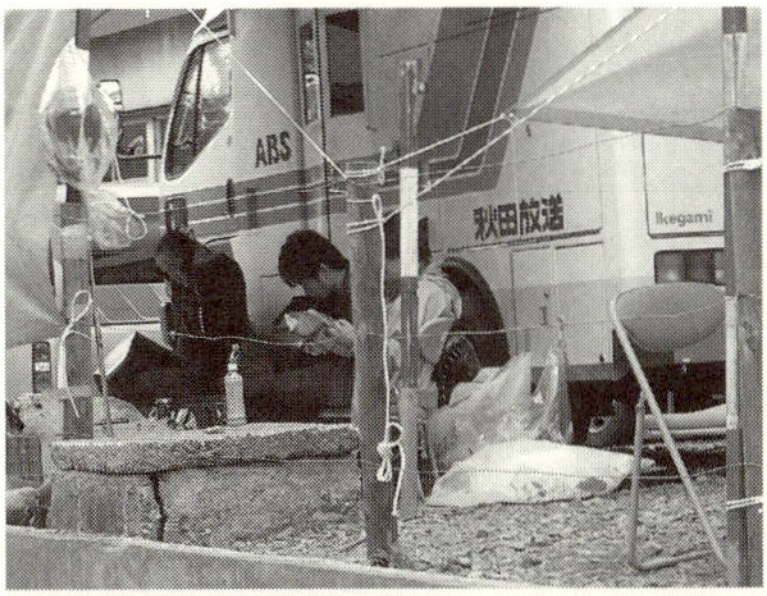

上：2006 年 6 月、秋田県能代市の連続児童死亡事件で起訴された女性の自宅近くの寺の境内に駐在したテレビ報道陣
下：05 年 4 月に起きたJR尼崎脱線事故の現場をクレーンを使って空から撮影するテレビカメラ、05 年 5 月

《犯罪の訴追を受けた者は、すべて、自己の弁護に必要なすべての保障を与えられた公開の裁判において法律に従って有罪の立証があるまでは、無罪と推定される権利を有する。》

（世界人権宣言より）

1 新聞はどうみられているのか

読者は批判している

一九八四年一月に「週刊文春」が火を付けた〝ロス疑惑〟の報道ぶりに対し、さまざまな人びとが率直なマスコミ批判を始めた。無実の人が逮捕・起訴段階で断罪されることはこれまでにもたびたび問題になったが、刑事事件に全くならない前に一市民が犯人扱いされて〝情報の銃弾〟を浴びた例はなかった。

ロス疑惑報道を喜んで見ている市民が多いことも事実だ。一億総探偵時代ともいわれる。ロス疑惑の報道ぶりは、現在のマスコミと国民の人権感覚を浮き彫りにしたといえる。しかし私は、心ある市民はマスコミの現状に不満を抱いていると思う。市民の多くが、マスコミの犯罪報道の原則的な問題点と品位のなさを知ったのは、ロス疑惑報道の唯一の成果だろう。それにしても、最近、新聞の社会面はどう見られているのだろうか。

マスコミは「個人の権利や自由を侵している」と見られている

犯罪記事はよく読まれるがゆえに最も慎重な記事づくりが求められているといえる。閲読度第三位の地域版にも事件記事が多い。狭い地域の紙面だけに、報道される側の市民に大きな影響が出る。犯罪記事は商品としての目玉だからいまのままでよいというのではなく、人権侵害を防ぐための努力が求められるのだ。犯罪記事への不信・不満の原因は何かを厳しく問わなければならない。

「人権と報道」について市民がどう見ているかを示す貴重なデータがある。NHK放送世論調査所が七四年一二月に行った憲法意識調査だ。これは全国の三〇二地点から無作為に抽出した五四三六人に個人面接したものである。

調査では「基本的人権についての認識」について一項を設け、「あなたは、全体的にみて現在の社会で『個人の自由や権利』を侵しているものがあるとお考えになりますか。ありましたら、強くお感じになっているものを、リストの中から二つあげてください」とアンケート調査した（表2参照）。この結果、第一位が当時公害や買占め問題で批判を浴びていた「大企業」（二八・一パーセント）で、第二位に「マスコミ」（二三・九パーセント）が入った。この数字は「政府」の約二倍、「警察」の約五倍だ。続いて、同じリストの中から「個人の自由や権利を守ってくれていると考えるもの」を二つ選ぶ設問では、「マスコミ」はたった五・二パーセントにすぎない。二〇人に一人がマスコミを頼りにしているだけということになる。反対に多くの市民が「裁判所」、「警察」、「家族」などが個人の権利を守ってくれていると考えていることが浮き彫りにされた。

このデータをはじめて見たとき、私は「侵している」と「守る」が誤って逆になっているのではないかと思ったほどびっくりした。調査のあった直前の七四年一月には「沖縄密約事件」の元毎日新聞記者に対する判決があり、国民の知る権利について議論がまき起こっていた。司法の危機が叫ばれながらも、裁判所はマスコミの六～七倍の信頼度を示している。マスコミは長い間「社会の木鐸」として社会正義を守る役目を自負してきた。しかし、この数字を見る限り、国民はマスコミを権利侵害的なものとして見ている。「正義の味方」は裁判所や警察で、マスコミは「正義の敵」と考えているのだ。マスコミへのマイナス・イメージは実に深刻だ。

表２　個人の自由や権利を守ってくれているものと侵しているもの

守ってくれているもの		侵しているもの	
裁判所	32%	大企業	28%
警察	26	マスコミ	24
家族	22	政府	13
政府	16	地元の有力者	11
労働組合	11	政党	7
地方自治体	10	労働組合	6
マスコミ	5	警察	5
隣人	5	隣人	4
地元の有力者	3	地方自治体	3
同業者組合	3	裁判所	2
政党	3	同業者組合	2
大企業	0.3	家族	2
とくにない	10	とくにない	22

調査項目をつくった奥平康弘東大教授も、この結果は予想外だったそうだ。奥平教授は「日本では戦後報道の自由を確立していくことを考えてきたが、六〇年ごろから報道機関がいつも市民の側にあるという前提が通用しなくなったといえる。権力との関係においては報道の自由は全面的に保障されるべきだが、市民社会の上にマスコミという一つの権力が存在する側面が重視されなければならない。この調査は、市民がマスコミの後者の現実を敏感に感じとったものではないか」と私に話してくれた。奥平教授自身、八〇年に「週刊読売」の現役東大教授年収ベストテン記事で第一位に挙げられたことでマスコミの被害にあった。前年マンションを買い替えたのだが、前のマンションの売却額が収入といったん計算されたため、「最も儲かる東大のセンセイ」

にされてしまい、しばらくの間どこへ行っても誤解されたという。それでマスコミの加害者性をはじめてはっきり実感できたそうだ。

マスコミ記者はまずこの厳しい数字を直視しよう。読者＝市民は醒めた目で、マスコミは大企業と並ぶ大権力として存在し、個人の自由や権利を日常的に侵害している、と厳しく見ているわけだ。

ＮＨＫはこの種の調査をその後やっていない。しかし現在同じ質問でアンケート調査しても大体同じ回答が出るのではないか。あるいは、大企業が七〇年代後半に公害防止対策やＰＲ活動の充実で国民の反感をある程度払拭させたことを考えれば、現在、マスコミは人権侵害のワースト・ワンになっているのかもしれない。

この調査では「知る権利」についても聞いている。「今の政治の動きについて、国民の知る必要のある事柄がどの程度伝えられていると思いますか」という問いに対し、「十分に伝えられている」はわずか四パーセント、「だいたい伝えられている」が五一パーセント、残りの四割は「あまり」「全く」伝えられていない、と答えている。

犯罪報道は当事者以外の人の好奇心を満たしてくれる半面、書かれる人やその家族の立場に思いをよせると、「これでいいのだろうか」という人も多いはずで、犯罪報道批判の数字は今後ますます増加するにちがいないと思う。新聞のページ数の増加やテレビの視聴率競争の激化、写真週刊誌の登場などで、犯罪報道量はどんどん増えている。したがって、報道による被害者も増え続けている。毎朝、毎夕、「新聞裁判」「テレビ裁判」にかけられる市民が今後も絶え間なく続くとしたら、その本人のみならず、家族、友人などの関係者が、犯罪記事に象徴される新聞の「切り捨てご免」的な報道の仕方に批判的となることは自明の理だ。人権への配慮を欠いたままのマスコミは、徐々に最も大切な読者＝市民に敵対してしまうことになるのである。

2 犯罪報道はどう批判されてきたか

五〇年代にも新聞批判はあった

新聞はその発祥時から犯罪記事を載せていた。日本でも瓦版の時代から事件・事故の報道を一つの柱としてきた。ここでは戦後から今日までの人権と報道についての論議の経緯をまとめ、その行詰り状態から抜け出す道を探ってみたい。

人権と報道とのかかわりを問題にしたのは、おそらく一九五〇年の九州弁護士会連合会（九弁連）が戦後はじめてだろう。九弁連は当時早くも、マスコミに関連し「新聞紙上で公表された被疑事件が犯罪の嫌疑なき故を以て不起訴となった場合は被疑者の名誉回復のため適当な措置を講ぜられたい」という決議をしている。

また一九五七年には城戸又一氏が『誤報』（日本評論新社）のなかで「新聞裁判」という章を設け、「警察は民衆ともっとも接触の多い、もっとも信頼されるべきお役所だが、そこから出たニュースがすべて信頼できるとは限らない。犯罪の容疑者の場合がその例である。警察が容疑者としてつかまえたというだけならば世間に知られずにすますこともできる。しかし、その事実が新聞に公表されたならば、あとで疑いが晴れても、世間の印象を消すことはむずかしい」と犯罪報道の本質に迫る批判をしている。

朝日新聞の本多勝一氏も、一九五九年一二月号の社内報に寄せた「ベタ記事に疑問」と題する新人記者の感想文のなかの、事故で片目を失った運転士がオーバーを盗んだという記事が原因で自殺し、妻子も後を追って心中した例を挙げて、犯罪報道の構造的欠陥を鋭く指摘し、「疑わしきは書かず」を勧めた。そしてこの文章を収録した『事実とは何か』（未来社、七一年）でも、「この疑問は解けるどころか、むしろいっそう深まり、もはや『疑問』ではなくて、これは今の大新聞の決定的かつ致命的な誤り――否、誤りならばただすこともできるが、存在の本質にかかわる種類の犯罪的行為だという『確信』に近いものを抱くようになっています」と述べている。ベタ記事に限らず、あらゆる犯罪記事で書かれる側が泣き寝入りを強いられる構造は今日も同じだし、その犯罪性は一層強くなっている。私は八六年八月末、本多氏と対談したが、本多氏は匿名報道主義に賛同してくれた。（対談は『法学セミナー増刊「資料集　人権と犯罪報道」』に収録されている）

救援運動家からの問題提起

一九六九年以来、学園闘争、反安保闘争などの被弾圧者の基本的人権を守る活動をしている救援連絡センターは、当初から「政治犯」を逮捕・起訴段階で犯罪者として報道することを批判していた。そして七〇年代初めごろから、公安事件で逮捕・起訴された人びとが下獄したり拘置所に長期間未決勾留されるなかで、留置場・拘置所の待遇改善、代用監獄の不当性などが問題化した。

この時期に、犯罪報道の誤りを一線の記者個人に対し一つひとつ積極的に指摘し、抗議しようという動きが生まれた。これは、同センター運営委員の長谷川健三郎氏らの主張と実践、なかでもⅢ章で取り上げた小野悦男さんへの救援が大きなきっかけになっていた。

長谷川氏は「キリストの弟子たちは常に投獄、処刑されており、聖書は獄にあるものを救えと教えている」として、監獄の内にあるものに手をさしのべてきた。長谷川氏はこう書いている。

「救援とは特に特別なことでなく人間の義務であり権利です。『父は子の悪を負わない。子は父の罪の悪を負わない』とすでに旧約聖書（エゼキエル書一八章二〇）に書いてあります。『犯罪者』の家族にまで面会取材を強要するマスコミ記者は毎朝この聖句を朗読すべきです」（七五年七月一八日の小野悦男さん救援会ビラ）

こうして、七五年五月一九日に逮捕された東アジア反日武装戦線の八人の被告家族団、弁護団が立ち上がった。

逮捕当日には、長谷川氏らが警視庁内にあった「七社会」など三つの記者クラブで「警察サイドの一方的な取材をやめろ」「被疑者の人権を尊重した報道をせよ」という声明文を渡した。逮捕直後にマスコミの報道に対し大規模な抗議行動を起こしたのは、これがはじめてだった。

長谷川氏らはその後も取材、報道ぶりがひどいため、翌二〇日と二一日にも警視庁の記者クラブに出向いた。しかし一日目はすんなり庁舎に入れたのに、翌日になると、警視庁正門の門番は「入れない」と拒否し、「広報担当官の指示」だと説明した。長谷川氏らが「なぜ新聞記者に会えないのか」と抗議すると係官数人が実力で阻止した。そこで外から公衆電話で各クラブに電話したところ、当時の幹事社だった朝日新聞の記者が正門に降りてきたが、センターと警視庁のやりとりをおとなしく中立的に見守るだけで、結局長谷川氏たちは記者会見をすることができなかった。公的な建物のなかにある記者クラブになぜ市民が入れないのだろうか。

センターがこうしてマスコミの取材、報道に注意を促したにもかかわらず、「爆弾犯」に関する記事はますますエスカレートした。

真実を書いても人権侵害は起こる

七六年に朝日新聞の疋田桂一郎編集委員が社内報に書いた「ある事件記事の間違い」は、上前淳一郎氏によって『支店長はなぜ死んだか』（文藝春秋、一九七七年）で紹介され、マスコミ界に衝撃を与えた。これは、銀行支店長が先天性精神薄弱の長女に「水も食事も与えず殺してしまった鬼のような父親」としてマスコミに報道され、執行猶予付きの有罪判決を受けた夜、自殺した事件を検証したものである。その検証の結果、長女は拒食症の状態が続いており、「冷血で残酷な父親」像はマスコミによってつくりあげられたものであることがわかった。

疋田氏は、事件報道がどうして「真実」からはずれてしまうかを検証したうえで、①警察の発表内容は一度必ず疑ってみる、②現場に行くか関係者に当たるかして裏付け取材をする、③記事の中で、警察発表の部分と、記者の裏付け取材や記者自身の疑問点などを区別して書く、④足りない材料で無理に話の筋を通そうとせず、わからないところは「わからない」とはっきり書く、⑤続報をもっと書く、⑥警察の広報となれあいで話を面白くすることをやめる、⑦他社の記事との比較、勝ち負けに記事の評価の力点をおかない、の七点を提言した。

疋田氏のこのレポートはマスコミ界での画期的な研究だったと思う。マスコミがいったん人権侵害の報道をしたらその人にまず回復不能の打撃を与えることを、マスコミ内部ではじめて検証したといえるからである。疋田氏の「警察につかまるのは悪人にきまっている、悪人については何を書いてもかまわない、とでもいうのだろうか。このような事件報道が、人を何人殺してきたか、と思う」という指摘はまさに正しい。

しかし､疋田氏の結論としての取材記者への提言は、事件報道の根本的解決策を示しているとはいえない。疋田レポートは、警察的真実と新聞社的真実との乖離を問題にはしているが、マスコミが真実を書き、まちがいさえ起こさなければ、人権侵害は生じない、という前提にとらわれているのである。その両者が一致したとしてもとりかえしのつかない人権侵害は続く、という視点が欠落している。

疋田氏は警察発表に頼らず、「新聞社の調査によると」という記事を増やせ、という。

疋田レポートの後、グラマン事件、早大不正入試事件などで「〇〇社調べ」というスタイルの記事が増え、朝日新聞の「ニュース三面鏡」のような続報記事も定着した。最近は、ロス疑惑報道を調査報道の成果とまで言う記者もいる。しかし、外国に比べ日本のマスコミは事件記者を非常に多く抱えているが、それでも網の目のように張りめぐらされた警察・検察と無数にある事件の真実を突きとめる競争をするのは無理なのだ。そして、有罪か無罪かを決めるのは裁判官だ。「〇〇社調べ」で殺人や強盗のホシを特定せよといっても不可能だ。そんなことを本気でやり始めると、ますます無実の市民を犯人として扱う危険性の方が増える。ロス事件はまさにその典型である。そもそもマスコミは捜査機関ではない。

犯罪報道では、被疑者の過去の経歴や交友関係が「自社調べ」の裏付けをとって正確にされればされるほど、当人にとってはダメージが大きい。疋田氏に記事が「真実」であればあるほど名誉が傷つけられるという「書かれる側」の視点が不足している。この支店長の場合、「新聞社的真実」でもやはり警察の発表通り「鬼のような父」であったならば、実名を書いて支店長を傷つけてもいいのかを問おう、ということである。

連合赤軍事件で「真実」を書かれ、自宅取材の記者たちに「人殺し一家」との罵声を浴びせられた坂東国男氏のお父さんは、七二年四月二九日に「世間を騒がせたことを死んでおわびする」という遺書を残して首つり自殺した。マスコミに実名や出身地が出なくても、家族たちは大打撃を受ける。ましてマスコミがこぞって実名や出身地などを詳しく報じれば、家族はいたたまれない。

父が「凶悪犯人」の父であることは「真実」である。息子が浅間山荘にたてこもったのも真実だ。真実は真実として正確に書き、まちがいさえしなければ問題ない、という大前提にとらわれる限り、犯罪報道の犯罪はなくならない。

匿名報道主義を提唱した日弁連

一方、日本弁護士連合会（日弁連）は一九七〇年、人権擁護委員会に「マスコミ報道と人権に関する特別委員会」（北山六郎委員長）を設けた。これは北山氏の所属する神戸弁護士会から問題提起されたもので、北山氏は自身が関連した遺産相続裁判について誤った報道をされたことからマスコミ報道のあり方について考えるようになったという。北山氏は八六年四月から日弁連会長に就任した。

北山氏の弁護経験でも、誤認逮捕だったのに実名で報道されたことや、実際に犯人だったにせよ、逮捕されたことで子どもが学校でいじめられ、泣いて家に帰ると追打ちをかけるように一時間後にテレビで報道される、という事実が何度もあったという。「ペンの暴力」による被害は出血があるわけではなく、悲惨さが直接目に映らないだけに、加害者の記者は自分のしていることに気付きにくい、だからこそ市民がマスコミに訴え続ける必要がある、と北山氏は述べている。

同委員会は七二年一二月から広範な調査を行った末、七六年一一月、『人権と報道』（日本評論社）としてその報告をまとめた。私は同書を一気に読み、記者になってから抱いていたモヤモヤが吹き飛んだ。刑事事件の判決前に被疑者・被告人を犯人と決めつける報道による人権侵害を理論的にも実証的にも鋭く指摘し、しかもその解決を法改正ではなくマスコミ界自身の自己改革に求めた、完璧な内容だった。本来マスコミ人自身が研究すべきことを、日弁連が代わって改善の具体策まで提言しており、この提言は今日でもそのまま有効である。とくに注目すべき点は、第三章の「報道と公共性」で、ある指名手配記事の名誉毀損裁判を例に挙げて、犯罪報道の実名主義の撤廃を次のようにはっきり主張していることだ。

「近時、世間の耳目を集める事件では、本人の生いたちや、親兄弟の生活に至るまで、ことこまかに報道される例が多い。しかし、いかにそれが読者の関心をひくものであっても、世間の関心ないし好奇心がそのまま公共の利害につながるわけでは決してないのであって、興味本位の犯罪関連事実の報道には厳に反省が求められるべきである、と考える。

われわれとしては、犯罪報道は、原則として、犯罪事実の報道にとどめるべきである、と考える。もし、世人に警告を与え、反省を促し、彼らを善導するために、犯罪の動機や容疑者の生活など犯罪をめぐる関連事実を報道する必要があるとしても、氏名を公表することについては、その合理性ないし必要性を肯定することはできない。

判例のなかには氏名公表の必要性・正当性について論及したものはないが、犯罪報道の必要性を主張するいかなる見解に立っても、氏名の公表を必要とする理由は見出せない、と考える。少なくとも無罪の推定を受けているはずの被疑者・被告人に対しては、原則として、氏名を公表することなく報道すべきである、と考える」（傍点筆者）

この日弁連の提言にマスコミが真剣に答えることなくして、人権と犯罪報道のジレンマから抜け出す方策はないと思う。私自身、山谷事件や小野さんデッチ上げ事件の報道のなかで悩み続けた気持ちがこの文章を読んでふっきれたことを思い出す。読者＝市民の関心があるということが、そのまま「公共の利害」につながるわけでは絶対になく、犯罪の事実関係を伝えることで十分だという視点は、V章で述べるスウェーデンのマスコミ人の立場と全く同じである。

ところが『人権と報道』は、まとめの提言では、この「実名報道の廃止」をなぜかぼかしてしまっている。これは、日弁連が書かれる側の一般市民の人権を守るとともに「報道の自由」「表現の自由」についても敏感なため、マスコミに足かせをはめる危険性のある提案を控えたからだ。競争の激しい日本のマスコミ界に「氏名を出すのはやめろ」と一気に提案してもなかなか受け入れられないだろうというあきらめもあったという。

明らかにされた報道による人権侵害

『人権と報道』を受けて、関東弁護士会連合会（関弁連）も七九年から、管内の全弁護士に対し、新聞による人権侵害の事例調査を行った。調査結果は八〇年九月、成田市で開かれた定期大会の「報道と人権」シンポジウムで発表された。私も共同労組関東支部の一員としてそれに参加したが、報告された六九のうち二〇件が報道後「不起訴や処分保留による釈放」だったことに驚いた。

誤報や事実の誇張や歪曲による不当報道を、被疑者・被告人本人に関するものと、その家族に関するものとに分けて調査した結果は、以下のようなものである（かっこ内は不起訴事件）。なお調査は弁護士への照会であり、被害の実情は間接的なものである。

本人に関するものは、①自殺・自殺未遂二、②転居のやむなきに至ったもの四（三）、③解雇二、退職四（四）、減給一、停職一、④営業に重大な支障を被ったもの（銀行融資やローン提携の拒否、売上げの激減など）八、⑤会社倒産の危機に瀕したもの（発注ストップ、役所の指名停止、融資拒否など）四、⑥社会的信用を失墜したもの五、⑦離婚の危機や別居など家庭不和三（一）、⑧結婚が不可能となったもの一、⑨大学を退学したもの一、⑩精神的苦痛を訴えるもの二、⑪脅迫状やいやがらせの電話一、である。

報道による人権侵害が家庭や仕事など生活全体にきわめて深刻な事態を生んでいることがわかるが、なかでもこれらの不当報道がほとんど実名によるものであることが重要だ。また仮名による報道でも、狭い地域のためその人がだれかがすぐに判明してしまったものや、未成年者でも父親の職業などの詳しい記載から特定されてしまったものもあったという。

家族に関するものは、①自殺・自殺未遂二、②縁談が破談になったり婚約に問題が生じたもの二、③子どもの登校拒否三（三）、④外出しにくい、昼間外を歩けない三（三）、⑤白眼視されて肩身がせまいなど精神的苦痛を訴えるもの一二、⑥村八分二（一）、⑦弟の家出一（一）、である。

「犯罪者」とは別個の人格であるはずの家族にも厳しい影響を及ぼしていることが歴然としている。いったん広く報道されると、事件が不起訴になっても家族が昼間外を歩くこともできなくなり、子どもにまで制裁が加えられているのが実情だ。現代においても村八分にされるケースが二件報告されたことも注目される。この調査を担当した山田由起子弁護士は「私自身、新聞の読み方が以前とは全く違ってきた。逆に言えば、いかにこれまで活字の魔力に囚われていたかということである」と書いている。

相次ぐ匿名報道主義の主張

法律面からのアプローチに続いて、マスコミ論の立場から斬り込み、私の眼の前をぱっと明るくしてくれたのが、京都精華大学教員の日高六郎氏である。日高氏は「職業としての新聞記者」（『世界』七八年九月号）で、事件記事が多くの人びとの生活を破壊している現状に対し、本多レポートと疋田レポートを叩き台にして具体的提言をしている。「本人にとっては死活の重大事で、彼と無関係の一般読者にとっては、十秒間の好奇心を満足させるだけのニュースをなぜ報じるのか」と、市井の犯罪事件の大半は警察発表の段階で一切記事にする必要はないと断言し、容疑者の氏名の発表をやめよと、次のように提言している。

「逮捕された容疑者から取材することは不可能である。双方の言い分を聞くという取材の原則は不可能である。容疑者が有罪か無罪かは、判決の段階ではじめて決定される。警察の、疋田氏のいう「味つけ」された情報を、なぜ新聞は、その氏名をふくめて、とりつぐ必要があるのか。逮捕された瞬間に、容疑者は、未成年者をのぞき、一切の敬称もおとされて、住所氏名で新聞紙上をにぎやかにする（ヨーロッパでは、この段階ではミスターがついていることが多い）。しかし敬称をつければいいというわけでもない。氏名を発表することがまちがいなのである。人権の立場に立つと、それ以外に方法はない。

では一切の犯罪事件は闇に葬れということかと反論されるだろう。犯罪事件の発表は、社会への警告、犯罪防止などの効用があると、警察などはいうだろう。私は、裁判にかかってから、報道したらいいと思う。それまでのあいだ、その事件をくわしく取材することは望ましい。その事件の真実をより正確にとらえることができるから。そして、法廷では、もちろん被疑者の主張も聞くことができる。

かりに逮捕直後に事件ニュースを発表するというのであれば、最小限、住所氏名を報道してはならない。

しかし、このことに先ず猛烈に反対するのは警察だろうと確信する。次に反対するのは、マスコミ関係者、とくに経営者であろうと思う」（傍点筆者）

この提言は日弁連の匿名報道主義とほぼ同じ立場である。ただし、公判段階、あるいは有罪判決の段階では氏名も出していいとも読みとれる。しかし「逮捕時点で氏名を発表することがまちがい」ならば、起訴の時点や有罪判決（最高裁で確定しても再審がある）の時点でもやはり氏名を掲載することはやめるべきである。日高氏もおそらく同意見だと私は思う。

この提言の後、日高氏は「しかし、あるひとつの新聞社が、本多氏のいう〈犯罪的行為〉からきっぱり手を切ることは可能だろうか」と問い、「残念ながら不可能だろう」としている。その理由は新聞社が人権よりも経営を重視するからだという。一方で日高氏は記者に「毎日行っている自分自身の日常のいとなみを見つめること」「自分はなにをしているかを自覚すること」を求めている。その自覚は、記者を絶望と紙一重のところにまで、あるいは絶望そのものにまで追い込み、内部改革の意欲を一時的に失わせるかもしれないが、そういうなかに存在している自己を認識することが大切である、と強調している。そしてその正直さから何かが始まる、とも書いている。

私は犯罪報道の犯罪的行為から手を切ることは可能だと思う。犯罪報道の日常的ないとなみを新聞労働者が冷徹に見つめ、その解決策をみんなで模索し、経営者にも提起していく努力を続けるならば、「ひとつの新聞社」だけでなくマスコミ全体が、日弁連や日高氏の具体的提案である「氏名発表がまちがいである」という匿名報道主義に一歩でも進める時期にきていると思う。

日高氏がマスコミの人権侵害について積極的に考え始めたのは、自分が被害者になってからだという。夫人が七四年九月二日にパリで一時逮捕されたときの日本のマスコミのセンセーショナルな報道がきっかけだった。それは、パリの日高氏宅で重信房子氏ら日本赤軍数人の重要会議が行われたとして夫人が取調べを受けたが無関係として釈放された、というものである。さらに約二ヵ月後の一一月二日にも全く理解できない誤報事件があった。これは毎日新聞パリ支局と時事通信パリ支局が報じたもので、日高夫人が一〇月三一日パリ空港で入国拒否されたという内容だったが、夫人はそのとき東京にいたのである。

これらの報道は一〇年近くたっても日高夫妻に尾を引いた。オーストラリアの二つの大学から客員教授として招かれた日高氏は、八一年一月五日に入国ビザを申請した。ところがオーストラリア政府は一時ビザを拒否したのである。拒否した理由は明らかにされなかったが、東京のオーストラリア大使館は日高氏の問合わせに対し、「日本赤軍との関係が疑われている」と告げたという。日高氏は八一年九月一〇日付の私への手紙でこう書いている。

「いくらか、マスコミを勉強したものが、自分自身の問題として、そのことを考えざるをえなくなったことは、皮肉なことでもあります。しかし、そのことで一層、新聞でもテレビでも、日ごとに、無力な市民たちを絶望のどん底に追いこむような報道をしていることにたいして、強い怒りを感じます。このことは、被害者になってはじめてわかることかもしれませんが、しかしそうだとすれば、これは報道のがわに立つものの、想像力の根本的な欠除というほかないのではないでしょうか」

また、元共同通信記者の創価大学教授、新井直之氏も、八四年三月一九日付毎日新聞の「新聞を読んで」で、犯罪報道で人権を守るには匿名主義を導入することが必要なことを主張した。このコラムで新井氏は、横須賀市の女性が子どもの中学進学のための服を買う五万円欲しさに郵便局へ強盗に入った事件の、実名、住所、連行写真つきの報道を取り上げ、こう書いている。

「これでは、地元では子どもはいたたまれないのではないか。近づく卒業式にも、来月の入学式にも、出席しにくいのではないか。子どものために、名前も住所も伏せ、写真も載せない配慮はできなかったものか。それでも事件の報道に、なんら差し障りはなかったはずである。

本紙は『実名主義』だといい、そのことを体外受精児報道に際して明らかにしてきた。だが、なぜ『実名報道が原則』なのだろうか。私には納得がいかない。スウェーデンでは、犯罪報道でも匿名が原則で、実名をあげるのは特殊な例外なのだという（浅野健一「〝犯罪者〟の実名を書かないスウェーデン」『マスコミ市民』一九八四年二月号）。そういう考え方もあり得るのだ。そして、どちらが人権をより守ることになるのかは、明らかだろう」

もうひとつのマスコミ批判

日弁連などの真面目な問題提起にもかかわらずマスコミが自主改革をサボっているうちに、今度は〝目白筋〟を震源地とする政界からのマスコミ批判が強まった。とくに八二年一一月に法相に就任した秦野章氏は、ことあるごとに「マスコミが刑も確定していないのに被疑者・被告人を呼び捨てにして犯人扱いするのは人権侵害だ」と発言してきた。

秦野氏は、一二月には「新聞が被疑者の段階で呼び捨てにするのは人権侵害であり、新聞協会に申し入れる」と述べた。この後、田中派の議員たちは「マスコミと検察は犯人と決めつけるが、裁判で刑が確定するまでは無罪を推定される」と人権の尊さを説き始めた。そのなかには、数年前に公安事件や三里塚闘争、反原発闘争で逮捕されたり起訴された公務員を「即刻クビにしろ」と叫んでいた人も多かった。

八三年一月、田中元首相に論告求刑があり、野党から議員辞職勧告決議案が提出されると、自民党は「判決前は無罪」論を展開し始めた。衆議院議院運営委員会の参考人意見聴取では、元最高裁判事の松本正雄氏が、田中氏は論告求刑されただけであり、無罪の推定を受けるべきだ、との観点から「辞職勧告をしようとするのは法治国家にあるまじき無謀な行為だ」と反対論を展開した。

一般の会社員が誤認逮捕されても復職できるというのはあまりにも事実を知らなさすぎる。たとえば八四年二月九日、連合赤軍事件の被告を匿ったとして逮捕されたものの不起訴となった従業員の解雇は正当か不当かを争った地位確認請求訴訟で、最高裁は「解雇は正当」との判決を言い渡した。会社側の解雇理由は「以前から過激派と親交があり、この逮捕が報道されたことによって会社の信用を傷つけられた」というものだった。しかしそれ以外は、松本氏の主張は一見正論に聞こえる。

だが、ロッキード事件は刑事事件の枠を超えた政治次元の問題になっている。その刑事手続きは市民の民主的自治に関係があり、その事実を知る必要がある。日ごろは、公務員の労働争議行為に対し刑事罰の導入を熱心に主張する人びとが、政治の問題を刑事事件の狭い解釈に持ち込もうとしているだけである。松本氏らが、再審を請求している死刑囚やその他冤罪を主張する人びとの人権を守り「判決確定前は無罪」と主張していれば信用してもいいが、事実は逆である。刑法改「正」・保安処分や監獄法改悪を推し進める人がいう「正論」はとても素直には受け入れられない。

八三年三月六日には、田中元首相本人が長岡市で「このごろ人の悪口ばかりいって商売している（マスコミという）第四次産業がある」と発言した。

そして七月一五日、免田栄さんが死刑囚としてはじめて再審無罪を勝ちとると、秦野氏は国会で「司法関係者は厳しく反省を」と発言する一方で、法務省当局にマスコミの犯罪報道と人権擁護について検討を指示した。これを受けて法務省は同月二九日、「マスコミが刑事事件の被疑者・被告人を呼び捨てにしたり写真をとることが人権侵害になるかどうかの検討」を全国人権擁護委員連合会にゆだねることを決めた。同連合会の佐藤会長は「内部でも以前から〝起訴前に犯罪人扱いされるケースがある〟という問題提起があったので十分討議したい」と述べ、八四年六月九日にはマスコミ代表らを招いて、法務省の後援で「マスコミとプライバシー」についてのシンポジウムを開いた。

また法務省人権擁護局は、警察官僚出身の秦野氏への反感を示す一方で、マスコミによる人権侵害を法律で何とかしようという長年の懸案を実現するチャンス到来とも考えているようだ。八四年二月、彼らは、殺人犯として服役し出所後被害者の遺族と一緒に記者会見した元歌手、三和銀行オンライン詐取事件の元行員、東北大学体外受精児の両親、の三つのケースのマスコミの執拗な取材ぶりを取り上げ、実際に当事者（または代理人）に接触して、苦情を申し立てるよう勧めたという。しかし、三者とも「これ以上騒がれたくない。そっとしておいてほしい」と人権擁護局の申し出を断ったといわれる。同局は、仮出所の元行員にはいまも取材が続き「保護観察が十分できない」から何らかの規制が必要だ、としている。法務省事務当局も政治情勢をみながらマスコミの法的規制を狙っているのはまちがいない。

さらに田中派のマスコミ批判と水面下で連動しているのだろうが、中曾根首相は八四年五月、民間放送連盟幹部に「テレビのワイドショーの法規制が必要だ」と語ったという。少年・少女向け「有害図書」規制の動きに次ぐアクションがとられようとしている。雑誌→テレビ→新聞の順に政治の介入が予想されるのだ。

秦野氏らは犯罪報道の構造的欠陥をよく勉強したようだ。少なくとも、平均的なマスコミ記者の何十倍も真剣に人権と報道について考えたと思われる。秦野氏と私の見解の唯一の相違点は、皮肉にも「田中角栄元首相などの権力を握る者が職務上にかかわる不正（疑惑を含む）を行った場合には原則として顕名で出し批判すべきだ」というところだが、秦野氏がマスコミの被疑者らへの人権侵害について展開している論理はまさに正論である。秦野氏は「日本は有罪率が高いから犯人扱いしていいという確率論と人権の問題は全く別次元のものだ」と断言したのである。

秦野氏の主張は、マスコミがいつも横並びであるべき市民の犯罪について報道する場合には一〇〇パーセント当てはまる。市民の人権を守るには、無罪推定論のうえに立つ匿名報道主義を取り入れるしかない。そして秦野氏には、弱い立場の普通の人びとの人権のことをまず考えてほしい。しかし、政治家の不正、権力犯罪についてはできるだけ詳しく知る必要がある。

きわめて異例ともいうべき保守政界からの刑事事件報道に関するコミットメントは、だれが見ても「角サンの人権」擁護を目的としているといえるだろう。しかし裏を返せば、マスコミ報道があまりにも人権に無配慮であることの弱味を彼らに握られているのも事実である。

何とかマスコミを操作してやろうというのは権力者の万国共通の願いでもある。自分たちが国民を支配しやすいようにマスコミを規制しようと考えるのだ。だから、権力の犯罪や不正をマスコミに暴かれないように、報道の自由を規制してくる危険性がある。政治家の絡む贈収賄事件、選挙違反、脱税事件などについて、マスコミには氏名を発表しないとか起訴前には報道させない、という法律を用意してくることも考えられる。現に権力のマスコミ操作は進んでいる。七二年に発表された刑法改「正」草案では、新聞が犯罪報道のよりどころとしている刑法二三〇条ノ二第二項のみなし規定を削除している。

私たちがロス疑惑にうつつを抜かしているうちに、気付いてみたらマスコミが政府与党と市民の両方からハサミ打ち攻撃を受けていた、ということも考えられる。報道の自由に何らかの枠をはめる法案が用意される危険性は日増しに高まっている。その際、一般市民が「こんなに人権侵害による被害がひどくてはそれもやむをえない」という立場をとらないとは限らない。それほどマスコミの体質は市民の常識とかけ離れてきているのだ。

後に詳しく見るスウェーデンでも、犯罪報道の人権侵害への批判が起こったときに、政界からマスコミ規制の立法化が準備された。しかしスウェーデンのマスコミは、国家による規制に断固反対し、自分たちで人権を守る方策を考えた。それ以来、法的規制を求める声はほとんどなくなった。

日弁連も、マスコミが自主規制に真剣に取り組まなければ「報道の自由を自らの手で傷つけることになりかねない」と警告している。良識ある読者＝市民は、法的規制ではなく、マスコミ界内部での人権擁護と報道の自由についてのよき慣行の確立を期待しているはずだ。自民党独裁政権からの犯罪報道に対する批判が公然化しているいま、私たちジャーナリストはのんびりできないのである。

3　マスコミはどう対応してきたか

あいまいな新聞の基準

日本の新聞界は犯罪報道についてほぼ統一した基準をもっており、主要新聞社の加盟する日本新聞協会発行の『法と新聞』（一九七二年）にその基準が要約されている。同書は「未だ公訴の提起せられざる人の犯罪行為に関する事実はこれを公共の利害に関する事実と看做す」（刑法二三〇条ノ二第二項）という免責規定を各所で引用し、「警察が発表した事実」に反しない限り問題はないといい切っている。つまり、警察の発表だけを書いていれば安全で一切新聞の責任を問われることはない、というのである。

同書は「言論の自由の中核は政治批判」（一一七頁）であることも認めている。またマスコミの本質をみつめた場合、対国家の関係と対市民の関係との二つの場合があると規定し、「マスコミと一介の市民とが対応した場合には、その力関係の格差が大きすぎる」と正しく分析している。

同書のいう「純然たる一市民」の犯罪を報道する場合に、新聞が独自の調査までする必要があるだろうか。社会からそれが期待されているとは思われない一般刑事事件の「真相解明」に、ジャーナリストが当たる必要があるだろうか。当局の発表がウソかどうかを締切り時間内に新聞が独自に調べるべきだとする発想には無理があるのだ。そうではなくて、当局の発表通りに、氏名、住所、写真を掲載して「犯人」として処断してしまうことにこそ、本質的問題がある。なぜなら当局はいつも誤る可能性があるのだから。新聞が独自の調査機能をもつべきなのは、政治家、官僚など支配する側の不正や犯罪についてである。

『法と新聞』も、新聞が逮捕時において有罪が確定したかのごとく大きく扱うことの「うしろめたさ」を感じながらこう逃げている。

「日本の新聞は、有罪確定よりも起訴の記事が大きい。起訴よりも逮捕がずっと大きく扱われる。しかしこれは新聞サイドだけの勝手な判断ではない。新聞だけの責任というよりは、読者の関心、国民の注視のウエートがこの点におかれているからである。法的にみれば、有罪確定まではすべてのものが無罪と推定されている。これが正しい法の考え方だが、国民の間に、そこまでの思想が普及されているかどうか。国民の一般的な物指しは、逮捕されたらクロである」（三一頁）

これはとんでもない愚民思想である。封建社会では、時の支配者がこうした思想を植えつけていた。しかし戦後の憲法や学校教育で、逮捕されただけでクロになるわけではないという無罪推定の法理はきちんと教えられている。正しい法の考え方を市民に定着させることを日常的に妨害してきたのはマスコミである。一般市民は、このマスコミの洪水のような「被疑者＝犯人」に立脚する報道によって「逮捕されたらクロ」と思わされてきたのである。

さすがにこれだけではこじつけすぎと思ったのか、日本は裁判にイギリスのような予審尋問や陪審制度がないこと、裁判が遅いこと、を挙げている。「陪審制度がある国では、陪審員に予断を与えないため裁判前の報道を極力ひかえる」という。陪審員に予断を与えることはいけないが、裁判官や一般市民に逮捕された人が即犯人だという予断を与えることはいいのだろうか。

次に『法と新聞』は、とっておきの「世界に冠たる日本の有罪率」を持ち出す。被疑者の起訴率についてはなぜかふれられていないのだが、「起訴に対する有罪の比率が一〇〇パーセントに近い高率である」から「逮捕・起訴されたらクロ」の国民的常識が新聞のうえにも作用するという。

自主規制のあゆみ

次に、新聞界が人権と報道について戦後どう対応してきたか見よう。

日本新聞協会は、その指導指針として一九四六年七月、新聞倫理綱領を制定した。綱領の第二項は、報道の自由に対し「みずからの節制により限界を設ける」とし、「報道の原則は事件の真相を正確忠実に伝えること」(イ)、「人に関する批評は、その人の面前において直接語り得る限度にとどむべきである」(ニ)と掲げている。

また新聞界には、人権を守るためにほとんどのマスコミが一致している匿名基準がある。それは少年と精神障害者の犯罪についてである。精神障害者については後述するが、少年については、新聞協会が一九五八年一二月、「少年法六十一条の扱いの方針」を決めた。少年法六一条は、未成年の被疑者・被告人の「氏名、年齢、職業、住居、容ぼう等によりその者が当該事件の本人であることを推定できるような記事又は写真」の掲載を禁止していながら、罰則規定はない。少年に関する限り、犯罪抑止論、売上げ減少論などを背景にした実名の要請は現在もないといえる。

未成年者の犯罪の匿名ルール、それに人命最優先で報道をストップする誘拐協定は、世界にも稀な自主規制ルールである。ジャーナリズムの長い歴史のなかで、試行錯誤を重ねながらコンセンサスが生まれたものである。

人権を守る報道に取り組み出した新聞労連

新聞労連には報道の現状について討議する新聞研究部があり、毎年二月ごろ新聞研究集会(新研集会)が開かれている。八一年の新研集会から「人権と報道」の分科会が設置された。新聞が日常的に市民の人権を傷つけている、というわば「加害者としての新聞」をテーマにしたのははじめてだった。八四年の分科会では、愛媛新聞の事件担当記者が、八三年七月に自衛官が愛媛大病院の看護婦を誘拐した事件で、マスコミがその看護婦の実名を掲載したことを取り上げた。一八時間も監禁された女性被害者の実名は本人のために載せない方がいいと愛媛新聞は判断したが、他紙ではすべて実名が出たため、出身地にも知れわたってしまったという。

　こうした反省や苦悩の声が出される一方で、「やはり5W1Hをすべて書かないと仕事にならない」「裁判官がサインした逮捕状に疑問をもっていたのでは原稿は書けない」「有罪率が高いから現在のままでいい」などの〝反論〟も出される。八五年の新研集会では「匿名主義は危険」（日経、秋吉氏）という〝総括〟まで現れた。組合の集会なので「売れなくなる」という主張だけは聞かれないが……。そして結論としては、「激化する取材競争のなかで、知る権利、報道の自由を守りつつ、報道される側の人権をいかにして守るか記者が考えるべきだ」という調和論で締めくくられている。

　新聞労連は、一貫して「読者と連帯して国民の『知る権利』に応え、言論の自由を守る」という視点から活動してきた。しかしこと犯罪報道に関しては、新聞は市民の上に立つ一つの権力となり、捜査当局や裁判所の後ろ盾で「ペーパートライアル」で市民を断罪してしまっている。市民社会に対しもう一つの権力として対峙しているのだ。

　新聞労連が人権と報道について討議し始めたこと自体は大きな前進だが、今後は、年に一度の集会だけでなく、日常的に全国で起こっている報道による人権侵害の事実を集め、組合員に教宣すべきではないか。関弁連などが行ったケーススタディを新聞労連自身の手で進めるのである。

　私は、犯罪報道を変えるのに新聞労連の役目が最も大切だと考えている。スウェーデンの犯罪報道の改革もまず記者労組が先駆的役割を果たした。

　一般市民の犯罪をおもしろおかしくテレビで報じ始めたのはおそらくNTV系の「ウィークエンダー」が最初だろう。タレントや漫才師などがレポーターになって話題の事件を伝えるのだが、下半身の絡む事件が多く、茶の間の人気を集めた。「新聞によりますと……」という独特の言いまわしは一種の流行語にさえなった。若いタレントが大きく引き伸ばした被疑者（「犯人」と呼ばれた）の写真を掲げ、「こいつなんですよ。やっぱ、人相が悪いよネ……」などとからかう。そのうち一本はミニ・ドラマ化される。番組の最後には「協力　○○法律事務所」というテロップが流れる。この番組が日本人の人権感覚をかなりおかしくした。その後のマスコミの犯罪報道は〝ウィークエンダー化〟であり、ロス疑惑、〝FFE現象〟もその延長線上にあるように思う。この番組は八四年五月末に消えた。

　各局とも力を入れているワイドショーにも事件追跡ものが多く含まれている。テレビ局の映像取材の主役がフィルムからビデオに代わったため、小型カメラによる細かな取材が可能になった。世間の注目を引くような事件・事故があると、現場中継が普通になった。被疑者が逮捕されると、本人の映像はもちろん、その家族、友人、自宅、出身地にまでカメラが入り込むようになった。

とくにワイドショーでは、ニュースのような時間的制約が少ないこともあって、事件の背景にある人間のドラマを追うことが多い。八一年夏の三和銀行オンライン詐取事件では、被疑者の父親の死亡で特別に葬儀参加を認められた元行員やその家族を執拗にカメラが追った。八二年二月、愛知県で少年（一六）が酒乱の父をバットで殴殺した事件では、少年を匿名としたものの、父親の写真、名前、住所（アパート名まで）を出してしまった。テレビは、葬儀のときの母と妹の顔を撮影し放映した。最後に、家の前でレポーターが「そっとしてあげたい」とアナウンスした。

同じ二月に起きた日航機羽田沖墜落事故では、「逆噴射」の機長を追った。機長の自宅を映し、取材は夫人の実家にまで及んだ。まさかと思ったが、あるキー局はワイドショーに夫人を登場させた。八二年四月六、七日に「独占スクープ」として放映されたのだ。夫人は涙を流しながら「事故でお亡くなりになった方、遺族の皆さん、本当に申しわけありません」と言った。いや言わされた。〝試写〟を見て、放送前日深夜まで放映をしぶった夫人を、スタッフが説得したということだ。

この機長が警視庁から精神鑑定のため出る際に、当局と警視庁詰め記者団との間で「協定」が生まれた。それは、カメラの放列の前を何メートルかゆっくり歩かせるというものだった。ところが、現場に出向いたフジテレビの田丸美寿々キャスターが「これでは○○さんはさらし者だ」とコメントしたため、同社の警視庁クラブ記者との間でトラブルが発生した。たまたま同社がクラブの幹事社で、機長撮影の便宜を警視庁に求めていたため「なんということを」という反発が上がったのだ。しかし私は、田丸さんが率直に感じて表現したことを責める権利はだれにもないと確信する。

このほか八三年九月の大韓航空機撃墜事件や八五年の日航機墜落事故でも、遺族はマスコミの取材に辟易していた。そっとしてほしいときにカメラやマイクを向けられる事件の被害者はつらい。奇跡的に助かった中学生はカメラ恐怖症になった。こうした取材ぶりに対して、一般視聴者からも「あそこまでしなくても……」という声が上がってきている。

在日スウェーデン人記者は「事件・事故の遺族が悲しむのは当然でニュース価値がない。家族のなかのことに社会性はない。人の不幸を見て喜ぶのはどうか」と批判している。

ＴＢＳに勤めるある知人は、「テレビは個人を取り上げると視聴率がアップするんだ。人権のことはいつも気にかかるが、個人を登場させて社会を描いていく手法が最も見る側をひきつける」と話した。確かにその通りだろう。しかし、一般市民の間で起こる事件にその手法をあてはめるのはおかしい。機長夫人を登場させなければ事故の真相はつかめないのだろうか。機長一家が住民票を移した先を国民に知らせる必要があろうか。機長には両親もあり子どももいる。あの不幸な事件を乗り越えてまた人生を歩まなければならない。

ジャーナリズムの基本は、支配する側の人びとの悪業を追い、支配される側＝国民一般に知らせることである。そのために、テレビカメラは大活躍していい。「権力」は攻撃され傷ついた方が社会のためにいい。何のために報道するのかという視点をもち続けるべきなのだ。視聴率を上げるためには人権侵害も仕方がないというのでは、主体性がなさすぎるし、空しすぎないか。

民放労連の画期的なアピール

そう思っていたところへ、民法労連が画期的なアピールを出した。八三年九月一六日から一九日に開かれた「報道フォーラム83」（報道フォーラムは新聞労連の新研集会に当たる）で採択されたもので、次のように述べている。

「我々が言論の自由、人権を軽んじるなら、国民の精神風土もまた、言論の自由を軽んじ、人権を軽んじるものになっていくのだという自覚が必要だ。さもなければ、我々は自ら公衆の支持を失い、他の報道機関からも排斥されやがて存立を許されなくなる。社会の弱い立場の者から『こわい』といわれるのは、報道人として恥であると考え、今後、従来にも増して、取材される者、報道される者の人権、プライバシーの尊重と、言論の自由との接点を、ち密な取材活動によって見極め、社会的役割を果たしていく覚悟を、この報道フォーラムで固めたことを確認する」

また報道フォーラム83では、八二年の長崎台風災害で一家でただ一人生き残った小学校一年生の少女が福岡の親類に引きとられた際、取材攻勢にあってマスコミ恐怖症に陥り、一年たってもなおおびえている、という報告もあった。

民放労連で取材される側の人権問題が取り上げられたのは八二年からだという。ＥＮＧ（ビデオ機器）の登場で取材方法が一変したのにもかかわらず、放送の基準が確立していないため、取材現場でトラブルが絶えないそうだ。社会の弱い立場の者からこわいと思われているというアピールの現状認識は貴重だ。

放送界も一般犯罪報道で匿名報道主義を取っていくことで、人権と報道のジレンマから抜け出せると私は思う。アピールにいう「社会の権力を握る者」をフォローするときには実名は必要なこともある。しかし、獄中にある市民のほとんどは、何らかの意味で社会的弱者である。凶悪犯罪の実行者であっても、更生し再び社会に戻ってつつましく生きていく平凡な一市民である。多くの肉親も友人も人生の再スタートを応援している。その人たちを傷つけて社会のさらし者にし、社会から抹殺していくことは、絶対に誤っている。

精神障害者の〝匿名特権〟は逆差別か

朝日新聞は精神科医、弁護士など六人の講師を招いての勉強会を開き、一九八〇年一〇月から一年間の紙面をすべてチェックして仮名報道の実態を洗い直し、八二年一月に編集ガイドライン「仮名記事　敬称の扱い方」が実施に移された。結局は犯罪報道の実名主義を再確認したのだが、精神障害者の仮名扱いについて厳密なガイドラインを設けた。

たまたま精神障害者が犯罪を起こすと「異常男が白昼殺人」などの見出しがおどり、精神障害が犯罪の原因であるかのような報道が差別・偏見を助長している。一般には精神障害者の犯行のケースでは仮名にすることで人権を守っているとされるが、現実には犯罪と無関係な精神障害者が凶悪犯罪の予備軍のように扱われ〝逆差別〟だ、というのが朝日新聞の問題提起だった。「読者と朝日新聞」欄（一九八二年四月一一日）で東京本社社会部長は次のように書いている。

「報道の原点はあくまで実名主義で、仮名報道ではどうしても正確な報道が制約されます。それにもまして、仮名報道が必ずしも精神障害者の人権擁護につながらないことです。入院中の精神病患者は約三十万人いますが、精神障害者のうち重大な罪を犯す者は年間二百人程度。ところが、無原則な仮名報道を続けますと、精神障害者のすべてが犯罪に関係があり、社会の異分子であるかのような偏見を助長しかねません。

つまり、人権擁護のための仮名報道がかえって逆の効果を与える一面もあるわけで、仮名報道の対象を出来る限り限定すべきだと考えます」

また八一年七月一二日の同じ欄でも社会部長は「不注意に実名を出して、その後の人生を台無しにするのは道義上、許されません。読者に知らせる『義務』と個人の『人権』の間で、短時間できわどい判断を迫られることが多いのです」と率直に実名報道の難しさを認めている。

凶悪事件を起こした犯人が精神障害者であるから匿名にすると、精神障害という疾病が事件を起こさせたと錯覚させ精神障害患者への偏見を助長させる、というのは全く正しい。八一年の江東区の通り魔事件（深川事件）、八〇年の新宿バス放火事件などの事件が起こるたびに「狂気男」「野放し異常男」などの活字がおどるマスコミの現状から見れば当然だ。

警察担当記者の時、私はセンセーショナルな事件があるたびに「加害者が〝健常者〟であってほしい」「精神病院への入院、通院歴もないように……」と祈るような気持ちになったものだ。何の科学的証明もないのに病気としての精神障害と犯罪を短絡して結びつけて報道することで、この国の精神障害者への差別と偏見を拡大させていることがつらかった。

事件の異常さを病気に結びつける報道は、精神障害者はこわいという世論を形成する。その世論をバックに、法務省は刑法改「正」――保安処分を強行しようとしている。深川事件の翌日には、閣議が「通り魔事件を防止するため保安処分を含め総合的対策を打つ」と決め、朝日新聞を除く在京各紙は一面トップで報じた。深川事件の被疑者は刑法上の免責規定である心神喪失状態とは認められていない。ところが、深川事件の犯人→精神障害者→保安処分という世論操作がわずか三日間で完成した。被疑者が精神病院から退院したばかりだったとしたら、マスコミの論調がどうなったのだろうかと思うとゾッとする。岡田靖雄氏は『差別の論理』（勁草書房、一九七二年）で「新聞スクラップを読みかえすと、当局側がある精神障害対策を打ち出す一年くらい前から、それに関する事件が非常に大きく報道されている」と指摘している。

犯罪の動機は千差万別で、締切り時間内にきちんとわからない。マスコミは、常識で考えられないことが起こるとその原因を精神障害に求めたがる。警察も「アタマがおかしいんじゃないの」と証拠もなくいうことが多い。記者も「入院歴があるマル精（警察は精神障害者をそう呼ぶ）だよ」「ノイローゼじゃないの」と病院に確認もしないで警察発表に飛びついてしまう。

マスコミが精神障害者を匿名とするのは、「本人に対する配慮から伏せるのでなく、報道されることによって家族・親類の人たちが大きな精神的苦痛を味わうことが多く、これを防ぐ意味で配慮」（『取材と報道』五八頁）するのだという。しかしこの〝匿名特権〟は裏を返せば、精神障害者と犯罪との間に関連があるという世論を日々植え付けていることにもなる。疾病としての精神障害が犯罪を起こす原因になっていると思い込ませているのだ。犯罪を起こした時点では「正常」であっても、その一〇年前に入院していたり、一、二度精神科に通ったことがあると警察や記者に伝わると、匿名になる。ここには、精神病は治らない、精神障害だからこんな事件を起こした、という非科学的前提がある。

『髪の花』（講談社、一九七一年）で小林美代子氏は「私達はテレビで精神異常者、父母を殺傷等のニュースを見ると私達一人一人が、父母を殺傷する可能性のあることを考える。一人の異常者のために、私達全国の精神病患者が裁かれるニュースの伝わった翌日には病院の近所から精神病患者は散歩に出してくれるなと病院に抗議がくる」と訴えた。精神障害者以外の人間が一〇〇〇人に一人罪を犯しても九九九人は罪に問われないが、私たちは全員直ちに裁かれる、という精神障害者の叫びをマスコミは真正面から受けとめなければならない。

匿名報道主義にすれば解決する

私は犯罪報道において精神障害者の「特例」を廃止するしか、朝日新聞のいう〝逆差別〟を解消する方法はないと断言したい。精神障害の有無で匿名・実名を判断することが根本的に誤っている。朝日新聞の悩みを解消するには精神障害者の特例扱いをやめることだが、それだと精神障害者の実名が出てしまう。しかし本人や家族にとっては実名は出ない方がいい。ここで袋小路に入ってしまう。

犯罪報道全体で匿名主義を取り入れれば、問題は一挙に解決する。精神障害者であってもなくても、被疑者・被告人・囚人の実名は出さないことが原則になれば、矛盾は起こりえない。精神障害者かどうかで実名・匿名の区別をする必要はなくなる。しっかり取材したうえで、事件と精神障害の関係があると判断できればそう書けばいいのだ。検察庁や裁判所の精神鑑定の結果も書いていい。だから朝日新聞のつくったガイドラインは、実名、匿名の基準としてではなく、犯罪ニュースを伝えるときに精神障害の有無について書くかどうか考える場合の判断材料として使えばいい。

精神科医の青木薫久氏によると、精神障害と犯罪が結びつく例はきわめて少ないという。青木氏は例外として、薬物中毒による被害妄想で精神病院に入院したことのある男性が、病状が悪化したため再入院させようとした母親を殺した事件を挙げた。病院の待遇がひどく「あそこに入るとまた看護人の暴力を受け、電気ショックにかけられる」と思い、母親さえいなければと錯覚して殺してしまったこのケースでは、精神障害に触れて報道する必要があるという。しかしこのような事件は非常に少なく、精神障害が犯罪の原因になることはほとんどないと考えていいそうだ。「肝硬変のため事件を起こした」とは書かないように、精神障害についても安易に書かないことだ。まして「入院したことがある」などというナンセンスな記述はやめよう。精神障害患者が事件を起こしたときも、慎重に捜査、裁判の経過を見て書くことである。そうすれば「『精神病か否か』が確定されるのはずっと後日になってからの判決ないしは精神鑑定の結論によってであるが、新聞サイドにおいては最初の報道の時点でそれをしなければならないところにこの問題のむずかしさがある」（『法と新聞』一八五頁）という呪縛から解放される。

朝日新聞は日航機羽田沖墜落事故の機長の氏名の扱いで、ガイドラインを適用した。事故発生から実名できたマスコミは、機長の精神分裂病の疑いが強まった八二年八月末、「A機長」などと匿名扱いにし始めた。それ以降も、機長の実名を報じていたのは朝日新聞だけだ。

朝日新聞は理由として、①重大事件で、再犯防止の必要性があり、パイロットは公共性の強い職業である、②真相を究明する場合、機長の名前を仮名にすると制約が多い、③他の精神障害者一般に対しショックを与え、逆差別となる、④マスコミは六ヵ月以上、機長の私生活を含めいろいろ書いたから、急に仮名にしても意味がない、を挙げた。

各社は朝日新聞に対し、「法律的にも個人の責任を追及できないことが明らかになったのに、新聞が実名を出して社会的責任を追及できるのか」と批判した。しかし各社とも、機長が精神障害で措置入院されたから仮名にしただけである。実際は、事故発生直後、機長の「犯罪」が明らかになった時点で匿名にする必要があった。氏名、住所、顔写真はなくても、年齢と職歴があれば十分だった。精神障害があろうとなかろうと、氏名なしで十分事故の内容は伝わり、何の不都合もなかった。「羽田沖事故の日航機長」だけでも十分真相を究明する記事が書ける。匿名だとむしろ、機長の個人的な犯罪の方にだけ関心が向けられず、日航側の安全管理体制がクローズ・アップされるだろう。最初から匿名報道していれば、〝逆差別〟の問題も起きてこないのだ。

朝日新聞を批判した各社はそこまで踏み込んでほしい。「刑法でも追及できないものを、ジャーナリズムが追及できるのか」という立場と「刑法で処罰されるものを、ジャーナリズムがそれに加えて制裁をしていいのか」という匿名報道主義の考え方は、そうかけ離れていないのではなかろうか。


新聞界の改革見送りとＮＨＫの呼び捨て禁止の波紋

マスコミ界は、三億円事件の大誤報などの人権侵害が起きるたびに犯罪報道をどうするかで論議してきた。とくに疋田レポートなどがきっかけになり、一九八〇年には大きな社会的関心を集めた。各社が報道基準を見直した。しかし、八七年までに出された各社の結論は「報道の原点としての実名主義」の再確認でしかなかった。

裁判中は被告を付けるなどの呼称、別件逮捕での実名範囲、精神障害者の扱い、事件関係者のプライバシーなどでは前進が見られた。しかし、警察・検察の情報にほぼ全面的に依存して、被疑者・被告人・囚人を実名で判決前に社会的に断罪してしまう犯罪報道の構造的矛盾はそのまま残った。被疑者・被告人・囚人など「書かれる側」からほとんど取材もせずに記事を書き、まちがっていても十分な訂正も出さない体質にメスは入れられなかった。現場記者は発表だけでなく裏付けをとれとかニュース・ソースを書けとかいう、新鮮味のないレベルの提案にとどまった。マスコミ界が実名主義を再確認したことで、私のサツ回り時代と同じように、今年の新人記者も「ペンを持ったおまわりさん」にならざるをえなくなった。山谷の東さん、小野さん、明美ちゃん事件の会社員らは、みんな今日でも逮捕時点で犯人として報道される。

その中で八四年一月、ＮＨＫが「四月二日から犯罪報道で被疑者・被告人の呼び捨てをやめる」と発表した。二月にはサンケイ新聞とフジテレビも「犯罪報道にあたっての呼称」を決め、被疑者・被告人の呼び捨てをやめ「肩書呼称」を原則とすることを決めた。

ＮＨＫの改革は、免田栄さんの再審無罪判決、豊中市ブラジル短銃密輸事件で、でっちあげ不当逮捕された市教育委員会主事の不起訴などがきっかけになり、現場記者から逮捕段階での犯人扱いへの疑問が出て決定された。日放労によると、数年来犯罪報道の〝切捨て御免〟的なやり方について日常的に反省の声が上がっていたという。またNHKの放送用語委員会でも、一〇年以上前から外部委員が、被疑者を呼び捨てにして犯人扱いすることを問題にしていたそうだ。とくに七六年ごろから、外国の放送に詳しい言語学者の服部四郎東大名誉教授らが「刑が確定する前にマスコミが勝手に判断を下すのは思い上がり」などと述べていた。NHK側も具体的ケースを集めるなど、突っ込んだ議論が何度もなされていた。

NHKの改革に対し、活字メディアやTBSなどは一斉に「角サンにいわれてやった」とオチョクった。確かにNHKは、ロッキード事件で田中元首相を呼び捨てにすることに対し、自民党筋から執拗な抗議を受けていた。ニュースで「タナカ・カクエイ」とやるたびに報道局幹部に抗議の電話がかかってくるほどだったという。女性アナウンサーが読むと一層反発が強かったそうだ。それがNHKの改革に影響を与えたことはあるかもしれない。

しかし、田中氏の呼び捨てをやめるには「被告」をつけるだけでよかった。新聞は起訴後に「被告」をつけている。だから田中氏の影響を強調しすぎるのはおかしい。また仮りに影響があったとしても、結果として市民のためになることなら私は素直に評価すべきだと思う。NHKの橋本報道局次長は「ニュースはもともと中味を伝えるのが狙い。その基本に沿って呼称や映像造りも考え直す」(『東京』一九八四年一月二七日夕刊)と語った。この考え方でいけば、私の「犯罪報道は原則として匿名で」というルールに向かうはずだと期待している。

NHKが呼び捨てをやめた最大の成果は、事件記者が報道される側のことを考え始めたことにある。当局に容疑をかけられた人について実名呼び捨てにしていいという明治以来の習慣を打ち破ったことで、現場の記者やデスクに、積極的に人権を考えるチャンスが与えられたのである。八四年四月八日、札幌で〝わらべ〟の倉沢淳美さんが左手首を切られる事件があったが、NHKは加害者の名前にニュース性はないと判断して終始匿名にし、「二六歳のクリーニング業の男」と表現した。当然、顔写真も放映されなかった。これは現場の記者とデスクが相談して決めたもので、犯人を警察提供の顔写真とともに実名報道した新聞各社と好対照だった。八四年四月一七日、千葉県で若い母親が幼児を衰弱死させた事件でも、NHKはリードで○○容疑者(実名)と伝え、以後「この母親」と繰り返した。八六年の青森市の子殺しでも母親は匿名だった。

ＮＨＫの内部では「なるべく名前は最初の一回だけにしよう」「警察提供の被疑者写真は放映をやめよう」という論議が始まったという。そして一部には、肩書がなく○○容疑者としか呼べない「名もない市民」の場合は名前は最初の一度も必要ないのでは、という声が出ているそうだ。

ＮＨＫなどの改革に対し、他のマスコミ各社は現状維持を確認した。その理由は「○○容疑者などの日常的に使用していない新たな呼称をつけることはレッテルはりになり、より〝犯罪人〟のイメージを与え」新たな差別となるからだという。新聞各社は「裁判が決まる前に当事者、関係者を実名で報じることによって生じる人権問題」（八四年五月一日付「新聞協会報」での毎日新聞社会部長発言）について検討した結果、これまでどおり実名・呼び捨てを変えないことを相次いで決めた。○○容疑者という言い方では人権を守ったことにならない、と逃げているのだが、それでは自分たちはどうするのかについてはコメントしていない。逮捕された時は呼び捨てで、起訴され裁判が始まると呼び捨てでなくなる新聞界のルールこそ不可解だ。

前述の東京新聞によると、ＮＨＫの動きに対し警視庁のある捜査官が「勤労意欲をそぐ改革。日本は外国に比べ起訴率は高いし、犯罪者の再犯率も高いのに……」と「納得のいかぬ表情」で語っている。ＮＨＫの改革は警察やマスコミ界ではけむたがられているが、市民の側からは全く反対論は出ていない。○○容疑者という表現も定着した。呼び捨てをやめることで人権問題が解決しないのは明らかだが、「よりまし」なことはまちがいない。

被疑者に「さん」付けの新聞があった

ＮＨＫの改革より半年前の八三年二月、人権を守る立場から、警察に逮捕されても犯罪者としての刑が確定しても、すべて「さん」付けで報道することにした新聞社がある。愛媛県八幡浜市のローカル紙南海日日新聞（週三回発行、一五〇〇部、人口四万三〇〇〇人の同市と一万八〇〇〇人の保内町がエリア）だ。

代表の斎間満氏によると、八一年ごろから社内で犯罪者をどう扱うか論議してきたという。斎間氏は元日刊新愛媛の記者で、マスコミが犯罪報道で判決前に被疑者・被告人を〝処刑〟してしまうことに以前から疑問を抱いていた。そして、

南海日日新聞

1986年（昭和61年）11月1日（土曜日）

南海日日新聞

発行所 愛媛県八幡浜市白浜通り2
南海日日新聞社
TEL 0894−24−2316
保内支局 0894−36−1277
発行 毎週火・木・土 1ケ月 500円

編集・発行人 斎間満

潮の動き
八幡浜港
（2日）大潮
満潮−7時9分、18時54分
干潮−0時44分、13時4分
（3日）大潮
満潮−7時55分、19時25分
干潮−1時17分、13時45分

土地・家の売り買い ○貸し借りは
公認
南海不動産商事
お気軽にご相談ください
新港 ☎(代)24−4488

被疑者、刑確定者に

今日から匿名報道に

被疑者や家族の人権守るため

本紙は、一九八三年（昭和五十八年）十一月一日付け以降から刑事事件の被疑者（警察などに逮捕された者）や刑事裁判の被告人、実刑を受けた人たちに対して「呼びすて」報道をやめ「さん付け」報道をしてきましたが、今日の紙面からはさらに、犯罪者やその家族の人権を守るために犯罪報道は匿名報道を基本とすることにしました。

本紙が匿名報道にふみ切ったのは、さん付け報道でも、実名が出ることによって①事件とかかわりのない被疑者、犯罪者の家族にまで差別の目をよびおこさせる②犯罪を犯人の個人的行為や問題と印象づけ、一般的に個人的興味として取りあげさせる傾向が強くなる③社会的制裁の面が強く、犯罪者のレッテルをはり、犯罪者の更生の道を閉ざし、社会的差別をよびおこしていくことにつながる－などの〃悪害〃を読者に与えている、との立場にたっての結論です。

この結論には、読者のいわゆる「知る権利」にはどう応えていくか、というのが我々の一つの大きな課題でした。読者のなかからも「犯罪に関する情報を知るのは権利だ」「新聞から犯罪者の名が消えると、新聞に対する関心や興味も落ちるのではないか」との意見もよせられました。しかし、我々は「知る権利」といえども、人権やプライバシーを越えるものではない、という考え方に立ったわけです。

ただし、公的権力をもつ人や政治家などが、公的権力をもって行った犯罪に関しては実名報道します。それは、公的権力の犯罪は社会的影響力が大きいということと、読者が新聞に求めていることの一つには、公権力のチェック機能である、と考えているからです。この場合は「さん付け」報道します。また、公権力者であっても、犯罪が権力とかかわらない部分と判断される場合は、匿名報道にします。

我々も、犯罪を厳しく追及していくことは、健全な社会を営むうえで欠かせぬことだと考えます。しかし、新聞、テレビが犯人の割り出しや名前の判明、さらには犯罪者の性格や生いたちまで書き並べていくことが、犯罪の追及に役立っているとは考えていません。それは、単にセンセーショナルな興味をおこさせるだけで、ヘタをすれば同じような人たちを社会的に追いつめ、犯罪的な土壌をよびおこしている危険性さえあります。

また「犯罪者の名前を出すことで、犯罪再発の抑制になっている」という説をのべる人もいます。が、新聞は本来、社会的制裁が目的のものでもなく、実名を出すことで犯罪の抑制が出来るのであれば、実名報道の日本の社会は、匿名報道の多いスウエーデンより犯罪が少なくなければならないはずである。しかし、現実は全く逆である。日本の犯罪率は、スウエーデンの三倍ほど高いのである。

匿名報道を機会に本紙でも「新聞報道はどうあるべきか」を、さらに考えてゆきたいと願います。皆さんもご意見をお寄せください。

犯罪報道の匿名への移行を告げる「南海日日新聞」（1986年11月1日）一面

大手の新聞が堂々めぐりの論議を重ねているなかで、自分の始めた南海日日新聞では何とか人権を守る方法がないかと考え、「さん」付けを始めたのである。社内で一番問題になったのは、凶悪犯罪者と呼ばれる人たちの扱いだった。六人の記者のうちで、部落解放運動や原発反対運動など住民運動の報道に積極的な記者が「小さな子どもを殺した場合など、殺人者については感情的に許せない部分がある。さん付けで書けない。読者も、それは許せないのではないか」と主張した。

斎間氏自身にも彼を説得するほどの論理はなく「一つの犯罪行為で、その人の人間性すべてを否定するのはむずかしい」という論理で押し切った形で「さん」付けに踏み切ったという。同紙では、交通事故の加害者から恐喝で逮捕された山口組系組員まで名前に「さん」が付けられた。慣れてくると「さん」付けに違和感はなくなってしまう。現に読者からの抗議や反論は出ていないそうだ。

斎間さんたちは、もう一つハッキリしないまま「さん」付けへ移行したのだが、私が『マスコミ市民』の連載「犯罪報道は変えられるか」で示した匿名報道主義の理論（とくにスウェーデンの紹介）を読んでスッキリ理論付けができたという。殺人者については不満を抱いていた記者も、これには反論できないと話してくれたそうだ。

南海日日新聞は『マスコミ市民』の私のレポートを一一回に分けて転載した。読者からは「親類の者が事件を起こしたときに、実名が出てみんな困ったことがある。匿名で犯罪報道をしている国があるのは知らなかった。日本もそうしてほしい」という反響があったという。

同紙では八六年一一月から、犯罪報道は匿名を原則にした。被疑者を仮名にしてしかも「さん」付けで「Aさん」と書いている。

社告は匿名主義に踏み切った理由を「さん付け報道でも、実名が出ることによって①事件とかかわりのない家族にまで差別の目を呼び起こさせる②犯罪を犯人の個人的行為や問題と印象づけ、個人的興味として取り上げさせる傾向が強くなる③社会的制裁の面が強く、犯罪者のレッテルを張り、更生の道を閉ざし、差別を呼び起こすことにつながる――などの害を読者に与えている」と宣言した。

斎間編集長はコラムで次のように書いている。「本紙は小さな新聞である。七百万部や八百万部といわれる新聞に比べると、その影響力は無に等しい。が、どんな新聞でも読者や民衆によってつくりあげられていくものだと考えている。それがなければ、どんな正義をのべても、それはファシズムの新聞でしかない」

同紙は匿名主義についての説明を繰り返しながら、市会議長、政党役員、労働組合幹部、農民、商店主、主婦、障害者などに「どう思いますか匿名報道」というインタビューを連載している。市民の反響は良いという。

斎間編集長は次のような手紙をくれた。

「本紙は中央紙のように連日大事件が載るわけではないので、読者に対してはそれほど「大変化」という印象はないようです。それでも取材の記者や営業の者が「新聞が売れるのか」とか「ワシらは名前を知りたいけれど新聞をとっとるが……」という声も聞いて帰ります。関心は強いようです。この地方で大事件が起きたとき、読者がどう反応するかが、一つの〝勝負〟でしょう。が、この勝負は、たとえ〝負け〟ることがあってもやらなければいけないことだと考えます。負ける勝負であればやらないということならば、それは人権や生命よりも資本、儲けを優先させると言うことでしょう。

マスコミが、実名報道にこだわる根源は、匿名報道にすれば部数が減るのではないか、経営的に影響が強いのではないかと考えています。今の中央紙や地方紙の犯罪報道の在り方を見ていると、内容的には写真週刊誌と何等変わりません。つまり中央紙も地方紙も、写真週刊誌と同次元の経営姿勢であるということです。読者の興味、覗き心をくすぐって新聞を売っている部分が強いと考えます」（南海日日新聞編集長・斎間満氏、一九八六年一一月一二日）

日本にも実名報道主義を捨てる新聞が生まれたのだ。斎間氏は『匿名報道の記録　あるローカル紙の試み』（創風社出版）を出版した（南海日日新聞の斎間編集長は〇六年一〇月に死亡し、同紙は〇八年五月末に廃刊となった。同紙は二十年間にわたって匿名報道主義を実践した）。

V章で述べるように、スウェーデンでも全国紙ではなく地方紙から最初に匿名報道主義が生まれた。犯罪報道にスッキリしない気持ちを抱いている記者、編集者は無数にいるはずだ、いまは彼らが個人レベルで苦悩している段階だが、いつの日か点が線となり面となるにちがいない。

4 問題だらけの新聞界

犯罪報道は客観報道主義から逸脱している

私の記者経験で不思議なことの一つは、官公庁、大企業、大労組などの発表はそのまま大きく報道されるのに、小さな市民グループや個人の言い分はなかなか記事にならないことだ。とくに時の政府の打ち出す施策は大見出しで何度も報じられているうちに既成事実化してしまう。日米軍事同盟、大型間接税、教育臨調、危機管理など、すべてこのパターンである。

客観報道主義の立場からすれば、政府の動きをそのまま伝えることは当然なのかもしれない。しかし権力に無縁の人びとの発言はなかなか新聞に出ない。その典型が犯罪報道だ。捜査当局に逮捕された被疑者は、通常二三日間警察の留置場（代用監獄）に拘禁され、その間記者のインタビューは許されない。二三日間というもの、捜査官の「主観」ばかりが客観的事実として報道される。警察官は裁判では当事者になれないが、彼らが情報源なのだ。被疑者の肉声が自由に聞ける二四日目にはもう新聞裁判は完結しており、記者は取材に行こうともしない。

それにおかしなことだが、日本の刑務所、拘置所はジャーナリストと収容者との面会を原則として認めていない。未決勾留中の小野さんとの面会でも、最初の記者はすんなり面会できたが、二人目から取材の場合は不許可となった。面会内容は警察につつ抜けになっていた。メモを許さないという制限もあり、拘置所内のことを話すと「ストップ」がかかった。「取材」ではなく「安否」の確認ならいいそうで、収容者との間柄は「友人」としなければならない（〇七年の法改正で記者の面会に特別の制限はなくなった）。

面会時間は三〇分だったのが、ここ数年は一〇分前後となったところもある。それも一日一回が原則で、遠距離から面会に来ても、その前に面会者があればもう会えない。一人と面会すると同じ拘置所に収容されている別の人にはその日会えない。面会室には必ず刑務官が同席し、面会内容をメモする。話の内容が事件のことにふれると制止されることもある。手紙は検閲され、私の手紙が黒く塗りつぶされたことも何回かある。購読している新聞も塗りつぶされる。これが無罪を推定されている被告人の拘置所での実態である。懲役四年の一審判決を受けて日本を動かしている被告人と比較してほしい。

客観報道主義からいえば、事件の犯人とされている人に会って話を聞くのは当然なはずだ。とくに被告人が事件とのかかわりを否認している場合はそれが不可欠なのだが、日本では特殊なケースを除いて〝獄中会見〟する記者はいない。「拘置所で取材できるのか」という仲間もいたくらいだ。私はなるべく拘置所で被告人に会うように努力してきたが、日本のマスコミ記者で被告人と一度でも会見したことのある人はきわめて少ないと思う。連合赤軍事件の永田洋子さんにしてもロッキード事件の田中角栄元首相にしても、保釈後事件の本筋について「お金をもらったか」などとインタビューした新聞記者はいない。

犯罪以外の取材では、両者の言い分を聞くという原則が何とか守られている。ところが犯罪報道では、このように客観報道主義の前提が完全に無視されている。

私の受けた新人研修

私は一九七二年四月に入社したが、三月八日から二五日までの間、新人記者研修があった。通信社の仕事の仕組みや取材の方法などメニューは盛りだくさんだった。入社後すぐに現場に出されるので、とくに事件・事故の取材の方法、記事の書き方に重点が置かれた。

講師は元社会部ベテラン記者だった。この講師が警察署の次長（普通広報を担当する）役を務め、発表文を配布し、私たち記者が質問して原稿を書く、というやり方で研修は進められた。被疑者・被告人の敬称の付け方、用字用語の使い方などが説明された。最も強調されたのは、ニュース・ソースをはっきり書くことだった。なかでも、警察・検察から取材した場合「捜査当局がこう言っている」と明記するように何度も言われた。

数日間の社会面記事の研修の間、人権やプライバシーについてはとくに説明がなかった。逆に、名誉毀損やプライバシー侵害の告訴・告発を受けた場合に裁判に負けないための記事の書き方は教えられた。犯罪報道に伴う名誉毀損事例の判例の流れが講義された。そこで犯罪報道の法的根拠としてまず教えられたのが、刑法二三〇条ノ二の規定である。

刑法二三〇条によると、「公然事実を摘示し人の名誉を毀損したる者はその事実の有無を問わず」罰せられる。しかし二三〇条ノ二第一項によって、名誉毀損行為が「（1）公共の利害に関する事実に係り、（2）専ら公益を図る目的に出たものと認められるときは、裁判所が事実の真否を判断して、（3）真実の証明があったときは、罰しない」と報道側は免責される。そして第二項の「公訴が提起されていない人の犯罪行為に関する事実は、公共の利害に関する事実とみなす」というみなし規定によって、報道側は法的保護を受けているのである。最高裁大法廷が六六年「名誉を傷つけたとする事実が真実であるとの証明がなくても、その事実を真実であると誤信するもっともな理由があれば不法行為は成立しない」という判決を下し、その後、この判断に下級審も一般的に従っていることも強調された。

つまり、絶対的には事実が違っていても、十分に取材して根拠があればいい、警察が発表した場合、責任は警察にあり名誉毀損しても新聞は免責される、それゆえニュース・ソースを書くのを忘れるな、ということが言われたわけである。警察が発表しなくても、電話取材、夜回りや廊下での立ち話でも、相手が捜査主任、課長代理クラス以上の警察官であれば十分ということだった。相手がしゃべらなくても、こっちの問いに対し「ノー」と言わなければそれは黙認したことになるから書いていい、というテクニックが披露された。夜討ち朝駆けで、捜査官の返事が「言えないよ」から「わかんないよ」と変化した場合は捜査に進展があったと思え、というテクニックも教えられた。

この研修で、私は、被疑者段階（文字通り、疑われているだけ）、それも逮捕前にも重要参考人として名前を出してしまうことに疑問をもっていた。「警察がそう見ているならいい」という説明が繰り返されたが、警察発表（公式でなくてもいい）なら何を書いても免責される、という説明はどうしても納得いかなかった。

「〇〇警察署の調べによると」を必ず書けという指導はその記事が裁判沙汰になったときのための逃げであった。こうすれば訴えられない、訴えられても負けない、という受け身の研修しかなく（それとて警察権力の後ろ盾で）、犯罪記事がなぜ必要か、記者として犯罪をどう捉えていくか、の視点はなかった。

報道の自由をどう使うかが問われている

こういう研修を受けてマスコミ記者は、みなし規定によって犯罪報道は名誉毀損にならないと思い込まされている。私もみなし規定の解釈にこそ重大な問題があることに気付いたのは、入社から五、六年後のことであった。二三〇条をよく読むと、名誉毀損は一般的にいえば「事実の有無を問わず」処罰されるが、公益性、公共性、真実性の三条件を充たしていれば免責される、ということだ。つまり、本当は起訴前に被疑者を事実上犯人として扱ったりプライバシーを暴き出したりする報道は名誉毀損になりうる。事実を報じてもその人の社会的評価が下がれば名誉毀損となる。しかし三条件を充たしていれば刑事罰は問わない、というのが正確な理解なのである。

みなし規定は一九四七年の刑法改正で新設されたもので、GHQによる戦犯捜査の過程で民間の密告を奨励することに立法趣旨があったという。それは報道の自由にとって絶対必要な条項だが、問題はその使い方である。弱い立場の一般市民の人権を侵害した報道を正当化するのに使うべきではない。しかし現実には、すでに述べたように人権侵害報道の法的根拠となっているのである。

みなし規定は、ジャーナリズムの本来の任務である「権力を握る者」への批判の武器とすべきである。法務省が現在進めている刑法改「正」では、草案で削除されたみなし規定が、新聞協会などの反対でいったん復活している。しかし、法務省当局は最近の新聞のフォーカス化現象やロス疑惑報道、3FETを取り上げ、マスコミから市民を守るためには削除するといいかねない状況にある。

ところで、これまでの名誉毀損裁判の判例では、犯罪報道で被疑者・被告人などの実名を出すことに即公益性があると考えられており、それを争った例はない。しかし犯罪事実に公共性があり、その報道が公益を図るためだとしても、実名が必要であるとは限らないはずである。私は小さなベタ記事から凶悪犯罪記事に至るまで、事件の当事者が「私の名前や細かい住所、写真を出すことに公益性があるのか」という裁判を起こすとどういう判断が出るか興味深いと思っている。

また日本の名誉・プライバシーの裁判では、「名もなき市民」がマスコミを相手に争ったことはほとんどない。数々の誤報事件でも大部分が泣き寝入りだ。提訴しても示談で終わることが多い。最近無罪判決の相次いでいる爆弾事件の元被告の人たちの多くも、マスコミを相手に損害賠償の請求はしていない。しかしそれは、マスコミには筆舌に尽くし難い思いがあるがそっとしておいてほしい、これ以上裁判で実名をさらされ、事件についてむし返されるのはご免だ、という気持ちのためであり、彼らに対する逮捕時から無罪までの実名報道＝リンチに公益性があったから許しているのでは決してない。彼らが沈黙せざるをえない無念の心境をマスコミ記者はどれほど知っているだろうか。〝有名人〟の場合でさえ、マスコミ相手に裁判で勝つことは難しい。仮りに勝っても損害賠償額はせいぜい数百万円だ。

このように法律的にみて、マスコミはきわめて有利な立場にある。フリーハンドが与えられているといってもいいほどだ。しかし、法律的に許されるからといって、何を書いてもいいわけでは決してない。マスコミに与えられていることの自由を何に対して使うかが問題なのである。

この一五年間マスコミ界では、人権と報道の問題がさまざまな形で論議されてきたが、新人記者の研修に見る限り、残念ながら事態は一二年前とほとんど変わっていないようだ。

共同通信では、毎年四月に新人記者研修が約三週間行われている。期間は私の入社したころより少し長くなり、取材、写真現像から送信手段までの実務面に重点が置かれ、研修後にはすぐに〝戦力〟になれるような内容だ。事件報道では、警視庁のキャップ（社会部次長）が講義する。やはり「警視庁の調べ」など当局がニュース・ソースであることを必ず書け、と指導している。また被疑者・被告人の敬称については、指名手配されるか逮捕されれば呼び捨てにし、裁判では○○被告と書くか、場合によっては○○元首相のように肩書きを書け、と教えている。八四年四月の新人研修では、警察の取材模擬レクチャーが八回も行われた。このうち三回は、警視庁の広報官が実際に飛び降り自殺、サラ金強盗、交通事故について発表し、それを記事にまとめる練習だった。

ＮＨＫなどが被疑者・被告人の呼び捨てをやめるなどマスコミ内部で敬称について違いが出てきたが、共同通信は従来通り「基準集」に従っていくという説明があっただけだという。「人権侵害といわれないためにも、〝警察署の調べ〟を入れておけ、そうすれば裁判になっても負けない」「捜査当局のコンファーム（確認）は課長以上から取れ」と説明されるだけで、書かれる側の人権を記者としてどう配慮するかという視点はほとんどなかったようだ。警察の機構や裁判の仕組みについては詳しい講義があったが、私たちがかつて受けたみなし規定の説明すらなく、結局新人記者は「警察のいう通り書けばいいのだ」と思い込んで、初任地に赴任した。八六年には、敬称などについての説明も行われなかった。

企業の論理からすれば、君たちの書くことは人権侵害になるんだ、と教えるわけにはいかないのかもしれない。しかしマスコミ記者の「一筆」が被疑者・被告人、その家族や友人にどれだけの影響を与えるか、その被害をできるだけ防ぐには第一線記者が何をすべきか、ぐらいは研修すべきではないだろうか。新人教育にそういう視点がないということは、マスコミ自身がまだ真剣に犯罪報道の人権侵害について考えていない表れと思えてならない。

記者クラブの〝死のゲーム〟

大手新聞各社の東京社会部には一〇〇人前後の記者がいるが、そのうち半数近くが警察庁、警視庁、方面サツ回り、裁判所に配置され、事件取材にあたっている。彼らが取材拠点にしている記者クラブの権力の「マウスピース」ともいうべき弊害についてはもう言い尽くされているが、ここでは主として人権問題について考えたい。

私は入社してすぐに上野署クラブに配属されたが、毎日警察署の一室に〝出勤〟すること自体に違和感があったものだ。警察記者のことを〝サツ回り〟と呼ぶが、実態は〝サツ座り〟といっていい。一人の記者が人口一〇〇万人以上のエリアをもつわけだから、事件のたびに現場に出るわけにはいかない。記者クラブで発表を待つことが多くなる。警察は広報体制を充実させるから、なおさら「足で書く」ことは少なくなる。ニュースのレポーターではなく広報のポーター（運び屋）だ。

警察の記者クラブの頂点にある警視庁記者クラブは激職である。たとえば朝日新聞のある一課（殺人・放火・強盗など）担当記者の生活はこうだ。

新しい事件がないときは、朝回りはやらず午前六時半に起きて各紙を読む。抜かれていなければ、もう一度寝て一〇時半ごろ記者クラブへ行く。抜かれていたときは、すぐに親しい刑事などに自宅から電話で確認をとり、夕刊用原稿を早く出すためそのまま飛び出す。一一時から課長の定例記者会見。昼食後、各デカ部屋を回って、何もないときは昼寝か麻雀。夕方、一課担当の仲間と打合わせしながら食事。記者クラブへ戻ってから夜回り。最近は刑事の家が遠くになり、一晩で二、三軒しか回れない。お酒を持参して刑事の家に上がりこんで雑談し、帰り際に事件の話をちょっとして、何かひっかかる話があると記者クラブに戻る。何もなければ飲みにいく。警視庁にいる間、午後一二時よりも前に帰ったことはないし、定期券を使うこともない。共同通信の警視庁担当記者だけで年間のハイヤー代が一億近い。

「きょうにも〇〇を取調べ」「△△が全面自供」などという特ダネは、朝回り、夜回りでしか絶対にとれない。だから警視庁担当の約三年間は、家庭生活を完全に犠牲にした消耗戦の毎日になる。体力がまず第一で、自分が抜かれればだれかに迷惑がかかるというような人間関係もからんでくる。人権のことなど考えていれば仕事にならない。ある警視庁担当記者は、人権などおかまいなしの特ダネ競争を〝死のゲーム〟と呼んだ。書かれる側にとっては死をも意味するが、書く側はゲームに熱中するように競争しているのである。クラブの中ではそれが異常とは考えられない。

どこの警察の記者クラブも警視庁と基本的には同じだと思う。日本では警察取材が若い記者の登竜門になっており、犯罪報道に専門に携わる記者はほとんどいない。しかし若い時代の何年間かの警察取材の方法があらゆる分野の取材にしみついている。当局に癒着し、発表をそのまま批判もなしに書くという〝発表ジャーナリズム〟の体質は、警察取材に原因があるといっていい。

ＡＰなどアメリカの報道機関ではサツ回りにも交替制を敷いているが、日本では二四時間緊張を強いられる。警察・

地検担当を喜ぶ記者は少ない。デスクに「二、三年間泣いてくれ。あとは官庁クラブなどの楽なところにいかせるから」と言われ、目をつぶってやっているのが実情だ。それでも毎日毎日の紙面がテストの結果のようなものだから、必死にならざるをえない。事件が起こると、参考人・被疑者をいつ調べるか、逮捕状をいつ請求するか、逮捕された被疑者がどう供述したか、など取材の九九パーセントは捜査官から情報を取ることに奔走させられる。当局の公式発表の前にどこが「抜くか」にエネルギーを使わされる。私のいた千葉県では、各社が県警クラブに四、五人のサツ回りを置き、そのほか県内名地に警察担当記者を配していた。

それにしても、事件記者は、一体だれに「今日逮捕」という特ダネを読んでもらいたいと思って夜回りしているのだろうか。ほとんどの記者は、同じ記者クラブの他社（社内でも競争の激しい社は自分の社の同僚も含む）の記者たちと自分の上司に評価されることを〝生きがい〟にしていると思う。読者のこと、ましてや事件関係者のことを第一義的に考えている記者を私はほとんど見たことがない。

こうした状況のなかで、人権を守るために「警察情報をうのみにするな」「自分の足で書け」と言っても、一部のエリート記者を除けば、とてもそんな余裕はない。警察情報の裏付けをとろうと取材しているうちに、次の事件の第一報を〝特オチ〟（他社は書いているのに自社だけ知らずに記事をおとすこと）してしまうだろう。夕刊締切り三〇分前に警察が「殺人で〇〇を逮捕」と発表した場合「三〇分では犯人かどうか自分に判断できない」「被疑者の言い分が聞けないから匿名にする」とデスクに言える記者がいるだろうか。キャップにも同僚にさえも言えない。「朝刊まで待ってほしい」という要望も通ることはないだろう。デスクにどなられるのがオチだ。

むしろ私は、長谷川健三郎氏の「サツ回りは記者経験が二〇年以上のベテラン記者が担当すべきだ」という主張に共感する。いくら優秀な頭脳の持ち主でも、二〇代前半の人生経験の少ない記者がサツ回りして犯罪の意味を理解し、被疑者・被告人についてあれこれ書くのは危険すぎると思うのだ。ペンの運び方一つでその人の人生を狂わすかもしれない犯罪報道に編集委員クラスの人間をあてることは一つの前進になるだろう。

「新聞記事の基本は警察記事だ」「伸びざかりの新人は警察できたえることが必要だ」「警察は都合のよいことはＰＲするが悪いことは徹底的に隠す。何が隠されているかを知る過程で取材力を養う」と昔から言われてきた。しかし現実には、警察記事ぐらい、捜査当局の情報に一方的に頼り、もう一方の当事者である被疑者・被告人・囚人からの取材は皆無に近いという矛盾をひきずっているものはない。世の中にサツ回りの経験のない優秀なジャーナリストはいくらでもいる。事件取材を「ジャーナリズムの学校」と報道機関自体が思い込んでいるところに大きな落し穴はないだろうか。

日本の新聞界で、若い時代にサツ回りをほとんどやらないのは日本経済新聞だ。同紙の社会面は、独自の記事と共同通信配信記事の両方が使われている。そして、売り物の経済記事が評価されるのは当然だが、社会面やスポーツ面、文化面も高い評価を受けている。大事件の場合も、割にさらりとしたタッチで事件全体のイメージを伝え、背景、解説記事をコンパクトに載せる点が、読者に信頼されているのである。政治的立場もはっきりしている。

記者はごく普通の市民でいい

共同通信本社の警察担当記者の超過勤務時間は月一〇〇時間を超えている。二〇〇時間をオーバーする人もいる。過勤手当が〝青天井〟で支払われるため、税込み年収は驚くほど多くなる。超勤の少ない職場の人と比べると、同期入社でも年間二百数十万円多いといわれる。一部の異常な超勤のため、組合員全体の本給は低額に抑えられている。私は何年か前に、「月一〇〇時間以上の残業は世間の常識からみても異常だし、第一健康のためによくない」と組合の大会で主張したが、「取材競争のなかではやむをえない」「真実の報道のためには夜討ち朝駆けが必要だ」という反論があり、今日でも異常な長時間労働が続いている。

このような警察取材の構造は、新聞社の「男社会」を招いている。海外の報道機関を訪れると、女性の記者の多いことに驚かされる。編集幹部やデスクにも女性が少なくない。テレビでレーガン大統領の記者会見の模様をみると、女性記者が次々と立ち上がって質問している。男しか見えない日本の首相の会見と比べると対照的だ。スウェーデンの新聞社では女性記者の比率が五割を超えているところは珍しくない。日本には約一万人の新聞・通信・放送記者がいるが、そのうち女性は二パーセントいるだろうか。しかもその大部分が、学芸、文化、家庭といった分野に偏っている。マスコミ各社が〝女嫌い〟なのは、労働基準法上、夜討ち朝駆け中心の警察取材が十分できないことに大きな原因があると私は思っている。

しかし新聞の読者の半数は女性である。女性が安心して働けないような職場からいい記事は生まれない。世の中全体が男女平等になり、多くの分野に女性が進出している現状で、マスコミだけが「男社会」に固執していけば、マスコミ自身の首を絞めることになるのではないだろうか。記者が庶民感覚を忘れず、生活の場から筆を進めるためにも、女性が安心して生き生きと働ける環境づくりが必要だ。サツ回りのシステムにメスを入れることがその第一歩になると思う。

女性が少なすぎるうえに、日本では新聞記者、放送記者が〝エリート〟すぎるのではないか。とくに最近の若い記者は「外務省かＮＨＫ」「三菱商事か朝日新聞」という具合に入ってくる人も多いという。こうした有名大卒エリートが地方に配属されると、まず県警クラブに入る。そこで「○○新聞記者」の名刺の威力を知り、犯罪報道の〝死のゲーム〟にのめりこんでいく。疑問をもつ人は新聞社を去っていく。現に数年前から、各社の新人記者が相次いで退社している。優秀な成績で入社した記者たちが「警察の広報係をやりにマスコミに入ったのではない」と大学院に入ったり、留学している。

疑問をもちながらも事件取材を続ける記者には、記者クラブが一種の洗脳作用の役割を果たす。何年間も捜査官に密着して犯人当ての特ダネ競争をしているうちに、世の中の底辺にうごめく人びとの苦悩や悲しみを知る経験のなかった彼らは、自分たちのペンの及ぼす影響について次第に考えもしなくなる。

七七年度から毎日新聞が高校卒の人にも記者採用試験の枠を広げて話題になったが、記者が大学卒でなければならないというのは全く根拠がない。日本にいる海外からの特派員には中卒、高卒の人が多い。ウォーターゲート事件をすっぱ抜いたワシントン・ポストの記者の一人も高卒だ。スウェーデンの記者の社会的地位は公立学校の先生とほぼ同じで、とくにエリートではないという。

日本の記者は「記者としてどうあるべきか」という高いモラルを求める前に、一般市民としての常識、エチケットをまず身につけることだと思う。ごく普通の市民感覚を重視して、それを判断基準に取材、執筆していくことが一番大切だ。

5 犯罪報道は変えられる

匿名報道主義の導入を

逮捕・起訴する側の主観（捜査機関が公的機関という理由で客観とされる）にのみ基づき、それに全面的信頼を置いて、被疑者・被告人を犯人扱いしてしまう犯罪報道は今日も続いている。警察が逮捕しただけで犯人扱いし社会的に回復不能なダメージを与える現状を防ぐためには、これまでの犯罪報道の常識を一から疑わなければならない。そのキー・ポイントは、私たちが当り前と思っている実名報道主義にある。人権軽視の報道を改革する鍵は匿名報道主義の導入である。現在マスコミが未成年者と精神障害者の犯罪に適用している「匿名原理」をすべての犯罪報道に拡大するのである。匿名を原則にして、どの場合に顕名にするかを検討すればいい。顕名の基準づくりが必要なのだ。その基準にはさしあたり、刑法二三〇条ノ二〔事実の証明〕に盛り込まれた（1）公共の利害に関する事実かどうか、（2）公益を図るためかどうか、（3）真実かどうか、の免責規定（一七二頁参照）を厳格に適用していけばよい。

これは自明の理だし、これ以外に人権軽視の報道の本質的解決はないと思うのだが、マスコミ内部ではなかなか受け入れられない。「過当競争の現状から見ると理想論だ、夢物語だ」といわれることが多い。ここでは、こういう人びとの〝論理〟を通して、人権無視の犯罪報道の続く基盤を見てみよう。

有罪率が高いからよいのか

一九七七年に私が犯罪報道の匿名主義を言い始めたとき、さまざまな反論や混乱があった。「そんなことを言ったら、報道することがなくなるではないか」という早トチリ的反応は別として、犯罪報道は現状のままでよいとする人たちの意見は大きく二つに分かれた。一つは、被疑者・被告人は無罪を推定されているとはいっても、日本では警察に逮捕されればほとんど起訴され、裁判になっても九九パーセント以上が有罪となるという確率論だ。この人たちは捜査当局への信頼が非常に厚く、警察・検察が犯人とした「重み」を重視する。法律論からいえば、起訴率、有罪率がいくら高くても冤罪の可能性はある。だからこそ裁判があり、再審制度もあるのだが、マスコミ内部ではこの確率論は意外に説得力をもっている。

それではその確率論の根拠を八六年版『犯罪白書』（法務省法務総合研究所）で見よう。それによると、八五年には何と約三三七万人が「被疑者」として検察庁に送られている。このうち、交通関係が九九パーセントを占める業務上・重過失致死傷（業過）と道路交通法違反が全体の約八五パーセントを占めている。それらを除く刑法犯と特別法犯（覚せい剤・銃刀法）は約五一万人である。

約五一万人の被疑者のうち、警察・検察に逮捕された身柄率は全体の二三・一パーセント。全事件の起訴率は八九・八パーセントだが、「業過を除く刑法犯」の起訴率は六〇・一パーセントにすぎない（被逮捕者だけの起訴率は未発表だが全被疑者の起訴率と大差ないと思われる）。一般犯罪では被疑者の一〇人のうち四人が起訴されていないわけだ。業過と道路交通法違反を除く事件の不起訴処分の内訳を見ると、「起訴猶予」八〇・〇パーセント、「容疑なし・不十分」が一二・七パーセント、「心神こう弱」〇・五パーセントなどとなっている。殺人事件（未遂を含む）では起訴率は六五・七パーセントにすぎず、しかも不起訴処分のうち「容疑なし」が約半分を占めている。このデータを前にすれば捜査当局の逮捕時点でマスコミが実名を出して犯人扱いしてしまう不当性に、だれも反論できないはずである。

また八四年に言い渡された全刑法犯の一審裁判結果の有罪率は九九・九パーセント（控訴審では九九・六パーセント）となっている。起訴された者の有罪率は九九パーセントを超えていることから、被告人＝犯人という主張が生まれてくる。ここから、警察・検察はほぼ無謬なのだから早く書いた方が得、という論も出てくる。

しかも、捜査当局の判断にのって書いていれば刑法上の庇護を受けることができるから安心なのだ。

裁判での有罪率が高いことは検察庁にとってはいいことだが、市民にとってはかならずしもそうとは限らない。たとえば日弁連人権擁護委員会が八一年に行った全国の弁護士一万六八七人の調査によると、誤判の経験があると回答したものが六八三人もいた。このうち三八〇件の第二次調査では、誤起訴事件（一審無罪）、逆転無罪（再審無罪含む）は昭和二〇年代三三件、三〇年代四三件、四〇年代一一〇件、五〇年代四九件となっている。このほか、有罪は確定したが弁護士が無実と信じている事件が一三二件にも上っており、冤罪事件は最近になっても減っていないことがわかる。

そもそも、逮捕された人のなかで不起訴になる人が四〇パーセントもいるのは大変なことである。不起訴のうち起訴猶予は〝犯罪実行者〟なのだから実名でいいという主張もあるが、法律で責任を問われない一般市民にマスコミが制裁を加えることは絶対に不当である。有罪率が九九パーセント以上だから起訴時点で実名報道してもいいという〝論理〟もあるが、犯罪報道では逮捕段階での報道に重点が置かれるため、逮捕から通常二三日後となる起訴時点で実名にするのではほとんど意味がない。だから逮捕段階での実名にこだわるのだ。そしてその際、有罪率九九パーセントと起訴率六〇パーセントの落差をごまかすのである。

いずれにせよ有罪率がいくら高くとも、死刑台にのぼらされたかもしれない免田栄さんや谷口繁義さんや斎藤幸夫さんに、逮捕・起訴の時点で実名を出して犯人として断罪したのは「無罪率は〇・四パーセントなのだから仕方がなかった」とはいえない。「あなたはたまたま運が悪かったのです」ではすまされないはずだ。マスコミが実名を出さずに報道すれば、無実の市民に社会的制裁を加える過ちをなくすことができ、記者は市民の立場から、誤認逮捕や誤判に対して厳しく追及できるのである。

捜査当局が「犯人」として逮捕・起訴した人が無実であるケースは少ないから現状の犯罪報道でいいとする人たちは、実際に自分か身近な人が無実の罪をかぶされて実名報道され苦しまない限り議論のしようがない。

しかし、確率論は誤りであることはわかっても、冤罪の可能性のない現行犯など犯罪の「実行者」については人権を考える必要はないという意見も根強い。菅生事件など権力の謀略の場合、現行犯とされた人も冤罪の可能性はあるのだが、記者の裏付け取材などで犯人にまちがいないとわかったときには実名を書いていいという論理だ。犯罪者はもともとワルが多く直しようがないのだから、人権を考える必要はないという乱暴な声もある。この人たちは〝悪いやつ〟は社会のさらし者になって当然だというのである。これが、犯罪報道は現状のままでよいとする人たちの第二の議論だ。

この人たちは匿名報道主義導入の提案に対し、①匿名にすることによって報道の迫真力、さらに事実に対する追求力にまで微妙に影響が出る、②匿名報道になれば捜査当局側もそれに便乗して公表部分をできるだけ狭めようとする危険性があり、新聞の社会的使命である権力の横暴を防ぐ役割が果たせなくなる、③実名報道による犯罪抑止効果が薄れる、

④実名報道だからこそ冤罪を救える、などと反論する。

報道の迫真力も事実の追求力も弱くならない

まず報道の迫真力、事実の追求力の問題を考えよう。事実のもつ迫力というのは犯罪の内容にかかっている。実際にあった事件をモデルにした週刊誌の〝事件簿〟は男女の愛憎をネタにした事件を仮名で報じているのだが、十分迫力はある。事件の主役の固有名詞は書かれる本人と関係者には重大な意味があっても、それ以外の読者＝市民にとっては迫真力に影響がない。

匿名にすると、A、B、Cなどアルファベットが氾濫して読みづらいとか、5W1Hの「1W」が欠けたのではニュースにならないという声もある。しかし匿名にしても「三〇歳代の会社員」「四〇歳代の主婦」などの普通名詞を使えば十分である。彼とか彼女を使うことも考えていい。犯罪報道では氏名にニュース性のないケースがほとんどである。氏名に重大な社会的関心がある場合にだけ顕名にするかどうか検討すればいいのだ。

たとえば八二年夏の三和銀行オンライン詐取事件の場合、実名を出さずに「行員（三〇）」「主任（三〇）」、住所も「大阪市内」、父親の職業が万一必要だとしても「元教員」として報道しても何の不都合もなかったのではないか。実名は一般読者の一〇秒間の好奇心を満足させ、家庭や職場で事件が話題になるときの「〇〇という女すごいわね」「〇〇より男の方が悪い」などという会話の〝共通語〟として使われるだけである。匿名で「行員」と報道しても事件の内容は十分伝わる。

ところが書かれる側の本人、家族、友人にとっては、固有名詞がマスコミに出ることはたまらなく辛い。家族関係、生い立ち、友人関係、父親の勤務先までが伝えられる。ウソも混じる。本人たちが受けるダメージは実際の刑罰よりずっと重い。事実であるがゆえに深刻である。本人は事件の償いをし、家族もその罪を背負って生きていかなければならない。マスコミは、重苦しい生活を送る彼や彼女に石を投げつけているのではないだろうか。八五年から各弁護士会、青年法律家協会が行った被害実態調査を見てほしい。

マスコミは「読者が欲しているから」と弁解するが、読者も犯罪者の実名がないと「不自然」と思い込んでいるだけだ。匿名報道主義になればそれに慣れることはまちがいない。

警察・検察・裁判所も誤ることがある、法的刑罰にプラスする制裁を認めない、という立場に立つと匿名報道主義しかないのだが、事件が重要で氏名に社会的関心があるケースでは、顕名報道が必要である。そこで何が社会的関心のあるニュースかを、警官の犯罪や不正について考えてみよう。

八四年春、兵庫県で相次いだ警官による銀行強盗事件の場合、市民の安全を守るべき警部補や巡査長が不祥事を引き起こしたわけで、当然大きいニュースとなる。しかし事件の中味は必要だが、警官の氏名、住所、写真などの「特定」は果たして事実の追求のために不可欠のものだろうか。

私は、この種の事件では匿名で報道すべきだと思っている。なぜなら、警官たちはクビになり、裁判にかけられ、おそらく刑に服する。警官の犯行ということで判決も厳しいものになるだろう。制裁はそれだけで十分であり、新聞やテレビがそれに加えてさらし刑を与える社会的必要性はない。むしろ事件を彼らの個人的犯罪と片付けるのではなく、不祥事を起こした警察の体制や社会的背景の分析にこそエネルギーがさかれるべきだ。彼らにも妻や子ども、親がおり、いまわしい事件の傷を負い、生きていかなければならない。本人たちは刑を終えた後、どこかで働き、今度こそ正しい生き方をしなければならない。「前科者」への偏見の強い社会のなかで生き抜くために、マスコミで名前と顔をさらされるのは致命的ダメージとなる。マスコミ裁判で彼らを逃げ場のないところへ追いつめることは決して社会のためにならない。

警官でも顕名とすべきケースを一つだけ挙げよう。七〇年代初めの警視総監公舎、土田・日石・ピース缶事件など、一連のデッチ上げ爆弾事件を警視庁公安部長として指揮した後の警察庁長官三井脩氏の名前である。一連の爆弾事件はほとんど無罪が確定した。土田・日石・ピース缶事件で六被告が控訴されたが、二審でも無罪となり、確定した。七三年三月一四日の各紙夕刊を見れば、三井部長と槙野警視総監が「全面解決」の記者会見をしている写真が一面に大きく出ている。警視庁公安部と三井氏は「難事件を解決した」として警察庁長官賞を受けた。被告、元被告たちは三井氏の警察庁長官辞職を要求した。マスコミは三井氏の実名を挙げてその事実を伝え、彼にも反論させるべきだった。福富弘美さんや増淵利行さんと紙面対決させれば迫真力ある報道になったはずだ。

匿名報道主義の方が権力悪を暴ける

匿名報道主義が導入された場合、捜査当局が実名などを隠すようになり、記者も名前に無関心になり取材が甘くなるのではないか、という考え方がある。この意見は、権力機能のチェックをジャーナリズムの使命と考える真面目な記者に多く、捜査当局の密着取材がやりにくくなるとの危惧をもっているようだ。警察に迎合している現状ではこの心配はよく理解できる。しかし私は匿名報道主義の確立によってこそより市民にとって必要なニュースの綿密な取材が可能になると断言したい。記者は自信をもっていいのではないか。

最近、事件・事故の発表の際、警察が「家族など関係者の強い要望で氏名は出せない」と言うケースが増えている。Ⅲ章で述べた早大事務長の遺族は「マスコミの攻撃から警察が人権を守ってくれた」と語っている。そのほかにも、警察署長が「何とか匿名に」と頭を下げ、記者クラブが「それじゃ」と匿名にしているケースも多い。市民はマスコミに人権保護を頼まず、警察に頼っているのが現状である。マスコミの報道ぶりが野放し状態だから、警察・検察から「匿名で発表せざるをえない」「原則として起訴前の事件関係者の氏名公表は差し控える」という声が出ているのだ。犯罪報道に不満な一部市民もそれを支持する形になっている。つまり、捜査当局がマスコミ（市民）に知られたくない事実があった場合、一般世論を利用して被報道者の人権保護を理由に氏名を伏せることができるわけだ。

私たちは、マスコミより警察の方が書かれる側の人権を守ってくれている、という市民の認識をまず変えたい。警察ではなく新聞社、放送局に対し、気楽に匿名にしてほしいと言えるように努力しなければならない。一般市民を敵に回して権力悪を暴くことは難しい。

実名報道を放棄すれば警察が捜査内容を隠すようになり、記者の側も裏付け取材がおざなりになるというのは、マスコミの社会的責任としての人権擁護の立場と捜査当局の民主的なあり方を混同している。匿名報道主義になっても記者は従来通り実名を取材するのだし、捜査当局もより開かれたきめ細かい対応をすべきなのである。

スウェーデンの記者は、実名を取材するが自らの判断で書かないだけなのだ。そうすれば警察も、新聞には名前はいらないのだからといって、氏名などを非公開とすることはできない。氏名がいるかいらないかはメディアの側が決めることだから。警察が氏名を発表しなくなれば、各社が一致して糾弾していきたい。市民は支援してくれるはずだ。

八三年一月、中川一郎氏が自殺した際、警察は中曾根首相ら政治家と相談して、三日間も虚偽の死因公表でマスコミと国民を欺き、情報操作した。警察は、名もなき市民の事件は発表するのに、有力政治家の場合には遺族たちの懇願を入れてウソをつくことが明らかになった。政治家の死は一般市民と比べて社会的関心が強い。本人と遺族を傷つけないよう慎重に書くのは必要だが、公人の死亡の事実隠蔽工作は許されない。

いくら一般市民の実名を報じていても、権力者は彼らの判断で事実を隠すことがある。永久に伏せられることもある。公安労働事件では今もそうだ。マスコミと当局との力関係の問題なのだ。そのことを中川氏の自殺をめぐる報道ははっきり示している。

人権侵害とスレスレのところで厳しい取材をしているからこそ、新聞の最大の任務である権力の横暴をチェックできる、という幹部も多い。実名主義だからこそ捜査段階で警察・検察の動きを深く、鋭くつかみ、それをすばやく報道することで権力犯罪を暴いているというのだ。しかしこれは匿名報道主義でも同じだ。むしろ現在のような、市井の犯罪について被疑者の名前の割出しやいつ自供かなどの無駄な競争は不要となり、そのエネルギーを冤罪や権力悪の摘発に向けることができるはずである。「取材が甘くなる」という心配は、匿名・実名にかかわらずある。それは、記者の資質、訓練、心構えの問題である。

マスコミに犯罪抑止効果を求めるな

犯罪報道は実名だからこそ犯罪を抑止する効果がある、といういわゆる社会的制裁論についてはどうだろうか。NHKが犯罪報道の被疑者・被告人の呼び捨てをやめることを発表した後の反論で最も大きかったのが、この犯罪抑止効果だ。ある在京紙社会部長は、一九八四年二月一四日付「新聞協会報」のコラムでこう書いている。

「『社会的制裁の機能』は新聞の持つ機能として、なお大きい。『新聞に書かれるようなことをするな』。この簡明な戒めは、昔も今も人々の間に生き続け、法律を超えた有力な社会規範として定着している。呼び捨てをやめるという、いわば技術的なことが、もし読者に誤解を与え、この犯罪抑止力というかけがえのない機能をいささかでも損なうようなことになれば、社会の大きな損失である」

このような新聞の社会的制裁機能を重視する見方は、裁判官が量刑を決める際に「被告はすでに社会的制裁を受けている」として考慮されるなど、社会に定着した考え方ではある。法的制裁よりも逮捕に始まる世論の非難や失職などの社会的制裁が大きいが両者の均衡はよく保たれている、とする見方もある。

しかし私は、実名報道主義によって犯罪者は必要以上の社会的制裁を受けていると考える。本人のみならず、家族などが転居、転職を強いられる現状を直視しよう。裁判官が量刑に〝新聞裁判〟を考慮しているのは結果論にすぎない。新聞に氏名を書かれなくても、就業規則で失職などの不利益は起こるが、法治国家では、新聞に氏名が出ることによって新聞裁判を通じて付加的に生じる社会的制裁はない方が望ましい。量刑の問題は司法にまかせるべきだ。逮捕・起訴段階による実名報道での犯罪抑止力を重視する立場だと、冤罪のケースでは、犯罪抑止という大きな目的のために個人は泣いてもらうということになる。回復不能なダメージを受けた個人はあきらめるしかないわけで、これは確率論が非論理的なのと同様である。

仮りに犯罪記事にある程度の犯罪抑止効果を期待するとしても、犯罪者の氏名、住所、顔写真などの特定がなければ抑止効果がないだろうか。

さらに言えば、犯罪報道の実名主義が本当に犯罪を抑止する効果を持つかどうか大いに疑問である。「新聞に名前が出るから殺すのをやめよう」「ワイドショーでおもしろおかしくやられるから、三角関係のもつれで心中するのを思いとどまろう」という人がどれほどいるだろうか。犯罪を起こす人は心理的に追い込まれているからそんな冷静な気持ちをもてない。

むしろ、克明な犯罪報道で犯罪の手口を詳しく教えるために類似の犯罪を誘発している、というデメリット面こそ無視できない。「オレも」という連鎖反応もあるだろう。マスコミのスポットライトを浴びて有名になりたい、と犯罪を起こす人間もいないとは限らない。

この論議は、死刑制度に凶悪犯罪の抑止効果があるかないかの論争に似ている。科学的にはなかなか結論が出ない。それは社会と人間とのかかわり方の問題である。犯罪報道に犯罪抑止力があるという科学的データはない。

個人にスポットをあてた派手な犯罪報道が犯罪を防止する効果があるという意見の〝反証〟を一つだけ挙げよう。サラ金地獄が原因の殺人・強盗などの凶悪犯罪をマスコミが連日のように報じても、一向にサラ金をめぐる犯罪や悲劇が減らない。警官や自衛官までサラ金に関連した強盗事件を起こしている。新聞社の社員のサラ金絡みの事件も相次いでいるという。サラ金業者だけが成長し続けているのを見ると、犯罪報道に結局は大した抑止力はないと断言してもいいのではないだろうか。八四年四月に日本をルポしたスウェーデン・ラジオの記者は「庶民を次々に破局に追い込むサラ金業者のカラクリを書かないで、いくら個々の事件をセンセーショナルに報じてもダメです。私たちなら、サラ金業者と政府、官僚、議員、財界の癒着の構造を解明します」と話していた。

八六年、妻子ある事件記者が県警広報課の女性との付き合いでトラブルを起こし、刺される事件が報道された。抽象的な犯罪抑止効果を口実に、犯罪報道の現状を肯定することは正しくない。

実名報道だから冤罪を救えるのか

犯罪報道の実名主義を肯定する人たちに、マスコミの詳細な報道によって冤罪事件の無実が証明できるという考え方がある。その例としてある全国紙論説委員は、少年時代の一九四七年に一家三人殺しなど一九件の殺人、強盗の罪で無期懲役の判決を受けた人が、七六年に仮出所後無実を訴え、新聞に実名を出したところ、事件当時、札幌でこの人を目撃したというアリバイ証人が現れ、強盗事件のうちの一件で再審無罪を勝ちとった例を挙げた。そして、最初から実名報道ならば逮捕直後に無実が晴れたと主張して、実名主義の根拠とした。この論理でいくと、現在マスコミ界が人権の立場からみごとな自主規制をしている未成年者の匿名報道なども廃止しなければ冤罪を救えないことになる。

彼は、匿名報道主義になると冤罪を証明する作業も大変になるという。だが、私たちにとって最も大切な問題は、犯罪報道が冤罪の共犯者となっている事実である。冤罪者が無実を証明する前に新聞によって断罪されている構造こそ問わなければならない。

記者が捜査当局の動きに連動して被疑者をペンで処刑することをやめ、逮捕された人にできるだけ早く拘置所で会いその言い分をよく聞く、というルールが確立されれば、冤罪が早い段階で証明できる。免田栄さんも谷口繁義さんも斎藤幸夫さんも、彼らの無実の声が社会に伝わっていれば三〇年以上も獄に閉じ込められなかった。免田さんらのケースでは、三、四年前からマスコミに無実を訴える声は出たが、再審請求の段階では地元紙でさえほとんど記事になっていない。

捜査当局に犯人と決めつけられた市民は、巨大な権力機構にたった一人で立ち向かい自分の無罪を証明しなければならない。マスコミがそうした孤立無援の市民に協力するのは当然だ。冤罪事件では、捜査当局は絶対に無実の被告を救おうとしない。それは、一〇〇パーセントまちがいないアリバイ証明があっても被告に死刑を求刑した土田邸事件などを見れば明らかだ。警察・検察・裁判所がやらないこと、できないことを、一般市民の代表としてチェックするのがマスコミの使命だ。調査報道は権力の犯罪、道義的責任の追及の際にこそ必要であり、冤罪こそ最も悪質な権力犯罪なのだ。

したがって、被疑者・被告人が自分の無実を証明するため、犯行時間に自分を見た人がいないかどうか探すのにマスコミに氏名や写真を公開することは当然だ。匿名報道主義が原則ではあるが、被疑者・被告人がアイデンティティを自らの意志でさらけ出すことで無実を証明しようとする場合には、記者が本人、家族、弁護人などと十分相談し、マスコミ各社の責任で顕名報道していけばいいのである。私が思いつくところでも、松川事件、狭山事件、小野悦男さんのケースでは、実名にすることによって社会の関心を集めるのはいいと思う。冤罪ではないが、永山則夫さんのケースでもある段階で本人と相談してマスコミの責任で実名報道し、裁判報道を通して社会問題として提起していっていいと思う。

しかし、実際問題としては、逮捕段階で否認したにもかかわらず、自分を犯人扱いし、あることないこと書いて社会的に葬り去ったマスコミに冤罪証明の手助けを求めることには、気が進まない人が多いのではないか。捜査当局の〝広報〟を何の疑問も抱かずにつとめている記者は信頼されているはずがない。さんざん顔をぶん殴ったマスコミになんか頼めるか、という人も少なくないはずだ。

やはり、マスコミの側が捜査段階で犯人と決めつける現在の報道のあり方を変え、予断や偏見をもたずにまっさらな気持ちで被疑者・被告人と会って言い分をよく聞くというルールを確立しない限り、マスコミが無実の人の力になれるケースは少ないのではないだろうか。

警察に密着取材していたからこそ、取材メモや紙面から冤罪を後日発見できるということもいわれる。日本のマスコミが警察に食い込んで取材するのはいいことである。ただ残念なことは、記者たちがエネルギーの大半を、冤罪を発掘するためにではなく、警察の逮捕などの動きのフォローに費やしているという現実である。そのおこぼれでごくたまに市民の味方をすることがあるにすぎない。

冤罪をなくすには、自白偏重主義の改革、代用監獄の廃止、科学鑑定の見直し、通信・面会など囚人の権利の拡大などの方策が各方面から言い尽くされている。スウェーデンでは囚人が新聞社にほぼ自由に電話できるが、これはいますぐに導入してもよい。無実を主張している人が外の世界に訴える手段をもたないことは大きな問題である。日本の拘置所は、未決の囚人の購読している新聞を平気で黒く塗りつぶすし、手紙も検閲する。英文の手紙や文書は「翻訳料を出せ」という。だからこそ記者はどんどん被告人に会うべきなのだ。とくに、犯行を否認したり捜査方法に問題がありそうなケースでは、密度の濃い取材が求められる。

米国人のローレンス・レペタ弁護士が、一九八四年、裁判所でのメモ禁止について第二東京弁護士会に訴えた。レペタ氏は東京地裁に八五年三月「メモ採取不許可」の国家賠償請求訴訟を起こした。日本では、家族や支援の人びとの法廷内のメモを禁止している。記者は「特権」として記者席でメモできる権利を与えられているがゆえに、メモすらできない市民の怒りを感じていないのだ。最高裁大法廷は八九年三月八日、メモ禁止は違憲とする判断を示した。

マスコミは、こうした冤罪を生む構造にひとつひとつメスを入れていくことで、無実の人をひとりでも多く救うべきなのである。

小手先の改革では解決しない

七九年の大阪の三菱銀行人質事件の際、四国に住む年老いた母親が息子である犯人の説得のため現場に呼ばれたことがあった。テレビはマイクで〝投降〟を呼び掛ける母親を映し、新聞は母親の氏名、住所、年齢などを細かく書いた。こういうケースでは、「悪いことをした犯人を実名を出してこらしめるのは当然だが、家族や親族などの人権には十分に配慮する〝複眼の視点〟が必要だ」という意見がマスコミ内部ではよく聞かれる。しかし犯罪者の氏名、住所、写真などが報道されると、家族はその日から世間に白い眼で見られる。「やった本人はともかく家族にまで辛い思いをさせることはない」と言っても、「やった本人」をさらし者にしてしまえば、家族も被害を受ける。本人だけに制裁を加えるクリーンな実名報道というのはありえないのだ。

このほか、凶悪事件では実名報道が当然だが、万引きや痴漢などのちょっとしたはずみの犯罪、いわゆる微罪事件については実名はいらないのではないか、という意見も強い。私もそう思った時期があった。しかし、犯罪の大小によって実名報道を認めるべきかどうかという論理は現実的ではない。微罪事件でも、被害者にとっては重大な影響があるケースもある。記者が凶悪事件か微罪事件かを判断するのは難しい。だから一般犯罪では匿名を原則にするしかないのである。

実名報道を堅持しながらマスコミの人権侵害をストップさせる方法として、誤報をした場合、名誉毀損の損害賠償額を大幅にアップさせるべきだ、という主張もある。マスコミは「企業の論理」で人権より部数を重視しているのだから、裁判で負けた場合莫大な金額を取られることになれば人権重視に本腰を入れるだろう、というわけだ。現にアメリカなどでは、賠償額が年々アップし、何億ドルにもなる判決もあるため、印刷前に人権侵害の記事がないかをチェックする専任の弁護士（ナイト・ローヤーとよばれる）を新聞社に置いているという。また市民から訴えられた場合の訴訟費用、賠償金を支払う名誉毀損保険も登場している。

しかし、賠償額のアップで犯罪報道を規制するのは、当面は効果があっても本質的な解決にはならない。マスコミは賠償額を念頭に入れて報道するようになるかもしれない。最も危険だと思うのは、賠償額が高くなった場合ジャーナリズムの使命である権力悪を暴く記事で敗訴した際に、財政的に大きなダメージを受けることだ。現在の民事の判例ではまず心配はないが、そういう可能性も考慮に入れておかなければならない。やはりスウェーデンのように、プレスオンブズマンや報道評議会による裁定公表と制裁による自主規制の道が望ましい。

私は、実名報道主義をやめるときに一番問題になるのは、凶悪犯が逃走中の場合だと考えている。スウェーデンでは、マスコミは捜査機関に協力する必要はないと割り切っている。しかし日本では、再犯のおそれのある危険な凶悪犯が逃げているのに実名や写真を出さないわけにはいかないという考え方が強いだろう。

この場合、日本のマスコミが長年かかって築き上げた少年法に基づく例外規定をすべての事件に適用すればいいと思う。これは新聞協会が決めているもので、二〇歳未満の犯罪者の場合でも、①逃走中で、放火、殺人など凶悪な累犯が明白に予想される場合、②指名手配中の犯人捜査に協力する場合、など少年保護よりも社会的利益が強く優先するときには、匿名の除外例を設けているのである。この二つのケースを、一般犯罪の匿名主義報道の例外として顕名報道する基準にしてもいいかもしれない。ただし誘拐事件のケースのように警察がミス手配した場合はどうしようもない。マスコミは報道したことの責任をきちんととるべきだ。やはり究極的にはスウェーデンのように「捜査は警察の仕事」と割り切るべきだろう。

それまでのワンステップとしてこの例外規定を使う場合も、人権に最大限配慮し、もし事実が違っていればすぐに訂正・謝罪すべきである。警察のミスだけを攻撃して済むことではない。そして例外規定の場合も、「犯人」が逮捕されればこの二つの条項に当てはまらなくなるので、実名がもう必要ないことはいうまでもない。

記者個人の想像力を

犯罪報道は変えなくてよいとする意見の根底にあるのは、報道内容が地味になると新聞が売れなくなり、テレビの視聴率が下がるという心配だ。また、人権に配慮ばかりしていると「他社に負けてしまう」という特ダネ競争の歯車のなかにいる記者（サラリーマン）の自己防衛的心理も無視できない。

あるテレビ局の報道特別番組担当ベテラン記者は「三越事件や三和銀行オンライン詐取事件でも、個人としての社長や〝女帝〟、行員にスポットをあてて事件の全体像を描くと、ぐっと視聴率が上がる。あなたの考え方は理想としてはわかるが、視聴率を毎週争っている私たちにはなかなか受け入れられない」と言った。新聞記者のなかにも、一社だけで人権を配慮して匿名報道主義にすると部数がダウンしてしまうという人が多い。しかし後述するが、匿名報道主義をとったスウェーデンでは、部数が全く落ちずむしろ増えているという事実があるのだからそう心配はない。

犯罪記事の犯罪抑止効果を強調する人たちも、本音は、やはり売れなくなると困る、だから他社に先駆けてやることはない、ということだろう。新聞、雑誌、放送各メディアとも生き残るための競争は熾烈だ。とくに新聞界は販売部数が頭打ちになっており、改革に臆病になりがちだ。それは企業内記者の意識にも敏感に反映し、理屈ではわかっていても押し黙ったまま日常の仕事に埋没してしまうのだ。おまけにマスコミ各社は相次ぐ合理化、管理強化で社内の風通しが悪くなっている。昔と比べると、自由に発言し討議する気風がかなり薄れている。自分の頭でモノを考え、発言し、行動をしなくなったら、ジャーナリストとしては失格なのだが……。「どうせマスコミ記者は、現代の社会の枠の中でしかやれない」「社会全体を変えなければだめ」という自己合理化の弁も聞こえてくる。たしかに、記者個人の努力で現在の巨大なマスコミ全体に立ち向かうことはできない。しかし私たちは、無気力になるのではなく、まず個人としての、いや一市民としての立場を最優先させるべきではないか。企業の意志とは別に、市民個人レベルでの想像力を発揮させたい。現在の犯罪報道は、捜査当局と運命共同体になることで個人としての思考停止を求めている。記者は、自分のペンが書かれる側の人格を無視し、人生を狂わせ、死にまで至らしめている現実を見ないか、見て見ぬふりをしている。個人レベルに立てば、その矛盾に気付くはずである。

私の友人の警察担当記者は「だれもこんな人の嫌がることをやりたくない。夜回りでいつ逮捕かを聞くために零時を過ぎて捜査官の帰宅を待っていると、虚しくなる。体はボロボロになる。権力にある者の氏名については慎重で、弱い立場の市民については書き得の現状については、みんな悩んでいる。警察・検察の広報マンのような仕事をやめれば、生活に役立ったり権力悪を暴く仕事ができて、社会面が変わるはずだ」と話してくれた。私たちは、現在の事件取材のこのようなスッキリしない気持ちを大切にしたい。

またある在京紙の地方支局記者は、小野悦男さんへの手紙でこう書いている。

「私が痛感するのは、マスコミの犯罪性です。警察が逮捕したというだけで裁判も経ずに犯人扱い、犯人呼ばわりし、時には逮捕すらされていない人の名を特ダネと称して堂々と報道するハレンチさ。私もまた新聞記者としてそのハレンチさと無縁ではありません。それどころか、新米のころには、くだらない他社との競争、特ダネ意識によって、殺人事件で逮捕された人を『○○はこんな男』『生まれついてのウソの天才』などと、とくとくと書いてきました。冤罪でなくても、同じことなのです。私は警察の言い分（発表）を基に、その色めがねをかけて物を見、書いただけのことなのだから。

もともと、裁判もなしに、警察発表だけで犯人扱いの記事を書くこと自体が間違っているのです。マスコミは裁判所ではない。なのに、全くくだらない販売競争、特ダネ競争にあおられて、テメエの飯のタネとして、平気で人をおとしめ恥ずかしめ、社会的に抹殺してしまう。実に恥ずかしいことです」

この記者は、小野悦男著『でっちあげ』(社会評論社、七九年)の中の私の一文を読んで、この手紙を書いたという。そして、年休をとって遠く離れた松戸拘置支所を訪ね、小野さんに面会し裁判を傍聴している。この地方記者の心からの反省も貴重だ。

売れるからいいという〝株主的発想〟では、自分たちが惨めすぎる。もっと生き生きとした〝人間の顔〟をした犯罪報道―社会面に変えていくためには、記者自身が自分の仕事を対象化して見つめていくことだ。そうすれば、事件の表面的事実である個人のレベルから、その犯罪がなぜ起こったのかという社会的解明に、犯罪報道の力点が移るだろう。

犯罪報道で被疑者・被告人・囚人の実名を出して制裁を加えることが正しいかどうかは、形式論理の枠の中では結論を出しにくい。論議をしていくうちに「いちいち難しい問題で、すぐに結論は出せない」ということになる。結局は犯罪や裁判制度に対する個々人の見方の問題にかかわってくる。「悪いこと」をした人間を丸裸にし、その家族や友人をひっぱり出して「売れ」ても虚しさは残らないか。法律を破ったと権力が判断しただけで、その人の全人格を否定して恥ずかしくないのか。厳しい現実から逃げずにそう自問することが大切なのだ。

スウェーデンの記者たちも約二〇年前に、当時の自分たちの犯罪報道について「何か気にかかる」「心が落ち着かない」という感じをもって現在のような匿名報道に踏み切った。倫理ではなく、彼らの心情がそうさせたのだ。

現在、日本のマスコミで犯罪ニュースを追っている記者の多くが同じような気持ちに陥っていると思う。いまや、実名報道の「神話」から思い切って匿名報道主義に飛び込んでいくときにきている。一社だけではなかなか踏みきれないのは当然だろう。各社が話し合って、みんなで匿名報道主義に転換したい。

6 悪い点がすべて出た光市事件報道

一九九九年四月、山口県光市で母子を殺害したとして殺人罪などに問われた元少年(当時一八歳一ヵ月)の差し戻し控訴審で、広島高裁(楢崎康英裁判長)は二〇〇八年四月二二日、死刑を言い渡した。検察とテレビが作り上げた「世間」

に迎合した正義に反した「卑劣な判決」だと思う。

テレビ各局は同日午前九時半ごろから特別番組を組んだ。裁判所に元少年の車が入る映像を空から撮った局もある。被害者遺族の会社員（以下、引用部分も含め「遺族」とする）が妻子の遺影を抱えて裁判所に向かう映像も放送された。また事件と裁判の経過を振り返る映像が流れ、遺族が四月一九日に記者会見し、「死刑判決が出るものと期待している」と述べるシーンが出た。

「市民三八八六人が傍聴券を求めて並んだ」と報道した局もあったが、抽選のために並んだ〝市民〟の大半はメディアが雇ったアルバイトだった。判決言い渡しのあった高裁三〇二号法廷の傍聴用六〇席のうち、「報道」用に二八席（主要メディアは各社2）が用意されているのに、スケッチを描いてもらうための画家や、飛び出して速報する要員のために、一般の傍聴券も奪っているのだ。

各局は高裁敷地内に臨時スタジオを設け、高裁敷地内にテント村ができた。

開廷直後に、テレビ朝日系は「主文後回しです」「被告に厳しい判決が予想されます」。法廷にいた記者たちがマイクに向かって叫んだ。ある記者は「多数の記者が中継で飛び出したため、裁判長が『騒がしいので静かにするように』と異例の注意をした」「元少年と遺族も、法廷を飛び出す記者たちを見て驚いた様子だった」と正直に述べた。「裁判長が報道陣を一喝した」（ＴＢＳ系）という記者もいた。画家が廷内で描いたスケッチも画面に出た。

午後零時三分ごろ、各局の記者たちが「死刑です」「死刑判決を言い渡しました」「元少年に死刑判決です」「情状酌量すべき事情はないという判断です」。法廷から走って臨時スタジオに到達したため、荒い息で声が出ない記者もいる。「少年は非常に落ち着いていた」「遺族も冷静でした」と話す記者たちは落ち着きがなく、舌が十分に回らない。

元少年は最高裁に上告しており、判決はまだ確定していない。最高裁が死刑を回避する可能性もないわけではない。政治家の勇気があれば、国会で死刑制度が廃止される可能性もある。この事件を、死刑制度を持たない社会が構築できるのかを考える契機にしたい。

安田好弘弁護士は五月一〇日大阪の講演で、弁護人として少年に接するときに気をつけるのは、「自我ができていない少年が多い。人それぞれで、相手の顔を見ながら反応する。言葉でなかなか表現できない。生と死、現実とファンタジーの区別がつかない子どももいる。大人の尺度で判断せず、子どもの目線で対応する。また少年はみんな違うということを知ることだ。自分のことを表現できない子供も多い」と語った。

弁護士の仕事とは何かと問われ、「どれだけ事実に迫って、どう理解するか。依頼者本人と一緒になって謝罪し、贖罪し、そして生きていくかを考える。将来にわたって本人とずっと付き合っていくことが重要だ」と答えた。

安田氏らが受任した時に、最初にしたことは、光市の事件現場を見分し、そこに花を捧げることだった。被害者の遺族の方に面談を頼んだが実現しなかった。

また、最高裁で差し戻しの恐れが出てきて弁護人を受任した後、最初に元少年に接見した時、「被害者に心からの謝罪をして、一生罪を償い続けることが重要だ」と伝えた。

弁護団は、元少年に謝罪の手紙を書くように指導した。その後、やっと手紙を書けるようになり、被害者の遺族へ送った。遺族の手記などによると、遺族の会社員は手紙を読むことを拒んでいる。

広島高裁判決の出た一週間前の四月一五日、NHKと日本民間放送連盟でつくる「放送倫理・番組向上機構」（BPO）の放送倫理検証委員会（委員長・川端和治弁護士）は画期的な意見書を発表していた。

同委員会は差し戻し控訴審をめぐる一連のテレビ報道・番組について「感情的に制作され、公正性・正確性・公平性の原則を逸脱している」「冷静さを欠き、感情のおもむくままに制作される番組は（中略）、公正な裁判の実現に害を与えるだけでなく、視聴者・市民の知る権利を大きく阻害する」などとする意見を発表した。

『光市事件』報道を検証する会」は〇七年五月からの差戻し控訴審についての三百本にもなるテレビ録画を収集して洗い出し、どこに作為があり捏造があるかをチェックする作業に入り、申立人一七人（私もメンバー）の連名で、同年一一月二七日、BPOに申立書を提出した。

意見書はテレビを「巨大なる凡庸」と形容して、光市事件に関する番組は、全く画一的で感情的な作り方となっており、特異な犯罪がなぜ起きるのかなどの問題を掘り下げることをしていないとし、テレビ制作者側に猛省を促した。

あるテレビ局では、報道部幹部がBPOから意見書が出たと部会で伝えたという。しかし、各局の高裁判決報道を見ると、効果はほとんどなかったようだ。

ＢＰＯの意見書は、その冒頭で「犯罪は、その時代、その社会を映す鏡である」と書き出し、「その伝え方によって、鏡に映る像も変わってくることを、番組制作に携わる関係者一人ひとりがつねに自覚していること、その緊張感のうちにこそ、今日の放送倫理が生成され、成熟していく、ひとつの重要な契機がある」と論じた。そして、「犯罪発生件数や凶悪さの度合いの推移、諸外国の事情との比較から検討すれば、近年の日本の犯罪状況に特段の変化があったわけではない。少年事件などは、むしろ減少の傾向にある」との前提事実を確認している。

「松本サリン事件をはじめとする事件や裁判にかかわる報道で放送界が犯した数々の失敗があることを、いま放送の現場で働く制作者たちも知っておかねばならない。事件・犯罪・裁判を人間のドラマとして描く視点も大切だが、同時に、もう一方で、公正性・正確性・公平性の原則に立ち返る冷静さも忘れてはならない。起きた出来事は純粋なフィクションではなく、加害・被害の双方に、生身の人間が生きているからである」と述べている。

そのうえでいわゆる「被害者報道」の強い流れがあったことにふれ、「光市事件」差戻し審の報道では、「そのほとんどが被害者遺族の発言や心境に同調し、被告や弁護団に反発・批判するニュアンスの強い内容だった。なかには出演者が被告・弁護人の発言や姿勢に対して、明らかな罵詈雑言と思われる言葉を浴びせかけたり、激しいバッシングを加えるようなものもあった」とした。

「犯罪は被告の内にある何らかの荒唐無稽、異常、異様、破綻、失調等々がなければ起きなかったはずだから、そのよって来たるところを探ることこそがメディアの仕事であろう」と述べている。一・二審で無期懲役だったにもかかわらず、上告して死刑判決を求めた検察官の意図は何であったのかなどを追及する視点・番組が全くなかったことも問題とした。検証委員会として、本件放送の傾向は「集団的過剰同調」だと結論づけていたが、判決報道もほとんど変わらなかった。

国連人権理事会は〇八年五月一四日、パリで開催した死刑存置国を対象に国内の人権状況を検証する普遍的審査で、初の対日作業部会を開き、その後、報告書を採択した。傍聴した海渡雄一弁護士からのメールによると、英国、フランスなどの欧州諸国を中心に一三カ国が日本で死刑判決・執行が増加していると懸念を表明し、日本政府に死刑の廃止と執行停止など二十六項目を要求した。

日本政府は「死刑の執行を停止することは、後で再開したときに残虐であるから執行停止をしない」と答えたという。

国際社会が懸念を表明した死刑判決の増加の中に、四月二二日の広島高裁・光市事件死刑判決も含まれているだろう。

主要新聞も同罪

光市事件報道では、新聞も東京新聞を除いて、遺族の主張に焦点を当て、「極刑＝国家による報復殺人」を求める市民の応報感情を煽った。元少年の死刑は当然という世論が出来上がった。

朝日新聞は〇七年五月二五日、《「真実語り反省して」／遺族の〇〇さん」》という見出し記事で、《最高裁での審理に至ってから突然、それまで認めていた殺意を否認し始めた元少年側への不信が募る。「死刑が出るかもしれない局面になって主張が変わるのは明らかに不自然だ」》と断定した。

また五月三〇日の「声」欄に、埼玉県所沢市に住む女性の「二一人の弁護団、良識求めたい」と題した投書が載った。「若い母親を殺して陵辱し、乳児を床にたたきつけてひもで首を絞めて殺した事件の被告に二一人の弁護団がつきました」と検察側の主張を鵜呑みにして、弁護団の主張は「減刑狙いの空疎な論」と非難した。また、「被告の反省をうかがうのは常識的に困難」「（弁護団は）死刑廃止論を主張するのにこの裁判を利用している」と書いて、「プロの法曹が徒党を組んで詭弁《きべん》を弄《ろう》する、それが社会正義なのでしょうか。法曹の良心に恥じない、良識を求めます」と結んでいる。

「残虐な犯人」像を創るテレビと新聞だけに接していると、この女性のように考えてしまう。

元少年の弁護団に対し懲戒請求を求める「市民運動」がテレビの「糞バエ」たちの音頭で、集団的・組織的に行われている。ネットの「祭り」で、弁護団の懲戒請求の用紙が流れ、数千通が弁護士会に送られているという。

メディアは最高裁審理から弁護人になった安田弁護士らが原審の証拠類を精査して発見した「犯行態様」に関する矛盾を報じていない。

元少年が検察の描いた犯行態様を認め、弁護団も事実を争わなかった。しかし、安田弁護士らが調べると、「被告人は被害女性の首を両手で絞めて殺害し、女児の後頭部を床に叩きつけたうえ、紐で絞殺した」という一・二審判決の認定と、遺体の実況見分調書や鑑定書に多くの食い違いがあった。

裁判記録を見ると、被害者の女性の首には「両手で絞めた」跡がなく、女児には「床に叩きつけられた」はずの後頭部の損傷も「紐による絞殺」の跡もなかった。

元少年が一審の第四回公判の被告人質問で「殺意」を否認していたことも分かった。つまり「最高裁で死刑に直面して殺意を否認し始めた」という検察やメディアの主張は事実ではなかった。

検察が主張する「犯行態様」が証拠に照らして真実かどうかが差し戻し審の最大の争点である。

遺族は、検察の描いた犯行ストーリーを信じて、元少年と弁護団に憎悪の念を抱き続けている。「週刊新潮」六月七日号に載った遺族の「特別手記」によると、一審の無期懲役判決後、「山口地検の担当検事」が彼に、「赤ん坊を床に叩きつけて殺すような人間」を罰せられない司法を変えるため一緒に闘ってくれませんか」と働きかけたという。検察こそ事件を「少年にも死刑適用」という政治目的に使っているのだ。

同号には《弁護士二一人の「弁護士資格」を剥奪せよ》と煽動する記事があった。『週刊ポスト』六月一五日号は《光市母子殺害犯を守る「二一人弁護団」の全履歴》を掲載した。

「FRIDAY」七月二〇日号には、《〇〇△氏を絶句させた「大弁護団二一人の素顔&主張　加害〝少年〟は「ドラえもん」まで持ち出し殺意を否認した！》（〇〇△は遺族の姓名）と報じた。弁護士二一人の顔写真が載っているが、一人を除き、『全国弁護士大観』からの接写のため、何十年も前の写真もある。本人の了解も得ず、指名手配の写真のような形で載せていいのだろうか。検察の言い分だけをもとにしてこの記事を書いた記者、編集長の顔写真も掲載してほしい。

権力と一体化した御用マスコミ

犯罪報道の人権侵害を問題にしてきた私は、権力監視の取材と報道がほとんど消えてきたと感じている。調査報道の衰退だ。また、「報道しない犯罪」もあると思う。

最近、鹿児島県議、富山の強かんなどで無罪判決が相次いでいる。過去には、無罪が確定した際、報道機関が冤罪被害者を逮捕などの時点で犯人扱いしたことについて反省する検証記事が載っていた。ところが最近は、過去の報道について検証する記事もない。捜査権力と共に被疑者に対して、取り返しのつかなし数々の人権侵害をしてきたことに、痛みさえ感じていないのだ。

メディアはどうしてこんなにひどくなったのかとよく聞かれる。政府などの権力からの圧力があるのか、広告主からの注文があるのかという疑問だ。

しかし、実際には権力などの外圧はそう強力ではない。メディア内部の「自己規制」が一番の問題だ。新聞・通信社の幹部の退廃が深刻だ。記者としてたいした仕事もしていない軽薄な記者たちが幹部になっている。

また、採用の仕方に問題がある。マスメディアのほとんどが採用試験で身元調査のため興信所を使っている。メディアの病理を解剖するためには、メディアで働く人たちの経歴、家族関係、年収などを社会調査する必要があるだろう。

7 「テレビを見られないのはアンフェア」——光市事件元少年の訴え

ようやく会えた被告人の元少年

ずっと会いたかった人に初めて会えた。一九九九年四月に起きた光市事件で被告人(最高裁上告中)となっている元少年である。〇八年一二月二六日に広島拘置所の面会室で約三〇分取材できた。

一九八四年に始まった三浦和義氏への〝情報の銃弾〟以来、様々な「報道被害」があったが、最近のマスメディア報道で最も深刻な被害を被ったのが、光市事件被告人の元少年Aさんであろう。

私は、Aさん(逮捕当時一八歳一カ月)が一九九九年四月の逮捕以来のマスメディア報道についてどう考えているかを、直接聞きたかった。安田好弘弁護士も、「弁護団はマスコミからバッシングされているが、一番被害を受けているのは元少年だ」と度々話している。

元少年の弁護団と一部の支援者グループは、元少年とメディア関係者らとの面会をめぐって対立があった。

私は〇八年六月、広島まで行き、元少年に面会しようとしたが、一部の支援者によって「浅野さんもメディアに書くマスコミ人だ」「急すぎる」などの理由で、ブロックされていた。差し戻し控訴審の広島高裁で、〇八年四月二二日、死刑判決を言い渡された後の元少年の心情を乱してはいけないという配慮もあったようだ。

その後、「原則として元少年本人が面会するかどうか決める。悪質な意図を持っていることが明白な場合は弁護団がやめるよう元少年に指導する」ということになった。

〇八年六月に私の面会がだめになった後、足立修一弁護士が元少年との面会で、私が面会を希望していることを伝えた。元少年は救援センター発行の月刊紙「救援」の私の連載をいつも読んでおり、「浅野さんのファンだ」と話し、面会したいと述べた。私の記事の愛読者だと聞いてうれしかった。

私は〇八年一二月二二日、元少年に初めて手紙を送り、一二月二六日に面会した。元少年は、拘置所に面会時間の延長願いを出していたため、通常は一五分前後の面会が約三〇分になった。同志社大学の浅野ゼミの学生で新聞記者を目指す二人と一緒に面会した。拘置所の職員がAさんの横に座り、会話の内容をメモした。

元少年との面会のやりとり

以下は面会での主なやりとりである。元少年の名前はAさん、被害者の女性をBさん、被害者の夫である遺族をCさんとした。

――今日は面会ができてうれしいです。前からAさんにお会いしたかったのですが、様々な事情があって今日になってしまいました。今回はご挨拶と、少し取材をさせてください。

浅野さんの文章は「救援」など読んで、ファンなんです。浅野さんが書く文章は、雨戸を蹴破るような文章で、他の人とは違う。あの中であういう書きっぷりの人は浅野さんしかいない。好きな人はすごく好きでしょうが、嫌う人は徹底的に嫌うと思います。

――事件に関することは綿井健陽さんが面会して『創』などで書いていますので、今回はAさんがご自身に関するマスコミ報道についてどう思っておられるかを中心に聞きたい。体調はどうですか。

一一月後半、風邪を引いていました。西日本の拘置所は比較的温暖な気候ですので、冬の防寒対策があまりなされていないようです。東日本は防寒対策がなされているらしいです。

──拘置所は、こことどこにいたんですか。

山口刑務所内にある拘置所に一年ほどいました。刑務所と拘置所というのは、そもそも機能が違う。拘置所のほうが緩やかです。〇七年六月に処遇関係の法改正（監獄法が廃止され、「刑事収容施設及び被収容者等の処遇に関する法律」が〇七年六月一日に施行された）がなされてからは懲罰が減り、僕たちの待遇はよくなりました。房内に裁判資料や本を置くことができるようになりました。

──今、裁判所の資料は拘置所に持って入れるのですか。

部屋の中にほとんど持って入れます。裁判が長引くと資料の山になります。

──それは大分改善されましたね。

今は自分の目で見極め、自分で判断できることが可能になりました。

前は持ち物は拘置所に領置されて、請求してから部屋に入れてもらうまで一週間ぐらいかかるなど、全然ダメでした。裁判所から送られてくるのは公判記録だけで、検察庁が上告したとき、上告理由書などのコピー代が七万円もかかった。

──私はずっとマスコミ報道を問題にしています。今回はテレビ報道がとくにひどかったと思うのですが、拘置所内ではテレビは見られませんよね。

ここではテレビは全く見られません。だからテレビは卑怯だ。アンフェア。僕のことを報道しているのに、僕が見られないから。ラジオは聴けます。

──例えばメディア相手に名誉毀損で民事裁判を起こすときには、拘置所に申請すればビデオ映像などを見ることができるのですか。

できないと思います。放送された番組を見てないということは、裁判を起こそうにも直接的に害がない、ということになり、裁判できない。

今回、「放送倫理・番組向上機構（ＢＰＯ）」の「放送倫理検証委員会」の「意見」で、元気が出ました。

──九九年四月からの報道はずっと問題があるが、〇六年三月の最高裁公判期日に弁護人が出廷しなかったことから激しいバッシングが始まり、〇六年六月に最高裁の差し戻し決定が出て、二一人の新しい弁護団が就いてからの報道は、あまりに情緒的で、犯罪報道の悪い点がすべて出た感じです。ＢＰＯの番組検証委員会の見解はきわめて適格でした。ＢＰＯ見解が出てから、テレビ報道は少しよくなったと思います。テレビでは、どうしても弱者、そしてその知人友人がターゲットになる。ラジオとかニュースを知る限りの他の事件で、そう感じます。

――Ａさんと最後に一緒にゲームセンターに行った友人も、マスコミに追いかけられて大変だったと思うのですが。マスコミに追いかけられたというよりも、彼は警察によって共犯にされかけた。安田先生になってから、弁護士が彼と面会してその話を聞きました。

――もともと被害者の遺族も、最初、警察に怪しまれ、厳しく事情を聞かれていたんですよね。

Ｃさんが第一発見者でＢさんを見つけることはできたが、押し入れの赤ちゃんのほうは見つけることができなかった。だから、それはなぜということで怪しまれていたようです。

――私たちがＢＰＯに申し立てをしたときも、全然映像は見られなかったんですか？

映像は《「光市事件」報道を検証する会》事務局の方が画像ではなく、テレビの映像のコマ取りの画面を添付したものを見せてくれました。それでもひどさは伝わってきました。ＶＴＲの動画映像だったらさらにひどいと思われます。

――Ａさんが傍聴席をにらみつけたとかというウソの報道もありました。

にらみつけるなどという、僕にとって不利益なことは絶対しません。立場が立場ですから。自分の利益を優先することとは悪いことではないと思います。

僕が心がけているのは、蓄えてきたもので他人に分け与えてあげるということです。全くない状態で分け与えるというのは無理だと思います。償いより感謝。

キリスト教の教誨にしても、（死刑云々を）言われる前にしてきた。世間で騒動になるずっと前に、教誨を受ける申請をしたのです。

――それはいつ頃ですか。

僕は今二七歳ですが、亡くなられたBさんが二三歳でした。教誨を受けたのは二二歳のときなので五年前です。

――洗礼は受けたのですか。

洗礼は受けていません。僕が洗礼を受けるとイエス様が苦しめられてしまう。他の洗礼者の辱めになると思いますから。

――教誨師の方はプロテスタントの牧師さんですか。

そうです。一昨日、先生から賛美歌を習い、歌いました。黒人賛歌です。――ここで讃美歌一曲を歌う――僕は一回聞いたら歌を覚えるんです。

記憶力の倍加の方法って知っていますか。もしよかったら試してみてください。歌を聴いて、その歌の歌詞を速記するのです。そうすると耳で聞いて頭で理解して手で書くということになるので。

学生　マスコミ報道についてさらに聞きたいのですが、先ほどテレビは拘置所の中で全く見ることができないと言われたのですが、新聞・ラジオ報道で何か印象に残ったものはありますか。これはよかった、ひどかったというような。

産経新聞がよかったです。被害者に対する見方がよかったです。独特だった。僕は本やテレビやラジオでも、報道機関の独自性というのが大事だと思う。今回の産経新聞は事件について詳しく書いている。個人的に信じている新聞です。

――Aさんが逮捕されたときの新聞記事を、逮捕後ご自分で見られましたか。

あのときは全く見られませんでした。

――黒塗りとか切り抜かれたのですか。最初は警察の留置所だったので、見ることができなかったのでしょうか。

外部情報をシャットアウトされた状態でした。利益にならないとみなされたのでシャットアウトされたんです。

――逆に、取調べの時に、「新聞がこんなふうに書いているよ」というようなことも言われなかったですか。

そういうことはありません。言われたりしたら僕のほうが、見せてくれと言ったと思います。

――それでは一切マスメディアの報道には触れなかったと……。

記事の差し入れがあったりしても、僕に関するところは除かれていました。

――では、いつ自分のことが活字になっているのを見たのですか。

二審の公判後に初めて見せてもらいました。

――それまでは全然マスメディア報道に触れることはなかったのですね。

はい。

――拘置所内で放送されるラジオのニュースはどうでしたか。

ラジオのニュースは頻繁に流されていたので聞きました。夜の六時と七時と八時のＮＨＫのニュースで。つまり三回流れるので（犯罪も）三回やったような……たちが悪い。繰り返し報道すると、繰り返しその行為をしたかのように思えます。

学生　メディアに関する質問ではないのですが、イエス・キリストの前に立ったときどのような気持ちでおられますか。実際に立つわけではなく、心の中で祈っています。

学生　いつ頃から祈り始めたのですか。

二二歳になったとき、Ｂさんが亡くなった二三歳になる前に、自殺しようと思っていました。どうやったら償えるかということで、自分から教誨を申し出ました。

――自分から申し出たのですね。

はい。教誨は自分から申し出ないとできません。

――そのときに宗教の選択ができるわけですね。

家が真言宗を望んでいたのですが、幼稚園と高校がキリスト教系だったんです。だからキリスト教とは縁があったんです。

学生　今はどういったことを考えて、ここで生活されているのですか。

私的なことで言えば蓄えることです。蓄えるってことは償いをするっていうこととつながると思う。被害者の方に直接償いをすることができないので。

何が利益なのか何が害なのかっていうことを深く考えたい。

――安田先生がＡさんのことを、「最初会ったときは、精神的に十分成長しないまま大人になった」と言っていましたが。

安田先生には僕、すごく怒られたんです。当時、僕は自暴自棄になっていて。反省しているのに伝わらない。反省しているのに反省していないだとか騒がれて。「お前はなんでそんなにごねているんだ。被害者に対しての贖罪の意を。相手の気持ちを考えろ」と強く言われました。だから遺族の方に手紙を書きました。
——残念ながらCさんは手紙を読んでいないみたいですが。
Cさんには Cさんの考えがあるのだと思います。
——世間では、安田先生たちが死刑廃止運動のために、あなたの死刑を免れるためにやっている、という風に激しく非難しています。
先生はああいうタイプの方なので、どうしても壁役になってしまう。安田先生の足をひっぱっているグループがいる。
——では、また手紙を差し上げます。また来ます。お体に気をつけてください。

検察とテレビが作り上げた「卑劣な判決」

Aさんは思っていた以上にしっかりしていて、弁護団や支援者との接触で社会について深く考えているようだった。Aさんは学生たちに、昨年面会した全国紙記者の名前を挙げて、「記者を目指すならぜひああいう人になってもらいたい」とアドバイスした。Aさんは獄中で、メディアのあり方についても知識を深めていると思った。

Aさんに面会後、本田兆司弁護団長に話を聞いた。

本田氏は、差し戻し審の死刑判決の後、「我々が心配していたのが、Aさんが上告の取り消しを求めるのではということでした」と話した。

「奈良の幼児殺害事件で、死刑判決を受け上告を断念したKさんの弁護団が先日再審請求をしましたが、元少年のAさんも一時的な気分の高揚みたいなもので、様々な人たちと面会して、いろんな情報が入ることによって動揺する恐れがありました。彼が答えられないような問い、彼が責任を痛感するような問い——そういうのを突きつけられ、それだったらということで上告を取り下げたら取り返しが付かない。それが弁護団には心配でした。形式的な上告制度になっているので、後々になって彼の意図が真意でなかったという争いになっても、事件を早く終えたいという思いが強いので、裁判所はほとんど認めません。

今はAさんもあらゆる情報を受け止めて、我々と相談してくれるという信頼ができています。面会の申し出があった場合はできるだけ弁護団のほうに一言もらうようにしています」

しかし、本田氏は「絶対防御しなければならない人物がいる」として、ある大学教授の姓名をあげた。

「本人と一回しか手紙をやり取りしていないのに、誰に責任があって、あなたのどういうところに問題があるというのをAさんに突きつけてきました。彼に対する最初からの思い込みがあって、彼をどのように利用するか、というのがあったのです。だからお断りしたのですが、彼に会わずに、彼の精神診断をしてしまった。マスコミと綿密な関係を持っているので、そこから出る影響は非常に大きいと思います」

本田氏はAさんについて、こう語った。「初めて会ったとき、人に対する感覚が鋭いなと思いました。これはいい意味でも悪い意味でも、です。彼は父親からずっと虐待を受けていたのですが、虐待を受けた人というのは必ず自分を防衛しようとする。それが人間関係の中でいろんな形で出てくるんです。同じく父親からDVを受けていた母親が自死したというトラウマもあります」

二一人の弁護団や多くの支援者との交流で、Aさんは成長したという。

「様々な問いかけをし、本を薦めたりしました。社会がどんどん広がってきています。こういう時はどうするのか、ということを一つずつ学んできました」

本田氏は差し戻し審の判決は全く論理的でないと批判した。

「死刑にしないといけないときに、どういう論理を組み立てなければいけないのか。そのときに、永山判決を一応基準にしていますから、新供述を嘘だと決め付けなくてはならない。嘘だと決め付けるために、人を信じられないということを出していくんです。そこから校正をしてあれは嘘つきだということになるんですが。そういう観点から見たときに嘘だと言えないものが出てくる。それは不都合であるから、全部カットしていく。我々はよく言うんですが、判決は脱漏している」

高裁の死刑判決は検察とテレビが作り上げた「世間」に迎合した正義に反した「卑劣な判決」だと私も思う。最高裁は〇八年一二月初め、弁護側に対し、上告理由書の提出期限を六ヵ月延長すると通知した。〇九年五月一九日までに理由書を提出する。

「客観的な事実を素直に見れば、Aさんが強かん目的で行ったのではないということが分かるはずです。私はこれ一つでも勝てると思います。ではなぜ被害者宅に入ったのか。精神心理学者が説いてくれているように、母親の投影があるのです。Aさんは高卒で、高等教育を受けていています。しかし、高校を卒業する時も、先生たちが必死になって彼に手を差し伸べている。高校の報告書に、小学生の頃から父親が虐待をしていると書いてあります。このとき個人的に手を差し伸べてはいるものの、社会は何もしていない。

最後の砦は親なんですよね。しかしこの事件ほど、親から子どもが見離された事件はないでしょう」（本田弁護士）

最高裁が冷静に理性に基づいた判断を行うよう望みたい。

香川事件で危うい犯人視

《祖母の義弟、殺害供述》。〇七年一一月二八日の朝日新聞の一面トップの黒塗り白抜きの横見出しが躍った。《山に遺棄容疑　逮捕　金銭トラブル》の脇見出しの六段記事だ、第一社会面も《金の貸借　家族むしばむ》の六段横見出しに、《義弟、祖母に強い不満　妻に「付き合い」やめろ》の脇見出し。第二社会面に県警捜査に関する四段記事があった。香川県坂出市で幼い姉妹と祖母の三人が行方不明になっていた事件で、被逮捕者が出たことを伝える報道だ。三人の尊い命が奪われたのだから、大事件には違いない。しかし「高級紙」と自称する全国紙や公共放送がトップで伝えるニュース価値があるのだろうか。義弟逮捕と同じ日に参議院の委員会が額賀財務相と守屋前防衛事務次官の証人喚問を議決し、中東和平の国際会議が米国で始まるなど内外で多くのニュースが起きている。

地元記者たちは、別の男性が逮捕されると思い込んでいた。ところが、一一月二七日夜に祖母の義弟が逮捕され、翌日、三人の遺体が坂出港で発見された。

一二月一日の東京新聞に神奈川県の女性が「香川事件報道　危うい犯人視」と題して、次のような投書を寄せた。

《容疑者が逮捕された報道を見て、思わずアッ！と声を上げてしまった。このところ、テレビや週刊誌では別の親族男性への疑惑をにおわせていたからだ。「オレじゃない」と訴える、この男性の姿を見ているうちに、知らず知らず「怪しいのでは？」と思ってしまっていた。

祖母の義弟が逮捕された。翌日あるテレビ番組で「義弟はノーマークだった」と言っていた。報道陣も別の人物を予想していたわけだろう》

この女性が書いたとおり、逮捕されたのは、メディアに疑われていた男性ではなかった。地元の記者は「報道陣の多くが彼を犯人と思い込んでいた」と振り返る。

テレビは逮捕された義弟について、繰り返し報道した。逮捕後も、義弟の犯行動機を報じる過程で、死亡した祖母と妹（故人）の「金銭トラブル」などのプライバシーも暴かれた。三人殺害事件だから、報道されるのは仕方がないが、家族関係の中で起きた惨事であり、事件関係者の名前や顔写真が必要だろうか。

不幸な事件だったが、家族の中で起きたことだ。また、この家族はこれからも生きていかなければならない。文春記事はテレビ報道などを批判しているが、過去の「週刊文春」記事にも大問題がある。

犯罪はどんなものでも、被害者にとって残酷である。加害者や関係者にも辛い出来事である。人の命を奪う犯罪はあってはならない。しかし、人を殺した者は死刑にしろというのは短絡である。国家に、市民の生命をはく奪する権利を認めるのが、死刑制度だ。

揺らぐ官憲依存の実名主義

「愛媛新聞に実名報道原則を主張する詳しい記事が出た。匿名報道の流れに逆行すると思うが、浅野先生はどう考えますか」。南海日日新聞の斉間淳子編集発行人が二〇〇六年末に手紙でこう訊いてきた。手紙には同年一二月八日付愛媛に掲載された二つの記事のコピーが入っていた。

《「実名発表　報道の原点」　日本新聞協会が冊子刊行》（四段）《警察の匿名発表「増」／情報隠し広がる／実名報道重い責任》（特集）という見出しの記事だ。

私は大新聞で、同じような記事を読んでいた。日本新聞協会編集委員会（代表幹事＝白石興二郎読売新聞東京本社取締役編集局長）が同月七日、「実名はメディアにとってすべての始まりで原点」とした冊子『実名と報道』（一部一五〇〇円）

を刊行という記事だ。

日本新聞協会は新聞倫理を実践する自主組織として一九四六年七月に設立した社団法人で、日本の主な新聞一〇八、通信社四、放送局二七の計一三九社が加盟する社団法人である。愛媛新聞もメンバーだ。

新聞各紙は翌日の朝刊で《匿名発表の流れに警鐘》（朝日）、《「実名　メディアの原点」　知る権利に奉仕》（産経）などという見出しで伝えた。愛媛新聞が載せたのは、私が二二年間勤めた共同通信（以下、共同）が配信した記事だ。新聞界あげての大宣伝だ。

斉間満氏が二〇〇六年六月『匿名報道の記録　あるローカル新聞社の試み』（創風社出版）を出版したが、協会加盟の新聞社はどこも書評に取り上げなかった。朝日新聞の県版が報じただけだ。斉間満氏の匿名報道主義の実践を黙殺（英語で black out）したのだ。

愛媛新聞が載せた特集記事は、共同が協会の冊子発刊に合わせて実施した全国四六新聞社の警察担当キャップと共同の警視庁、大阪府警の担当キャップに対するアンケート調査をまとめた記事だ。各地の警察や自治体が市民のプライバシーを守るという理由付けで実名を伏せて発表する事例が増加している実態が、取材現場の実感から浮かび上がった、と結論付けている。

警察が被疑者や被害者の実名発表を控えるようになったのは、報道界が被疑者・被告人と被害者を実名原則で報じるという江戸時代からの因襲を維持しているからだ。神戸のテレクラ放火、東京新宿・歌舞伎町火災などで、その場所で死亡したことを実名で伝えてほしくないという家族の気持ちは無視された。警察や消防の実名発表があれば、遺族の意思も聞かずに実名、顔写真、住所などを自動的に報道してきたために、匿名発表が増加しているのだ。死亡したら実名という原則が今揺らいでいるからこそ、協会は「実名が原則」というキャンペーンをはらざるを得ないのだと思う。焦りの表れと言ってもいい。

冊子は前書きで、「最初の読者は、私たちの若い仲間」を想定したと書いている。現場の記者は事件・事故報道における「実名原則」の虚構を見破っている。この冊子のウソも見抜くであろう。

若い記者たちは警察記者クラブが「当局の監視」をきちんとしているとは思っていない。ところが、協会の冊子は《公権力のチェックも実名があることが前提となる。匿名では当事者に反省を迫れない》と断言し、次のように論じている。《事件・事故の報道の意味は、まず、当事者である被害者や加害者などの関係者に、知り合いの変事をいち早く伝えることにある》

《八五年の日航ジャンボ機墜落事故では、新聞各紙は、犠牲者の実名、年齢、顔写真などを一覧にして大きく報道した。（略）二〇〇一年の米同時テロでは、ニューヨーク・タイムズ紙が被害者全員を名前、年齢、顔写真入りで報じた》

《犠牲者が五〇〇人、五〇〇〇人という人数の固まりで語られる歴史は、大きな力は持ち得ない》

五〇〇〇人という数字は「九・一一」米中枢自爆攻撃のことだろう。九・一一の犠牲者は当初、五〇〇〇人以上と言われていたが、今では二九七三人とされる。

また、九・一一の犠牲者の中には、不法滞在の外国人が数百人いたと言われており、その人たちの年齢や顔写真が出ているとは思えない。ニューヨーク・タイムズ東京支局は「九・一一の被害者全員を名前、顔写真入りで報じたという事実はない」と明言している。

日本の報道界は、米英軍に殺されたイラク市民（一〇万人を超えるとされる）の数さえ報道しないことも強調しておきたい。

冊子は《警察、官公庁に実名発表を求めるが、発表された実名を報道するかしないかは全く別次元の問題》と明記しているが、「報道界、誰がどういう方法で判断するのか全く不明」（JR事故の兵庫県警広報官）という現状がある。

協会の冊子の覆面の筆者は「加害者」と書いて、被疑者・被告人と表現していない。当局に逮捕された市民が無実である可能性があることを全く配慮していない。また、被害者の「そっとしてほしい」という要望も無視している。

刑事事件で被疑者として姓名などを報道すると、報道される側の人権を侵害するのは必至であり、公人・準公人を除いては、まず匿名から出発し、編集局で自律的に顕名にするかどうかを自律的に決める報道界全体の仕組みをつくるしか、権力の「匿名発表化」を阻止する方法はない。

朝日新聞も二〇〇六年一二月一日に公表した「記者行動基準」で被疑者・被害者の実名主義を維持すると断言した。主要メディアの幹部が社会部の「夜討ち朝駆け」肯定派であり、警察や皇室取材でのし上った人たちだからだ。

タウンミーティングのやらせなど政権・与党中枢の不正、松下電器、パロマ、トヨタなど大企業の反社会的行為では、「実名」がほとんどない。週刊誌が大胆に報じているのと対照的だ。

一般市民は実名がすぐ出るのに、逮捕状を発付した裁判官、逮捕状を執行した警察官、被疑者の検事勾留を認めた裁判官、起訴した検事の実名、年齢を見ることはない。その記事を書いている記者の実名も出ない。

冊子は行政機関の匿名発表が増えたと批判するが、日本の主要メディアが、南海日日新聞が八五年に採用した匿名報道主義を導入していれば、警察や役所が市民のプライバシー保護を匿名発表の口実にできなかったはずだ。「お上」の発表を垂れ流し、市民の信頼を失った結果、当局が匿名発表している。それをわかっていて、まだ実名主義を続けようというのだから、大新聞は市民から見放されていくだけだ。

協会が事件事故の被害者の実名原則に固執しているのも時代錯誤だ。一部の「被害者」の事例を多数出して、実名報道を正当化する手法は問題だ。市民が自ら「顕名」を選択して社会的に活動することは、「実名原則」の根拠にはならない。

冊子にある、「匿名化社会」という表現には強い違和感がある。

《私たちは、氏名は社会的な存在としての個人を指し示すものと考える。匿名や仮名で組織されるコミュニティーは健全ではない》

《社会全体が匿名化すると、個人の責任や権利・義務があいまいになり、人権侵害を招いたり、人権侵害があっても分からなくなったりする恐れがある。書かないことによる人権擁護ではなく、「書く」ことで人権を守り、民主主義を支えたい》

フランス革命以降の近代市民社会では、市民は権力・準権力（企業メディアを含む）から匿名で生きる権利があり、「実名はメディアの原点」という原理原則は、権力者を対象に適用されるべきものだ。

国連の経済協力開発機構（ＯＥＣＤ）専門委員会の「プライバシー保護のガイドライン」（一九七九年）は「個人情報を管理する権利はその個人本人にある」という基本原則を打ち出している。

読売の記事には、「東京本社編集局総務　楢崎憲二」の「匿名社会を阻むために」という署名の文章がある。

《「メディアスクラムに悩まされ、追いつめられた私たちには、メディアより警察の方がまだまし、ということなんです」／起草メンバーの一人として一年以上かかわった冊子「実名と報道」がようやく完成した今、犯罪被害者の方々のこんな言葉をあらためて思い起こしている》《新聞協会が「実名の意義」と「匿名の弊害」について考え、取り組んだすべての軌跡がここにあると言ってもいいだろう》《犯罪被害者はじめ読者・国民に、私たちメディアが「まだましと選ばれるかどうか。ともあれ、冊子「実名と報道」は長い試みの第一歩である》

読売社会部の超エリート、楢崎氏はまさに「匿名の意義」と「実名の弊害」は最初から排除したことを自白している。最初に警察の逮捕と被害者の死亡を「実名」の根拠にするという江戸時代の瓦版からの因襲を不変の前提にしているのだ。「氏名は人格の基礎」というのは、濱田純一東京大学、田島泰彦上智大学、松井茂記大阪大学各教授などのメディア〝用心棒学者〟による実名主義擁護論の焼き直しである。

私は新聞協会に二〇〇六年一二月中旬に冊子を注文したが、品切れで増刷中だという返事が来た。メディア幹部がばらまいているのだろう。一二月二九日に冊子が届いた。

冊子の七七ページには「報道の公共性認める判例」としてロス疑惑で報道被害に遭った三浦和義氏が名誉毀損訴訟で敗訴したケースを取り上げているが、三浦氏は「元会社社長」と仮名になっている。三浦氏は人権と報道・連絡会の有力メンバーで、報道改革に取り組んでいる。三浦氏のメディア訴訟はほとんどが勝訴していることが全く触れられていない。

冊子のどこにも、この冊子をつくった人間たちの実名が全くない。「はじめに」と「おわりに」にも筆者名がない。奥付にも発行者として日本新聞協会編集委員会とあるだけで、人間の姓名は全くない。冊子作りに参加した委員の役職、姓名を明記すべきだろう。

巻末に各地の「集団的過熱取材に関する地元協議機関と加盟社、対応窓口一覧」が一二ページにわたって載っているが、「対応窓口」の電話・ファクス番号、メールアドレス、代表者名もない。大切な実名が皆無の欠陥本だ。

この冊子には、拙著『犯罪報道の犯罪』以降の過去二三年間の各界での討議、研究が生かされておらず、現場記者に「実名」を強制するための締め付けが目的とさえ推察する。

警察裏金を調査報道せよ　協会加盟の大新聞の課題

新聞協会の冊子『実名と報道』の第一章「報道機関の使命と実名」に捜査当局を監視してきた事例として神奈川県警の警部補覚醒剤もみ消し事件を取り上げた後、《警察の組織的な裏金づくりも、北海道や高知県など地元の報道機関の積極的な取材で明らかになった》と書いている。

不正確な記述である。警察裏金事件では、愛媛新聞も積極的に報じている。また、「地元の新聞は闘ったが、全国紙、通信社、NHKは地元新聞の足を引っ張り、警察の全国的な犯罪を黙認してきた」と書くべきだ。

二〇〇六年一一月三〇日、同志社大学の私が担当する講義「新聞学原論」で、北海道警の組織的な裏金作りを内部告発した元道警釧路方面本部長の原田宏二氏と、一九七三年から偽領収書作成を拒否し、「地獄の報復人事」に耐え抜いた愛媛県警巡査部長の仙波《せんば》敏郎氏の二人が講義した。朝日新聞記者が取材に来て、一二月一日の京都版に記事が出た。

また、公開シンポジウム「警察裏金とメディア」を一二月一日、同大学で開いた。同大社会学会と社会学部メディア学科との共催で、警察裏金を調査報道し新聞協会賞を受賞した北海道新聞の佐藤一《はじめ》記者が基調講演。第二部で、高知新聞編集局次長の中平雅彦氏、原田、仙波両氏がパネリストになって討論した。

佐藤記者は「スクープのほとんどは発表ものを事前に書いているものばかりで、埋もれている事実を発掘するものは皆無に等しい」「記事に関する評価の基準を変えるべきだ」などと述べた。中平氏は「捜査費不正問題に幕引きをしようとしている。それを止めるためには全国紙が総力を上げることが必要だ」と指摘した。原田氏は「風化してしまっていることが問題だ。国民が警察の犯罪に関心をもつことが重要」と語った。

仙波氏は「日本は民主主義の国だから、それぞれが訴えればなにか変わる。あと二年余りで私は定年退職になる。その期間、私は訴え続ける」と語った。

同大学広報課は一一月二八日、近畿の全報道機関に取材案内を送った。シンポの紹介は大学のホームページにもアップされた。

しかし、このシンポを取材に来たのは京都新聞、愛媛新聞、高知新聞、オーマイニュース日本版だけだった。主催者の代表としてシンポの最初と最後に話をした私のことを実名で報じたのは愛媛新聞だけだった。

朝日が原論のゲスト講義を伝える記事に、私の名前もなかった。記者は私の名前を入れて、なぜ原田、仙波両氏をゲストに呼んだかも書いたと思う。翌日のシンポの紹介もしたはずだ。デスクが削ったのだろう。「実名主義」はここでは簡単に破られる。

冊子は、国民の「知る権利」が全うされるために実名は欠かせないと表明し、《匿名では当事者に反省を迫れない。実名があって初めて、犯罪や腐敗の浄化が可能になる》と断言する。

警察権力を監視するためには、一部のブロック・地方紙しか取り組んでいない警察の犯罪を調査報道することだ。協会は加盟社に警察裏金問題を取り上げるよう働きかけるべきだ。そのための冊子をつくるべきだ。

原田氏は数日後、シンポの感想を送ってきた。「学生さんたちが、日本のメディアの将来を変えていくと期待する。そう思い希望の湧く二日間だった。札幌へ帰ったら、一面の銀世界。これから六ヵ月は雪のなかでの生活だが、それだけに春の喜びもある。冬が終われば、春がある。メディアの世界もそうあってほしい」

仙波氏は「報道の力が弱い。上層部は御用記者ばかりだから役に立たないのが残念だ」と電話で語った。

当局の実名発表がなければ取材が困難だという報道界の主張について、一九九四年に起きた松本サリン事件に巻き込まれ、深刻な報道被害を受けた河野義行氏は「警察が実名を出さないと取材ができない、というのでは情けない。何のためにジャーナリストという職業があるのか」と述べた。

河野氏は「メディアが実名で市民を攻撃した時、真実が明らかになるまで、人権侵害は続き、報道が間違いであることが判明しても、名誉の回復は困難」と強調。また、「公権力は機会を見て、メディアに介入したいと考えている。そんな機会を与えないためにも、報道機関は報道による人権侵害を起こさないように、海外の多くの国々にある業界共通の自律的な報道倫理綱領を作り、報道従事者が綱領を遵守するように自主的に監視を行うメディア責任制度を確立すべきだ。日本新聞労働組合連合もこの趣旨に賛同し、日本にもメディア責任制度を作ろうとする機運は高まっていったが、日本新聞協会は動かなかった」と指摘した。

新聞協会は実名主義擁護の不毛なキャンペーンをやめ、読者＝市民が当局ではなく報道機関を信頼するようになるために何をすべきかを、市民と共に考え、実践してほしい。そのためにはまず瓦版の時代から続く実名報道主義から脱却して、南海日日新聞が導入し、成功している匿名報道主義を導入することである。

8 南海日日の斉間氏「匿名報道」を二十年間実践

「『海鳴り』のコラムを頼むよ」。愛媛県八幡浜市にある地域紙、南海日日新聞の編集長、斉間満さんは第五九回新聞週間が始まって三日目の二〇〇六年一〇月一七日朝、妻の斉間淳子さんに、こう言って自宅を出てリハビリ施設に向かった。彼はその日の午後零時過ぎに施設で倒れ永眠した。六三歳だった。

私は一九八三年から八四年にかけて月刊雑誌「マスコミ市民」で連載した「犯罪報道は変えられる」で、北欧型の匿名報道主義の導入を初めて提唱した。斉間さんはこの連載を読んで、同紙に載せたいと頼んできた。同誌編集長が快諾して転載された。

斉間さんは市議会議長から一般市民まで幅広い同紙の読者・市民に、「匿名報道」への転換の是非について意見を聞いて、それらを紙面に載せた。同紙は八六年一一月、事件報道を匿名報道主義で行うことを決めた。それ以来、全国でただ一社、「匿名報道」を二〇年間実践してきた。

斉間さんは幼い時より心臓病を患い、六年前に脳梗塞で倒れたが、奇跡的に快復し、二〇〇二年に『原発の来た町　原発はこうして建てられた　伊方原発の三〇年』(南海日日新聞社)を刊行した。

二〇〇六年八月四日、斉間さんを訪ねた。担当医のいる市立病院の前にあるバリアフリーの県営住宅で旧交を温めた。「介護認定が重度の五で、コラムをワープロで打つのが精一杯だが、こういう時代だから、書きたいことがある。書かねばならないことがある」と言った。

伊方原発反対運動の同志だった京都大学の教員たちの寄せ書きが壁にあった。「叛原発」。「反原発」ではなく「叛原発」という言葉が気に入っていた。

最期の朝に書いた連載コラム「海鳴り」は、蒸気機関車が走っていたころのJR八幡浜駅にあった「伝言板」と「地の塩の箱」という募金箱に触れて、《あれもこれも拝金主義や物質主義がまだ幅を利かせていない時代の頃だ。少なくとも、今の若者よりも筆者の生きた時代の方が豊かであったように思う》と結んだ。

斉間さんは『匿名報道の記録　あるローカル新聞社の試み』（創風社出版）を二〇〇六年六月に出版した。私が同志社大学へ移って最初の年のゼミの夏合宿（九四年七月）に斎間満氏を講師に招いた。この合宿での斉間さんの講演録が同書に収録されている。

同書には、権力者の犯罪が問われた「警察幹部不正事件」、農協職員横領事件、信金の現金不明事件、中学生自殺事件などの実例を挙げて、小さな町で起こった様々な事件をどのように報道してきたかを伝えた。斉間さんは、「読者の視線に立つ」のが匿名報道への第一歩だと言い切っている。

二〇〇五年五月一五日、斉間さんから、「匿名報道の記録」を紙面で連載しているという連絡を受けた。《市民との接点を十分持っていれば、警察情報に頼らなくても報道の使命は果たせるとの手応えを感じている。警察に都合が悪いため警察署長の氏名を隠して発表された人権侵害やハレンチ行為事件は重大な権力犯罪だが、読者の関心に応えて実名を報じられたのは記者クラブや警察情報に頼らなく自由で本来の取材活動を行って来た結果だと自負している》。匿名報道の真髄だ。

同書の版元の大早友章氏は「匿名報道の実践を叩き台として、全報道人に知ってほしい。しかし、大手メディアと地元県紙も同書を全く紹介しない。斉間さんの営為を無視しているのだ」と述べた。

斉間さんの父親は斉間さんが生後六ヵ月のときにレイテ島で玉砕したという。父の遺骨も還ってこなかった。父が靖国神社に英霊として祀られているのを知り、霊璽簿から削除するよう求めたが無視された。

斉間さんの新聞は、妻の斉間淳子さんが編集発行人を引き継ぎ、近藤誠記者、泉憲明氏らと共に発行している。匿名報道が続くのだ（その後、同紙は〇八年五月三一日に廃刊となった）。

9　相次ぐ無罪判決

二〇〇七年四月一一日の朝日新聞の社説は《無罪ラッシュ　検察の態勢を見直せ》という見出しで《二年余りも服役

した男性が無実とわかった富山の強かん事件。死刑を求刑された被告の無罪が確定した佐賀の女性三人殺人事件。起訴された一二人が全員無罪となった鹿児島県議選の買収事件。大阪では放火で無罪判決が言い渡された。相次ぐ無実や無罪に驚いてしまう》と書いた。

最近、無罪判決が多く、冤罪事件が頻発しているように感じる。日本では起訴された刑事事件の有罪率は九九・九％で、裁判所が無罪判決を言い渡すことがきわめて稀だ。

鹿児島県議選事件

二〇〇七年二月二三日、被告一二人全員の無罪判決が確定した二〇〇三年の鹿児島県議選をめぐる志布志市を舞台にした公職選挙法違反事件。この事件では、(逮捕三九五日後に保釈)。取り調べ中に親族の名前などが書かれた紙を踏まされた。連日の取り調べに悩み自殺未遂をした人もいる。

この事件は五月一一日のニューヨーク・タイムズ紙が一面で「無実の人が警察の圧力で自白」と題し、元被告らの写真とともに一面で一連の事件の経緯を報じた。

朝日新聞鹿児島版によると、同記事はノリミツ・オーニシ東京支局長の署名入りで、「小さな町で起きた公選法違反事件の容疑者はしつこい取り調べを受け、長期間拘束された人もいた」「日本の捜査当局は長年、容疑者を起訴するのに裏付けを取るよりも自白に頼ってきた」と捜査手法の問題点を指摘した。オーニシ支局長は、裁判員制度の導入が迫る中、志布志の事件だけでなく富山などでも冤罪や無罪事件が相次ぎ、周防正行監督の映画「それでもボクはやってない」も話題になったことが、取材のきっかけになったと言う。

実際に志布志市に足を運んだ支局長は「容疑者とされた人たちは警察に信頼を寄せていた素直な人たちばかり。まるで映画のような事件だ」「明らかに強制的に自白をさせたのに、警察、検察はまだ責任を取っていない」と朝日新聞に語った。

警察、検察は冤罪者に直接謝罪していない。

富山冤罪事件

二〇〇二年に強かんと強かん未遂の二事件で逮捕され、自白を強要され実刑判決（懲役三年）を受けて、約二年一ヵ月間の刑務所での服役後の二〇〇七年一月に冤罪とわかった富山県内の男性（四〇）の冤罪事件。男性の再審初公判が六月二〇日、富山地裁高岡支部（藤田敏裁判長）で開かれた。冒頭陳述で、検察側は「被告人は無罪です」と主張した。弁護側は冤罪を生んだ捜査の過程を明らかにするよう強く求め、男性を取り調べた際、自白を強要した警察官の証人尋問を申請したが、藤田裁判長は却下した。

男性は閉廷後、取調官の証人尋問が認められなかったことなどについて、弁護士を通じて「裁判に対して絶望した」とコメントした。

富山県警で二〇〇二年四月に任意聴取を受けた際、当初、容疑を否認したが、聴取三日目に「自白」し、逮捕された。だが、翌日に行なわれた勾留理由開示裁判で、裁判官の質問に「身に覚えがない」と否認し、接見した弁護人にも否認を告げた。その後、一転して容疑を認めた。

県警の取調官に「発言を覆さない」旨の念書を書かされ、「はい、うん以外言うな」と迫られた。事件現場で見つかった靴跡は大きさ二八～二八・五センチ。柳原さんの靴のサイズは二六・五センチ。靴が見つからないと、県警は「靴は燃やした」という調書をとった。

取り調べ中に母親の写真を手に持たされて追及された。父親の死にも収監中で立ち会えなかった。

県警は念書の存在や、「取調官に手首をつかまれ、見たことのない被害者の部屋の見取り図を描かされた」という男性の主張を否定している。

〝真犯人〟が逮捕されたために冤罪が晴れたとされているが、実際は捜査段階から、警察はこの男性のアリバイなど無罪証拠をもっていたにもかかわらず、男性から嘘の自白を引き出し、有罪にしていた。

男性は再審公判前に顔や姓名を伏せて、テレビの取材に応じた。

北日本放送のホームページによると、男性のやり直しの裁判・再審を前にした一五日、弁護団と検察、裁判所が二回目の事前協議を行なった。この事前協議で弁護団は、再審で事実と違う証拠が作られていった過程を明らかにするため、当時、男性を取り調べた警察官の証人尋問と、男性が捜査線上に浮上した原因となった犯人の似顔絵や、男性がしたと主張しているＤＮＡ鑑定の結果など、二五項目の証拠を開示するよう求めた。

これに対して検察側は証拠の開示については検討すると答えたが、取調官の証人尋問については明言しなかった。

これまでの取材で検察側は真犯人とされる人の有罪を立証できれば、男性の無罪が認定されるとして、再審では当時の供述調書が作られた経緯や信用性には触れないという方針を示していた。

この再審裁判がやるべきことは、男性の有罪・無罪の認定ではない。冤罪を生み出した警察の違法捜査を、どこまで公判の中で明らかにするかが問われている。同じ地裁の裁判官たちは、警察・検察が捏造した書面の証拠を疑いもせずに、男性を有罪にして三年の実刑判決を言い渡していた。なぜ誤判が起きたのかを解明することが、同僚裁判官の最低限の社会的責任である。

ところが、裁判所（藤田敏裁判長）は、弁護側から出されていた取調べ担当警察官の証人喚問を却下した。次回公判（七月一八日）で被告人質問と論告求刑（無罪求刑）を終え、結審する予定だという。

真犯人とされる人は、現在まだ公判中でその有罪は確定していない。有罪が確定するまで、すべての被告人は無罪を推定されるというのが刑事裁判の大原則である。

ネットの「ももちゃん新聞」（http://onq.jp/momo-journal/）は六月二一日、「他に真犯人がいるから、男性の無実についての事実認定や、原審で誤って有罪としてしまった経緯などを明らかにする必要がないということは、裁判所自身が、真犯人とされる人物の推定無罪原則を踏みにじることになる」「『冤罪の原因が解明されないのは残念』などとマスコミのその場限りの評論で幕を閉じるわけにはいかない問題だ」と伝えた。

続く誤認逮捕

佐賀県の山中から女性三人の他殺体が見つかった「北方事件」で、三件の殺人罪に問われ死刑を求刑された会社員に、福岡高裁は〇七年三月一九日、一審に続き無罪を言い渡した。遺体発見の九ヵ月後に始まった〝任意〟の事情聴取で、一日に一〇～一五時間の取り調べが〝自白〟するまで一七日間続いた。しかも会社員が逮捕、起訴されたのは一二年以上経た後である。

女性一〇人が襲われ、英国人女性ら二人が死亡したとされる連続準強かん事件で、準強かん致死や死体遺棄・損壊などの罪に問われた不動産管理会社社長に対し、東京地裁（栃木力裁判長）は〇七年四月二四日、無期懲役を言い渡した。ただ、英国人女性事件については「被告人が何らかの形で事件に関与したことは認められるが、起訴事実を認めるにはなお合理的な疑いが残る」と述べ、無罪を言い渡した。東京高裁（門野博裁判長）は〇八年一二月一六日、死体遺棄・損壊を認める一方、準強かん致死は無罪と判断し、同じ無期懲役を言い渡した。被告側は上告した。

知人女性に対する強かん未遂の罪に問われた大阪府内の三〇代男性の控訴審判決が〇七年六月一九日、大阪高裁であり、古川博裁判長は大阪地裁の一審実刑判決を破棄し、逆転無罪を言い渡した。「女性の供述には意図的な虚偽があり、信用性は高いとは言えない」と述べた。判決は、女性の捜査段階の供述が変遷していると指摘。「同意の上だったことを知られたくない事情があったと思われる」とした。

函館市内の自宅アパートで顔見知りの女児の陰部をさわったなどとして強制わいせつの罪に問われた、同市の被告に対して、函館地裁は〇七年五月二三日、無罪判決（求刑懲役二年）を言い渡した。岡田龍太郎裁判官は「被害者がうその供述をした疑いが残る以上、被害者からの伝聞による証拠で犯罪の証明はできない」と理由を述べた。函館地検は六月六日、控訴を断念したと発表した。

名古屋簡裁は〇七年五月二三日、一七歳の少女との性行為で愛知県青少年保護育成条例違反（淫行の禁止）の罪に問われた男性に無罪を言い渡した。

通勤電車内で女子高校生の尻をスカートの上から触ったとして、大阪府迷惑防止条例違反の罪に問われた兵庫県内の男性銀行員に対する控訴審判決が〇七年五月二五日、大阪高裁であり、陶山博生裁判長は一審大阪地裁の有罪判決を破棄し、逆転無罪を言い渡した。「被害者は体に触れたのが誰の手かを正確に認識できたとは考えがたく、痴漢をできる位置には男性以外の人も立っていた」と述べた。

否認を続ける家族を検察が呼び出し、自白を要求した高知の卓球少年団指導者の例もある。

警察・検察が異例の指示

以上述べてきたような無罪判決や、冤罪事件が相次いだことから、最高検は自白をとる捜査の問題点などの調査に乗り出し、二〇〇七年六月五日には法務省で、全国八高検の検事長が集まった緊急の検事長会合も開かれた。

長勢法相は会合の冒頭、自白の取り方、起訴の判断などに強い批判があると指摘。但木敬一検事総長は「（選挙違反は）直接的証拠に乏しく、供述に頼らざるを得ない面は否定し難い。自白の裏づけ捜査の徹底など基本に忠実な捜査を」と指示した。

また、警察庁の漆間巌長官は前日の全国警察本部長会議で、「緻密で適正な捜査の推進」を挙げ、鹿児島県議選の選挙違反事件での無罪判決、強かん罪で服役した富山県の男性の冤罪など、捜査ミスが相次いだことを踏まえた。

朝日新聞は前述の四月一一日社説で、捜査当局を厳しく批判した。

《起訴された人はいずれも自白を厳しく迫られていた。これらの捜査は一番古くても〇二年である。自白偏重の捜査は二一世紀になっても改まっていないのだ。（略）

警察は社会から一日も早く犯人を捕まえることを求められる。容疑者から自白を得たとき、これで解決に向かうと考えがちだ。そこに冤罪の落とし穴がつきまとっていることを忘れてはいけない。（略）

深刻なのは、警察を指揮し、供述や証拠をチェックするはずの検察がその役割を十分に果たしていないことだ。（略）どの組織も同じような課題を抱えているかもしれない。だが、ことは人権に絡む問題だ。検察官の採用や育成の問題にも踏み込む必要がある。》

また五月二〇日の社説で大阪地裁所長事件を取り上げて、「少年審判　自白をうのみにするな」でこう論じた。

《自白を強要する警察の捜査が、またも裁判所から厳しく指弾された。（略）

府警は深く反省しなければならない。

理解しがたいのは、「有罪」とした大阪家裁の判断だ。

子どもは威圧に弱く、暗示にかかりやすい。少年審判を担当する家裁は、自白調書の内容を念入りに吟味しなければならない。ところが、それができていなかったのではないかと思われるからだ。（略）

同じ証拠を調べながら、結果は正反対になった。家裁は少年らの自白調書を信用できると認め、「有罪」と判断した。地裁判決が無罪の根拠の一つとしたアリバイについても、家裁は客観的な裏付けが乏しいとまで言い切った。》

東京新聞も三月二一日の「『自白頼み』に決別を」と題した社説で、佐賀の連続殺人無罪などを取り上げて、「冤罪を防ぐには、警察の捜査をチェックする能力を検察が強化するのも課題だ」などと提言している。

しかし、朝日などメディアに、何か忘れていないかと問い正したい。報道の責任である。

ジャーナリズムが警察・検察・裁判所を監視しているかどうかを自問してほしい。誰が逮捕されるか、捜索の対象となるかの「実名」報道で競争しているのが報道界だ。警察に「一日も早く犯人を捕まえることを求め」て、夜討ち朝駆け取材に奔走している。

被疑者が逮捕されると、「自白」したかどうか、その供述内容をスクープする競争に明け暮れている。メディア報道も冤罪づくりの共謀共同正犯なのだ。

無罪判決が出ても、逮捕段階で被疑者を犯人扱いした当時の報道機関の責任に言及する記事が全く見当たらない。八〇年代に免田事件など死刑囚の再審無罪が四件も続いた時には、当時の報道を検証する記者たちがいた。ロス疑惑の三浦和義さんや甲山事件の山田悦子さんの無罪確定のころから、「報道の責任」を問うことがなくなった。メディア研究者の多くもメディアリンチを肯定している。

検察が糾弾した犯罪報道の犯罪

東京都の歯科医師（六二）方で、医師の長女で短大生（二〇）の切断された遺体が見つかった事件で、東京地検は二〇〇七年二月五日、医師の次男で予備校生（二一）を殺人と死体損壊の罪で起訴した。同地検は、被告人に関する一部のテレビや週刊誌報道について全否定する異例の説明をした。

地検の岩村修二次席検事は「性的な関心や遺体への興味による犯行ではない。遺体も全部発見されている」と説明。補足説明した小島吉晴特別公判部長も「週刊誌などで遺体の一部を食べた、なめた、頭部を抱いて寝たなどと書かれているが、捜査の結果、そのような事実は認められない。つまりウソということだ」と批判した。

検察幹部の異例の指摘の背景には、〇九年に始まる裁判員制度への危機感があるのではないか。東京地検は今回、遺族側にもこうした報道が「事実ではない」と伝えた。最高検幹部は、「事実でない報道には、事実ではないと指摘しなければならない。裁判員制度を円滑に進める上でも必要なことだ」と話した。

検察幹部がここまでメディア報道を批判したことはなかったのではないか。「ないことないこと」も報道するワイドショーや週刊誌メディアの体質を改善することは急務の課題である。

10 日米「国家」とメディアの共謀で殺された三浦和義さんの遺志を受け継ごう

〇八年一一月二日夕、神奈川県平塚市の三浦和義さん宅を訪ねた。東京都大田区平和の森公園で三日に行われる葬儀に、大学の入試業務のため参列できないので、「フルハムロード良枝」で仕事中の妻Yさんに無理を言って線香を上げさせてもらった。

遺骨が安置されたテーブルに、遺影が飾られていた。Yさんが選んだ笑顔の写真で、「やあ、浅野さんこんにちは」という声が聞こえてきそうだ。

二十四年前から三浦さんの支援を続けてきた「人権と報道・連絡会」（人報連）の山際永三さんは翌日の葬儀の最終打ち合わせのために来ていて、一緒にお参りした。

三浦さんの遺体は当初、そのまま日本に搬送する予定だったが、遺体を引き取った後、ゲラゴス弁護士が二回、法医学者に依頼して検視を行った後、ロスの葬儀社で火葬にしてもらったという。「米カリフォルニアでは骨を全部、箱に入れてくれるんです。だから日本のものよりずっと重い。浅野さん、和さんを抱いてあげてください」とYさんが純白の布で包まれた遺骨箱を渡してくれた。

ずっしりと重い。葬儀社の担当者の署名があり、火葬の日付が記入されていた。

あの大柄の三浦さんがこんなに小さくなってしまった。もう三浦さんのあの人懐っこい笑顔を見ることはできない。何ということかと、悲しみと怒りが湧いてきた。「こんなになってしまったので、何も声を上げられない」とYさんは言った。

旅券に米国（サイパン）入国スタンプ

霊前には人報連ニュースの最新号、好物の果物、菓子が供えられていた。壁には三浦さん夫妻が旅行先で撮った写真が飾ってあった。

真新しいパスポート（旅券）もあった。更新したばかりで、Yさんがロス市警から遺品として受領したのは旅券だけだという。

旅券には二月一七日にサイパン（米国自治領）に入国した時の米国入管のスタンプが押してあるだけだ。最初のページには《日本国民である本旅券の所持人を通路故障なく旅行でさせ、かつ、同人に必要な保護扶助を与えられるよう、関係の諸官に要請する》という日本国外務大臣の一文が掲載されている。

三浦さんは被害者だ

三浦さんは一九八一年一一月八日、米ロサンジェルス（ロス）で妻の一美さんと共に二人組の強盗に襲われた「銃撃事件」の被害者である。一美さんは約一年後に死亡。三浦さんも脚に重傷を負った。ところが、八四年一月、「週刊文春」（以下、文春）が「疑惑の銃弾」の連載を開始し、テレビ朝日「トゥナイト」が文春発行の前夜に同記事を取り上げて、企業メディアぐるみの「ロス疑惑報道」と呼ばれる「情報の銃弾」が展開された。

三浦さんは二度の逮捕、一審無期懲役判決を経て、一九九八年に東京高裁で無罪判決を勝ち取り、二〇〇三年最高裁で無罪が確定した。

最高裁で無罪が確定した国民がサイパンを旅行して帰国の途に就こうとしていた空港で監禁され、身柄拘束の妥当性をめぐっての裁判が続いた。

日本国当局（外務省、法務省、最高裁判所）は米国政府諸官に必要な保護扶助を求めるどころか、三浦さんを監禁拉致したロス捜査当局に「捜査協力」の約束までして、ロス捜査当局の犯罪に手を貸した。

国会で三浦さんの不当長期拘束について質問をしたのは鈴木宗男衆議院議員だけで、法的に問題があると追及した議員はいなかった。国会議員会館で三浦さんの支援集会を開いた際、紹介議員も集会の案内文に三浦さんの姓名を入れないようにと要請してきた。

サイパンとロスの現地の外交官は三浦さんに接したが、東京の政府当局者は冷酷そのものだった。

Yさんはパスポートを手にして、「これを持って日本に帰ってみなさんに再会するはずだったのに……。二度と使うことはなかった」と話した。「彼はどうしてこんな目に遭わなければならないのか」「何も悪いことをしていないのに、マスコミに叩かれ、世間から疑われなくてはならないのか」。Yさんがつぶやいた。

ある親族は「マスコミはなぜ〝元社長〟と書くのか。三浦は今もYさんと共に経営する会社の社長だ」と指摘した。「容疑者」と書くメディアもある。

Yさんは遺骨を前に、夫が自殺するはずがないと改めて断言した。「一〇月一〇日ロスに移送されたが、ロスに行くことを決めた前夜、私に電話をしてきて、すべてはロスで明らかにして、闘い、一〇月末には日本に帰国して普通の生活に戻る、と言っていた」と伝えてきた。自分で決めたのだという。現地時間の一〇月一五日にYさんと親族がロスに着いてすぐに面会することも伝えていた。ロスに入ったらすぐにロスの日本総領事館に連絡を取って、領事と面会する手筈も整っていて、実際に領事部長が会ってくれて、身の回りのことも世話してくれていた。

四半世紀前、三浦さん夫妻は二人の小さい子どもと共に、東京都内から千葉に移り、ロンドンなど海外にも避難した。Yさんから頼まれながら、なかなかいい弁護士が見つからず、苦労した。ロス疑惑報道を批判する弁護士は多いが、「国民の敵」扱いされた三浦さんの弁護を引き受ける法律家はほとんどいなかった。最初についた五十嵐二葉弁護士は解任された。「おカネをいっぱいとられたが、ほとんど何もしてくれなかった」と三浦さんは憤慨していた。彼女は岩波ブックレットで犯罪報道に関する本を出しているが、他の著書で三浦さんの人格を攻撃するような記述をしている。

Yさんが弁護士を探している時、朝日新聞の良心的な司法記者（複数）が奔走したこともあった。私に相談があり、弘中惇一郎弁護士らがついてくれた。

三浦さんの遺志を受け継ぎたい

不起訴または無罪を獲得して日本に帰るはずだった三浦さんがなぜ、骨だけになって自宅へ戻られなければならなかったのか。三浦さんはさぞ無念だったと思う。

私は次のような弔電（一部略）を山際さんに託した。コピーをYさんがとって、霊前に供えてくれた。

《私は三浦さんが「情報の銃弾」を浴びた「ロス疑惑」報道を「画期的な調査報道」だと言うマスコミ界と御用学者の体制に抗ってきました。共同通信の記者時代に「人権と犯罪報道」について考えてきた私にとって、三浦さんとの出会いは、その後の私の人生を変えました。人権と報道・連絡会も三浦さんの絶え間ない協力なしには活動できませんでした。

初めてお会いしたのは、〝ロス疑惑〟報道がピークの一九八五年六月二五日夜、新宿で行われた月刊誌「噂の真相」の座談会でした。

私は、一九九五年に葉月さん、弁護団、山際永三さん、大庭絵里さん（神奈川大学助教授）らとロスに行き、現場で調査もして、無実を再確信しました。

三浦さんが万一、共謀罪で起訴されて本格的な裁判になったらロスに行こうと思っていました。

三浦さんは獄中でも面会、文通を通じて私たちを励ましてくれました。無罪を勝ち取った後は、日本各地を訪ね、冤罪やメディアの暴力で困っている人たちを助け、司法とメディアを改革する運動に献身されました。

今年二月以降、とりわけ一〇月一一日夜からの三浦さん死亡報道を検証していきます。「新証拠がある」などと無責任なことを言った企業メディア文化人・識者には責任をとってもらいます。三浦さんは私たちの心の中に生き続けています。三浦さんに教えられ、導かれてきた私も三浦さんの遺志を受け継いで、闘っていきます》

一一月三日の葬儀は山際さんの司会で進み、二三〇人の出席で無事行なわれた。ゴビンダさん支援会の客野美喜子さんが私の弔電を代読してくれた。

Yさんら親族と三浦さんと関係の深い人報連、労働組合、民族派の三者が中心になって葬儀は準備された。

一〇月二〇日、葬儀について弘中弁護士事務所で打ち合わせを行った。葬儀社に寺などの予約を頼むには病院など公的機関の死亡証明書が必要ということで、弘中弁護士が喜田村洋一弁護士に依頼した。その喜田村氏は今は文春、講談社、NHK、読売新聞の顧問弁護士（代理人）である。二十四年の歳月は三浦さんを支えてきた人たちの人生も変えてしまった。

遺骨の帰還から、葬儀まで、メディア取材にどう対応するべきかで頭を悩ませた。三浦さんにはどこまでも〝糞バエ〟のようなメディア・フレンジング（凶乱取材）がつきまとう。

喪主のYさんと山際さんの名前で、「式場内での撮影取材は禁止。内外でのインタビューもご遠慮ください。故人を安らかに見送ることができるよう、ご理解ご協力お願い致します」という要請文をメディア関係者などに配った。マスコミは会場内には入らず、節度ある取材を行った。

最期まで〝引き回し〟のメディア

一〇月二五日、三浦さんの遺骨を抱いてYさんらが成田空港に到着した。山際氏は成田国際空港会社保安警備部に、遺族の心情を考えてメディアの晒しものにならないように配慮を求めた。同社は「特例として認める」として到着ターミナルビルの地下に車を待たせることを許した。

ところが、Yさんが税関を通って出てから、地下へ通じるエレベーターまで約五〇メートルの間をメディアに晒した。同社と成田空港記者会との協定で、それだけは規制できないという。空港記者会が、重要な人物がひそかに出入国するのを許さないとして「国民の知る権利」を盾に勝ち取った慣行だそうだ。三浦さんの遺骨と親族を撮影することが「知る権利」の行使だと考えているところに大きな間違いがある。

山口正紀さんがYさんの前に立ちふさがって、遺骨の入った箱が映らないようにした。山際さんはYさんをガードした。それでもテレビニュースにYさんと遺骨が映った。Yさんがロスに向かう時は、Yさんの顔にモザイクをかけていたが、この時はモザイクがなかった。Yさんがロスで映像付きで「自殺ではないのではないか」と訴えたので、顔を出していいと判断したのだろうが、遺族の気持ちを尊重すべきではないか。

三浦さんが一九八五年九月に別件の「殴打事件」で殺人未遂容疑で逮捕された際、〝引き回し中継〟が行われ、警視庁のメディア対応が〝引き回し〟に当たるという民事判決が確定している。にもかかわらず、三浦さんは死亡した後も、晒しものにされた。

新聞報道も問題だ

新聞各紙は一〇月一二日の朝刊一面で《三浦元社長自殺／移送直後／ロスの拘置施設で》（読売）などと大報道した。ロス市警の発表の垂れ流しだ。「死亡」は確認されても、「自殺」と断定する根拠はない。Tシャツがいつの間にかワイシャツに変わり、発見時刻は二分早まり、死亡確認は二四分に延びた。発見から死亡確認までの時間も「一五分」が「四一分」へ変更された。

新聞各紙は遺骨の帰国の際も《米ロサンゼルス市警の施設で拘置中に自殺した三浦和義元輸入雑貨会社社長》と書いているが、「自殺」となぜ断定できるのか。

検視局の最終見解は出ていない。Yさんは葬儀で「ロス市警から正式な死因の報告はない。いずれ真実が明らかにされると願っている」（一一月四日の朝日新聞）と述べた。「自殺」と言っているのは、ロス市警の一部の捜査官だけだ。

ロスでYさんが遺体の「引き取りを拒んでいた」（一〇月一一日の朝日新聞）と各紙は報じていたが、Yさんが引き取りを拒んだという事実はない。Yさんら親族が「自殺ではないと思うので、しっかり調べてほしい」と要望していただけだ。

新聞各紙にも日本での無罪確定を無視した紙面が目立った。朝日新聞は一二日の社会面に「ロス事件／闇の中に」との見出しを掲げ、《日米の捜査当局が続けた「真相解明」は、事件発生から二七年で決着を見ないまま幕引きとなった》と書いた。

翌一三日には「真相を闇に葬りたくない」と題した社説で、《逮捕にあたり、「ロス市警は新証拠を入手している」との見方も出ていた。新証拠があったとすれば、何だったのか。もしないのなら、米国の捜査当局はどのような根拠で立件するつもりだったのか》と論じた。毎日新聞も一二日の社説で、《ロス市警側は有力な証拠を用意したとされており、（略）事件発生地を管轄する捜査当局による真相解明ができなくなったことには残念な面もある》と書いた。

一六日の毎日新聞は《「新証拠なかった」　ロス郡地検の広報官証言》と伝えた。この記事によると、ロス郡地検のサンディ・ギボンス広報官は「DNA鑑定や、新証拠などの新しい証拠はなかった」と断定し、共同通信や朝日新聞が、《FBIが日本の警察庁へ「新証拠を発見した」と連絡した》とする報道を否定した。

朝日、毎日両紙はこれらの社説を訂正し、三浦さんに謝罪すべきだろう。

作家の佐木隆三氏は一二日の読売新聞の寄稿記事で、《注目求めた「役者」的人生》という見出しを掲げ、個人的な〝恨み〟を隠さず、《自殺は、圧倒的に追い詰められた中で、もう有利な展望は期待できないと、役者として最後の大舞台を演じたともとれる》と断定した。妄想の世界でジャーナリズム活動をしてはならない。

ゴリゴリの「実名報道主義者」である毎日新聞の小川一社会部長は一〇月一三日の署名記事で《なぜ闘いをやめたのか。彼の霊に尋ねてみたい衝動にかられる》と論じた。

毎日新聞の山口県版（一〇月二一日）に、《メモ帳から：報道の在り方》と題した記事があった。

《広島地裁が二日、光市の母子殺害事件の被告弁護団への懲戒請求をテレビ番組で呼びかけた橋下徹弁護士（大阪府知事）に賠償命令を出した。事件の遺族、本村洋さん（三二）が判決後、本紙に寄せた談話に本村さんの痛みを感じた。

懲戒請求が放送後に殺到した点を本村さんは「橋下知事だけの責任ではない。テレビが事件をバラエティー感覚で扱う傾向があり、その産物と思う。報道の在り方を考える時ではないか」と指摘した。

三浦和義元社長（六一）が米国での審理前に自殺したロス銃撃事件では、当時の新聞も過ちを犯した。三浦元社長は報道機関を相手に名誉棄損など数百件の訴訟を起こしほとんどを勝訴した。逮捕から一三年近い拘置所生活を解かれた直後の三浦元社長の話を記者駆け出しの九八年に聞いた。私生活まで暴く報道の怖さを指摘されたことを今も忘れていない。【近藤聡司】〈山口版〉》

毎日新聞は《過ちを犯した当時の新聞》に入らないのか。小川部長と近藤記者の対論を読みたい。

ロス市警の一二日の記者会見はたったの一〇分で終わった。三浦さんをロスに移送した捜査班の中心であるリック・ジャクソン捜査官は一言も発しなかったという。日本人記者たちは質問もしない。こういう時にこそ「メディアスクラム」を組むべきなのだ。

共同通信が一〇月一八日、銃撃事件は「白石千鶴子さん変死体事件」と併せ、未解決事件として捜査は継続されると報じ、《捜査関係者は「共犯者が出てくる可能性もあり、事件の証拠は今後も開示されないだろう」と述べた》と記述したのは大問題だ。

三浦さんは留置場内で殺されたのではないかという疑惑が報道されてから、三浦さんに対する報道姿勢が変わった。報道量も極端に減った。

共同通信は二〇日、ロス発でAP通信報道を引用して、《三浦和義元会社社長（六一）＝日本では無罪確定＝の死因について、弁護人のゲラゴス氏は一九日、検視を依頼した病理学者が、自殺ではなく他殺だったと結論付けたと語った》と報じた。ロス市警は二〇日、記者会見し、《現時点の市警の調査では、自殺ではないとする証拠は全くない》と改めて強調し、ゲラゴス氏の主張に反論した。大ニュースだが、その後のフォローがほとんどない。

最期まで醜悪な文春

「週刊文春」は一〇月二三日号で《疑惑の銃弾　終幕》との見出しでグラビア特集（宮嶋茂樹氏の手記を含め八頁）を組み、《総力取材　三浦和義「獄中首くくり」の全内幕》と銘打って、七ページの記事を載せた。文春連載「疑惑の銃弾」の取材キャップだった安倍隆典氏が《自己顕示欲の固まりのような男》《永遠の無罪を勝ち取るための死》などと死者に鞭打った。見出しで三浦さんを呼び捨てにしているところに、文春の非正常さが現われている。

写真家の宮嶋茂樹氏の手記も醜悪だ。

日刊ゲンダイも三浦さんを呼び捨てにして、米国で有罪にできたのに、なぜ日本で無罪になったのかという記事を載せた。講談社系の出版物は最近どうかしている。

山口正紀氏が「週刊金曜日」でサイパンの拘置所面会室で三浦和義さんと八月二〇日に面会した記事を載せている。三浦さんはその中で、二月二二日にサイパンで逮捕された後、「新証拠が出た」などという虚偽報道があったことを批判し、《（サイパンでの逮捕後の）初期の報道が許されるわけではないし、日本に戻ったら対応を考えます》と述べている。

「週刊文春」記者が一二月、山際永三さんの家に取材に来た。「文春の取材はお断りします」と言うと引き上げたという。

元地方紙記者の友人は「ほんとにメディアはひどい。三浦さんは完全無罪なのに。とくに文春デスクなど厳しく断罪されたのに堂々と、したり顔でコメントしているのには怒りでいっぱいだ。あいつら、何とかできないものかと思う」と言っている。

評価できたテレビ番組と今後に期待

二月以降の三浦さんに関するテレビ報道の犯罪について、「創」五、一二月号に書いているが、放送界にはメディアの「罪滅ぼし」の動きも出ている。遅すぎるが、やらないよりいい。

自殺ではないのではないかというニュースが出てから、テレビは三浦さんのことを取り上げなくなった。これでは困る。ロス警察の犯罪の可能性が濃厚なのだから、メディアスクラムを組んで調査報道してほしい。

一〇月一四日午前のテレビ朝日「ワイド！スクランブル」は《三浦元社長〝自殺〟に疑問 弘中弁護士が緊急生出演》と題して、弘中弁護士と、二月の拘束後、早期解放を求めて活動してきた「三浦和義氏の逮捕に怒る市民の会」の河村シゲル氏が出演した。

〝国際弁護士〟の清原博氏が二人に反論しようとしたが無理だった。同番組の担当者は「こういう番組を放送したかった」と喜んだという。

山際氏は「二月以来、ひどい番組ばかりだったので、よかった」と高く評価した。

三浦さんが逮捕された後、三月一日のTBSの「サタデーずばッと」で《三浦容疑者サイパンで逮捕　逮捕前自宅での単独インタビューと逮捕に当惑する人々》と題した番組もよかった。下村キャスターの取材だ。

これからメディア界で二月以降の報道について、「報道検証」がなされることを期待する。

三浦さんは和歌山カレー事件の被告人にさせられている林眞須美さんを支援してきた。一一月一六日に和歌山で開かれる林さん支援の現地集会（第四弾）に来てほしいと思っていた。三浦さんの遺志を受け継いで、司法とメディアの変革を目指したい。

私は一九八四年、「マスコミ市民」の連載でロス疑惑報道は調査報道だと居直る報道界を批判した。報道界は司法によって厳しく批判されたことを忘却し、「情報の銃弾」を再び浴びせた。天国に逝った三浦さんを鞭打って恥じない面々に裁きが必要だろう。

三浦さんの遺族は全マスコミを対象に訴訟を準備している。私は遺族のメディア訴訟を全面支援する。

V　スカンジナビアに学ぶ

自分の講演録の載った「新聞研究」（日本新聞協会）を手にする元オンブズマンのトシュテン・カーシュさん

《一般市民にとって氏名に明白な社会的関心がない限り、氏名の公表が人権侵害となるような報道をやめよ。とりわけこのことは、被疑者・被告人・囚人に当てはまる。》

（スウェーデン報道倫理綱領より）

1 なぜスカンジナビアか

マスコミが〝犯罪者〟の氏名、顔写真、住所、年齢などを掲載してさらし者にするのは当り前のことと思われている。私自身も以前は、警察などが発表する犯人が本当に真犯人なのかどうかだけを気にしていた。もし冤罪であれば大変な人権侵害をしていることになる、という心配だった。しかしだんだんと、冤罪ではなく犯罪の実行者の場合であってもペンでリンチを加えていいのだろうか、と考えるようになった。

この私の考え方は、マスコミ内部では全く受け入れられなかった。同僚の記者も、ほとんどが「悪いことをした人間はいろいろ書かれても仕方がない。やった奴が悪いのでそこまで考えると何も書けない」という。孤立していた私は、犯罪の実行者であることが一〇〇パーセント確実でも私人の場合、原則として実名を出さない国があることを知って、勇気づけられた。北欧のスウェーデンでは、私が長年考え、理想として描いていた犯罪報道の匿名報道主義が一九七四年に導入されていた。犯罪者の実名原則を基準にしている日本と全く逆の原則を実践している国があったのだ。犯罪者の名前を書かないスウェーデン。

〝三面記事〟のスタイルは、被疑者の敬称のつけ方が異なるぐらいで基本的には万国共通と思っていた私に、スウェーデンでは沈黙の義務として犯罪者の氏名などを原則として報じていないことを最初に教えてくれたのは、すでに紹介した長谷川氏だった。八〇年九月の関東弁護士会連合会大会資料の「第四章自主規制」でも、スウェーデンの報道基準が簡単に紹介された。また潮見憲三郎著『スウェーデンのオンブズマン』（核心評論社、七九年）で、マスコミによる人権侵害問題をどう解決しているかを詳しく知ることができた。さらに八〇年五月には、社会部時代の上司の木谷隆治氏が社内の編集週報と研修誌に、スウェーデン政府招待で訪問した時、スウェーデンのプレスオンブズマンと会った話をまとめて匿名報道主義を紹介していた。

八一年九月初め、私は東京のスウェーデン大使館に電話した。応対してくれたヴァリュー書記官は「私たちも日本のマスコミの犯罪報道はひどすぎるといつも思っている」と話し、広報担当の一等書記官との面会をセットしてくれた。

一等書記官のベッティル・ユベウス氏は開口一番「スウェーデンへ実際に行って、報道のやり方を見てきてはどうか」と勧めてくれた。ユベウス氏自身、外交官になる前に二年間新聞記者の経験があっただけに、日本のマスコミに関心が深かった。

ユベウス氏は八一年、マスコミによる人権侵害を市民の立場で日々チェックするプレスオンブズマンのトーシュテン・カーシュ氏を日本に招いて、新聞協会などでの講演をアレンジしたこともあった。ユベウス氏は、同年夏の三和銀行オンライン詐取事件などに関する日本のジャーナリズムの報道ぶりを見て、いささかあきれていたようだ。とくに、プレスオンブズマンが日本でマスコミ幹部に二度も講演したにもかかわらず、日本の報道ぶりが人権重視の方向にではなく低次元のセンセーショナリズムの方向へ進んでいることを、不満に思っているようだった。

「日本のやり方はひどすぎる。あなたのような若い記者がわが国の犯罪報道の方法を見てきて、日本の事件記事の改革をしてほしい」と私を励ましてくれたユベウス氏は、すぐに本国外務省に私の視察旅行についてテレックスを打ってくれ、スウェーデン外務省が私のスウェーデン滞在中の全スケジュールを立ててくれることになった。八二年三月、一〇日間に延べ二十数人に会うという完璧な視察スケジュールが届いた。「ストックホルムでのホテルは外務省で世話をしてあげる」と宿泊の援助を受けた。

ジャーナリストに対して、一枚の公式申請書も出させずに援助を惜しまないスウェーデン政府の温かい対応に、私は深く感謝した。しかも私が会う人びとは、プレスオンブズマンはもちろん、最高裁判所判事からジャーナリスト組合代表、最も有名な銀行強盗の囚人、「前科」のあるジャーナリストなど実にバラエティに富んでいた。もし外国のごく普通の記者が日本のマスコミの犯罪報道の実情を視察したいと言ってきたら、外務省はこうした人びとを紹介するだろうか。

私がインタビューした主な人を列挙しておこう。外務省広報官、アニカ・スバーンストロム氏。高等裁判所判事、ヨーラン・レグネル氏。プレスオンブズマン、トーシュテン・カーシュ氏。警察庁広報官、ラーシュ・イルムスタード氏。「スベンスカ・ダーグブラーデット」記者、クラース・フォン・ホフステン氏。最高裁判所判事、グスタフ・ペトレン氏。「ダーゲンス・ニーヘーテル」記者、ブー・アンデション氏。パブリシストクラブ会長、ボーリィェ・ダルキビスト氏。「エクスプレッセン」記者、ペール・ヴェンデル氏。「レクティール」記者、トニー・ルーセンダール氏。スウェーデン・ジャーナリスト・ユニオン事務局長、スタッファン・ヨンソン氏。「イエブレ・ダーグブラーデット」副編集長、ロベルト・ロセーン氏。「アルベータルブラーデット」記者、マリアンヌ・フェーク・レイメルツ女史。銀行強盗犯、クラーク・ウーロフソン氏。弁護士、ハーンス・ゴーラム氏。元囚人の俳優兼ジャーナリスト、ラッセ・ストロムステット氏。

さらに、スウェーデンの隣国フィンランド大使館の広報官パシー・バトゥカリオ氏の協力で、フィンランドのマスコミを視察することも決まった。こうして八二年四月三〇日から五月一七日まで、私はスウェーデンとフィンランドに出かけた。たまたま入社一〇年の慰労休暇と有給休暇を利用した自費旅行だったが、会社からは「共同通信の記者としては絶対取材しないように」という注意を受けた。

こうして、五月といってもときおり小雪の舞う北欧で、ジャーナリズムと犯罪とのかかわり方について静かに考える旅が始まった。それは一種のカルチャー・ショックともいえる旅だった。

2 定着する匿名報道主義

犯人の名前はニュースではない

〝北のベニス〟といわれるストックホルムでは、中心街にあるホテル・エスプラナードを拠点にした。一三世紀に建設された中世の街並みと近代的なビルとのコントラストが美しいストックホルムでの毎日は、あらゆる犯罪者をきちんと人間として扱う人たちとの出会いの連続であった。

スウェーデンに到着してから五日目の五月四日、ストックホルムの南にあるセーデルテという地方都市で、男性が病院宿舎を襲って、ナイフで医師二人を刺殺し、他の二人の医師と数人の看護婦を負傷させる、という凶悪事件が起こった。さっそく翌日の市内の新聞を全部買って調べてみたが、現行犯で逮捕された男性の氏名、顔写真は全く出ていなかったし、現場の血なまぐさい写真も見られなかった。テレビやラジオも同じだった。被疑者については「三五歳の人」「三〇歳代の人」とだけ書かれていた。被害者は、警察から家族に通報があった後、氏名や写真が報じられていた。し

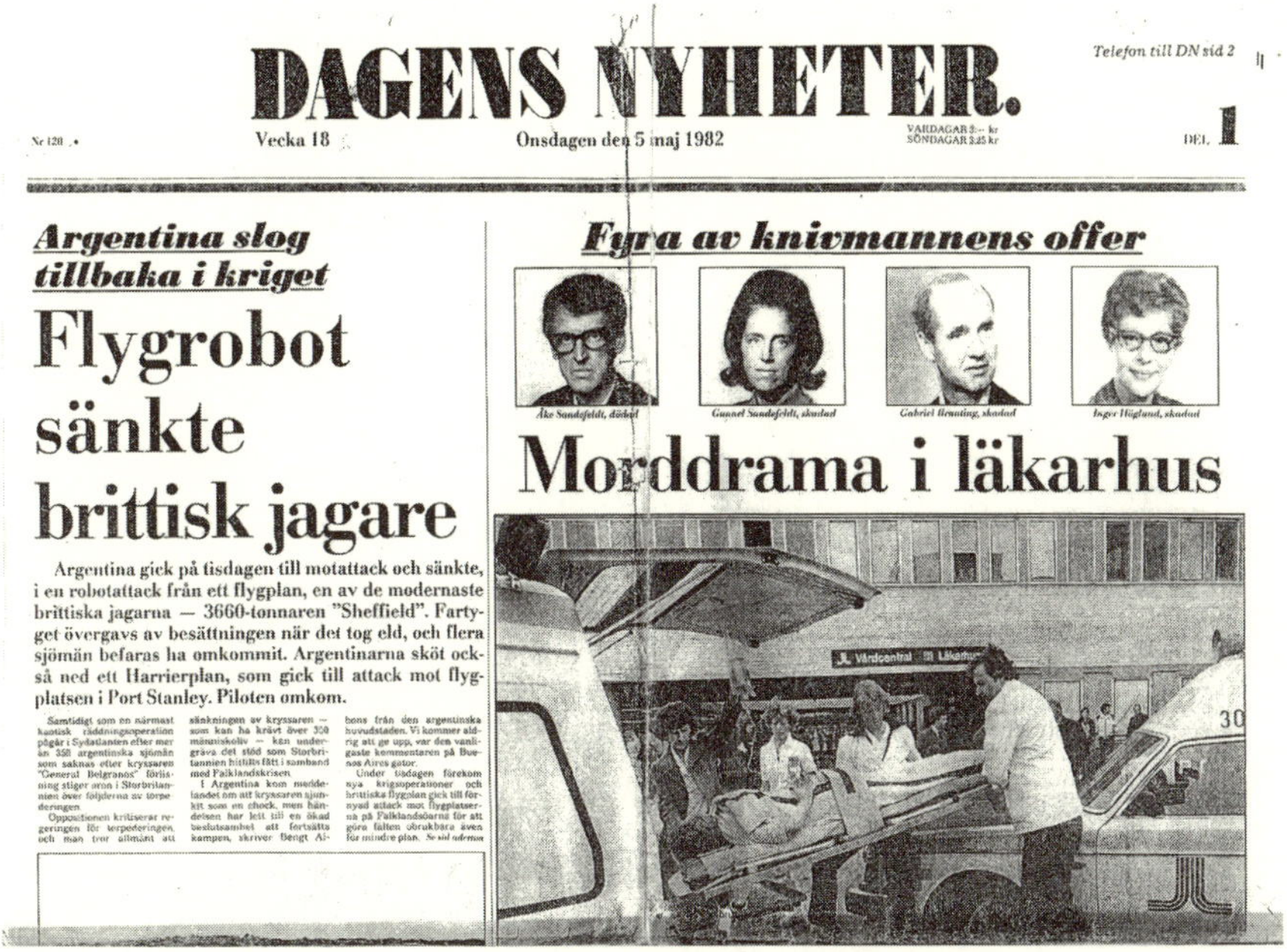

DAGENS NYHETER.

Telefon till DN sid 2

Nr 120　Vecka 18　Onsdagen den 5 maj 1982　VARDAGAR 3:– kr SÖNDAGAR 3:25 kr　DEL 1

Argentina slog tillbaka i kriget

Flygrobot sänkte brittisk jagare

Argentina gick på tisdagen till motattack och sänkte, i en robotattack från ett flygplan, en av de modernaste brittiska jagarna — 3660-tonnaren "Sheffield". Fartyget övergavs av besättningen när det tog eld, och flera sjömän befaras ha omkommit. Argentinarna sköt också ned ett Harrierplan, som gick till attack mot flygplatsen i Port Stanley. Piloten omkom.

Samtidigt som en närmast kaotisk räddningsoperation pågår i Sydatlanten efter mer än 350 argentinska sjömän som saknas efter kryssaren "General Belgranos" förlisning stiger oron i Storbritannien över följderna av torpederingen.

Oppositionen kritiserar regeringen för torpederingen, och man tror allmänt att sänkningen av kryssaren — som kan ha krävt över 300 människoliv — kan undergräva det stöd som Storbritannien hittills fått i samband med Falklandskrisen.

I Argentina kom meddelandet om att kryssaren sjunkit som en chock, men händelsen har lett till en ökad beslutsamhet att fortsätta kampen, skriver Bengt Albons från den argentinska huvudstaden. Vi kommer aldrig att ge upp, var den vanligaste kommentaren på Buenos Aires gator.

Under tisdagen förekom nya krigsoperationer och brittiska flygplan gick till förnyad attack mot flygplatserna på Falklandsöarna för att göra fälten obrukbara även för mindre plan. Se sid sexton

Fyra av knivmannens offer

Åke Sandefeldt, dödad　Gunnel Sandefeldt, skadad　Gabriel Brunting, skadad　Inger Höglund, skadad

Morddrama i läkarhus

病院で起きた殺人の現行犯で逮捕された被害者を「35 歳の人」と匿名で報道する「ダーゲンス・ニーヘーテル」、被害者は遺族の了解を得て顔写真を掲載している（1982 年 5 月 5 日）。

かし、もし本人や家族がプライバシーの関係で匿名を要望すれば、被害者の氏名も掲載されないという。

もちろん一線の記者は、氏名も取材しているし写真も手に入れているが、それを報道しないことが当り前になっているわけだ。事件内容については日本と同じように報じているが、被疑者は一貫してただ「三五歳の人」「中年の人」としか表現されていない。精神障害者であるか、あるいは、未成年者であるかは、全く問題にならない。被疑者の敬称をどうするかで悩まされることもない。

この事件がホットなときに数人の記者やデスクに聞いてみると、「犯人の氏名、住所などを出したからといって、その事件の報道に何か新しい内容が加わるわけではない」「無実の市民でも、逮捕・起訴される可能性がある。実名を出せば彼らを傷つけることになる」という答えがあっけなく返ってきた。また「犯人は逮捕され、厳正なる法手続きを経て何らかの刑事処分を受け、刑務所に行くのだから、新聞がそれに加えて彼に制裁を加えてはいけない」という一線記者も多かった。このジャーナリストたちはとくに人権感覚の鋭い人たちではない。ごく普通の記者が一般刑事事件の被疑者・被告人・囚人の名前はニュースではないと考えているのには、いささか驚いた。日本で警察担当記者がそんなことを言ったら、「お前、顔を洗って出直してこい」といわれるのがオチである。

マスコミ全体が一致して二人の医師殺害事件の犯人の氏名を匿名にしたのは、スウェーデンの新聞・放送のすべてを対象にした報道倫理綱領（Code of Ethics for the Press, Radio and TV）があるからだ。一九二三年に制定され一九七四年に改定されたこの報道倫理綱領の報道基準集のうち、犯罪報道に関係する六、一五、一六条は次の通りである。

・否定しがたい社会的関心（an undeniable public interest）がある場合でなければ、プライバシーの侵害となるような報道は慎め。親族間の争議や被疑者などが逮捕・勾留中の事件について報道する場合には、関係者に及ぼす被害を心に銘記してよく考えよ。

・一般市民にとって氏名に明白な社会的関心（an obvious public interst）がない限り、氏名の公表が人権侵害となるような報道をやめよ。とりわけこのことは、被疑者・被告人・囚人に当てはまる。

・もし被疑者・被告人・囚人の氏名を報道しないならば、そのときは、写真、職業、肩書き、年齢、性別、そのほかその人だとわかるような特徴も当然報道してはならない。

とくに一五条の、犯罪の被疑者・被告人・囚人の氏名は、その氏名に明白な社会的関心がない限り報道してはならない、という条件に注目してほしい。ここでいう「社会的関心」パブリック・インタレストとは、日本で一般的な考え方とは異なっている。日本では捜査当局に逮捕された段階で、その「悪い人」の氏名には公共性、公益性があると理解されている。ただし、そのことを真正面から争った判例は一つもなく、マスコミ界が捜査当局に捕われた人びとの氏名に公益性があると勝手に思い込んでいるだけである。

これに対してスウェーデンでは、一般刑事事件の被疑者・被告人・囚人の氏名は公共性、公益性がないとされている。囚人（執行猶予も含む）とは有罪が確定した人のことだが、裁判である人が犯人とはっきりしても、氏名は書かないわけだ。「被疑者・被告人が必ずしも真犯人と限らない、だからいったん犯人扱いした報道をすれば取り返しがつかない」という理由からだけで匿名にするわけではないことがわかる。どんな凶悪事件の真犯人であっても人権を守ろうではないか、という徹底したルールなのである。

報道評議会とプレスオンブズマン

この報道倫理綱領の報道基準をマスコミが遵守しているかどうか日常的にチェックする組織が二つある。報道評議会と「市民のためのプレスオンブズマン」(Press Ombudaman for the General Public)がそれで、両者は共同で活動している。単なるオンブズマンではなく報告のことについて、市民みんなのために働くという点が重要だ。

報道評議会(Press Council)は世界四五ヵ国に設置されているが、スウェーデンのそれは、新聞発行者協会(日本の新聞協会に近い)、パブリシストクラブ(日本記者クラブに近く、一定の評価を受けたジャーナリスト、作家、学者などの親睦団体)、記者労組(すべての新聞・雑誌・フリー記者が入っている)の三者が一九一六年に共同で設立した、最も伝統ある組織である。

報道評議会は当初、この新聞関係の三団体の代表委員と議長として一名の法曹界代表の四人のメンバーで構成されていた。そして、新聞に対する市民の苦情を受けつけて、その報道が正しいかどうか、具体的には報道倫理綱領に反していないかを調査し、裁定を下してきた。

しかしマスコミが巨大化するとともに、市民とのトラブルが急増したため、一九六九年の改革で、この三委員と議長に加えて、一般市民の代表二人を新たに入れた。このため評議会のメンバーは全部で六人となり、賛否同数の場合は議長(現在は元最高裁判所長官)が決定することになった。新聞界の三人で過半数をとれなくしているわけだ。同時に六九年一一月一日に、ユニークなプレスオンブズマン制度が導入された。この自主改革で、新聞に対する苦情はすべて、まずプレスオンブズマンに寄せられることになった。

一般市民が新聞で名誉、プライバシーを侵害された場合、弁護士を雇って大新聞を相手に裁判を起こすことは難しい。プレス(報道機関)のためのオンブズマンではなく、その名前の通り一〇〇パーセント一般市民のためのオンブズマンであるプレスオンブズマンは、こうした弱い立場の市民に代わって新聞の〝暴力〟を監視するのが役割だ。いわば新聞の不当報道に対する検察官の役目で、ときには略式裁判の判事役もつとめる。報道評議会は裁判所と考えることができる。

スウェーデンには、行政権力と市民の諸権利との間に衝突が起こった場合に一般市民の代理人（オンブズマンは原語で〝代理人〟の意味）となって応援するオンブズマン制度がある。政府の監視役である議会オンブズマンが最も有名で、その起源は一八〇九年にさかのぼる。このほか公正取引オンブズマン（一九五四年）、消費者オンブズマン（一九七一年）、それに職場の男女平等化法が施行されたのをきっかけとした機会平等オンブズマン（一九八〇年）が存在している。

これら四つのオンブズマンは法律に基づくものだが、プレスオンブズマンはマスコミの自主的な制度で、法的権力は一切もたない。議会オンブズマン（長官）、スウェーデン法曹協会会長、新聞関係三団体代表の三人によって任命され、任期は三年で、新聞関係三団体でつくっている「プレスオンブズマン財団」から給料をもらっている。プレスオンブズマン事務所の予算は、報道評議会の運営費を含めて年間約六〇〇〇万円、そのうち四分の三が同財団から出され、残る四分の一は新聞社が報道評議会に支払う罰金でまかなわれている。事務所はストックホルムの中心街クングスガータンに面したビルの一室にあり、報道評議会の事務所と隣り合わせになっている。やはり法曹界出身の副オンブズマン一人と事務局員三人がいる。

私が訪れたときのプレスオンブズマンは二代目のトーシュテン・カーシュ氏だった。一九三〇年生まれで、ストックホルム大学助教授、地方裁判所所長を歴任した裁判官だが、新聞については全くの素人だったという。現在は裁判官を休職した格好になっている。初代プレスオンブズマン（一九七九年退任）のレナルト・グロル氏も判事出身で、現在はストックホルム高等裁判所判事に復職している。

八一年二月にスウェーデン大使館の招きで来日し、日本新聞協会などの主催で講演会を開いていたカーシュ氏は、日本のマスコミ事情にも詳しく、私のテーマにも深い理解を示し「スウェーデンでも若い記者が最初に立ち上がった」と激励してくれた。そして、人権と報道について講演した後も日本の犯罪報道に前向きの変化が起きていないことに、不満なようであった。

人権侵害救済の仕組み

スウェーデンの市民が新聞によって名誉、プライバシーの侵害を受けた場合、プレスオンブズマンはどう処理していくかを見よう（図1参照）。

新聞に対する苦情は、まずすべてプレスオンブズマンに寄せられる。電話一本でも手紙やメモでもいい。直接出向いてもOKだ。直接被害を受けた本人、家族のほか、第三者が「この記事は報道倫理綱領にいう良識ある報道に反している」と申し立てることもできる。市民の申し立てはすべて無料だ。またプレスオンブズマン自身が不当報道を取り上げることもできるが、この場合は被害者の文書による同意が必要である。

プレスオンブズマンはこれらの苦情に基づき調査を開始する。申し立てに根拠がない場合は却下する。却下された場合、申し立て人が被害者本人ならば報道評議会に再審を求めることができる。

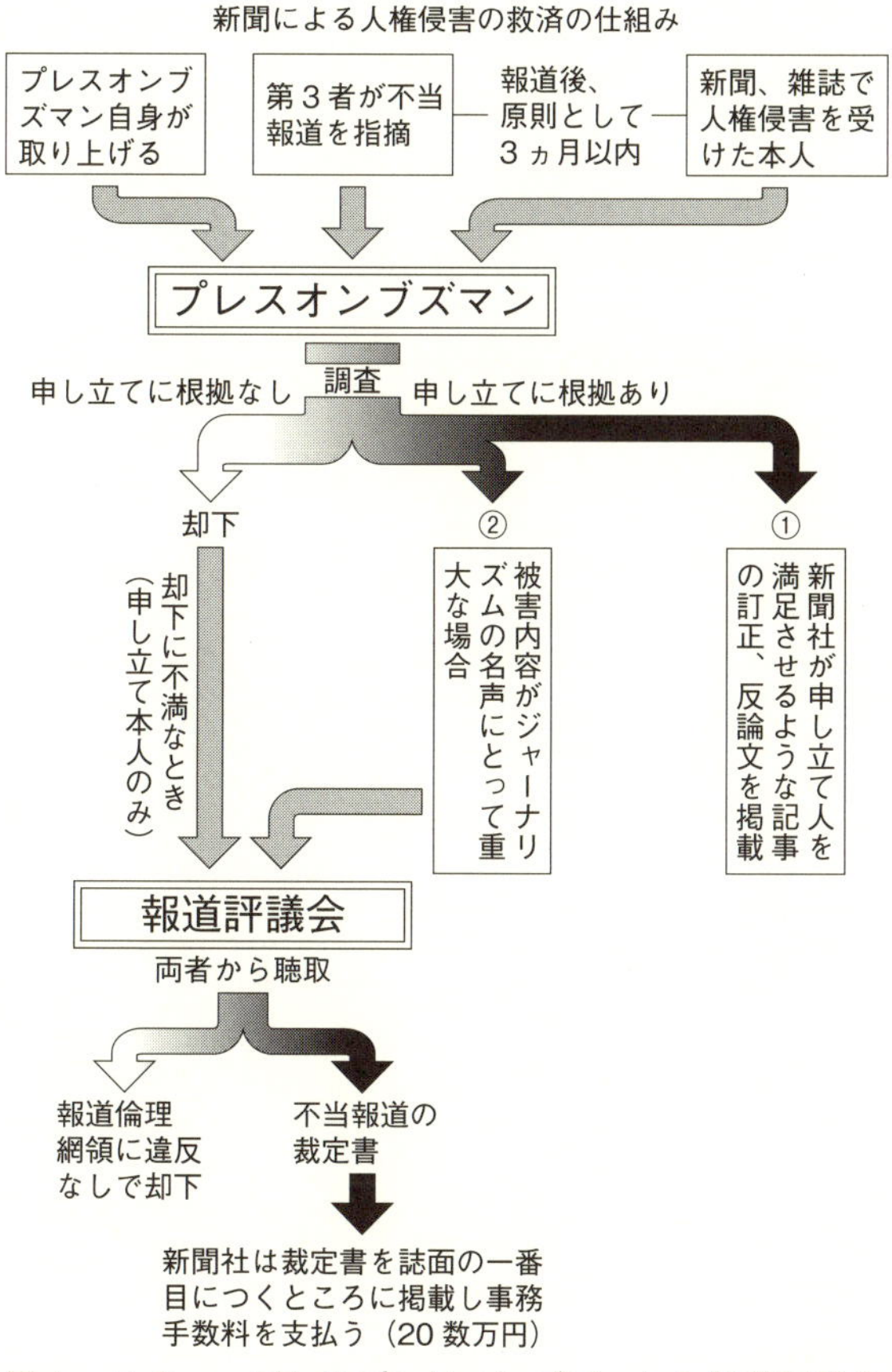

図１　スウェーデンのプレスオンブズマンと報道評議会

苦情の申し立てに十分根拠があるケースでは、次の三つの方法がとられる。

第一に、苦情を申し立てた市民と新聞社の双方の話合いの場を設け、市民が満足できるような新聞での訂正、または反論文の掲載という形で解決する。この場合は、プレスオンブズマンが新聞側の責任者と電話でやりとりするだけで解決することも多いそうだ。

第二に、このような話合いでの解決が無理な場合は、両者が書面で論争する。プレスオンブズマンはそのやりとりを見て、新聞側に非があると認め、その違反内容が軽微で社会的重要性がない場合には、「判定文」を発表する。新聞社はその判定文を全文掲載しなければならない。新聞社がこの判定に不服な場合は、一〇日以内に報道評議会に再審（控訴ともいえる）を請求できる。

第三に、問題の報道がジャーナリズムの名声を傷つけ、被害も大きいと判断された場合は、プレスオンブズマンの見解を付けて報道評議会に回される。報道評議会がさらに審理して、不当報道と判定すれば、報道評議会の裁定書が発表される。新聞社はこの裁定書を一番目につくところに一字一句そのまま掲載しなければならない。事実、ほとんどの新聞が一面に大きく載せている。このほか報道評議会は、新聞社に事務手数料として〝罰金〟を命ずる。科料額は発行部数にもよるが、現在七〇〇〇クローネ（約一一万円）前後だ。ただし報道機関は、被害者本人に対しては損害賠償金を支払わない。新聞に対する損害賠償請求は普通の裁判所で行われている。報道評議会に支払われる罰金が新聞記事のお目付役のプレスオンブズマンや報道評議会の運営資金になるというのは、なかなかユニークだ。

また、プレスオンブズマンは不当報道のチェックだけでなく、ジャーナリスト・スクールや記者研修の講師として人権と報道について話したり、一般市民の啓蒙にも当たる。カーシュ氏は後で紹介する元銀行強盗犯のウーロフソン氏のよき相談相手になっている。報道のあり方についてだれでも気軽に相談できる仕組みなのである。テレビやラジオなどの放送に対する市民の苦情については、七人の委員を政府が任命する放送評議会が処理している。放送メディアの犯罪報道は通信社や主要新聞に準拠しており、むしろ新聞よりも地味に報道するのでほとんど問題は起きていないという。

報道評議会だけしかなかった六九年までは、新聞に対する苦情の申し立てば年間五〇件程度だったが、プレスオンブズマン制度が誕生してから苦情件数は年々増え続けた。七〇年には三〇〇件、七五年には四五九件に達し、その後は四〇〇件前後である。

八二年にプレスオンブズマンに出された苦情は三四五件だった。このうちの二三九件（六九パーセント）は、却下されるか話合いによる訂正・反論の掲載で解決されている。一六件（五パーセント）についてプレスオンブズマンが〝有罪判定文〟を発表し、七三件（二五パーセント）を報道評議会に送っている。残りの一七件は翌年に持ち越された。

報道評議会は、この七三件と、プレスオンブズマンの下での結論に不満をもった申し立て人が報道評議会に〝再審〟

を求めた二六件の合わせて九九件を審理した。そして、このうちの四分の三にあたる七五件について新聞側に非があるとの裁定を下した。

この七五件とプレスオンブズマンの段階で〝有罪〟とされた一六件の計九一件の内訳は、日刊紙四六件、夕刊紙二八件、大衆雑誌一三件、その他四件だった。二度以上〝有罪〟裁定が下されたのは三紙だ。「アフトンブラーデット」（夕刊紙）一五回、「エクスプレッセン」（夕刊紙）七回、「アルベーテット」（マルメの朝刊紙）五回で、やはり〝常習犯〟は夕刊紙のようだ。

ここ数年、新聞への苦情が横ばいから減少傾向にあるのは、犯罪報道が昔のようなセンセーショナリズムを排し、犯罪者と被害者両方の人権を常に配慮する慣習が定着してきたためだ、とカーシュ氏は説明した。本章の冒頭で述べた医師殺害事件で犯人の氏名を報じた新聞が一つもなかったことは、これで納得できるだろう。

新聞の人権侵害をチェックするプレスオンブズマンのカーシュさん

実名を書く意味を考えよう

市民からプレスオンブズマンに申し立てのある苦情は、事実関係のまちがい、両者の言い分を聞いていない、プライバシーの侵害など幅広い。しかし、何といっても多いのが犯罪報道の被疑者・被告人・囚人の氏名掲載に関する問題だ。カーシュ氏は「審理が長引いて判定文を出す問題はほとんど犯罪報道のトラブルといっていい」と言った。そして犯罪報道で実名を掲載する基準となっている報道基準集一五条の「明白な社会的関心」をめぐって次のように述べた。

「民主社会の報道機関の重要な使命の一つは、社会における権威や権力者を批判的に観察することにある。だから公的な任務の適性を疑われるような過ちや不道徳な行為を犯した政治家、高級官僚、労働組合幹部、企業役員などの氏名は公表されるべきである。一般市民を支配する立場にある人たちが自己の職務に関係して市民の利益に反することをしたときには、それを知らせる必要があるからだ。ただしその場合も、本人に弁明させ反論の機会を与え、まちがっていれば訂正し謝罪することは当然だ。

それに対して、公的活動をしていない一般市民に関しては、犯罪の種類にかかわらず、氏名、写真、出身地などを明らかにする『明白な社会的関心』が存在すると認められることはごく稀である。氏名の発表をすれば、刑務所で服役してからの社会復帰を困難にする。本人だけでなく家族や友人に苦痛を与える。私のところへも家族からしばしば苦痛の申し出がある。子どもたちは級友から白い眼で見られ、つらい思いをする。犯罪に対する処罰は法廷で下されるものであり、新聞がさらし者にするという罰はあってはいけない。実名を入れて報道することでの関係者の苦痛を頭に描いてペンを走らせることだ。

例外的に実名が許されるのはスパイ、麻薬などの犯罪である。しかし、その場合に『明白な社会的関心』があると認められても、どのような時期に氏名公表が許されるかという問題が残る。捜査段階の早期であればあるほど、氏名公表には細心の注意が必要である。捜査当局が逮捕・起訴などの処置を下す前においては、罪状が明らかで本人も罪を認めていない限り、被疑者・被告人の素姓を暴露してはならない。判決が下される前に事件についての報道がなされる場合、被告人の主張も報道されるべきであるし、被告人が罪を認めていない限り犯罪事実の有無は決定されていないことを明記すべきである。この点において報道機関は、記事の中の疑惑の部分をビラ広告や一面の見出しに抽出し、決めつけた表現に変えてしまう、という罪をたびたび犯している」

さらにカーシュ氏は、実名報道の犯罪抑止効果について、「それは死刑に犯罪抑止力があるという見解と同様あまり根拠がない。新聞に名前が出るから人殺しをやめようという人は少ない」としたうえで、「実名を平気で出して何もかも書くセンセーショナルな犯罪報道は、なかなか直せない悪癖のようなものだと思う。そういう記者は、書かれる側の人びとの名前や写真を掲載することに慣れ切っているのだと思う。ある市民が犯人かどうかの判断は司法の仕事であり報道機関の仕事ではないことをマスコミ界で確認するべきだ。新聞が実名を書く意味を真剣に考え始めれば、どの国でもスウェーデンの改革の道を歩むのではないか」と述べた。

カーシュ氏の言葉は私を勇気づけてくれた。私自身が一〇年間の取材活動のなかで組み立ててきた「犯罪報道は現代のさらし刑」という見方と完全に一致したからだ。カーシュ氏は「日本ではあなたのように考える人はいまは少ないでしょう。スウェーデンもむかしはそうだった。でもいまは、実名を書くことによって書かれた人にどういう影響が出るかをみんなが考えるようになった」とも言われた。私のスウェーデン自費旅行については「会社の方であなたのような動きをけむたがっていませんか」と言われた。スウェーデン大使館のユベウス氏も「あなたの主張は、日本の新聞界では異端視されるでしょう。社内で不利益をこうむりませんか」とまで心配してくれた。

カーシュ氏は、日本の犯罪報道を改善するために、報道評議会の設立も提言してくれた。一度にスウェーデンのような匿名報道主義にもっていくことは無理としても、法律専門家、一般市民、新聞関係者で構成する独立の評議会をつくり、市民の苦情を受け付け、調査のうえ裁定を下すシステムを確立することは「いますぐにでもできること」と語った。日本の犯罪報道の改革を願い、私の研究に協力を惜しまないスウェーデンの人たちのためにも、何か小さなことでもいいから改革していく決意を私は強くしたのだった。

どんな場合が不当報道にあたるか

この数年、プレスオンブズマンあるいは報道評議会が不当報道として新聞社に判定文、裁定書を出したものからいくつか紹介しよう。すべてカーシュ氏が「日本のマスコミのために」と選んでくれたものだ。まず報道評議会が出した裁定書四つをそのまま紹介しよう。

①少女殺人犯人の場合

背景＝七五年一月、八歳の少女の殺人事件がストックホルム郊外で起こった。自宅で少女が一人で留守番中に起きた事件で、一週間後、四六歳になる犯人が警察に逮捕され、殺害を自白した。一月二八日付の「エクスプレッセン」は、事件の詳細とその解決を報道した。スタンド売りのビラ広告には犯人の顔写真が掲載された。また彼の氏名が、第一面と事件の詳報が載った第六面に、顔写真が第六面に、それぞれ掲載された。

申し立て＝プレスオンブズマンは、同紙の編集責任者に対して書面で、氏名と写真を報道したことは報道倫理綱領に照らし合わせて正当であったか、という問題を提起した。

弁明＝この殺人事件と警察の捜査活動に対する社会的関心が非常に大きかったことは疑いの余地がない。犯人逮捕のニュースも同様の関心をもって迎えられた。したがって、この事件を報じるにあたって氏名を公表するのは、自然であり必要性のあることだった。このように社会的関心の高いケースにおいても氏名の公表ができないとしたら、報道倫理綱領にある「社会的関心」をどこに適用することができるのか判断に苦しむ。

確かに報道した時点において、問題の男性は、公式には単なる殺人の被疑者にすぎなかったが、実際的にみて彼の有罪は明白であった。彼はすでにその時点において犯行を認めていたし、犯人のみが知り得る供述を行っていた。氏名の公表を何ヵ月か後の判決を待って行うことには、社会的関心がその時点においてすでに失われてしまっていることから考えて、賛成できない。また彼に関しては、氏名を公表することによって与える影響が少ないと判断できる。彼は長年にわたって刑務所に拘禁されており、刑務所外に近親者は存在しない。最後に、この事件においてもし氏名の公表を控えていたとしたら、この犯罪と結びつけて考えられる罪のない人びとに迷惑が及んだであろうことが予想できる。氏名の公表によって罪のない人びとが後ろ指を指されることを阻止できただけでも、私たちの判断が正しかったと明言できる。

判定＝報道倫理綱領では、容疑あるいは判決を受けた人の氏名は、明白なる社会的関心がない限り、その報道を控えるように指導している。報道評議会の解釈でも、この規定は、ある事件が社会の関心を集めたからといって即座に氏名の公表を行うことを認めていない。報道機関は、氏名を公表するだけの社会的性格をおびた特別な理由の有無についてまず審査すべきである。そのような理由のひとつとして、あの人が犯人ではというように犯人を名指しする風評が世間で広まっていたケースが考えられるが、罪のない人が名指しされるのを阻止するという理由だけで氏名の公表を行うことは認められない。以上の理由により報道評議会は、この報道が正当な報道倫理に適合しないものと判断する。
②六六〇〇万円詐取のエリート銀行員の場合
背景＝八一年七月二一日付の「エクスプレッセン」のスタンド売り宣伝用ポスターには、「銀行マンからのスウェーデンへの別れの言葉／郵便受けに一片の紙切れ」という大見出しが掲げられ、その横には二四歳の銀行員（ここではA

と呼ぶ）の写真と氏名が掲載され、「二二〇万クローネ（約六六〇〇万円、当時）とともに姿を消した」と説明されていた。第一面の大部分も「銀行員、二二〇万クローネを持って逃亡、世界中に指名手配」という見出しとともに、A関連の記事で占められていた。記事の内容は、Aが銀行のコンピュータに狙いをつけて準備を進め、夏季休暇の一週間前に、新しく開設した自分の口座に四〇〇万クローネを移し、その内の二二〇万クローネを引き出して逃亡したというものだ。また第六面の大部分には、Aの生い立ちと生活環境が紹介されていた。翌日にも、「奪った金で彼は一生暮らしていける」という見出しの下に、実名で報道された。

さらに八月七日付の宣伝用ポスターは、「銀行詐欺師は外交官になるつもりだった」という見出しだった。第一面と第一五面の大部分は、Aの学歴や仕事ぶりを紹介する記事で占められていた。両面ともにAの写真と氏名が掲載されていた。この時点ですでにプレスオンブズマンのもとにさまざまな申し立てが届いており、プレスオンブズマンは「エクスプレッセン」に対して弁明するよう要請していた。

一方、八月七日付「アフトンブラーデット」は「二二〇万クローネとともに姿を消す」という見出しのもとに、一面すべてを使ってAに関する記事を掲載した。小見出しには「彼の数学の成績はクラスで一番」とあった。そして横顔紹介記事で氏名が掲載された。八月二四日付の同紙の第一面は、Aの写真と氏名及び「二二〇万クローネとともに姿を消した銀行マン」という見出しで飾られていた。第八面には、「スウェーデン人、イビザ島で彼を見かける」という見出しとともに、Aの写真が掲載された。すでに八月一七日の時点において、プレスオンブズマンには同紙に対する申し立ても届いており、同紙に対して弁明するよう要請していた。

申し立て＝Aの弁護人のペール・ビョルクマン弁護士は次のように述べている。

八一年七月一五日、Aが不在のまま、Aに対して詐欺の容疑で逮捕状が出された。しかしAは、現時点においていまだ起訴されていない。この事実にもかかわらず、事件を報じた時点でAの氏名及び写真を公表したことは、不当であり道徳的にみて弁解の余地がない。「アフトンブラーデット」が正当な報道モラルを踏みにじった過ちは「エクスプレッセン」と比較すると軽いものと思われるが、それでさえ報道倫理綱領を無視したものと断言できる。また報道機関のこのような行動は、Aが公平な裁判を受ける可能性を奪いとってしまう危険性がある。なぜならば、判事がこれらの報道によってＡについての予断をもってしまうことが考えられるからだ。最後に、Ａの名字をもつすべてのスウェーデンに住む人びとは互いに親族関係にあり、電話帳の全国版でも五家族のみしか存在しないことを指摘したい。Ａの両親は申し立てが出されることに同意している。

弁明＝「エクスプレッセン」は、申し立てに対して「今回のような経済犯罪は、麻薬犯罪と同様に社会にとって重大問題になりつつある。したがって報道機関としては、その問題に光をあてて調べる必要性がある。スウェーデンで最初の大きなコンピュータ犯罪の嫌疑に問われている、銀行という公共機関に勤務するＡに対する社会的関心は明白であり、氏名を公表するに値すると判断した。また氏名の公表によって、Ａと同様な職務につくＡの同僚たちを不当な疑惑から守ることができた」と弁明した。

同紙の弁明に対してビョルクマン弁護士は、「Ａが問われている嫌疑は詐欺罪であり、経済犯罪という項目に組み入れられる種類の犯罪ではない。またこのケースでは、コンピュータを操作して犯行に及んだという事実はない」という反論を寄せた。

一方「アフトンブラーデット」は、同弁護士の申し立てに対して「この犯罪には大きな金額がからんでおり、またコンピュータを管理し、多額の金額を取り扱う、責任の重い権限をもつ銀行内部の人間が犯した事件である。したがって、この事件の報道には拒否することのできない社会的関心があったと判断した」と弁明した。

判定＝たしかにＡが問われている詐欺罪の嫌疑は、その金額の大きさによって世間の注目を集めた。しかしながら、その犯罪自体あるいはそれをとりまく状況ともに、被疑者の氏名及び生活環境を報道するための特別な理由となる性質のものではない。同様に「エクスプレッセン」が弁明した「Ａの同僚を不当な疑惑から守る」という意図も、Ａの氏名や人間性を公表する理由とはならない。報道評議会は、両紙がＡの氏名及び生活環境を公表することにより正当な報道モラルを無視したものと判断する。

（筆者注・この銀行員は現在も逮捕されていない。逃亡中でも実名はダメというわけで、逮捕された後は文句なく匿名になる。三和銀行オンライン詐取事件における日本のマスコミの報道ぶりと比較してほしい）

③ニセ医者事件の場合

背景＝八〇年一一月八日、「ヨーテボリス・ティードニンゲン」は、ビラ広告で「二五歳のニセ医者はここで診療を行っていた」という見出しとともに、Ｂの顔写真とヨーテボリにある建物の写真を公表した。第一面にも、Ｂの写真と「ニセ医者事件、あなたは彼の患者ですか？本当の医者を訪ねなさい！」という見出しが掲載され、その下のリードではＢの氏名を公表し、彼の治療を受けていた者に対してその危険性を訴え、本物の医師を訪ねるよう呼びかけた。本文では、「この男がニセ医者！彼の治療を受けた人は正式な医師を即刻訪問して下さい」という見出しの下に、Ｂの写真、Ｂが診療を行った建物の写真、Ｂのニセ医者としての行状と逮捕を伝えた記事が掲載された。この記事によると、Ｂの診療していた元患者を素早く探し出す当局の調査が難航しているとのことだった。翌九日の記事では、「ニセ医者と彼の経歴」という見出しの下にＢの氏名と写真が再び衆目にさらされることとなった。

このほか他紙も、「ニセ医者は医師会の目も欺いた」「彼の騙しのテクニック、最終学歴高校一年で医者になれた」という見出しの下に、リードで「できる限り早く正式な医師を訪問しなさい」というＢの元患者に対するヨーテボリ医師会の代表者からの呼びかけを掲載した。「Ｂが一年近くも医者になりすますことができた原因は、スウェーデンの医師会、地方社会保険事務所及び国営薬局のずさんな管理にあった」と指摘した新聞もあった。

申し立て＝氏名と写真を公表されたＢ自身を含む多くの人びとは、「Ｂの犯行は、知られている限り何人の死亡あるいは障害の原因となっていない。氏名の掲載は不当である」と述べた。

弁明＝ニセ医者から治療あるいは処方を受けた一般の人びとにとって、事件の全容を知ることは重要であった。またＢの氏名を公表しなかったとしたら、Ｂと同世代の多くの医師が疑惑を受けるような事態も発生した。このような事態は、医療関係者及び一般社会に対して悪い影響を及ぼすものである。Ｂに対する配慮よりも、被害を受けた患者たち及び一般社会に対する配慮の方を重要視してしかるべきである。

判定＝報道関係者たちが主張したように、医者になりすました男の氏名に対する社会の関心は大きかったと認めることができる。氏名を公表したことによって、Ｂから治療や薬の処方を受けた人びとは、自分たちが適切な医療処置を直ちに受ける必要性があることを認識することができた。報道評議会はこうした理由により、同紙が申し立てのあった記事によって正当な報道モラルを無視することはなかったと判断する。

④父子心中事件

背景＝八一年九月一二日付「アフトンブラーデット」は、「父親が三歳の息子を絞め殺そうとした／その後自宅に放火」という見出しの下に、その内容を報道した。母親は夜間講習会に出て留守で、自宅には父親と息子だけがおり、その間に起こったできごとだった。隣の人が火事に気付いて消防署に連絡し、二人を救出したが、父親の方はその後病院で息を引きとり、息子もかなり重体だった。この記事では、関係者の氏名は一切公表されなかったが、父親と息子の年齢、自宅のあった地域名（町名）が公表された。

申し立て＝この家族と親しい人たちは「新聞の記事を読んで大きなショックを受けた。その時点では、父親の息子に対する殺人未遂及び放火の嫌疑について、知らされていなかった」と述べた。

弁明＝この火事についてのニュースは、拒否することのできない社会的関心のあるできごとだと判断して報道した。しかし、家族及び家族の親族のことを考慮して、氏名、写真、その他一切の身元を明かす資料は報道しなかった。

判定＝読者のうちの多くは、地域名と事件の経過を知ることによって、家族の身元を推測することができた。また家族について全く知らない、あるいはほんの少ししか知らなかった読者も、地域名を明記してあった新聞の情報と周囲からの情報を合わせることによって、家族の身元を推測することができた。また同紙は、家族の親族が記事によってはじめて父親の嫌疑を知らされる危険性があったことを、十分予測できたはずである。報道評議会は、同紙が親族への配慮不足から、問題の記事によって正当な報道倫理を無視したものと判断する。

（筆者注：このように匿名にしても、生活圏内で氏名が特定されるような報道は非難される）

⑤その他の判定例

七三年五月「エクスプレッセン」は、レーナ・サカリアソンという若い女性が殺された事件に関連して、彼女のつけていた日記に逮捕された犯人の男の氏名が登場しているとして、その日記の該当部分のほぼ全文を掲載した。女性の遺族がこの記事に苦情を申し立てたのに対し、同紙は「この日記は裁判所に証拠として提出されており、公文書といえるから公表しても問題はない」と主張した。しかしプレスオンブズマンは、「この場合、日記の中味を報じることに明白な社会的関心があるとは思えない。記事は彼女の名誉とプライバシーを侵害している」と判定した。同紙は一面にこの判定文を掲載した。

八〇年五月、麻薬事件について知りすぎた二人の女性がヨーテボリで殺された事件で、女性の氏名、写真などが週刊誌「レクティール」に掲載された。遺族は「被害者の二人についての不当な報道であり、名誉を傷つけられた。家族の悲しみを倍増させた」と苦情を申し立てた。プレスオンブズマンは「明白な不当報道。とくに悪質な報道」と批判し、報道評議会に送った。報道評議会も「実名報道で、死者の名誉を傷つけた」と裁定した。

八〇年八月、スウェーデン南部の町で国鉄の列車脱線事故（二〇人負傷）があり、機関士の氏名、写真が掲載された。ある市民が不当報道と申し立てたのに対し、新聞側は「事故の責任を機関士に負わせる記述はなかった」と反論した。しかし報道評議会は、「記事には事故の責任を機関士に負わせるような内容は含まれていなかったが、このような大きな列車事故においては、機関士が刑事処分を含む業務上過失傷害罪に問われることが十分予測される。したがって新聞は氏名の掲載を控え、事故調査の進行を見守るべきであった」と裁定した。

八一年六月、地方都市で男性の変死体が発見された際、地元紙が「殺人か？」という見出しとともに、変死者の家の周辺でもめごとがあったことを報じた。翌日この人は溺死とわかり、前日の報道を否定する記事が出た。遺族は前日の記事を「死者を冒涜するもの」と抗議した。これについて報道評議会は、「記事の見出しは、死亡事故をとりまく状況に対して大きな関心を呼びおこした。死亡者の家の周辺で起きたもめごとに関する情報は、死亡者に対する悪いイメージを読者に植え付けるもので、死亡者にとって侮辱的であり、遺族に不必要な苦痛を与えたと理解できる」と裁定した。

八二年一一月、最も上品で権威のある新聞といわれる「スベンスカ・ダーグブラーデット」が、「二人を殺した被告に無期判決」という記事を載せ、実名を報じた。被告は犯行を否認し、高等裁判所に控訴した。そしてプレスオンブズマンに、「私は無実であり、有罪判決で実名が掲載されたのは自分の将来の社会復帰に重大な障害となる」と苦情を申し立てた。これに対し同紙は、「実名掲載で被告は損害を受けていない。読者はいつまでも名前を覚えていないはずで、何年後かに社会復帰するときに影響はない。無実を主張していることは実名が許されないという理由にならない」と反論した。しかしプレスオンブズマンは、「報道評議会は、社会に警告を与える必要のある重大な麻薬事犯や経済犯罪以外の犯罪については実名を許していない。一般市民の注目を集める事件だからといって実名にはできない。この事件では実名の社会的必要性は全くない」と同紙を非難した。

八三年一一月、パルメ首相の片腕といわれたウーバー・ライネー法務大臣が国営銀行から一〇〇〇万クローネ（約三億円）を借り受け、他の金融機関に短期間ずつ次々と融資して大もうけしていたことが発覚した。摘発した「アフトンブラーデット」はパルメ政権与党の社会民主党系新聞だが、法相の不正を許さなかった。法相の行為は全く法にふれていないが、政治家としてのモラルに反するとして非難され、法相の座を辞任した。カーシュ氏はこの報道を問題にしていない。

以上の実例で明らかなように、スウェーデンの犯罪報道では実名の基準である「明白な社会的関心」の定義が非常に厳格だ。そして列車事故の機関士の例では、本人に過失があって警察沙汰になりそうであればあるほど実名を出さないことがわかる。日本と全く逆の考え方だ。本人に不利なケースほど慎重なのだ。また事件の大きさ、ユニークさなどが社会的関心の大小に直結していない。

唯一、実名が許されたのがニセ医者事件である。この場合は、ニセ医者と知らずに治療を受けていた患者たちにとって実名や写真の報道が必要であると認めたのだ。実名が不当とされたその他のケースは、日本では実名を出すことが問題にもならないものばかりだ。スウェーデンの徹底した匿名報道主義の一端を理解していただけたと思う。

3 匿名報道主義のできるまで

スウェーデンの新聞の歴史

私たちにとって最大の関心は、凶悪犯罪者の人権をも守ろうというスウェーデン新聞界の自主規制システムがなぜ生まれたのかである。

犯罪報道の匿名主義を規定した一五条は何度も変わっている。一九二三年の報道倫理綱領では「犯罪者の名前は一審で有罪判決（一ヵ月以上の拘禁刑）が出るまで掲載してはならない」だった。このルールは最初「理念」として考えられ、真犯人とはっきりしているときは捜査段階でも実名が出ることもあった。その後、この一ヵ月が六ヵ月、一年と厳しくなり、六〇年ごろに二年に改定された。そして七四年から、判決の結果とは無関係な完全な匿名となった（スウェーデンには懲役と禁錮の区別がない）。

ここで注目すべきなのは、スウェーデン新聞界が各社足並みをそろえて最初に決めた犯罪報道の自主改革が「有罪判決が出るまで氏名を書かない」だったということだ。私たち日本のマスコミは、いまだに被疑者の敬称をどうするかで議論している。逮捕あるいは起訴以前は匿名報道すべきだ、という意見さえ衝撃的といわれる。しかしスウェーデンの記者は六〇年も前に、裁判で有罪と決まっていない人を実名報道することは不当な人権侵害だ、とみんなで確認したのである。そうでなければ、無実の罪をかぶされた人が新聞によって断罪されてしまう危険がつきまとうというのだ。一審判決後でも、控訴して上級審で無罪となることもあり、「確定」ではないが、一応、一審裁判所の判断を一つの区切りにしたわけだ。よく考えてみると、重要参考人→被疑者→被告人という〝身分〟の変転は、マスコミにとっては何の意味もない。それらは刑事訴訟法上の手続きに沿って変わるものであるが、いずれも無罪を推定されているのである。

犯罪報道にルールのなかった一九一〇年ごろに最初に問題提起したのはパブリシストクラブだった。ここでは記者自身によるマスコミ改革を振り返るが、その前にまず、スウェーデンの新聞の歴史から見よう。

スウェーデン最初の新聞は、一六四五年にドイツの地で発行された。三〇年戦争に外征中のグスタフ二世アドルフ王の陣中で、兵隊のために発行されたのが最初だ。これは当局の御用新聞だったが、一八世紀の中ごろから、王の専制に対しあらゆる団体や政党が自由に新聞を発行するようになった。近代的新聞としては一八三〇年に「アフトンブラーデット」、一八六四年に「ダーゲンス・ニーへーテル」が創刊され、二〇世紀の初めに大衆紙「ストックホルム・ティドニンゲン」が登場した。

その後、スウェーデンは世界で最も進んだ新聞大国となった。一九八二年の総発行部数は約四八二万部、人口一〇〇〇人につき約六〇〇部を読んでいる計算で、犯罪報道の匿名主義が確立した七〇年代には何度も世界一になっている。

匿名報道主義が定着した一九七八年のユネスコの統計によると、人口一〇〇〇人当たりの新聞部数ベストファイブは、①スウェーデン（五七二）、②日本（五二六）、③西ドイツ（四七二）、④フィンランド（四五五）、⑤アイスランド（四三一）

である。これを見ると、「センセーショナルな報道は読者のニーズに応えている」という日本のマスコミの言い分も根拠を失うことになる。八〇年代になって経済不況の影響で世界一ではなくなったが、普及率も質も高いことに変わりはない。

一九五〇年に二二〇以上あった同国の日刊紙は、激しい競争のため一時減り続けた。しかし七〇年からは一五〇前後に安定し、ここ数年は逆に増えて一六〇を超えている。七六年に新聞補助制度が改正されて、地域で発行部数第二位の新聞に政府が資金援助するこの国ならではの制度が誕生したためだ。シェアが五〇パーセント未満の新聞はコスト高になるので援助しようというもので、全国で年間約四二億円が援助されている。新聞は二社あってこそ社会の公器たれるのであり、数が多いほど民主主義のためにいいという考え方だ。政府は、金は出すが編集内容には一切口を出さない。自由党と社会民主党が政権を奪い合う国だから、ある政治勢力の権力独占がないからかもしれない。各新聞社とも政党とのつながりは深いが、政権の交代による売上げへの影響はない（週三回以上発行される新聞を日刊紙という）。

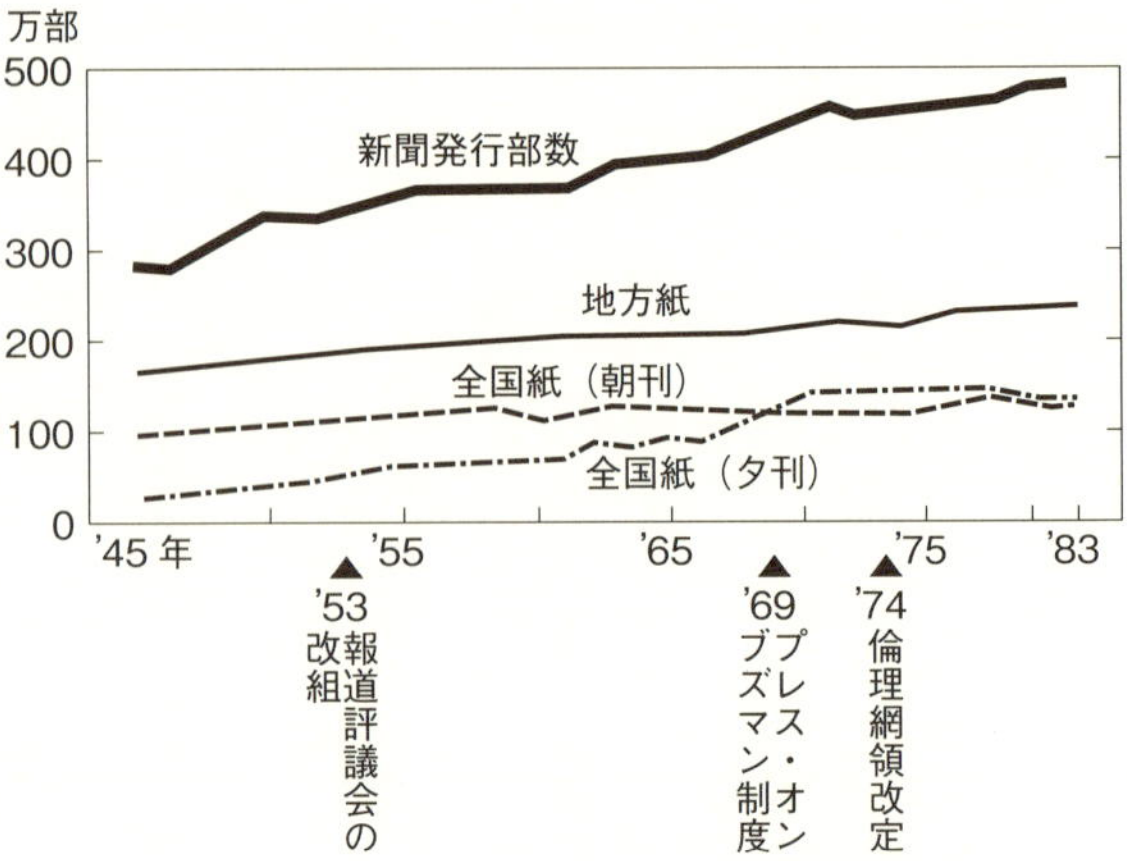

図２　スウェーデンの新聞発行部数の変遷

日刊紙以外の週刊新聞、雑誌は、八二年現在で四八種類あり、発行部数は約六〇〇万部だ。

センセーショナルな事件報道による報道の自由の危機

スウェーデンは、昔から犯罪者への対応がゆるやかな国だったわけではない。中世には江戸時代のさらし刑に似た公開処刑があった。囚人をうつ伏せにし、役人が犯罪者の手足を縛って処刑場に連行したという。これは一九世紀に廃止された。このように一つひとつ人権の立場から刑罰制度を改革していった歴史があるのだ。

新聞の市民に対する権利の侵害が最初に問題になったのは、一九世紀末から二〇世紀初めである。これに対して世界で最初の報道倫理綱領制定の準備が一九〇〇年に始まり、一九一六年には社会民主党の指導者ヤルマール・ブランディングなどの提唱で報道評議会が生まれた。そして一九二三年に報道倫理綱領が誕生したのである。

一九五〇年代に、メブレルという男性が殺人で起訴されて一審で有罪となり、何年間もマスコミに実名が出たことがあった。しかし上級審、再審と長い月日を経て、無罪が確定した。一審判決後に実名が出たわけだが、最終的に無罪になったことで、一審有罪判決を実名の基準にすることへの疑問が強まった。同じ五〇年代に、教会の牧師が政治家、牧師などに脅迫状を送った事件があり、彼は有罪となった。このときも一部の新聞が一審判決後に実名を出したが、その是非をめぐって国民的論議があった。

六〇年代に入って、警察幹部が重大な軍事機密をソ連に流していた事件が発覚し、彼はスパイ罪で起訴された。防衛政策に影響を与える事件だったため、マスコミは初期段階から実名報道した。六年後に彼が出所した際、家族が「マスコミにたたかれたのが最もつらかった。もうこれ以上追いかけ回さないでほしい。平穏に暮らさせて下さい」と訴えた。以後、彼のことは一度も報道されていない。

全国ではじめて匿名報道主義を確立した地方紙「イエブレ・ダーグブラーデット」では、一九六一年の悪質な連続強盗事件がきっかけだった。当時は、一審で二年以上の実刑判決の場合だけ実名報道するようになっていた。しかしこの基準に対し、若い記者が疑問をもち始めた。スウェーデンには、同じ判決でも、途中で仮出所の許されるものと、必ず決められた期間服役させられ服役中に問題を起こすと刑期が延びることもあるものがある。だから、前者の「二年」では実名が出て、後者の「一年一〇ヵ月」だと匿名になるのは不公平だ、という声だった。それに、紙面作成の都合で出る場合と、出ない場合があるのは不平等だという声もあった。

未成年者や精神障害者などの犯罪の場合は、昔から名前を出さなかったが、これをきっかけに普通の犯罪者の場合でも妻や子どもを守るために名前を書かなくなったそうだ。犯人の母親が公判の始まる前に「どうか名前を出さないで下さい。私たちを助けて下さい」と頼んできたこともあったという。

六〇年代になると、欧米ジャーナリズムの影響もあり一部の新聞がセンセーショナルな事件報道を始めた。被害者・

被疑者の名誉、プライバシーを暴く記事が目立ち始めた。大げさな見出しやグロテスクな写真が増えた。有名人同士の恋愛などのゴシップ記事も増えた。新聞は報道倫理綱領を守っていないではないか、報道自由法の規定は新聞に甘すぎる、という批判が各界から起こった。報道評議会が中立的な機能を果たしていないという声も強まった。とくに一部の政治家や財界人から、報道自由法を改正せよという主張が公然化した。一部の国会議員は六七年と六九年に、報道自由法に制約を加えて政府によるマスコミの監視機関を設けよう、という法案を国会に上程した。

スウェーデンでは、伝統的に権力をもつ政治家、高級官僚、労組幹部に対するマスコミの眼が厳しい。彼らを批判するときは言葉も荒いことが多い。権力者に勝手なことはさせないという考え方が報道自由法の精神ともいえる。一方、政治家が正統派マスコミに批判的なのは世界共通かもしれない。六〇年代に入ってマスコミの自主規制への一般の信頼が薄れたとき、政治家たちは、この「憎きマスコミ」を法的に抑え込んで規制を加えるチャンス到来と考えたようだ。一般市民の反マスコミ感情の高まりのなかで、政治家たちは、一般市民のプライバシーをセンセーショナルに報道することに注文を付けようとしたわけだ。スウェーデンの新聞界は最大の危機に直面したといってよかった。

自主改革へのあゆみ

これに敢然と立ち向かったのが若きジャーナリストたちだった。六九年から七三年にかけて、現役の新聞記者が犯罪報道の人権侵害について次々と本を出版したのだ。有名なものだけで五冊あり、カーシュ氏の部屋の本棚にいまもそろって並べられている。

まず六九年に、アイナー・オストガードの『裁判と犯罪報道』、ヘルマーク、カール、ニールソンの共著『今日の新聞読みましたか――ニュースづくりの批判的分析』が、続いてハンス・ヘードベリの『新聞よ、どこへ行く――報道の不正は殺戮行為』が刊行された。さらに七一年には、『犯罪報道』というペーパーバックが数人の記者によって「R」文庫から出版された。英訳すると"The Criminal Reporting"で、「犯罪事件の報道」と「犯罪的な犯罪報道」の二重の意味をもつ格好のタイトルだ。私も日本の事件報道は「犯罪報道の犯罪」だと主張してきたが、スウェーデンの記者も同じように考えたのだと感激した。七三年には、当時「ダーゲンス・ニーヘーテル」の看板記者だったカール・アダム・ニコップの『新聞を売る権利――報道倫理を考える』がベストセラーになった。ニコップは現在最も売れている夕刊紙「エクスプレッセン」の創業者だ。これらの本は、いずれも、自分たちの行っている犯罪報道が被疑者・被告人・囚人とその家族、関係者を傷つけていることを自らの事件記者としての体験をもとに〝内部告発〟し、報道モラルの向上を訴えたものである。

続いて、マスコミ界の長老たちが、自分たちの記者時代の反省を発表し始めた。現役の編集幹部も犯罪報道の誤りをレポートにまとめた。これらの著作活動とその結果巻き起こった論議の末、まず労働組合で匿名報道主義のコンセンサスが生まれた。

日本では一九七〇年代に飲酒運転で逮捕された人の氏名公表について議論があったが、スウェーデンでも一九四〇年代から五〇年代にかけて、全国各地で、その氏名公表の是非が議論となった。そして、その結果が匿名報道主義の確立に重要な意味をもったのである。

現在「アフトンブラーデット」の大幹部によると、新人記者のとき、デスクに「明日から本紙は飲酒運転撲滅キャンペーンをやるので、君は毎日有罪となった飲酒運転者の住所と名前を書け」と指示されたという。当時は判決が八ヵ月以上の実刑の場合に実名を出していたのだが、飲酒運転ではそれより軽い刑でも名前を出したわけだ。彼は命令通り、毎日裁判所に通って氏名を書いたが、三ヵ月の間に五人の違反者が「金を渡すから名前を削ってくれ」と申し出てきたという。また同紙の社屋に侵入し、輪転機にかける前の鉛版から自分の名前を消そうとした男も現れた。名前が出たことで自殺した人もいたという。

結局彼は、飲酒運転をなくすには、新聞が違反者の名前や住所を書いてさらし者にする方法ではなく、免許の取消しなど刑罰強化の方法によるべきだと主張し、同紙は氏名公表をやめた。犯罪を抑圧するために氏名を出すべきだという意見はあったが、たとえば珍しい名前の人はすぐ身元がバレるのにごくありふれた「鈴木一郎」さんなどは何人もいるから法の下の平等にも反する、という公平を重んじる国らしい見方もあったそうだ。こうして、飲酒運転をなくすために新聞が氏名を掲載するのは不当だ、飲酒運転を減らすことはマスコミの仕事ではなく法務省や警察の役目である、というコンセンサスが生まれたのだ。

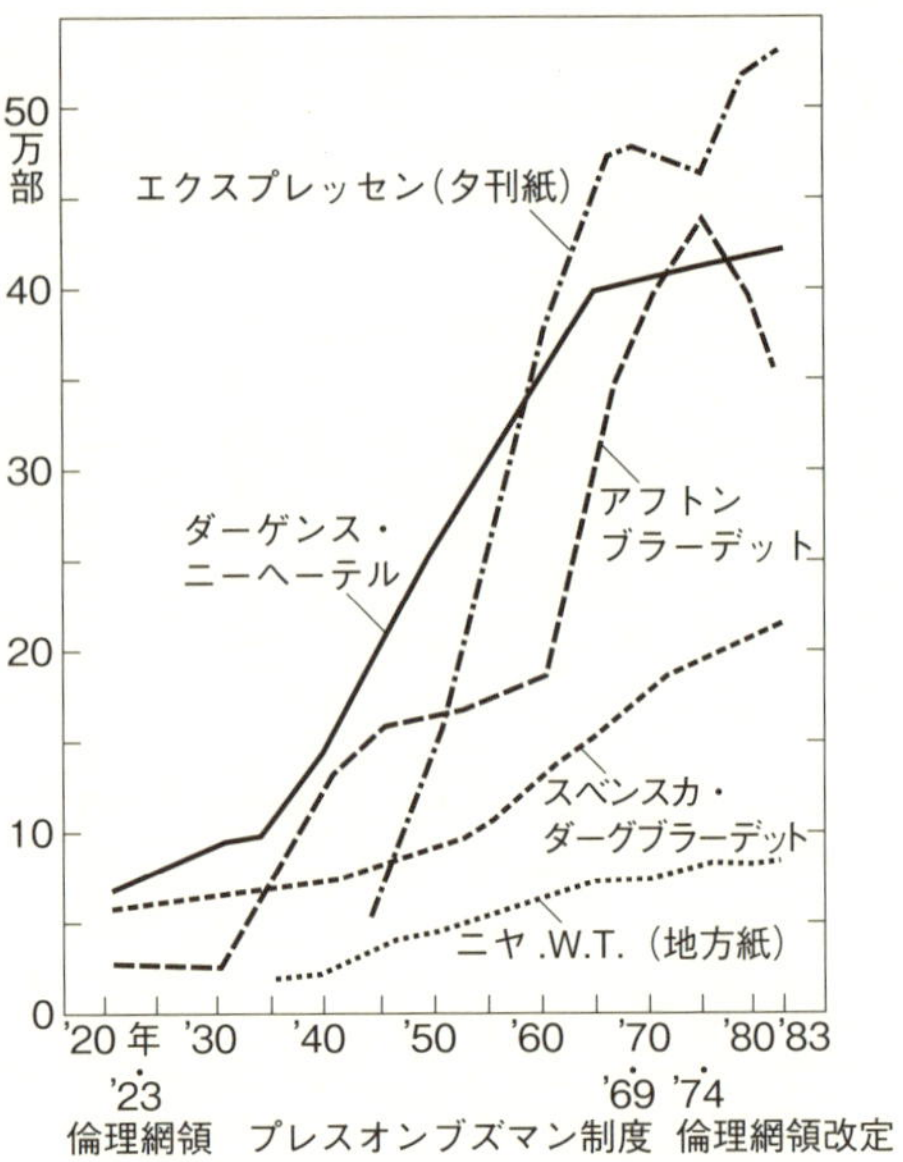

図３　主要新聞発行部数の推移

これは、実名報道の根拠となっていた新聞の犯罪抑止効果論否定の大きな第一歩となった。これをきっかけとして、警察が犯罪の怖さを市民に知らせるための道具として事件報道を利用してきた新聞創立以来の歴史が終わった。

こうした新聞界内部からの改革運動がきっかけとなり、六九年に報道評議会を大幅改組してプレスオンブズマン制度を導入し、七四年に報道倫理綱領を改定したわけである。新聞経営者も、法律で報道の自由を規制されるのは「ジャーナリズムの死」と考えて、自分たちの手でペンの暴力を監視する自主規制の道を選んだ。新聞が何を書くかについて法的にはあくまでもフリーハンドを保ち、マスコミが自らの社会での役割をきちんと踏まえ市民とともに歩む、という理想的な形態がここに完成したのである。

売れ行きは悪くならない

日本では、人権に配慮しすぎると事件報道の迫力がなくなり結果的に新聞の売れ行きが悪くなる、という心配がある。スウェーデンでも一連の改革が完成する以前に、新聞経営者は、新聞が売れなくなるのではないかと心配したという。「何も自分の首を絞めるようなことはしなくてもいい」という経営者もいたそうだ。

しかし、一部読者の低俗な好奇心にすり寄った形の事件報道が姿を消しても、新聞は順調に売れ続けている。スウェーデンの新聞の売上げ推移をみると、センセーショナルな犯罪報道は「読者のニーズにこたえたもの」という日本のマスコミ界の言い分は根拠を失う。スウェーデンの読者は、凶悪犯罪の被疑者・被告人の名前が出ないからといって新聞を読まなくなりはしなかった。名前を知りたいとも思わなくなったのである。事件記者も犯人当て競争にエネルギーを費さなくなった。

図3を見ると、スウェーデンの代表的な新聞の発行部数が報道倫理綱領の改定と無関係であることがわかる。夕刊紙の「アフトンブラーデット」は七七年をピークに減少しているが、これはライバル紙「エクスプレッセン」に食われたためである。むしろ「スベンスカ・ダーグブラーデット」のように犯罪報道が紳士的な新聞ほど、市民の信頼を得るように変化した。また図2を見ると、五三年、六九年、七四年の改革の節目にも、全体として発行部数が順調に伸びていることがわかる。

一方、スウェーデンは人口が少なく新聞間の競争もそう厳しくないから匿名報道主義が可能だ、という人もいる。しかしスウェーデンでは、一六三の新聞が激しく競争している。地方紙にしても、日本のように県紙一紙の地区は少なく、二、三紙が競合しているところが多い。主にストックホルムで発行され、全国で販売されているスタンド売りの夕刊紙（タブロイド版）の販売競争もすさまじい。

パブリシストクラブ会長に聞く

現在パブリシストクラブ会長でスウェーデン教育放送編成局長であるボーリェ・ダルキビスト氏は、七四年の報道倫理綱領改定委員会のメンバーだった。彼は当時「ダーゲンス・ニーヘーテル」の編集主幹で、若い記者たちの犯罪報道改革の声に耳を傾け、新聞界の自主改革のリーダー役をつとめた。犯罪報道のルール確立までの経過について、ダルキビスト氏にインタビューした。

――七四年以前の犯罪記事はどうだったか。

今世紀の初めには、逮捕段階で被疑者の名前を出し犯人扱いしていた。先日、昔の新聞を集めた展示会が開かれたが、一九〇二年の新聞は一面ぶち抜きで、ある男が妻を殺害した事件を報じていた。裁判が始まる前の報道で、犯人の名前、年齢、妻の出身地、子どものことなどあらゆることが出ていた。記者は「男はいつも不機嫌だった」などと中傷していた。あなたが持ってきた日本の新聞とよく似ている。

五三年に、私がスウェーデン第二の都市のヨーテボリでかけだしの事件記者をしていたとき、若い男が五歳の少年を殺害したことがあった。彼は全く理由もなく殺してしまい、自分自身のしたことの意味も知らなかった。しかし、彼の写真と名前を報道したことを覚えている。どんな極悪非道の犯罪者にも人権がある。父や母も、妻や子どももいる。この記事は、犯人の家族や親類に多大な被害を与えたと思う。彼らのその後の生活が困難になったことと思う。これは恥知らずで野蛮な、今日では絶対に用いないやり方だが、そのころわれわれはそうしていたわけだ。いま考えると、彼の写真や名前は事件の中味を理解してもらうのに何の意味もなかった。このほかにも多くの事件記事で無数の市民を傷つけた、という反省の気持ちがいまも強い。

——有罪が確定しても犯罪者の名前を書かないというルールがなぜ生まれたのか。

五〇年代には機械的な規則があった。それは、六ヵ月以上の実刑を一審判決で受けた場合、どんな犯罪でも名前を書いていいという規則だ。これは非常にメカニカルな規則だ。とるにたらぬ軽微な犯罪でも六ヵ月の判決が出ることもあるが、実名を出すと、この六ヵ月の実刑判決に加えて新聞が余分な刑罰（extra-punishment）を科すことになる。その人の受ける罰は、新聞が付加的懲罰（additional penalty）を与えるために不当に大きくなった。

そこで、何人かの記者が、これはアンフェアで個人に対してあまりにも酷なことだと考えた。もっと紳士的な方法はないかと考え始めた。当時の考え方は、ある人が犯罪を犯した場合、裁判所だけがその人に判決を出し、刑罰を与えるのであって、新聞がその人の人生を困難にするようなものをさらに加えることは全く不合理で不当だ、ということだった。だから、犯人が非常に有名で、大きな犯罪で、その犯罪が社会にとって重大な意味をもたなければ、一切名前を書かないことにした。つまり、もっと紳士的にふるまうようにしたのだ。これが七四年のことだった。

犯罪者の尊厳も大切にする

——改革の中心になったのは現場の記者だと聞くが。

報道倫理綱領改定の準備は六〇年代末に始まったが、イニシアティブは現場の記者が取った。経営者側から言い出したのではない。一線記者が立ち上がったのは、自分自身のしている犯罪報道についてアンフェアで不愉快な気持ち（feel uneasy）を抱いたことがきっかけだった。

若い人たちは矛盾に敏感で、当時の犯罪報道が民主的社会の仕組みに反していると考えた。民主的社会では、ある人が犯罪者であっても、人間として扱い人間の尊厳を大切にするという理念がある。犯罪者も人間個人として尊敬しなければならない。なぜなら犯罪を犯した人を人間として扱わなくなれば、その人は再び人間性を取り戻すことができなくなるからだ。新聞が犯罪者を実名報道することは民主的社会の適法手続に違反しているのではないか、という主張もあった。

――たとえ凶悪犯でも、それが一般市民の場合は実名を出さない、というのは日本ではとても信じられないが……。

それは、日本に死刑制度がいまもあることと深い関係があると思う。死刑は、（人間が決める）ある基準以上の凶悪犯罪を犯すと社会が生存を許さない、という刑罰だ。人間が人間を殺すことは道義的に許されないのだから、死刑判決の瞬間に社会が人間を動物に変えてしまうのが死刑の考え方だ。スウェーデンでは一九二一年に死刑を完全に廃止している（最後の死刑執行は一九〇九年）。どんな凶悪犯も生き続け、刑期が終われば社会に戻ってくる。新聞が氏名や写真を掲載することは、人生の再スタートに大きな障害になる。近代社会では前科を問わないという約束ごともある。だから、警察・検察・裁判が誤ることがあるという理由だけで新聞が犯罪報道で実名を出さなくしたわけではない点が重要だ。

――日本では、裁判は公開の場で行われるから実名公表が許される、という意見があるがどう思うか。

スウェーデンでも、裁判は公開であるべきだというのは非常に重要な原則である。判決は秘密の場で行われてはならないし、公判は大衆にオープンにされなければならない。しかし、法廷で公開されるからといって、新聞がその内容をすべて新聞に書いていいということでは全くない。名前を書くことについて、私たちは自己規制しなければならない。

――犯罪を犯した人が、自分から名前を出して言い分を述べさせてくれと言ってきた場合は、どうするのか。

私たちは、「本人自身が自分の名前を出してほしいと報道機関へ言ってきた場合でも自己規制しなければならない」と主張した。犯罪に巻き込まれた人は、「自分の言い分を聞いてもらいたい。報道機関に伝えてもらった方が自分のためになる」と言うことがよくある。また、おもしろい話をするからお金をくれないか、などとネタを持ち込むこともある。彼らは自己宣伝欲が強く、新聞に出ることを好むわけだ。

しかしこの種の人びとは、その報道が自分自身にどれだけの害を与えるかについて認識していない。だから、本人の

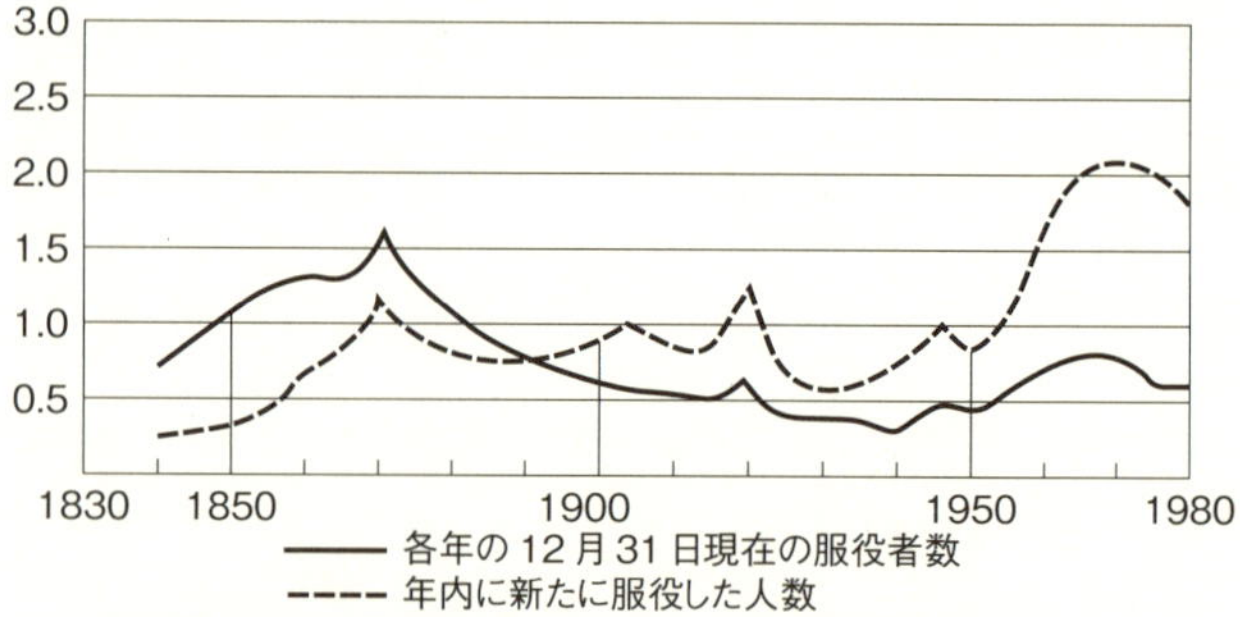

(1920 年代以降禁固刑は増加しているが、服役期間は短くなっている。1950 年以降服役者が増えたのは、日本と同じように、交通事犯・麻薬事件が急増したため。

図4　スウェーデンの人口1000人当たりの服役者数

申し出があるからといって飛びついてはいけない。犯罪を起こした人は、大体興奮しており、記者に利用されることもありうる。つまり第二の紳士的ルールは、人びとが新聞にアプローチすることによってどんな被害を被るかを知らない場合は、記者はその無知を悪用してはいけない、ということだ。

まとめると、名前を書くときは慎重であれ、そしてその人がその報道を望む場合も注意が必要だ、ということだ。なぜなら、その個人がそれによって受ける被害の責任は、記者、あなたたち書き手が負うべきものだからだ。

社会的側面からの報道を重視

——編集幹部として気をつけたのはどんなことか。

子どもが巻き込まれた場合や凶悪な流血事件の場合、とくに自己規制するように気をつけている。そういう事件の場合、詳細でしかもグロテスクな描写が多くなりがちだが、それを報道する場合、必ず傷つく人がいることをいつも忘れてはいけない。また生き残った人がおり、その人たちはその事件とその報道を背負いながら生き続けなければならないことも、頭に入れておかなければならない。こうしてスウェーデンの犯罪報道は、この一〇年間、それまでと比べてずっと上品な方法で行われてきた。

これまで匿名報道主義の確立について話してきたが、それに加えて重要なのは写真の問題である。「名前を出すな」という原則を写真におきかえてみよう。つまり「有罪判決を受けた人でも、名前を出さないときは顔写真も絶対に出すな」ということだ。死体や血なまぐさい現場写真も出すべきでない。なぜなら、この人びとには必ず、そのような死体や血なまぐさい写真を第一面で見ればやりきれない気持ちになる肉親や親類がいるからだ。それに殺害された人の現場の顔写真は、記事の内容に実際は何もプラスしないことがほとんどだからだ。ストーリーを書けばそれで十分である。

むごい写真などはなくてもいいわけだ。

私は編集主幹を一〇年以上もつとめてきた。第一面の編集担当のデスクの後ろに合わせて三〇〇〇回ぐらい立ったと思う。毎晩夜一〇時ごろの第一版の締切りまで付き合って、デスクと一緒に、どの写真を一面にはめ込むかを決めてきた。だから、他のどのジャーナリストも感じるようなエキセントリックな写真を使いたいという誘惑と闘ってきたわけだ。この種の写真は、よく撮れており確かに人びとの注意を呼ぶし、使いたいと思うこともある。しかし、デスクは常にセンシブルでなければならない。たとえ読者の関心を呼ぶ写真でも、低次元の、単なる好奇心によるものであれば使うべきではない。

ジャーナリストの仕事は、読者に何が起こったか、その中味を理解させることだ。血なまぐさい写真はなくても読者に理解してもらえるはずだ。

――七四年を機に犯罪報道はどう変化したか。

この一〇年間、私たちは、容疑者の名前を追ったりセンセーショナルな事象にばかり関心をもつのではなく、犯罪の心理学的、社会学的側面からの報道に力を入れてきた。つまり、表面的な犯罪事実だけにとどまらず、その犯罪者がなぜその事件を起こすような状態になったのかについて説明するようにしてきた。そして、犯罪報道は、その報道から私たち市民が何かを学ぶことができる限りにおいてのみ、読者に真の興味を起こさせるし報道する意味がある、と主張してきた。

たとえば、ある男がある男を後ろから一突きで殺した、と現場の血や叫び声などの状況を生々しく描いても、それだけではいい記事ではない。しかし記者が、後日、この殺人犯がなぜそういうことをしたのかの顕著な理由、事件の社会的背景、考えられうる動機などを書けば、そこから何かを学ぶことができる。記者は、なぜ彼が殺人を犯したかを人びとに理解してもらうように書くことができるかもしれない。こういう方法ではじめて、犯罪報道は人びとの支持を得られる。

4 ジャーナリズムの原点に立つ国

犯罪報道の慎重さや報道倫理綱領の細かな規定を見ると、スウェーデンの新聞は法律でさまざまな規制を受けているのではないかと感じるかもしれない。ところが逆に、スウェーデンの新聞は世界で最も自由である。記者の取材の自由も完璧に保障されている。権力機構すべての監視役としての新聞の自由を守ろうという、社会全体のコンセンサスがある。

スウェーデンにはこれも世界最古の「報道自由法」（The Freedom of the Press Act）がある。この法律は、国家権力から独立して、市民が自由に情報を伝え、意見を発表する権利を保障するもので、一七六六年に最初に制定され、同時に憲法の一部となった。その後一九四九年、七四年と改正され、現行の報道自由法は七七年と九四年に改定されたものだが、基本的な内容は変わっていない。

報道の自由は世界一

報道自由法の主な内容を見よう。

第一に最も重要なのは、すべての国民が公共機関のもつ公文書を自由に見る権利を保障している点だ。報道自由法は情報公開法でもあるのだ。「公文書への自由なアクセス」（free access to public documents）の考え方は、諸外国でも採用され、日本でも一部の自治体が条例化しているが、もともとスウェーデンで生まれたものである。外国人を含めたすべての市民は、政府や自治体にファイルされている文書を自由に見たりコピーできる。その文書が請求者本人にかかわるものであるかどうかは関係ない。公務員は市民の請求に応じ、文書を見せる義務を課せられている。例外は捜査資料、国家の安全や個人のプライバシーにかかわるごく一部の文書だけで、それらは機密保護法に定められている。この権利は市民一般に認められているもので、記者の特権ではない。ただスウェーデン市民は、記者という職業に彼らの代理としての活動を求めているといえる。

第二に、記者が政府や自治体の幹部職員や一般職員との直接の接触によって、その動きをキャッチすることを容易にする規定がある。報道自由法は、公務員が記者に接触し、情報を漏らす自由を広範囲に保障している。守秘義務のある事項について公務員が記者に漏らす〝事件〟があっても、検察官や官庁の責任者は原則として、その情報の提供者を捜査することができない。公務員以外の情報提供者ももちろん同じである。記者はニュース・ソースを秘匿できるというより、法によって秘匿せざるをえないのだ。ニュース・ソースを暴露した記者が裁判で有罪判決を受けることもある。ニュース・ソースの秘匿は国家公務員や地方公務員にも及ぶので、彼らは〝裁判沙汰〟や法に基づかない圧力・脅迫などを恐れることなく、自由に記者へ情報を流せるのだ。

第三に、スウェーデンでは年に四回以上発行されるすべての新聞、雑誌に「発行責任者」一名が置かれている。新聞記事についての全責任はこの人が負うことになっている。放送番組についても「責任プロデューサー」が置かれている。この結果、責任者以外のデスク、記者、寄稿者、番組製作スタッフは、刑事罰を受けたり損害賠償を請求されるおそれがない。ヒラ社員の権利を擁護しているわけだ。

名誉毀損などについては、第七章第四条に「印刷物における違法な記事は法律で処罰される」として一一の場合が列挙されているが、その九項は「ある人を犯罪者だと責めたり、生活の仕方ゆえに非難したり、あるいは他の人たちの軽蔑の的にするような情報を伝えて名誉を毀損したとき。ただし、ある事情でその情報を提供することは正当であると判断され、かつ情報の第一提供者がその情報が正しい、または正しいと信ずるに足る相当な根拠があったと判断される場合は、この限りではない」と規定している。これは、日本の新聞が捜査段階の被疑者の実名報道の根拠にしている刑法二三〇条ノ二のみなし規定とそっくりである。

さらにスウェーデンでは、企業や団体などの法人に名誉毀損についての提訴権を認めていない。個人だけに名誉毀損で訴える権利が認められている。たとえばある新聞がボルボ社の車の安全性を非難する記事を書いても、ボルボ社は新聞社を訴えることができないわけだ。このため新聞社は、法律上の争いの心配なしに企業の製品やサービスについて批判することができる。

第四に、スウェーデンの法律では新聞を相手に裁判を起こすことが非常に難しい。新聞の人権侵害についての刑事責任は、一般の刑事裁判とは別に「新聞法廷」と呼ばれる特別の裁判で審理される。スウェーデンには、普通の裁判では英米などにある陪審員制度がないが、この特別の新聞法廷には陪審員制度がある。陪審員は、地域ごとに選ばれる正陪審員六人、副陪審員三人で構成される。「有罪」になるにはこの九人のうち六人の賛成が必要で、有罪の判定を得るのは非常に難しい。陪審で有罪となった事件についてだけ、地方裁判所が判断を下す。たとえ裁判に勝っても損害賠償額はせいぜい六〇～七〇万円で、裁判費用にも達しないことが多い。市民が新聞社を相手どり提訴することはほとんどなく、ここ数年間、一年に一〇件以下という。勝訴するのは年間一、二件にすぎない。

新聞社を相手に勝訴した例を一つだけ挙げよう。ファーステムという弁護士が、「エクスプレッセン」に「麻薬犯罪組織の陰のリーダー」と大きく報道され、報道自由法に基づいて提訴し、勝った例である。もっとも手にした賠償額は彼の一ヵ月の収入と同じ程度だった。「ポケットマネーみたいなもので、受けたダメージと比べれば少なすぎるが、自分の名誉のため裁判を起こした」と彼は述べたという。

次に、スウェーデンの新聞がいかに裁判に強いかを示す有名な例を一つ挙げよう。八〇年にやはり「エクスプレッセン」が「フェルディン首相（当時）が精神病院で分裂症の治療を受けている」と書いた。首相の病室や看護婦による注射のもようなどをこと細かに伝えた。怒った首相は同紙を提訴し、損害賠償として一クローネ（約二九円、当時）を請求した。金銭が目的ではないので一〇〇〇クローネでも一クローネでも大した変わりがないということだった。しかし陪審員はこの請求を却下した。陪審員は、「問題の記事はニュースでなく風刺だ」という新聞側の主張を取り入れ、公人としての首相はこの程度の個人攻撃は耐え忍ばなければならないとしたのだ。

このように、報道自由法は報道機関を制約するためではなく、むしろその自由と権利を擁護することを目的とした法律である。それは憲法の一部とされているため、改正・修正は、報道機関内部の公開討論と国会の慎重な審議なしに行ってはならないとされている。他の憲法条文と同じく、総選挙をはさむ国会で二度続けて議決されなければならないのである。政権交代のひんぱんな国らしい規定である。

前プレスオンブズマンのグロル氏は、「スウェーデンの新聞は〝無法状態〟のもとにあるといっていい」という。これだけの自由を与えられているからこそ、新聞にとって自主規制が重要だった。だから、プレスオンブズマンや報道評議会などの世界一きめ細かなセルフ・コントロールの制度を設けたのである。法律で縛るのではなく日々の報道ぶりを市民全体で見守っていこうという、まことにうらやましいやり方が確立されたのだ。

権力者には厳しい

被疑者・被告人・囚人の実名が掲載されないスウェーデンでは、殺人、強盗などの記事が徐々に少なくなってきた。もともと日本のような「社会面」はなかったが、一般刑事事件のニュース価値が相対的に低下して、暮らしに直結したニュースが重要になってきた。

だからといって、スウェーデンの事件記者が失業してしまったわけではない。むしろジャーナリズムの原点に立った事件報道がみごとに行われているといっていい。市民の上に立っている人びとがその職務にかかわる犯罪や不正を犯した場合は、マスコミが徹底して報道するのである。それも、警察や検察が「事件」にするかどうかは問わない。逮捕、起訴、判決などの法的手続きがとられなくても、実名で報道される。そうした例をいくつか紹介しよう。

七八年に、当時のフェルディン首相やパルメ前首相以下数人の現、旧閣僚一〇人が、スカンジナビア航空から無料航空券をもらっていたことについて収賄容疑で取調べを受けた、と報じられた。王室の一人が同じような航空券をもらった、と暴かれたこともあった。

同じく七八年に、当時の法務大臣が売春婦を買ったことが暴露された。大臣本人と監督責任のある首相は否定したが、法の番人である高官がそういう疑いをもたれたことは報道すべきだとして、法相の実名が掲載された。「ある政府高官」とするとどの大臣も疑われるため実名が出たそうだ。この背景には、有権者に名前も含め事実を伝えることが議会制民主主義のために必要だ、という考え方がある。

八二年一月二一日のストックホルムの夕刊紙は、国会議員のシクステン・ペテション氏（五三）が一七歳の女性を議員宿舎に誘い性的関係をもった、と氏名、写真入りで報道した。女性はテープレコーダをもっており、会話も録音され、国会玄関前で〝デート〟している写真も掲載された。ペテション議員は辞任した。しかし、この女性が同議員をワナにかけたのではないかという見方も強かった。同議員も「私はただ彼女に、将来モデルになれるよう協力するといっただけ。暴力をふるったわけでもなく何も法律を破っていない」と主張していた。

弁護士会の倫理委員会から職業倫理違反を指摘された44人の氏名、不正の理由を実名報道した「エクスプレッセン」(1986年2月20日)。報道評議会は、弁護士たちの異議申し立てを却下した。

これはプレスオンブズマンにはもちこまれなかったが、同議員の所属する自由党に近い「スベンスカ・ダーグブラーデット」は翌日「彼の行為は政治家としてふさわしくない。婦女暴行などの違法行為であり、選挙民の信頼を失った」と厳しい記事を載せた。一方、リベラルな「ダーゲンス・ニーヘーテル」は逆に「彼女は隠しマイクをもっていた。これはワナによる〝事件〟だ。確かに悪いことだが、彼や彼の家族に対する配慮が必要だった。ジャーナリストはニュースをとるためにどんな手段を使ってもいいというわけではない。個人の人権をもう少し考えるべきで、報道倫理綱領を再考すべきだ」と彼を擁護した。新聞の公正さを示すため政治的立場に近い方が厳しい記事を載せるのは、いかにもスウェーデンらしいやり方である。

八三年五月二四日、スウェーデン陸軍参謀本部のストロベー中佐がスパイ容疑で警察に逮捕された。各新聞は翌二五日紙面から四日間、中佐を実名報道し、七月一三日、中佐は一審で六年の有罪判決を受けた。これに対し中佐夫人が「新聞に実名、写真が出たのは人権侵害」とプレスオンブズマンに訴えた。八四年三月、報道評議会は「匿名だと参謀本部の十数人の幹部が全員スパイだと市民に疑われる。そのため実名は許されるし必要であるともいえる」と新聞側を支持した。この事件の場合、逮捕段階では被疑事実を書く一方で被疑者の主張も十分掲載され、判決前に犯人であるかのような見出しや記事はどの新聞にも見られなかった。

一方、八一年五月五日、ある自治体の幹部公務員が、自分の所有するアパートの入居者から家賃を二〇六四クローネ（約六万円）取りすぎていたとして、実名入りで地元紙に報道されたことがあった。しかしプレスオンブズマンは、「ニュース自体は公共の関心事で掲載に値するが、彼の名前を出す点では十分な理由がない」と判定した。役職ある公務員でも、プライベートな犯罪や不正ならば、記事になっても匿名扱いになるのがふつうなのである。

一九八六年二月二〇日の「エクスプレッセン」は前年、依頼者に対し誠実に対応しなかったとして、弁護士会から懲戒処分を受けた弁護士のリストを一面トップで載せた。顔写真と事務所の住所は出ているが、自宅の住所は出ていない。このように、市民の生活に大きな影響を与える公人の反社会的行為については、思い切った紙面づくりを行う。ただし、これも駅売りのタブロイド夕刊紙だけの話であり、一般紙は姓名だけを載せ、顔写真を掲載しないのが普通だ。

こうした例を日本にあてはめて考えてみよう。ロッキード事件の田中角栄氏や「灰色高官」とされた二階堂進氏たち、児玉ルートで疑惑をもたれた中曾根康弘氏の名前は、警察・検察の取調べの進展を抜きにしても報道される。八二年二月のホテル・ニュージャパン火災の横井英樹社長の名前も、スウェーデンでも出るだろう。彼の政治家とのつながり、財界での黒幕ぶりからいっても当然だ。

しかし、ホテル火災の翌日にあった日航機羽田沖墜落事故の機長の名前は、スウェーデンでは出ない。日航機の事故ということは書かれるが、機長の名前には社会的重要性がないということだ。機長個人の精神疾患や経歴は匿名で報道されるが、出身地や家族、趣味など「好奇心の対象」でしかないことは書かれないだろう。むしろ、安全を誇っていた半ば〝国営〟の日本航空の労務管理、健康管理の問題点をえぐり出す仕事がマスコミのテーマになる。鎌田慧氏や柳田邦男氏などが雑誌などで発表した分野である。

警察にはとくに厳しい

スウェーデンの新聞の傾向がはっきりわかるのは、その警察に対する厳しい眼だ。スウェーデン警察庁広報官のラー

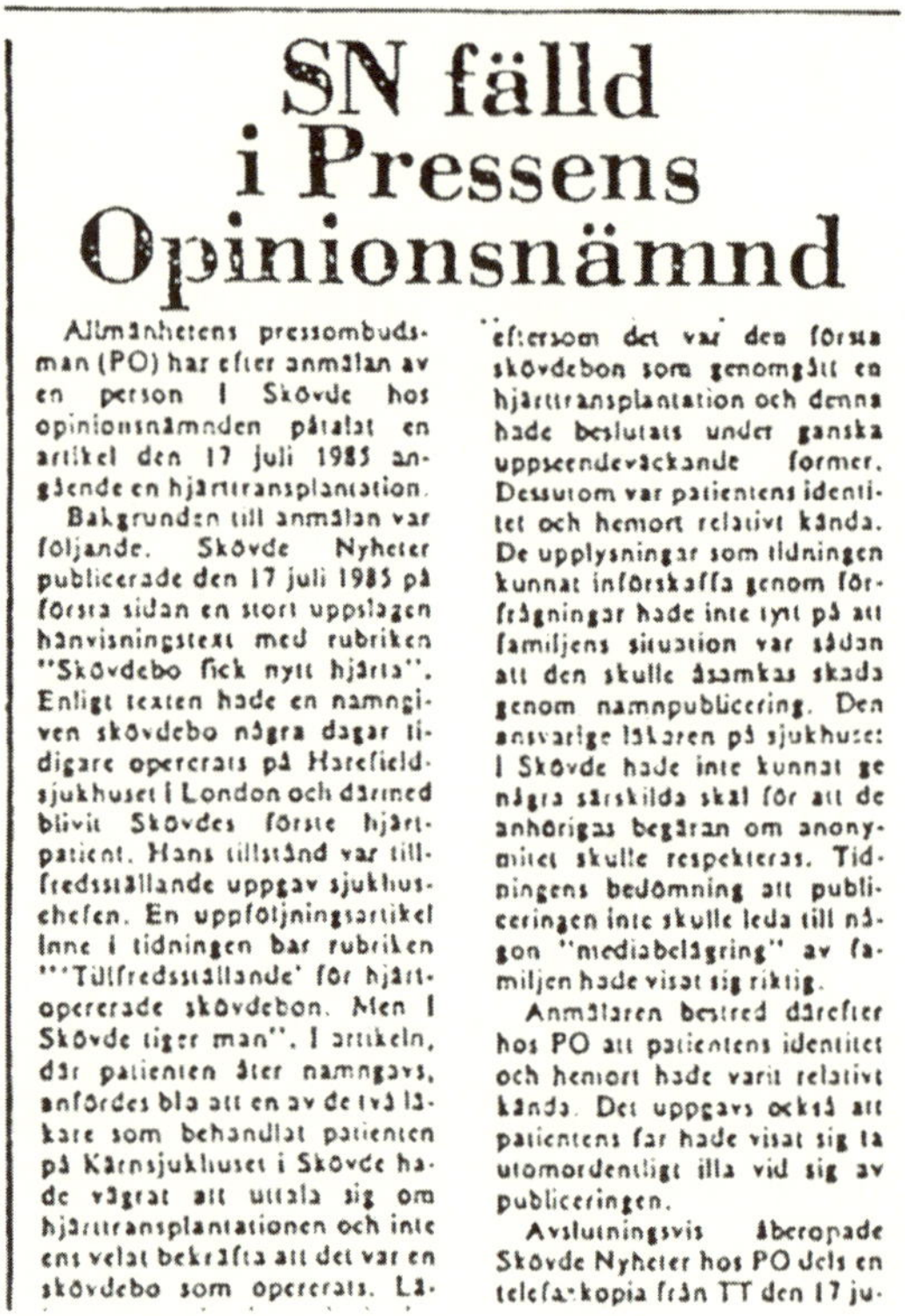

SN fälld i Pressens Opinionsnämnd

Allmänhetens pressombudsman (PO) har efter anmälan av en person i Skövde hos opinionsnämnden påtalat en artikel den 17 juli 1985 angående en hjärttransplantation.

Bakgrunden till anmälan var följande. Skövde Nyheter publicerade den 17 juli 1985 på första sidan en stort uppslagen hänvisningstext med rubriken "Skövdebo fick nytt hjärta". Enligt texten hade en namngiven skövdebo några dagar tidigare opererats på Harefield-sjukhuset i London och därmed blivit Skövdes förste hjärtpatient. Hans tillstånd var tillfredsställande uppgav sjukhuschefen. En uppföljningsartikel inne i tidningen bar rubriken "'Tillfredsställande' för hjärtopererade skövdebon. Men i Skövde tiger man". I artikeln, där patienten åter namngavs, anfördes bla att en av de två läkare som behandlat patienten på Kärnsjukhuset i Skövde hade vägrat att uttala sig om hjärttransplantationen och inte ens velat bekräfta att det var en skövdebo som opererats. La-

"eftersom det var den första skövdebon som genomgått en hjärttransplantation och denna hade beslutats under ganska uppseendeväckande former. Dessutom var patientens identitet och hemort relativt kända. De upplysningar som tidningen kunnat införskaffa genom förfrågningar hade inte tytt på att familjens situation var sådan att den skulle åsamkas skada genom namnpublicering. Den ansvarige läkaren på sjukhuset i Skövde hade inte kunnat ge några särskilda skäl för att de anhörigas begäran om anonymitet skulle respekteras. Tidningens bedömning att publiceringen inte skulle leda till någon "mediabelägring" av familjen hade visat sig riktig.

Anmälaren bestred därefter hos PO att patientens identitet och hemort hade varit relativt kända. Det uppgavs också att patientens far hade visat sig ta utomordentligt illa vid sig av publiceringen.

Avslutningsvis åberopade Skövde Nyheter hos PO dels en telefaxkopia från TT den 17 ju-

心臓移植手術患者を実名報道した「シェフディ・ニヘーテル」（1985・7・17）は、プライバシー侵害にあたるとした報道評議会の裁定文。

シュ・イルムスタード氏は「市民の人権は確かにきちんと守られているが、警察は証拠もないのにたたかれるんです」と私にこぼした。

その例として、彼は「留置場で私は看守に殴られた」という見出しの地方紙を見せてくれた。この男はストックホルムに近い町のアル中患者で、その新聞社にタレこんだのだが、新聞社は翌日、小さなスペースで「私はウソを言った。警察に謝りたい」という記事を出した。つまり、この一面トップ記事は全くの創り話に基づくもので、実際は他の留置人とけんかして殴られたのだった。このとき、男の名前は最後まで出なかった。それに対して、「殴った」警官の名前こそ出なかったが警察署の名前は出て、警察は信頼を失った。スウェーデンでは、市民が警官に殴られたと新聞社に訴えれば、十分な証拠がなくてもすぐ記事になるというわけだ。囚人が新聞社にいつでも電話できるのだから、当局はヘタなことができない。

ある警察幹部が、イラク大使館からウイスキーケースをもらったと派手に報道されたこともあった。駅売りのポスターは、ジョニ黒一二本の写真入りで、大きな活字で印刷された。見出しには名前はなかったが、本文に実名と役職が出た。しかしこの幹部が本当に受け取ったかどうかははっきりせず、起訴はされなかった。八〇年春には、ある警視が中東の大使館に機密情報を与えているとして起訴され、有罪となった。この警視はストックホルム在住のある外国人についてスパイをしていたのだが、彼の名前と役職名が一部の新聞に出た。国民から信頼されている公務員が職務に関係して犯罪を犯した場合は、実名が出ることもあるわけだ。しかしこの場合も、住所、顔写真、家族、生い立ち、経歴などは出なかった。

日本では、捜査官による取調室での拷問や暴行は、かなりの状況証拠があってもなかなか記事にしにくい。逆に市民が警察に容疑をかけられれば、簡単に実名報道される。たとえば公務執行妨害は、警察官の証言だけが決め手となることが多く、冤罪が起こりやすい。しかも、日本では逮捕段階で呼び捨てで犯人扱いされる。スウェーデンでは強い立場の者には厳しく、弱い立場の市民については徹底して守る、という姿勢が貫かれていることが警官の「犯罪」への対応にはっきり表れている。

警察はしかし、この報道倫理綱領をいみ嫌ってはいない。むしろ、警官に、報道倫理綱領の生まれた背景やその意味について教育している。イルムスタード氏も「警察が報道倫理綱領を正しく理解することが大切だ」と述べた。

また氏名を出すことによる犯罪防止効果については、「実際には実名報道したからといって効果はない」と明言した。「死刑」に凶悪犯罪防止の効果を求めることが非合理なのと同じく、実名報道も大した効果はない、というのである。

事実、スウェーデンの犯罪発生率は、実名報道をやめた七四年以降もとくに増えていない。五〇年代に犯罪総数が急増したのは交通関係の犯罪が原因だ。「実名報道主義をとり死刑もあるアメリカの殺人発生率は、スウェーデンの何倍もある。犯罪の多少は新聞の報道スタイルや死刑の有無で左右されるものではない」とイルムスタード氏は断言した。

脱税などの経済犯罪では実名も

七四年の改革以降、事件記事の中心になったのは、脱税、業務上横領、偽装倒産などの経済犯罪（ホワイト・カラー犯罪とも呼ばれる）である。

「ダーゲンス・ニーヘーテル」のアンデション記者は、私の訪れた八二年五月七日、スウェーデン最大の自動車会社「ボルボ」副社長の姑息な脱税を一面トップのスクープで暴いた。スウェーデンでは、市民が自宅を改修する場合、その費用は税法上控除される。この副社長はストックホルム市内に十数軒の「自宅」を持っており、毎年数千万円かけて

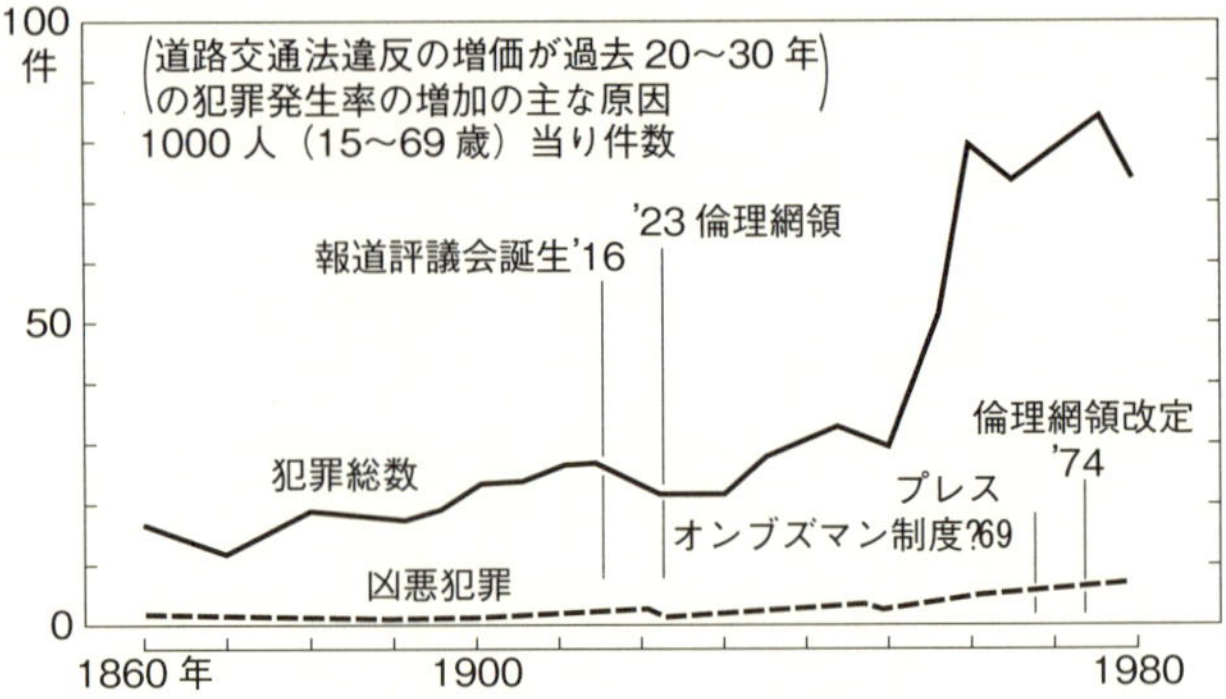

図5　スウェーデンの犯罪動向

自宅を改修したため、七年間にわたってほとんど所得税を支払っていなかったのだ。これは国税当局の摘発を絶対に受けない「合法的」な脱税だが、市民感情としては許せない。アンデション記者は「法律に触れないからといって指弾できないことはない。この場合は名前がニュースになる」と勇敢にスクープした。

たまたまこの特ダネをタイプし、デスクに出し、議論している場面も見たが、アンデション記者の顔は生き生きとしていた。特ダネを書くときの表情は万国共通のようだ。彼はこの副社長にインタビューしており、その言い分も大きく載せている。副社長の実名を出すことに反対は全くなかったという。これに対して日本では、あらゆる犯罪が実名報道なのに、国税庁の摘発する医者、芸能人、実業家など「お金持ち」の脱税者はなぜか匿名（市町村名と職種だけ）扱いされている。

ボルボ社から広告を減らすなどの対抗措置がないかと質問すると、アンデション記者は「この新聞はボルボ社にとって重要な宣伝メディアだから、広告を減らすと会社にとってなおマイナスだ」と自信満々だった。

アンデション記者は、役所や企業のトップの人びとが不正をしていることに強い反感をもっている。それは一般市民の感情と同じだと思う。「経済犯罪は以前からあったが、警察の捜査力が高まり、新聞の関心が殺人などの一般犯罪から経済犯罪に向けられだしてから表面化するようになった。警察もその方面に力を投入するようになった」と彼は分析していた。

概してスウェーデンの新聞は、企業の名前をよく書く。やはり「ダーゲンス・ニーヘーテル」は、ストックホルムの大企業がインドから繊維を密輸入していたのを報じたことがあった。税関当局が摘発したのをスクープしたのである。翌日、自分自身が被疑者でもある重役が会社の立場を表明したいと電話してきた。彼は自分の氏名、写真を出してもいいと申し出たため、同紙は彼とのインタビューを実名報道した。

「スベンスカ・ダーグブラーデット」のホフステン記者も主に経済犯罪を追っている。スウェーデンでは二月一五日が前年所得申告の締切りだから、その一ヵ月前から税金の話を書く。その後は脱税事件を追うことになる。八一年二月七日付の「アフトンブラーデット」は、「本紙は悪質な脱税者リストをつかんだ」という見出しの特ダネを載せた。その八人は、実名も職業も写真も出た。彼らは確かに一時期、税金を払わなかったが、この記事の時点ではすでに支払った人もいたし、だれも起訴されなかった。それでもプレスオンブズマンには取り上げられなかった。

スウェーデンは税金負担が非常に高いため、富裕階級の脱税（合法的なものも含めて）に対して市民の眼は鋭い。そうした世論を背景にマスコミは、報道倫理綱領スレスレ、あるいはそれを無視してまでペンで追及するわけで、社会面記事としては最も大きく扱われる。それに、スウェーデンでは、経済犯罪はたとえ暴かれてもダメージが少ない。脱税などは後から支払えば罪にならない。社会的地位が高く裕福な人びとは弁護士もすぐ雇えるし、反論する機会も多い。それに脱税の発覚は恥ずべきことというより「有名税」みたいなものでもあるから、書かれた人がプレスオンブズマンに苦情を申し立てることもない。「一種のハッピー・ニュースだ」「税金の高いスウェーデンでは、いかにうまく税を少なくするか一種のスポーツともいえる」という記者もいるほどだ。

麻薬事件で実名報道が一時復活

経済犯罪とともに最近大きく報道されているのが麻薬犯罪である。世界的にも大きな問題だが、「エクスプレッセン」は八〇年春、社をあげて麻薬追放キャンペーンを開始した。八一年七月ごろからは、大物の麻薬売人（外国人が多い）の場合に警察の逮捕段階で実名報道し始めた。日本でいえば広域暴力団の幹部に当たるような人物だ。

なかでも注目されたのは、同紙が八〇年一二月から八一年一〇月まで報じた〝麻薬王・リガノコス〟追放キャンペーンである。リガノコス氏はギリシャ人で、最初の二回はニックネームで「麻薬売人の大本」として書かれた。三度目から実名となった。そのとき、経営するクラブ兼自宅の写真も掲載された。八一年二月、彼は一審で麻薬密売、未成年者の雇用、脱税、とばくの罪で有罪判決と国外退去命令を受けた。ところが八二年一月の二審高裁判決では、麻薬密売については無罪となった。

リガノコス氏の申し立てを受けたプレスオンブズマンのカーシュ氏は「一方的に彼を凶悪犯にした非常識な報道」と非難した。その理由は「新聞は初期の段階で有罪と決めつけ、裁判を先取りした」というものだった。そして報道評議会も慎重に審理した結果、「犯罪報道で実名を出すかどうかは、一審の有罪判決が出た後に検討するのが基本ルールだ。判決前に実名を出す新聞社はいつもこのルールに違反する危険性がある。報道倫理綱領では、判決前に実名を出すなとは決めていないが、明白な社会的関心がないときは実名を出すなと規定しているわけで、このケースでは実名は必要ない」と同紙を譴責する裁定を下した。

リガノコス氏を実名で書いた事件取材キャップのヴェンデル記者は、「新聞が少しは犯罪を抑止する役割を担ってもいいのではないか」と言っていた。彼は報道倫理綱領を破ったことが何回かある〝飛ばし屋〟として有名だが、日本に来れば逆に、普通の事件記者よりずっと人権にうるさいタイプだろう。報道評議会に〝有罪〟とされた同紙のストロムステッド編集局長も、「法的な基盤をもたないのに、プレスオンブズマンは裁判官のように不当報道の裁定を下しすぎる。報道倫理綱領を形式的に解釈しすぎて、新聞の社会的使命を十分考慮に入れていない。マフィアなど国際的なギャング組織の人間にまで自己規制する必要があるのか」（スウェーデン記者組合機関紙八四年二月三日）と反論するなど不満のようだ。しかし一連の麻薬事件の実名報道は完全に不当という結論が出たため、同編集局長も制度としてのプレスオンブズマンや報道評議会の批判はできず、運用面でもう少し柔軟性をもつよう求めている。

私の滞在中にも同紙は、密売人のリーダーがニューヨークで逮捕されたときの写真や実名を出した。ニューヨークに飛んでその取材をして帰ったばかりのヴェンデル記者は、「私たちは報道倫理綱領をよく知っている。しかし、麻薬が青少年や主婦などに与えている社会的弊害を考えると、多少踏み込まざるをえない。一般市民はこのやり方を支持してくれていると思う。読者の判断が最も大切だ。基本的には匿名報道だが、例外的に実名も許されてもいいのではないか」と語った。またライバル紙の「アフトンブラーデット」も追随して、写真と氏名を出した。

こうした夕刊紙の傾向について、朝刊紙の記者やパブリシストクラブ、記者組合幹部は口をそろえて、「麻薬は社会の敵だというが、要するに売らんがためではないか。犯罪がひどいからといって報道倫理綱領を無視することはまちがっている」「氏名に社会的重要性があるとしても、一審判決が出るまで待つのが常識だ。懲役五年以上の判決でもあれば慎重に検討して実名を掲載することもあるだろうが、その場合もセンセーショナルには絶対書かない。アバ（スウェーデンの有名な歌手グループ）のだれそれがだれとくっついたとか離れたとかというゴシップを書かないのと同じように、麻薬犯罪についてもヒステリックになる必要はない」と批判している。

このほか興味深いのは、国内に関係者のいない外国での事件については、犯罪者の実名報道が普通になっていることだ。レーガン大統領やローマ法王が狙撃されたときの犯人は、逮捕段階で外国通信社配信の氏名や写真がそのまま掲載された。遠い外国のことだから、書かれる側への人権侵害はないという判断のようだ。

これまで見てきたように、自主規制の長い歴史をもち匿名報道主義をとるスウェーデンでも、実名による人権侵害がいまだに問題になっている。判断がまちまちになることもある。匿名報道主義になれば問題は一挙に解決するわけではない。しかしスウェーデンのジャーナリズムが、一歩一歩、着実に、人権を守るためのルール確立に努力していることはだれも否定できない。

肌の色はニュースではない

次に、現在のスウェーデンの犯罪報道がいかに人権について敏感であるかを、さらに具体例で見てみよう。

「たとえば、あなたがいまこのビルの前の公園で女性を殺しても、この国のマスコミは、殺人者が日本人であることは絶対に書かない。日本赤軍の政治テロのような事件では日本人というコメントがあるかもしれないが……」とイルムスタード氏は断言した。「なぜですか」という私の質問に、彼は「通常の犯罪では肌の色や国籍は必要ないからだ」と答え、次のような実例を挙げてくれた。

八〇年八月、ストックホルム中央駅の近くで連続強かん事件が発生した。被害者の証言などから警察は、犯人が黒人であることを知っており、その容貌もかなり詳しくつかんでいた。しかし、どの新聞も、犯人が黒人だとは書かなかった。犯人が黒人と報じていれば早期逮捕ができて、二、三人の女性が被害に遭わなくて済んだかもしれないが、警察や世論も新聞を全く攻撃しなかった。結局彼は逮捕され、裁判で有罪判決を受けて服役したが、実名、写真はもちろん一度も報道されず、黒人だったこともついに最後まで触れられなかった。ある新聞社では、犯人が逮捕される前に、犯人は黒人であるという原稿を書いた一線記者もいたが、編集局長が削ったそうだ。

また八一年春の連続強盗事件では、三人組の犯人のうち二人が黒人だったが、肌の色について報じた新聞、雑誌、放送局は一つもなかった。刑務所を脱獄した三人組のうち二人が黒人だったこともあったが、地元紙もそのことを伝えなかった。

日本では、第一線の記者が「この名前は伏せたい」「国籍は必要ない」と思っても、デスクや編集幹部が「名前を書け」ということが多い。私自身、千葉支局記者の時代、女子短大生がボーイフレンドと午前三時ごろドライブ中に事故に遭い、男性だけが死亡、短大生は生き残った原稿を送った際、彼女の将来を考えて匿名にしたが、新聞、放送への送信時には結局実名になったことがある。

スウェーデンの新聞が凶悪犯の人種について一斉に「沈黙」するのは、報道倫理綱領報道基準集に従っているためだ。一線記者は「黒人であることと犯罪は関係ない。黒人が犯人と報ずれば、スウェーデンにいる何十万人の有色人種の人びとが肩身の狭い思いをし、偏見の眼で見られる。捜査員は書いてほしいと言ってくるが、それはブンヤの仕事ではないとはっきり断る」と言う。イルムスタード氏も「スウェーデンには第三世界などから多くの移民や出稼ぎ労働者が来ている。経済の停滞や失業率のアップで市民の彼らへの反感も強まっている。だからなおさら人種について書くと、差別感情を助長する。ナチズムの誤りを二度と犯してはならないのだ」と明言した。

指名手配者の写真も載せない

スウェーデンでは、警察の指名手配者の氏名や写真が新聞に掲載されることはない。指紋などで犯人がはっきりしていても、どんな凶悪犯でもだ。警察がチラシやポスターを配布して市民に協力を求めるのは自由だが、被疑者を逮捕することは新聞の仕事ではないというのだ。新聞界は、もし指名手配者が真犯人でなかった場合には取り返しのつかない人権侵害となるし、真犯人であったとしても新聞に氏名や顔写真を出すことは法に基づかない制裁になる、という理由からそう考えているそうだ。また警察も「この顔にピンときたら一一〇番」的な指名手配ポスターは廃止しているし、「もう少し捜査協力してくれてもいいのに」と思いながらも、新聞の「沈黙の権利」を認めている。

日本では銀行強盗事件が起きると、防犯カメラに写った犯人の姿が新聞やテレビに出るのは当り前の話だ。スウェーデンでは、私の訪れる直前の八二年三月に「ダーゲンス・ニーヘーテル」など一部新聞が防犯カメラの写真をはじめて掲載した。顔のはっきりわかる写真ではなかったが、警察庁は「スウェーデンのマスコミにこんな写真が出たのははじめてで、すばらしいことだ」と喜んだ。もちろん新聞界で論議を呼んだ。ただしこれらの新聞も、被疑者が逮捕されて有罪判決を受けたときは、氏名や写真を一度も出さなかった。「報道倫理綱領は氏名も写真も出さないと決めているが、犯人が逃げている場合犯人を捜す唯一の方法として防犯カメラしかないのだから、その写真を掲載してもいいのではないか」というのが掲載した新聞社の言い分だ。

プレスオンブズマンのカーシュ氏は、この写真についてはまだ判断を下していない。「まだ防犯カメラに写った人から、なぜ新聞に掲載したのだ、という申し立てがないので判断していない」と冗談まじりに語った。ただし、カメラがはっきり本人と特定できる顔を写し、それが新聞に出て、しかも本人が訴えてきた場合は、やはり、「報道倫理綱領に違反したということになるだろう」と言う。

カーシュ氏は新聞の捜査協力の役割については、前任者のグロル氏よりやや柔軟なようで、防犯カメラ写真の掲載について、自らのイニシアティブでは問題にしないようだった。しかし宅配の全国紙、地方紙のほとんどは、この種の写真を載せていない。

ストックホルムの何人かの事件担当記者に聞いてみると「私は反対だ。証拠力は非常に高いが、社内で十分議論をしないで載せたようで、的確な判断ではないと思う。写真の扱いはもっと慎重にすべきだ」（アンデション記者）という声が圧倒的だった。カーシュ氏によると、防犯カメラの写真については、八一年一〇月に行われたスカンジナビア諸国の報道評議会代表者会議でもテーマになったという。「写真掲載は問題ない」（デンマーク）、「載せることは可能だが、ほとんどの新聞が掲載していない」（フィンランド）、「賛否両論あるが、私は反対だ」（ノルウェー）と意見が分かれたそうだ。

日本では、警察が被疑者を逮捕した直後に署内で撮影した顔写真を焼増しして記者に配布している。だからみんな人相が悪く写ってしまう。テレビ、雑誌も含めて、各社に写真のある有名人の場合以外はほとんどこの逮捕写真を使う。私も新人記者時代、警察から配られた写真を見て「なるほど悪い顔してやがる」「意外と男前だな」などと思いながら写真を本社に送っていた。しかし、しばらくしてから、どうしてこんな写真にニュース性があるのか、これじゃ裁判なんていらない、と考えるようになった。

指名手配者の写真掲載でさえ人権侵害とほとんどの記者が考えているスウェーデンの犯罪報道と、被疑者の家族の家にまで土足で上がりこむ日本の報道ぶりとの差は、あまりにも大きい。スウェーデンのジャーナリストは、自分たちの品位ある報道を誇りにしている。

スウェーデンの記者も、昔は「悪いことをしたんだから新聞に書かれて社会的に処罰されても仕方がない」などと思っていた。被疑者逮捕のスクープ競争もあった。名前を出さなくなったときも、読者は知りたがるのではないか、新聞が売れなくなるのではないか、と心配したという。記事に迫力がなくなるという不安もあった。しかし何十年もかけて、マスコミが足並みをそろえて「書かない良識」を確立したのである。

読者の方も、センセーショナルな事件が起きても、その犯人がどこの町のどういう人かということについて興味を示さなくなってきている。氏名、住所などの固有名詞をほじくらなくなった。一般刑事事件では、被疑者の氏名を抜き合う競争はなくなり、手錠をかけられた連行写真を撮るためにカメラマンが群がる光景は全く過去のものになった。読む側もそれを全く不思議に思わなくなった。氏名や写真を出すのに、ただ読者がおもしろがるだろう、という理由では不十分とされている。読者の低俗な瞬間的な好奇心に乗っていては品位ある新聞はつくれない、というコンセンサスがあるわけだ。氏名などを出すことが新聞の社会的役割として必要であるという場合にのみ実名が許されるのだ。

犯人の名前を書きたいとは思わない

そうはいっても、新聞記者の万国共通の本性というかプロ根性のようなものがあるはずだ、スウェーデンの記者も「犯人の名前を書きたい」と思うのではないか、と私は考えていた。そこで私は「社会全体が注目するような凶悪事件が起こって被疑者逮捕を他社に先がけてキャッチしたときに、実名を書きたいと思わないか」と警察担当記者たちに聞いてみた。

アンデション記者は、「そういう気持ちは全く起こらない。一般刑事事件では犯人の名前は追わない。たとえば連続強かん殺人事件があれば、その中味は書くが、被疑者の名前はニュースではない。警察は被疑者が逃走中の場合、『書いてほしい』と電話で私に言ってくるが、デスクに相談して、ほとんどの場合、『それは私たちの仕事ではない。報道倫理綱領に違反するのでできない』と断る」と語った。日本では非常にラディカルな意見に聞こえるが、アンデション記者は「誤った報道をすればプレスオンブズマンや報道評議会で問題にされることはいつも頭に入れているが、報道倫理綱領は一回しか読んだことがない」ごく普通の中堅記者だ。

「ダーゲンス・ニーへーテル」の場合、約五〇〇人の記者のうちフルタイムの事件記者は二人で、他に大事件のときに応援するレポーターが七、八人いる。事件記事で名前を書くかどうかは九九パーセント自分で決めるが、デスクの要請で匿名になることもある。その場合は、スタイルを変えて書き直すこともあるという。

また、スウェーデンで最も堅実で主に知識人層に読まれている「スベンスカ・ダーグブラーデット」のホフステン記者はこう言う。

「被疑者の氏名は全然書きたいと思わない。警察の役割は、ある人を犯人と疑って調べるだけで、それ以上でも以下でもない。犯罪報道で警察を信頼するのはまちがいだ。捜査が終わり、一審の地裁判決が出た時点で、はじめて氏名を出す可能性が出てくるのであり、それより前は絶対ない。一審判決の時点で、氏名を出すことが必要かどうかを検討するが、殺人などの一般犯罪ではまず出さない。取材では捜査段階から氏名などがわかるが、書かないのだ。社内の編集幹部や同僚が『それはだれだ』と聞いてくることもある。夕刊紙は、芸能人などが警察に捕まると派手に報じるが、私の趣味には合わない。夕刊紙が『三二歳のテレビ・スター』と書くと、名前を教えてくれとうるさく聞きにくるのでいやになる。私は知っていても答えないことにしている。私たちの新聞には必要のない記事だ」

どうやら人間の好奇心は共通のようだ。スターの扱いについては、いかにもスウェーデンらしいケースがある。若い人気シンガーが飲酒運転で逮捕され、夕刊紙が「三〇代の有名シンガー」と匿名で大きく報道した。警察の調べの後、その本人が「報道されたシンガーは私です」という記者会見をした。同じ年代のシンガーがたくさんいるので、迷惑をかけたと自分から公表を求めたわけだが、各新聞社は氏名を出したところも出さなかったところもあったという。これはスウェーデンではよくある話だそうだ。このシンガーの場合は名乗りでたが、報道されると自分の将来が心配されるときには沈黙してしまっても何ら問題にされないという。

ホフステン記者は、犯罪報道の変革について「アメリカ、ドイツ、イギリスではいまも犯罪者の名前を書いている。日本でも改革は難しいだろうと思う。マスコミに書かれて被害を受けたことのない人は痛みを感じないし、書かれたことのない人の方がいつも多数派だから。しかし、きちんとルールをつくってしまえばどうということはない」と話した。

ホフステン記者は、七四年に大学法科を経てジャーナリスト・スクールを卒業し、同紙に入社して以来、ずっと事件記者をしている。同紙には二五〇人の記者がいるが、事件記者は二人で、勤務時間はふつう午前一〇時から午後六時だ。私がスウェーデン外務省の紹介で自宅に訪ねたとき、彼は育児休暇中だった。妻が広告代理店の課長で、父親にも認められている育児休暇を三ヵ月とっていたのである。バリバリの警察担当記者が生後四ヵ月の娘さんを育てている光景は、日本ではとても考えられないことだ。しかしスウェーデンのやり方がより健全なことは確かだ。彼の欠員は新人の女性記者がつとめていた。

ホフステン記者は、スウェーデンで最も検察や警察に信頼のある記者だ。「読者もスキャンダラスな報道をしないことを知ってくれており、事件の背景分析などを待っている」と自分の仕事に満足している。犯罪報道で実名を出すかどうかの判断はほとんど彼ともう一人の記者で決め、デスクの指示を仰ぐことはまれだという。同紙はこの一〇年間、プレスオンブズマンや報道評議会に〝有罪〟判定されたことはない。

スウェーデンを代表する二つの日刊の全国紙に、事件記者が二人しかいないのは驚きだ。この二人が警察、検察、裁判を担当している。一方日本の大手新聞社は、東京都内だけでそれぞれ三〇人以上の警察担当記者を抱えている。

スウェーデンにも八〇年ごろまでは、一般犯罪の被疑者・被告人・囚人を実名報道する週刊新聞があった。全国の駅売店やドラッグストアで発売されていた「SE」（英語でLook）で、殺人事件があると、他の新聞が絶対書かない被疑者の実名を出した。ところがこの新聞は売れ行きが悪く、ついに廃刊となった。ある種の人びとはこういう新聞を読みたがるが、マスコミ界に匿名報道主義が確立された後「何でも書く犯罪専門新聞」がつぶれてしまったのは教訓的である。

「SE」廃刊後、今度は「フィブアクチュエルト」というエロ記事と犯罪記事がほとんどの特殊な週刊新聞が登場した。この新聞もときたま犯罪関係者の実名を出しているが、そのために売れているわけではないし、部数は二〇〇〇～三〇〇〇部だという。しかし、プレスオンブズマンは頭を痛めている。被害に遭った人が訴えてプレスオンブズマンに

〝有罪〟と判定されても、また同じことを繰り返すのだそうだ。それでも犯罪報道に関しては、この新聞の方が「日本の朝日新聞よりも上ですよ」とカーシュ氏は語った。

5 日本が学びやすいフィンランドの報道

フィンランドの報道評議会

スウェーデン視察の後、私はバルト海を船でわたって隣のフィンランドを一週間訪れた。フィンランドのマスコミも犯罪報道で基本的には匿名主義をとっているが、一審で一年以上の実刑判決が出た場合には実名を出すという基準をもっている。これはちょうど七四年までのスウェーデンの基準と刑期を除き同じである。プレスオンブズマン制度はまだなく、報道評議会が人権と報道の審判役をつとめている。同じ北欧のノルウェーとデンマークのやり方も、フィンランドとほぼ同じである。

スウェーデンの完璧ともいえる犯罪報道のあり方を日本でいますぐ全面的にとり入れるのは難しい。しかし、フィンランドのマスコミの人権擁護システムは今日でも導入可能である。フィンランドは私たちにとって、人権と報道の最先進国スウェーデンに至る〝中期目標〟といえる。

人口四七〇万人のフィンランドも新聞大国である。七八年のユネスコ統計によると、人口一〇〇〇人当りの新聞部数は四八〇部で世界第四位。九二の新聞社があり、総発行部数は二六五万部だ。

フィンランドの報道評議会は、スウェーデンより半世紀遅れた一九六八年に、フィンランド記者組合、新聞発行者協会、フィンランド放送の三者によって設立された。報道評議会は現在、世界四五ヵ国にあるが、電波メディアを含めた全マスコミの人権侵害を監視しているのはきわめて珍しい。フィンランド刑法には七五年にプライバシー侵害に関する罰則規定が新設されたが、その後も新聞・放送による名誉毀損、プライバシー侵害の苦情申し立ては、ほとんど報道評議会にもちこまれている。

報道評議会のメンバーは、新聞・放送の経営者側から四人、記者組合から四人、マスコミと無関係の一般市民から四人の計一二人である。委員の任期は三年、議長は一般市民の四人から互選され、現在の議長は最高裁判所判事のヘンリー・クランクピスト氏だ。運営費は、八一年の場合一八万マルカ（約七二〇万円）で、経営者側が四一パーセント、記者組合が一五パーセント、国（法務省）が四四パーセントを負担している。国が資金援助している点はスウェーデンと異なるが、活動に対し全く口出しはしない。またスウェーデンにある科料制度はない。

「良識ある記者活動」を推進するために設立された報道評議会は、市民から苦情を受け付けると、まず申し立てに十分根拠があるかどうかを判断する。匿名による申し出や、とくに理由のない限り六ヵ月以前に掲載、放送されたものは受け付けない。調査活動は主に議長、副議長、事務局員（二人）から成る役員会が行い、審理の過程で申し立て人、問題の報道機関代表、学識経験者、参考人などを呼んで直接意見を聞く。判定は月一回開かれる総会で決定される。多数決だが賛否同数の場合は議長に一任される。議長は市民代表がなるので、報道機関には不利になっているわけだ。

六八年から八一年までに八八四件の苦情が報道評議会に寄せられ、そのうち約三分の二が取り上げられた。約八〇パーセントが個人に関するもので、犯罪報道による人権侵害が大半を占めている。メディア別では、新聞六五パーセント、雑誌二二パーセント、放送四パーセント、などとなっている。報道機関が〝有罪〟とされたのは苦情件数の約二三パーセントにあたる二〇五件で、そのほとんどが犯罪報道における氏名の扱いだった。〝有罪〟とされた場合、当該メディアはその裁定文全文を掲載または放送しなければならない。

人権に配慮する報道基準集

報道評議会の活動の基準になっているのがフィンランド報道基準集だ。一九二四年に誕生したものだが、実質的には六八年の報道評議会設立とともにスタートした。基準集のⅢ「個人の利害」は次のように規定する。

・ある個人の名誉は保護されなければならない。個人の私生活に関する事柄は、一般的には報道すべきでない。ある個人のプライバシーにかかわる事柄を報道する場合は、その個人の社会的地位と、そのニュースが一般的な重要性をもつかどうかを検討すべきである。

・犯罪報道では名前を出すことは非常に慎重にせよ。犯罪者に対する法的手続きに関するニュースでは、被疑者・被告人・未決囚・既決囚の名前は、掲載するに値する公共の利益がない場合は伝えてはならない。名前の掲載はしばしば追加的刑罰となり、不必要な苦痛を引き起こす。

・そのニュースに関連のない前科は報道してはならない。

・個人の名前を掲載する理由がないと判断したときは、その個人がどこのだれであるか特定されるような情報を報道してはならない。

・人種・国籍・職業・政党や宗教などの所属は、本論に直接影響のない限り強調してはならない。

〔注〕刑法二七条は名誉毀損とプライバシーの侵害について規定している。個人の名前の公表は、議論の余地がないほどの公共の利益がある場合のみ許される。被疑者・被告人の自白のみでは個人の名前を掲載してはならない。犯罪者が未成年の場合または初犯の場合と裁判の判決が拘禁一年以下の場合は、一般的に名前は掲載してはならない。（傍点筆者）

この報道基準集は実際にどう守られているだろうか。私はフィンランド第一の新聞「ヘルシンギン・ソーマート」を訪れ、ヒマネン編集局長と事件担当のバックマン記者に会った。バックマン記者とはまる一日、取材に同行した。同紙は四五万部の発行部数を誇るスカンジナビア最大の朝刊紙だ。二五〇人の記者がいるが、事件記者が一人、法廷記者が二人で、計三人で警察と裁判を専門にカバーしている。

古い新聞を見せてもらうと、一九五〇年ごろまでは、大事件では逮捕時点で被疑者の実名を含めたセンセーショナルな報道ぶりだった。殺人、強盗、強かんなどの凶悪事件があると、一面で大きく報道していた。ところが六〇年二月、ヘルシンキ郊外でハイキング中の女子学生が殺された事件で、逮捕されたルナー・ホルムストロームさんが七月に無実を訴える遺言を残して自殺した。起訴できず、本人が容疑を否認していただけに、マスコミが彼を逮捕時点で、氏名、写真入りで犯人扱いして社会的に葬り去ってしまったことが、大きな問題になった。また、殺人事件で一審有罪となった男性が上級審で無罪確定したケースもあった。これらがきっかけとなって、犯罪報道の仕組みにメスが入れられた。

六八年に大幅に改定された報道基準集では、本文に「判決が拘禁一年以下の場合は、一般的に名前は掲載してはならない」と規定していた。七六年の再改定でこの条項は本文から削除され「注」に記載された。しかしこの規定は、「拘禁一年」以上の判決があった場合には機械的に氏名を掲載していい、というルールではない。「拘禁一年」以上の犯罪について、その事件の内容が社会的に重要な意味をもち、被告人（囚人）の氏名にニュース性のある場合には実名が許される、という約束なのである。逆に拘禁一年以下の判決、あるいは判決前でも、実名を出す場合もある。事件の重要性の判断は各社にまかされており、実名にするべきかどうかを編集者と記者が話し合って決めるのだ。それを報道評議会が見守っている。

この報道基準集は、スウェーデンのマスコミが六〇年代から七四年まで判断基準としていた一審で二年以上の実刑判決」の規定と似ている。

ヘルシンキ滞在中にいくつかの新聞を見たが、ある男が妻を殺した事件では、事件の起きた都市名と男の年齢が掲載され、氏名、職業などは出ていなかった。一部の夕刊紙は凶悪な強かん殺人事件で公判中に実名を出していたが、顔写真は出さなかった。被告が罪を認めていたため、一〇〇パーセント犯人にちがいないと判断して実名を出したのだという。しかし捜査当局が逮捕、起訴したからといって、自動的に実名を掲載したことはこの一四年間全くないという。判決後に実名を出す場合も、詳しい住所や家族のことは書かない。

フィンランドではスウェーデンより実名が掲載されることが多いが、その場合も、本人の将来や家族の生活にできるだけ影響のないよう最大限の配慮をしている。フィンランドの記者たちは「スウェーデンより紙面は上品なはずだ」と胸を張っていた。フィンランドのジャーナリストが座右の銘としている言葉は「起訴は判決ではなく、自分は裁判官ではないことをいつも忘れるな」「氏名についてのルールをいつも守れ」だそうだ。これは日本でもいますぐスローガンにできる。

実名掲載基準の三分類

フィンランドのマスコミ界は、実名掲載の基準として被報道者を三つに分類している。分類Aは社会的に重要な地位にある個人で、たとえば政府・自治体高官、選挙で選ばれる議員、企業役員、労組幹部など。分類Bは自ら進んで社会に名乗り出ている有名人で、俳優、スポーツ選手、モデルなど。分類Cが一般の市民。そして、C→B→Aの順にプライバシーが制限される。分類Cである一般の市民の場合には、犯罪を起こしても原則として氏名は必要がない。分類Aに属する個人が職務上の犯罪、不正行為をはたらいたときには実名掲載が許されることが多い。

七七年二月、ツルク市に本社のあるフィンランド最大のテレビメーカー・シャロラ社の社長が、裏会計をつくって脱税するため国税庁長官のミッコラークソン氏に賄賂を贈り、一緒に外国へ豪遊したことが発覚した。ミッコラークソン長官は社会民主党の幹部としても有名だった。二人は昔からの友人で、長官は長年脱税を見逃がしていたのだ。マスコミは、起訴前から長官と社長の両方を実名で報道した。長官の写真も出た。二人は報道評議会に「判決前の犯人扱いは不当報道だ」と申し立てたが、評議会は「事件は社会的に重大な関心事であり氏名掲載も許される」と却下した。結局、長官は引責辞任した。八三年に、国会議員が地下鉄工事を落札した建設業者に、その見返りとして自分の邸宅の別棟を非常に安い費用で建てさせたことが発覚した際も、実名が掲載された。これは贈収賄事件となり、議員は辞職した。

実名掲載をめぐって報道評議会で審議されたもののうち、新聞側が支持されたのは次のような場合である。

八〇年に、ある医師が麻薬犯罪で起訴され、公判時点で実名が出た。報道評議会は「医師の名前は必要であり、医師の側の言い分も詳しく載せている」と新聞を支持した。八二年には、テレビ局の編集者が、スパイで七万マルカ（約二八〇万円）受け取ったとして逮捕され、実名が掲載された。報道評議会は「国家の安全に対する罪であり、社会的関心も大きい。実名を出さなければ他のジャーナリストが疑われる」として新聞を支持した。彼は、八四年四月に高裁で八ヵ月の実刑判決を言い渡された。ある自治体の議員が福祉関係の秘密文書を盗み出した疑いで逮捕され、その段階で実名が出たこともあった。捜査段階だったが実名掲載は支持された。

次に、新聞側が〝有罪〟となった場合を二つ紹介しよう。警察がある地区の暴力を振るう若者のリストをつくり、新聞が彼らの実名と写真を掲載した。新聞側は、市民が平穏に生活できるようにするためと説明したが、報道評議会は「有罪と決まっていないうえ、なかには少年が含まれている」としてその新聞を〝有罪〟とした。七一年に起きた殺人事件の犯人（すでに出所）に関し、被害者の遺族にインタビューした記事が公判記録とともに一〇年後に掲載されたこともあった。報道評議会は「裁判記事でもなく、報道する意味がない。センセーショナルな報道で被報道者を傷つけている」

と新聞を非難した。

このほか問題になるのは、分類Bに属する人のケースだ、たとえば、有名映画プロデューサーが政治家の娘と恋仲になり子どもを産ませたことを、週刊新聞がセンセーショナルに報じたような場合だ。これについては、プライバシーが踏みにじられたとしてプロデューサーが告訴し、裁判中だ。

「ヒュシュ」（英語ではスマイル）というタイトルのこの週刊新聞が有名人のプライバシーを暴く記事や写真をいつも載せるので、プライバシー侵害の罰則が刑法に新設されたという。記者労組も、センセーショナルな報道、のぞき趣味に迎合する報道を規制することに賛成した。その条文に基づいて裁判になったのは七五〜八二年に三四件あり、うち二一件が有罪（罰金刑二件、勾留刑一九件）である。罰金の最高は約二七〇万円だ。裁判所も常に報道評議会の動向を見て判断しており、法律による人権侵害防止とマスコミの自主規制とがうまくかみ合っているという。有罪となるケースの多くは、ヘルシンキの二つの夕刊紙「イルタ・サノマート」（一五万部）と「イルタ・レヒテ」（七万部）だ。

フィンランドには昔の事件を専門に取り上げて報道する「アリバイ」というスタンド売り雑誌もある。一〇年、二〇年、ときには五〇年も前の犯罪を取り上げる。氏名はほとんど仮名にするが実名のままのときもある。発行人は元警官で、かつての同僚から情報や写真を集めているが、これもプライバシー条項にひっかかるので有名だ。

マスコミの役割を問い続ける

報道評議会のティモ・ボルタマ副議長は「フィンランドでも昔は、実名報道の犯罪抑止効果が強調されていた。しかしそれが正しいなら、どの国もどんどん犯罪が減少していかなければならない。夫婦関係のこじれで妻を射殺しようとした夫が、引き金を引く瞬間に〝オレの名前が新聞に出る〟と思って踏みとどまるだろうか。

飲酒運転する人が新聞に名前の出ることを考えるだろうか。殺人、強盗などの一般刑事事件をいくら実名入りで大きく報道しても、犯罪の防止にはならない。実名を書かなくなると新聞記事が薄くなり、部数にも影響が出るという心配もあった。しかし匿名報道主義を導入しても売れ行きは悪くならなかった。また裁判の判決は公開なのだから自由に書いていいという主張もあった。しかし公開だからといって、被告人・囚人について実名報道が必要というわけではない。

法務省、警察、裁判所の仕事とマスコミの役目とは根本的に異なるのだ。社会におけるマスコミの役割が何かをいつも問い続けるべきだ」と話した。

また記者組合のラース・ブラン事務局長は「われわれは〝新聞による裁判〟に反対だ。権力者の犯罪については法的アクションの有無に関係なく調査報道が必要だ。しかし通常の犯罪については、警察が意識的にサボったとき以外は新聞社が警察官や検事のように調べることはやめるべきだ」と述べた。

フィンランドの新聞は次第に犯罪者の氏名を書かなくなり、殺人、強盗などの犯罪記事そのものが徐々に減った。七〇年代の中ごろから、脱税や贈収賄などの経済犯罪、権力犯罪に重点が移った。これについてタンペラ大学のペルティ・ヘマネス教授は、犯罪報道はまだ〝浅薄さ〟を残しているとして、「犯罪報道は犯罪についての表面的な事実関係は伝えているが、犯罪の社会的原因などの本質的なものは報道していない。政治家や役人の腐敗については書くようになったが、財界の犯罪行為、不正については不十分だ。それらは、事件にならなくても書いていい」と述べた。犯罪報道にゴールはないのかもしれない。

スカンジナビア諸国の刑事政策は、犯罪者に対する制裁に犯罪抑止効果はないという基本的考えに立っている。法を犯した人間に暴力などの苦痛を伴う懲罰を与えても何もプラスにならないという考えだ。だから、犯罪者の住所、氏名、写真をマスコミに登場させて「こんな目に遭うから犯罪を起こすな」と大衆に訴えることはしない。新聞による制裁は、実際どんな結果を生むかわからないし、長い時間影響するからである。

刑事政策研究所長のパトリック・トーナッド博士は明快にこう語った。

「犯罪者の更生を考えると、刑事事件で実名を報道する価値があるのは、選挙で選ばれた議員がその職務に関係したことで罪に問われた場合だけだろう。選挙で選ばれた人が議員にふさわしくない行為をした場合は、有権者に知らせる必要がある。それ以外の場合は、飲酒運転の警官も賄賂をもらった役人も殺人犯の名前も必要ない。彼らは法律によって刑罰を受ける。勤務先でわかって職を失ったとしても、匿名であれば他の地区で新しい仕事を探すことができる。それに、犯罪報道が新しい犯罪の手口を教えることも多い。強かんなどでセンセーショナルに書くと連鎖反応がありうる。

国民全体にアンケート調査すれば、過半数の人が犯罪者の氏名はもっと報道すべきだというだろう。これはスウェーデンでも同じだと思う。しかし犯罪にかかわるほとんどの専門家は、書かれる側が法的刑罰以外にマスコミによる制裁を受けることに反対している。その理由は、報道されることによる不当な刑罰の方が地域社会では大きいからだ。しかも回復不可能の損害を受ける。同じ罪で新聞に氏名が出たり出なかったりするのは不平等でもある。スウェーデンでも、麻薬など社会をむしばむ事件では名前を書いて制裁を与えることも必要だという声が出ているが、私は反対だ。その種の犯罪が反社会的というならば、麻薬関係の取締りを強化し、刑罰を厳しくすれば済むからだ」

フィンランドの報道評議会の制度は、日本でそれを創設する際、大いに参考になると思う。また実名掲載の基準もわかりやすい。そして、それはスウェーデンの匿名報道主義と基本的には変わらない。

スウェーデンの報道倫理綱領は九四年七月、一部改定された。報道評議会のメンバー数が六人から一四人に増えたほか、プレスオンブズマンの段階で判定文を公表することをやめ、見解はすべて報道評議会が発表することになった。犯罪の被疑者・被告人と被害者の匿名原則は不変だ。詳しくは山口正紀氏との共著『匿名報道』（学陽書房、九五年）を参照してほしい。

北欧は人権意識が高いから匿名報道が可能だとか、実名が出てもその人を犯人と思わないような社会をつくることの方が重要だという主張が出ている。しかし、人権が重視されているスウェーデンのような国でも、実名が出ると被害が出るから、今も匿名報道が必要なのだ。

朝日新聞東京本社は九三年に計一一回にわたり「揺れる匿名報道」（筆者・宮崎勝治欧州局長）を連載した。スウェーデンの匿名報道主義やメディア責任制度を崩壊寸前のように書いた世紀の大虚報・誤報だ。

なお、オンブズマンをオンブズとかオンブズパーソンに言い換える向きがあるが、オンブズマンはスウェーデンで一九世紀初めに誕生した仕組みだ。スウェーデン語で、「マン」は人とか個人という意味で性別に関係なく使われているので、国際的な組織もそのまま使用している。

Ⅵ　人権を守る報道をめざして

ストックホルム駅の売店に並ぶ新聞各紙

《どうか私たちをあなたたち自身が裁いてほしいと思うやり方で裁いて下さい。》

（アンジエラ・デービス）

1 報道における絶対的自由と相対的自由

同じ犯罪でも、社会のあり方が異なると報道の仕方がこれほど大きく変わる。犯罪報道のあり方は、書かれる側の個々の人生に深くかかわらざるをえない。「日本のマスコミはこの程度だよ」「商業ジャーナリズムだから……」としらけるわけにはいかないのだ。

今後はどうしたらいいのか

犯罪報道に何らかの規制を加えるのは、それが法的なものではなく自主的なものであっても報道の自由の後退になる、と主張する人がいる。たしかに報道の自由と人権擁護との対立は、学問的にもきわめて新しい分野である。この対立をどう考えるかについて、奥平康弘東大教授が私に貴重な文献を紹介してくれた。それは、七四年にアメリカのラトガーズ大学のエドワード・ブラウスタイン学長が発表した論文である。

それによると、アメリカ憲法に保障されている報道の自由は、無条件に絶対的な権利とされてきた。しかし六〇年代になって、マスコミが市民の名誉、プライバシーを侵害するケースが増えてきた。法的手続きを経ずに個人を処断する〝ペーパートライアル〟批判が高まった。そこで「報道の自由」を考える場合〝二段構えの理論〟が必要とされるようになった。同教授は「実在する人間についてのゴシップはおもしろい。三角関係のもつれによる殺人が最も読まれるし、強かんされた女性の写真や名前もあった方が迫力はある。しかしこういう事件は社会の統治機能とは全く無関係であり、実名を出す自由は制限される。現在でも、未成年者、未婚の母、強かん被害者には匿名が使われているが、社会の統治機能と関係のない事件はすべて匿名にすべきである」と主張している。

このようにアメリカの法学会では「報道の自由は支配する側（権力）に対しては絶対的自由を保障されなければならないが、支配される側（市民）に対しては相対的な自由しかない」という解釈が強まっているのである。また、マスコミが市民社会の上に立つ〝第四権力〟となりつつあるという指摘もある。犯罪報道における報道の自由はまさに相対的自由であり、市民の人権擁護の観点から自由がかなり制限される、絶対的自由は市民の立場にたって権力悪を追及するときに使われるべきで、弱い立場の市民の犯罪を暴く際には別の基準が必要だ、という。つまり、犯罪報道に限らずマスコミは市民の上に立ってはいけない、いつも市民と横並びでいなさい、ということである。

この二元論を進めると、私が主張する犯罪報道の匿名主義こそ相対的自由にあたる。匿名報道は一種の自由の「制限」かもしれないが、マスコミが市民と横並びになるために不可欠なモラルともいえる。そして、権力犯罪などの場合に例外として実名を出すのは絶対的自由の行使と解せる。

人権擁護では発展途上国

私たちは、被疑者が逮捕されると「悪いこと」をしたのだから世の中の〝さらし者〟になっても仕方がないと思い込んでいる。

しかし外国人にとって、逮捕段階での実名・呼び捨ては必ずしも当り前の報道方法ではない。言語習慣の違いから欧米では敬称の有無にあまり意味がないが、犯人に決まってはいないという意味をこめて敬称をつけている国も多い。北欧諸国のような徹底した匿名報道主義にまでいかないにしても、多くの国が被疑者・被告人の人権を守る制度をもっている。そのなかで最もポピュラーなのが報道評議会制度である。名称やメンバーの構成は多少異なるが、報道評議会は現在五十数ヵ国にある。

一九五三年に誕生したイギリスの報道評議会はよく知られている。機能はフィンランドの報道評議会とほぼ同じで、新聞経営者協会、記者労組など新聞関係の代表一八人と、一般市民の代表一八人、計三六人で構成されている。イギリスには法廷侮辱罪があり、刑事手続きに影響を与えるような記事は罰せられる。報道内容が事実であっても同じだ。陪審員制度もあり、陪審員や判事に予断や偏見を与えてはいけない。このため警察に逮捕された人については「ミスターAが被疑者として警察の捜査に協力している」(Mr.A is helping investigation by police as a suspect.) と書くという。被疑者（suspect）はあくまでも疑われているだけということを常に忘れないのだ。

西ドイツにも一九五三年創立の伝統ある報道評議会がある。新聞・雑誌発行者協会、記者協会、記者組合によって組織され、発行者と記者組織から各一〇人ずつが参加している。イギリスのような市民代表は入っていない。報道評議会のなかには「苦情処理委員会」（一九五八年発足）があり、市民の反論掲載の申し立てや名誉侵害の訴えを審査している。他の欧州諸国と同様、一部の大衆紙を除くと犯罪報道は地味で、被疑者・被告人の氏名（フルネーム）が出ることは少ない。氏名が出ても町名、番地などの細かな住所は掲載されない。

このほかユニークなのがスイスで、凶悪事件の現行犯以外は、一審の有罪判決が出るまで犯罪人扱いしない。報道評議会はないが、逮捕されただけでは実名報道は許されず、犯人であるという明白な証拠があってはじめて実名が許される。その場合も細かな住所は出ず、「ムッシュー」「マダム」と敬称がつく。家族などのプライバシー保護のため匿名、仮名にすることも多い。たとえば Monsieur A. Muller とか Monsieur Fritz E. のようにスイスで一番多い氏名を使ったり、「ある男」というスタイルで書くという。犯罪記事にも執筆者の署名が入るので、記者は慎重になる。

オーストラリアにも新聞発行者協会と記者組合が一〇人ずつ委員を出して構成する報道評議会がある。ここでも「刑事事件の被疑者・被告人を、判決前に犯人として報道することをやめる」というルールが確立している。

アメリカの場合は、市民の苦情を処理する報道評議会があるが、全国規模のものはない。七三年設立のニューヨークの報道評議会は、新聞社側の協力を得られないとして八四年三月に解散した。しかしアメリカでも犯罪報道は徐々に地味になっている。名誉毀損で訴えられることが多いため、各社は人権侵害を防ぐためにそれぞれ努力している。ニューヨーク・タイムズは、数年前から、被疑者にミスター、ミセスなどの敬称をつけている。陪審員制度があるため、公判前に被疑者が報道されると公正な裁判が受けられないという被告・弁護側の主張も強いようだ。それに、被疑者の言い分を聞きにくいから警察発表だけでは客観的報道は難しい、という考え方も背景にあるようだ。ワシントン・ポストの記者心得では「被疑者は有罪であるという仮定に立って記事を書かない」と規定している。またAP通信社の記者ハンドブックでは、人権侵害の判例の流れを細かく紹介したうえで、犯罪記事の書き方を指導している。

アジアに目を転じると、韓国のマスコミ界が、起訴までは原則として被疑者に敬称の「氏」をつけている。もちろん「国事犯」とよばれる反体制活動家への人権弾圧はすさまじく、韓国の「報道の自由」がきびしく弾圧されている事実は否定できないが、少なくとも一般刑事事件の被告人では、最高裁判所で有罪が確定するまでは無罪であるという原則を大切にしている。韓国には一九六一年に設立された新聞倫理委員会（学者、市民を含む二〇人で構成）があり、新聞の自主基準として新聞倫理実践要綱を定めている。

その第三章〔他人の名誉と自由〕の二、三項は「公共の利益に関連していない限り、個人の私生活を報道または評論してはならない。公共の利益と大衆の好奇心は厳格に分離しなければならない」「刑事事件を報道する場合は、被告人が有罪の判決を受けるまでは無罪という原則を厳守しなければならない。ただし被疑者が起訴された後は敬称を省略してもいい」と規定している。ここでいう「判決」とは、最高裁判所で確定したものを指している。また、この実践要綱の下にある報道基準の第七項〔容疑者に関する報道〕（一九六七年制定）は、①現行犯または顕著な証憑（証拠となる事実）がある事件を除いては、容疑者の住所、氏名、写真、職業名を公開してはならない、②被疑者を明確な証拠なしで真犯人と認定するように報道してはならない、と規定している。①でいう「容疑者」（被疑者よりやや意味が広い）とは、警察に追われたり逮捕された人を指すが、重要な点は、当局の逮捕時点で自動的に実名が許されるわけではないということである。犯人であるという証拠や自白があれば実名が許される、という考え方だ。このほか言論基本法で言論仲裁委員会が置かれ、人権侵害の救済に当たっている。聯合通信の駐日特派員・呉俊東氏は「日本では、マスコミが訂正、謝罪することは非常に少ないが、韓国ではそれが普通になっている。刑事当局がタッチしていない事件についてマスコミが取り上げることはない。ロス疑惑報道は、韓国ではありえない」と話している。

このように、フランス、イタリアなど一部の国を除いて先進国といわれる国ぐにでは、犯罪報道について何らかの自主規制が行われている。犯罪ニュースの比重が日本より高い国は見当らない。日本のやり方以外に、さまざまな犯罪記事の書き方のあることをもっと知るべきだろう。

人権無視の犯罪報道は〝公害〟だ

報道の自由や知る権利はすべての市民に与えられた基本的人権の一つである。ところが企業としてのマスコミが「報道の自由」というとき、部数や視聴率が伸びればいいという企業の論理が顔を出してくる。その典型が犯罪報道である。犯罪報道では、マスコミは被疑者・被告人・囚人・元囚人の人権を常に侵害する加害者の立場に立ってしまう。現在の犯罪報道は、市民の権利を侵害し、回復不能のダメージをあたえる企業犯罪である。しかも企業経営者だけでなく、そこに働く労働者も被報道者の痛みを知ろうとしない。たまに自分たちの「製品」で市民が傷ついたり、家族が崩壊したり、死を選んだケースに出会っても、「真実を伝えるため」と開き直ってしまう。

私は、現状の犯罪報道は公害タレ流し企業と同じだと思う。高度経済成長のなかで、公害企業は多くの市民の生命を奪い、健康を破壊し、環境を破壊した。彼らは「生産性向上」「鉄は国家なり」などのスローガンで公害に苦しむ市民を無視した。ほとんどの労働者も、自分たちの会社が人殺しをしても沈黙して、賃金アップだけを求めた。企業内研究者は「製品と病気に因果関係はない」と言い続けた。しかし六〇年代後半からの市民運動の高まりで、公害企業も自分たちの責任を認め、完全でないにしろ公害防止対策を始め、よりましになった。

読者が欲しているから書いていい、ニュースとして商品になるから多少人権侵害があってもやむをえない、という犯罪報道の現状は、七〇年前後までの公害企業にそっくりである。私たちの報道という名の製品によって傷ついている人びとの痛みを知ることが何よりも大切だと思って、私は私自身の書いた原稿で被害にあった人びとと会った。公害企業のなかにも、地域の反公害闘争に連帯した勇気ある労働者がいた。マスコミのなかにも、犯罪報道の犯罪的役割を認識し、思いを同じくする市民と協力して「市民のための社会面」「市民と横並びの報道」を確立しようとする人びとがいるはずである。

より少ない人権侵害をめざそう

これまで繰り返し述べてきた犯罪関係者の匿名報道主義こそ、最も有効な安全基準であり人権侵害防止装置である。そしてその注意義務の基準は、書く側＝企業の論理ではなく、書かれる側＝無数の市民の論理に従って、決められなければならない。安全基準を無視した特ダネ競争は、日々被害者を生み出し、マスコミの社会的基盤を失わせるだろう。逆に、誤報される側に立って匿名報道主義に最初に転換したメディアは、将来高く評価されるはずだ。読者の支持は絶対得られるはずだ。社会面を警察広報ではない本当の意味の社会面に変えるきっかけにもなるだろう。記者は権力の悪を暴き、市民が必要とするニュースを追うようになるだろう。犯罪報道の転換は、記者クラブに張りついて発表モノを書くという安易な取材方法への反省にもなるかもしれない。とかく問題になっている記者の驕りや品位のなさも改善されるだろう。

とりあえず「より少ない誤報」「より少ない人権侵害」のためにできることを始めよう。NHKの呼び捨て禁止は一つの前進である。呼称改革をきっかけに、犯罪報道全体のあり方を考える記者がNHKには増えている。名前にニュース性がないケースは匿名でいいのではないか、という声がごく自然に聞こえるようになったという。

匿名報道主義は一見、大変革に思えるが、コインを表から見るか裏から見るかの違いである。匿名報道がスタートした時点では、各社が慎重に討論して、独自の立場で「自分たちはこういうケースでは名前を載せる」と決めていいのではないか。だから、実名報道のケースが大して減らない新聞もあるかもしれない。しかし、各社が迷ったケースをもちより、読者＝市民が意見を出して、オープンな論議を進めれば、ほとんど実体のない「実名による迫真力」や「犯罪抑止効果」は色あせていき、実名報道は徐々に減っていくにちがいない。

匿名報道主義の確立に先立って、犯罪報道の人権侵害を減らすために、現場記者がいますぐにでもできることを五つ挙げておこう。

第一に、捜査当局が発表する「犯人」はすべて無罪を推定されていること、を忘れないことだ。とくに捜査段階や一審公判で被疑者・被告人が犯行を否認しているケースは、冤罪事件と疑うことだ。免田・財田川・松山などの死刑囚再審開始決定後に各社が被告に取材したときと同じ姿勢を、捜査段階からすべての被疑者にもつべきである。

第二に、捕まった人にできるだけ早く会うことだ。本人に取材できないときには、弁護人・支援者などから話を聞こう。もちろん、取材自体が暴力となるような興味本位の取材は論外だが……。被疑者・被告人が拘置所に移れば、記者は面会できる。当人やその関係者に必ずインタビューすることにすれば、逮捕段階であまりにひどいことは書けなくなる。彼らに会えばどんな「凶悪犯」にも優しい父や母があり、妻（夫）や子どものいることもわかる。何かのはずみで法律を犯した人の全人格を否定し、あることないこと書く紙面づくりは、変えざるをえなくなるはずだ。現在は被告やその仲間に会わないことを前提にしているから、ひどい書き方になるのだ。また、誤報したり歪曲、誇張したときは、当事者に素直に謝り、すぐに訂正しよう。続報しないことは〝訂正〟にはならない。

第三に、〝ジャーナリストとしてのモラル〟という高邁なことをめざす前に、取材や報道で一般市民としての常識やエチケットを最低限守ろう。二四時間自宅を監視したり、ひどい言葉を投げつけたり、家の前にタバコの吸い殻を捨てたりするのはやめよう。

第四に、自分の取材したり書いていることを妻（夫）、子ども、両親あるいは兄弟にきちんと説明できるか自問するのもいい。彼らを私設のプレスオンブズマンにするのだ。「裁判が終わってもいないのになぜ犯人扱いなの」「本人は違うといっているのに全然反論を出さないじゃない」「訂正記事はなぜあんなに小さいの」「いままで警察を信用して犯人扱いしていて、無罪になると今度はバンザイ記事の洪水で警察の捜査を批判するのは無節操ではないか」というきわめて健全なマスコミ批判が聞けるはずだ。

第五に、記者としての〝特権〟を捨てよう。オレたちが犯罪者の名前を出してこらしめてやるという発想もなくそう。「匿名にしてやる」というのは思い上がりだ。スウェーデンの「スベンスカ・ダーグブラーデット」の東京特派員モニカ・ブロウ氏は「だれでもジャーナリストになれる。だれにもできる職種のジャーナリストが、ある人が犯人かどうかについて判断を下すことはまちがっている。一方、「裁判官や検察官は、だれでもがなれるわけではない。犯罪について専門的な知識をもち、訓練を重ねて人を裁いているのだ」と言う。重要な指摘である。日本では警官も裁判では当事者能力をもたない。犯罪について「この人間が疑わしい」と取調べ資料を提出するだけだ。人を裁く資格をもたない警官とだれでもなれる記者が、捜査段階の初期で犯人をこらしめている矛盾に、早く気付いた方がいい。〝特権〟が許されるのは権力にある者の横暴を許さないための活動である。権力は傷つくことがない。たとえあっても、その方が社会のためにはいい。

現在の犯罪報道で私たちは毎日市民の人権を侵害している、という認識に立って「より少ないウソ」「より少ない人権侵害」をスローガンにしていこう。その実践の武器として、被疑者・被告人・囚人の匿名報道主義（＝リンチの否定）を打ち固めていこう。

日本にも報道評議会を

そのうえで私は、市民参加の報道評議会を日本にもつくることを提言したい。

報道評議会づくりの土台になるのは、日本新聞協会の新聞倫理綱領（一九四六年制定）である。同綱領は「個人の名誉はその他の基本的人権と同じように尊重され、かつ擁護されるべきである。非難されたものには弁明の機会を与え、誤報をすみやかに取り消し、訂正しなければならない」「新聞はその有する指導性のゆえに、当然高い気品を必要とする」（第二　報道、評論の限界）と規定している。（第四　公正）「人に関する批評は、その人の面前において直接語り得る限度にとどむべきである」（第四　公正）と規定している。理念としてはスウェーデンのものより崇高だが、この綱領をいかに記者に守らせて紙面に生かすかが問題である。

日常的に報道をチェックし、綱領に違反したメディアに指導、警告、制裁を与える制度が日本にはない。そのために必要なのが報道評議会である。スウェーデンは長い歴史で匿名報道主義とプレスオンブズマンを生んだ。そこまで一気に進もうとするといろいろと混乱が生じるかもしれない。しかしV章で述べたフィンランドの報道基準集（一審で一年以上の実刑判決が出るまでは匿名）と報道評議会であれば、日本でも十分受け入れが可能である。

日本にも、少年と精神障害者についてはみごとな匿名報道主義の伝統がある。日本新聞協会、マスコミ倫理懇談会、そしてマスコミ各社とも、ここ数年人権問題について熱心に取り組んできており、基礎はすでに固まった。新聞労連、民放労連、出版労連、日放労など労働者組織も「人権と報道」を真正面から取り上げ始めた。日弁連はこの問題のパイオニアである。市民組織でも、自由人権協会、冤罪関係の諸団体、死刑廃止運動グループなどが政府による言論統制に反対し、マスコミの自主改革に期待して建設的な批判を行っている。表現の自由の拡大のために尽力するがゆえにマスコミの人権侵害面については慎重に発言をさし控えてきた学者からも、犯罪報道についての率直な批判が聞かれるようになった。

マスコミ経営者団体、労働団体、市民、法曹界、学者の代表ら十数人のメンバーで構成する報道評議会を一日も早く設立しよう。日本のマスコミ事情に詳しいスウェーデンのプレスオンブズマンのカーシュ氏も「日本のマスコミなら報道評議会を設立できる」と述べ、それが犯罪報道改革の確実な第一歩になると私に断言した。

日本での報道評議会づくりのイニシアティブは、諸外国同様マスコミ労働者自身がとろう。労働者同士の話し合いでは「売れるんだからいい」とか「有罪率が高いから犯人扱いしても大丈夫」などというごまかしの論理は通用しない。いや通用させてはいけない。マスコミ関係のさまざまな労働組合でつくっているマスコミ・文化共闘でコンセンサスを得ることが近道だろう。スウェーデンでも、記者労組とパブリシストクラブが下からの改革を進めたのだ。

報道評議会誕生後は、通信社の役割が大きくなるだろう。二四時間ニュースを扱っている通信社が、人権問題に対し常に敏感に対応し、報道評議会のスタッフと連絡をとりながら一定の判断を下していこう。匿名、実名についても通信社の判断を流し、最終的に各社が決定すればいい。通信社の事件担当記者には、人権に十分配慮できるベテラン記者を配置すべきである。スウェーデンでも通信社「ＴＴ」の判断に全マスコミが従っている。

私が、七四年に社内で、犯罪報道はリンチだと言い出したころに比べると、現在ではずい分人権について討議しやすくなった。昔ながらの考え方の人もまだいるが、多くの記者がスッキリしない気持ちになっている。経営者や編集幹部の人たちも、犯罪報道の質的変化の必要性を認めている。いまがチャンスである。各界の代表とジャーナリストで組織する「日本報道評議会」が誕生し、日常的に新聞、雑誌、放送の内容に目を光らせ、人権侵害の苦情を受けつけ、不当報道と判断すれば「非難声明」を出し、報道機関が自分自身の紙面やニュースに「非難声明」を掲載し罰金を支払うようなルールを確立すれば、犯罪報道は大きく改善されるだろう。

現在の日本の犯罪報道はスウェーデンの二〇世紀初めの状態にある。スウェーデンが報道評議会を設立したのは一九一六年だった。日本でも報道評議会が誕生すれば、スウェーデンの一九二三年（一審有罪まで匿名）、七四年（完全な匿名報道主義）へと進むのにはそう長くかからないはずである。

2 世界に定着する北欧型メディア責任制度

研究者として欧州を再訪

共同通信から同志社大学に移って八年たった二〇〇二年四月から〇三年五月まで在外研究の機会を与えられた。欧州でじっくり「人権と報道」を考えようと思い、英国を選んだ。ジャーナリズム研究の分野では英国でトップのウェストミンスター大学にあるコミュニケーション・創作産業学部の客員研究員として当地のメディア事情を調査した。

この間、二〇数ヵ国で「人権とメディア」について調査した。私が訪問した国々のうち一〇ヵ国にメディア責任制度があった。同制度は国によって異なるが、(1) マスメディア界（とくに活字媒体）全体で統一した報道倫理綱領を制定し、(2) ジャーナリストや編集者が取材・報道を行う際、その綱領を守っているかどうかを審査する報道評議会（スウェーデンでは報道評議会を補佐するプレスオンブズマンを設置）を設立しているという点では共通している。

同制度の主な目的は、権力からの報道の自由を守り、報道機関への市民の信頼を維持・獲得させるために、「報道加害」など市民からの苦情に対応することである。メディア責任制度を運営するのはメディア業界自身で、「第三者機関」ではない。新聞、雑誌の経営者だけでなく、ジャーナリスト労働組合が参加している国が多いが、英国、オーストラリアなどのように労組が脱退しているところもある。また、報道評議会のメンバーの構成に関しても、法律家などが市民代表として参加しているところもあれば、メディア関係者だけで運営している国もある。

〇三年六月初め、七年ぶりに訪れたドイツの報道評議会の発展ぶりに感銘を受けた。ドイツ報道評議会は、一九五六年に新聞発行者協会、雑誌発行者協会、メディア関係労組（二団体）の四者によって設立された。五二年ごろ、内務省がプレス法案を提案したため、メディア関係者が英国の報道評議会をモデルにして設立した。四団体から選ばれた二〇人が委員になっている。北欧などの仕組みと異なり、法律家や一般市民は参加していない。

報道倫理綱領は一六条からなり、各条に詳しい指針が付記されている。スウェーデンと同じように、《事故、犯罪にかかわった被害者、被疑者・被告人の姓名と写真は、市民の知る権利の対象でない限り、一般的に正当化されない》（八条の指針1）と匿名原則が明記されている。

報道評議会の苦情は年々増加しており、昨年度は七〇一件。このうち、事務局レベルで対応できなかった二五五件が報道評議会で審理された。

ドイツでは、報道評議会がメディアに倫理綱領違反があったという裁定文を発表する際、「公表」にするか「非公開」

にするかを決める。

例えばこんなケースでは裁定文は公表されなかった。

〇二年に四六歳の母親が六歳の息子を絞殺した。一一歳の娘は母親の犯行を目撃したものの、警察の事情聴取に対して母親をかばったため捜査が遅れた。地元紙は母子のフルネーム、住所を報道。四六歳の父親についても学歴なども含めて伝えた。これらの報道に対し、ある女性弁護士が「父親と娘に対する人権侵害だ」と報道評議会に苦情を申し立てた。地元紙は《母親は重大な犯罪を犯しており、実名報道も許される。娘は犯行の唯一の目撃者として、事件を語るうえで重要な人物であり、実名も許容される。また、母親はヘルパーとしても町では知られていたので、実名報道がなくても地元では取りざたされたはずだ》と反論した。

しかし、報道評議会は《当案件を報道倫理綱領八条違反と認め、「非公開でのけん責」を申し渡す。報道倫理上、関係家族の名前、住所を公にしたことは支持できない。たとえ地域住民にすでに周知であろうと思われる場合でも、個人の詳細を明らかにすることは正当化できない。一一歳の娘が残されたことを考えると、実名報道は避けるべきだった》と裁定した。

ドイツでは九九年に内務省が個人データ保護法案を提起したため、メディア界は報道の自由を侵害すると反対し、メディアが扱う個人データ保護に関して、ドイツ報道評議会が報道倫理綱領に基づいて自主規制すると法律に明記することで合意し、二〇〇一年六月に報道倫理綱領を大幅に改定。個人データ保護法は二〇〇二年一月から施行された。これにより、ドイツ報道評議会の運営費用の一部が政府予算から出ている。

世界各地のメディア責任制度は、放送メディアも組み入れ、メディアが持つウェブサイトの人権侵害も対象にするなどの改革が進んでいる。

また、旧ソ連・東欧の国々のメディア関係者が北欧、英国、ドイツなどの報道評議会を視察して、その導入を検討している。欧州連合（ＥＵ）への加盟に「報道の自由」の保障が条件となっており、メディア責任制度の設立が不可欠だからだ。

ロシアでは地域別にメディア責任制度を確立する準備が進んでおり、フィンランドのタンペレ大学のメディア学教員が支援していた。アフリカ・南太平洋などの諸国もメディア責任制度の設置を目指している。日本には国際的な基準を満たした報道評議会もプレスオンブズマンもまだない。

英国でもタブロイド紙を中心に犯罪や有名人のスキャンダルをセンセーショナルに報道しているが、一般紙の報道は抑制が利いている。日本と北欧の中間という感じだ。政治家から法規制をちらつかされており、取材・報道の自由を守るために何をすべきかがいつも議論されている。

英国では一九五三年にスウェーデンの制度を参考に、英国報道評議会が誕生し、九〇年から報道苦情委員会（ＰＣＣ）に改組された。ＰＣＣは十分に機能しているとは言えないが、法規制を阻止する砦にはなっている。〇三年初め、国会にメディア規制を目指す特別委員会が設置されて、ＰＣＣは世界各地の報道評議会と情報交換しながら対応策を協議している。

欧州では、プレスオンブズマン、報道評議会法を軸とするメディア責任制度が社会の中でますます定着し、法律によるメディア規制を防ぎ、取材・報道される側の人権を擁護するために活動している。

欧州での連帯

欧州においてメディア責任制度に携わる各国代表でつくる欧州独立報道評議会連合（ＡＩＰＣＥ）の総会が〇二年一〇月一七日から一九日まで地中海に浮かぶ島国、マルタ共和国で行われた。私も参加した。同連合は一九九九年に発足し、四回目の会合だった。

総会には一六ヵ国の計約三〇人が参加し、各国の報道評議会、報道苦情委員会などメディア責任制度の現状を報告、今後の課題を討議した。すでに、同制度をもつ北欧諸国などだけではなく、アイルランド、スペインなど新たに制度の設立を模索している国々からも出席した。

日本で一九八五年七月から日本報道評議会を確立するための市民運動を展開している「人権と報道・連絡会」を代表して、私と同志社大学の大学院生が同連合の正式メンバーとして迎えられた。日本は欧州から遠く離れているが、正式メンバーとして問題はないということだった。

会議参加者から「日本には報道評議会があるのか」と聞かれた。「まだできていない」と答えると、「なぜできないのか」と何度も尋ねられた。

英国では、有名人のプライバシー保護が問題になっている。ボスニアではコミュニケーション法が改悪された。スイスでは、ベルリンに駐在するスイス大使が女性との関係を報道されたが、大使は公人であり、女性が犯罪に絡んでいたこともあり、報道は倫理違反ではないと裁定された。

PCCのガイ・ブラック事務局長は、ブレア首相夫妻が、長男のケンブリッジ大学進学が失敗したなどの報道で四件の苦情を申し立てたと報告した。長男の進学問題はデーリー・テレグラフが報じたが、「大学進学のための条件などは、国民の関心事で、首相の子どもの教育に関する情報はパブリック・インタレスト（人民の権益と関心）にかかわることで、報道は倫理綱領に違反していない」と裁定した。

多くの参加者が「一般市民の人権と知る権利と報道の自由の衝突をどう考えるのかを幅広く調査研究すべきだ」と訴えた。

連帯してメディア法規制を阻止

権力による法的規制を拒み、報道被害に対応する報道評議会でつくる欧州独立報道評議会連合（ＡＩＰＣＥ）の第五回総会が〇三年九月一一日から二日間、ストックホルムで開かれた。ボスニア・ヘルツェゴビナ、ウクライナからも初参加し、一二カ国の代表三〇人が過去一年間の活動について報告した。

英国の報道苦情委員会のガイ・ブラック事務局長が、英国会でのメディア法規制の動きを阻止したことを報告。各地で権力が個人情報保護を理由に報道機関を法律で縛ろうと画策している事例が報告され、メディアの独立を守るため連帯して行動することを決めた。

人権と報道・連絡会を代表して今回も参加した私は、「世界の報道評議会を訪ねて」と題して特別報告した。

今回、初の試みとして、参加者が五班に分かれて、各国で取り扱った事案を審理して裁定文をつくり、実際に出された裁定結果と比べる〝国際評議会〟も行われた。

私が所属した第二班では、ストックホルムで発行されている無料紙「メトロ」〇二年七月二二日の「借金に苦しみ離婚後の男性」という見出し記事を取り上げた。

記事は、離婚男性が抱える困難を追った連載記事の一つで、約一万人と言われる借金苦の父親にスポットを当てた。男性と小学生以下の子ども三人が公園で楽しそうにピクニックをしている大きな写真が載っている。子どもたちの顔がはっきり写っており、父子全員の姓名も出た。離婚の際、父母二人が子どもたちに対する共同親権を持つことになっているが、母親と普段は同居している。

母親がこの記事に対し、①元妻の自分に全く取材がなかったし、記事が出ることも知らされなかった、②記事が出た後、子どもたちに被害があった、③保護者の一人である母親の了解なしに子どもたちの姓名と顔写真を載せた――として、苦情を申し立てた。

これに対して、新聞社側は、「元妻のことなどプライバシーには触れていないばかりか、家族にとって悪いことは書いていないうえ、父親の了解を得て報じた」と主張した。

模擬報道評議会では、ノルウェーのトール・ボーエ氏（新聞社編集長）が議長をつとめた。まず、フィンランドのユハ・ハニネン氏が「被害があったというが、具体的に何か不明だ」と発言。英国人記者のデイビッド・チップ氏は「父親の名前が出ているので、子どもの名前を隠しても意味がない」と強調した。エストニアのウルマス・ロイト氏は「子どもたちが幸せそうで、記事に不名誉なこともない」と述べた。

ボーエ議長も「父親が取材・報道に応じているので、十分」という見解だった。結局、私以外の四人は「報道に全く問題ない」という判断だった。しかし、私は母親の言い分に十分根拠があると思った。とくに、写真を載せる場合も、子どもたちを至近距離でなく、後方で遊んでいるところを撮影できたはずだ。男性の身元が明示されているのだから、母親への影響は必至で、彼女からも取材するべきだった。

私は熟慮の末、こう発言した。「父と子がハッピーだからいいではないかというが、苦情申立人にとっては、それが苦痛になる。子どもと親は別の人格であり、成人に達するまでは親に保護義務があり、母親の意向を確認しようとしなかったのは、報道倫理に反している」

ほかの四人は「もし母親が拒否したらどうするのだ」と私を〝追及〟したが、「母親に取材するというプロセスがなかったことが問題で、それ以上でも以下でもない。ともかく、子どもたちのフルネームを掲載する意味が全くない」と答えた。しかし、四対一で、「報道に問題なし」という結論になり、私の意見は少数意見として公表されることになった。

全体会議で、各班がそれぞれの裁定内容を報告した後、実際の裁定文が配布された。スウェーデン報道評議会が〇二年一二月三日に下した判断は「報道倫理綱領に違反した」だった。この決定の際、メディア界から出ているメンバーから「父親の了解を得ており、記事内容に元妻への非難など何もないから問題ない」という意見があったことが紹介された。結局、私の判断とスウェーデン報道評議会の判断が一致した。

リンド外相暗殺でも被疑者は匿名

ＡＩＰＣＥ総会初日の〇三年九月一一日、ストックホルムの百貨店で前日、ナイフで刺されたスウェーデンのアンナ・リンド外相が死亡した。一六日に三五歳の被疑者が逮捕されたが、同国内では実名、写真は出ていない。外相の死後、夫や子どもがカメラにさらされることもなかった。被疑者も被害者も人間としての尊厳とプライバシーが尊重される国のディーセンシー（品格）だ。

リンド外相は一四日の欧州通貨ユーロ導入の是非を問う国民投票で、導入支持派の顔で、社民党の次期党首＝首相の有力候補だった。弁護士出身で早くから環境派の論客でもあり、平和外交の推進役をつとめており、国際的にもよく知られていた。

同国では一九八六年に反核反戦運動の世界的リーダーだった当時のパルメ首相が映画館前で暗殺されている。

私はリンド外相が暗殺された時間の約三〇分前に、現場の百貨店N&Kの前を通っていた。九月一三日に百貨店に行ってきた。バラを持った市民が刺殺現場の一階店舗や出入口付近に花束やメッセージを捧げていた。

犯人を早く逮捕しろというメディアの論調はほとんどない。なぜこんな悲しく残忍な事件がまた起きたのかと深刻に受け止めていた。ストックホルムに二〇年以上住む知人の日本人は「本当にこんな素晴らしい国でもこんな事が起きるのかと思うと、なんとも人間の業というものはどうしようもないものと思う。オープンな民主主義の代償といえどもあまりにも大きい犠牲だ」と語った。

一九八六年に起きたパルメ首相暗殺の後も、閣僚には護衛をつけず、とくにプライベートな時間では自由に外出すると決めた。「もしこの事件があったからといって、警備を強化して政治家と市民の垣根を高くしたら、それは開放された社会と民主主義がテロリストに屈したことになる」と次期首相が言明したことを思い出した。

ユーロ導入派の外相が国民投票の四日前に死亡したことで、同情票が流れて賛成派が逆転するのではないかという観測も流れたが、一四日の投票で、反対が一〇ポイント以上も上回り、弔い選挙にはならなかった。悲しい事件のことと、政治的意見表明をきちんと分けて考える成熟した社会がここにはある。

刺殺事件の被疑者は匿名

パルメ首相暗殺事件は未解決に終わっている。今回の外相刺殺事件では、現場に犯行に使ったナイフや犯人の衣類の一部が残っており、早期解決が期待された。直後から防犯ビデオが捉えたナイキの帽子とシャツを着た男性の写真がタブロイド紙などに掲載されたが、映像の画質が悪くて特定は困難だった。また、ビデオが捉えた写真の男性が犯人という根拠も十分ではなかった。

警察当局は九月一六日に被疑者を逮捕した。一週間の勾留を求め認められたが、その直後の二四日、検察当局は事件と無関係と判明したとして釈放した。スウェーデンのメディアは、男性が逮捕されて釈放されるまで姓名、顔写真を全く報じなかった。「三五歳の男性」と表現した。デンマーク、フィンランドをはじめ、他の欧州諸国の新聞は姓名と写真を掲載した。

しかし、スウェーデンのごく一部の新聞・テレビは、被疑者の男性の経歴、親類、異性関係など私的な情報を伝えた。友人へのインタビューを載せた新聞もあった。これに対し、多くのメディアは、被疑者のプライベートな生活ぶりを報じたことを激しく批判。人権と報道のあり方が議論となり、メディアに対する法的規制や報道被害者への補償を求める声も出ている。

この男性が釈放された同じ日に、今度は「二五歳の男性」が警察に逮捕された。翌日、検察当局が身柄勾留を請求し、勾留理由開示尋問の後、認められた。現場に遺留された衣類や刃物に残っていたDNA鑑定の結果など、一人目の被疑者よりも多くの証拠がありそうだという。被疑者は事件とのかかわりを否認している。

この被疑者については、民放の「チャンネル4」と地方の小さい新聞社二社が顕名報道を始めた。元プレスオンブズマン（高裁部長判事を経て退官）のカーシュ氏は「最初の被疑者も顕名ではなかったが、周囲の人たちには分かってしまうような報道だった。二五歳の男性も、少なくとも捜査当局が証拠を固めて、起訴するまで顕名報道は控えるべきだ。本来は、裁判所で有罪と認定されるまで匿名報道すべきだ」と述べた。

イエーテボリ大学ジャーナリズム学部長のレナート・ウェイブル教授は「警察が逮捕し、検察が勾留したからといって、顕名報道による被害が免責されるわけではない。メディアが責任を問われるので、慎重になる。被疑者が政治家など公人で、被疑事実も権力行使にかかわる場合など、パブリック・インタレスト（人民の権益）がある場合は、顕名報道が許される」と解説した。

警察の発表どおり書いておけば問題ないという日本とは違う。教授は「日本では、一〇数年前に、前沢猛氏らが『逮捕時点で日本の警察は優秀だから実名報道が許される』と主張していたが、いまもそうなのか」と私に聞いた。新聞社の社会部幹部は最近、「警察権力のチェックのために実名掲載が不可欠だ」と強調していると説明しておいた。

リンド外相には夫と二人の子どもがいるが、通夜や告別式で遺族の姿を追うメディアが皆無だった。外相が一〇日夜、病院の救急治療室で手術を受けたときに、病院に駆けつけた夫の姿をカメラが遠くから撮影しただけだった。外相は生前から家族のことは政治の世界に持ち出さない主義だったので、彼女の生き方を尊重したのだ。

ノーベル賞授賞式が行われる市庁舎で一八日に行われた葬儀には、世界各地から政府代表が弔問に訪れた。日本からは閣僚が誰も行かず、在スウェーデンの日本大使が参列しただけだった。

日本での報道もきわめて地味で、日本の政治家の国際感覚の欠如を世界に示した。

市民を前にして審理するノルウェー報道評議会

フィヨルドを臨むノルウェー南西部ベルゲンで、〇三年五月九日、同国の報道苦情委員会（PCC、委員七人）の審理を見た。河野義行氏と共に制作したドキュメントビデオ『人権と報道の旅』（現代人文社）の収録で、スウェーデン報道評議会の審理を特別に撮影させてもらったことはあるが、報道評議会の実際の進め方を見るのは初めてだった。

ノルウェーのＰＣＣは一九二九年に設立されており、スウェーデンに次いで古い報道評議会だ。

新聞・雑誌・放送の経営者とジャーナリスト組合、編集者協会などで構成するノルウェー報道協会がＰＣＣを設立・運営しており、報道協会が二日間の日程で開いたメディア大会の企画の一つだった。市民にＰＣＣの存在を知ってもらうため、年に一回、委員会の審理の模様を公開している。

会場はノルウェーの作曲家にちなんでつくられたグリーグ・ホールの中ホール。舞台には委員たちが扇形に並んだ。委員たちの右側に三人の事務局員が控えた。

午後二時半、約二〇〇人のメディア関係者、市民、学生が見守る中で、ＰＣＣの事務局長が案件の概要を説明した。

この日審理されたのは、北部ボーエの地方紙「ノルドランド」（北国という意味）が同年二月六日に報じた「公共スイミング・プールが移民の入場を拒む人種差別と批判」という見出しの記事。苦情を申し立てたのは、プールを管理する健康センターの所長のロジャー・ラーセン氏。

この記事では、中東からの移民労働者がプールに入ろうとしたところ、プールの管理人が「ルールを知らず施設が汚れる」などという理由で入場を拒んだという。

ノルウェー報道協会は全メディア記者が順守するべき報道倫理綱領を制定している。ＰＣＣの委員には、メディア界の発行・編集者、記者労組から四人、一般市民（現在の委員は）法律家、映画協会代表、医師から三人の計七人が就任し、取材・報道がこの綱領に違反しているかどうかを判断する。当該メディアはＰＣＣの裁定文全文をそのまま目に付くように掲載または放送しなければならない。

この日の案件審理は議長を外して行われた。現在、議長を務めるトール・ボーエ委員は「ノルドランド」の編集長でもあるからだ。苦情を申し立てられた側のメディアから出ている委員は、当該案件の審議に参加できないというルールがある。

ＰＣＣのエドガー・コックボルド事務局長が、観客席の最後列に座っているボーエ氏を紹介、編集者のヤコブセン委員を議長代行に指名した。

次に、ラーセン氏が舞台に上がり、「見出しで批判されたような人種差別の事実は全くない。我々は外国人、高齢者、障害者などの少数者の権利を拡大するために努力しており、実際にそういう企画も行っている」この記事で「私たちが新聞記事が出た日に、『事実無根』という声明を出したが、同紙はそれを居直りだといわんばかりの調子で伝えた」などと約一五分にわたって、記事の誤りを指摘した。ラーセン氏の説明の際、ステージのスクリーンに新聞の一面記事が大きく映し出された。

これに対し、「ノルドランド」のキエル・ブギル編集担当デスクがパワーポイントを使って、「記事は、差別され不利益を受けたと訴える移民の告発をもとに、プール関係者からの綿密な取材を遂行して報じた。調査報道であり問題はない」と反論した。

この後、ラーセン氏が再び登場し、「記事に署名のある記者の一人はプールの管理人から直接話を聞いた記者ではない」などと反論した。フギル氏は二度目の発言機会を使わなかった。

これで両当事者間の討論が終わり、事務局長が、問題になった記事は「見出しとリードは記事の内容の範囲を超えてはならない」という綱領第四条四項に違反しているとした事務局案を読み上げた。この見解をもとに委員たちが約一時間、激しい議論をたたかわせた。

一部の委員は「全体に取材が杜撰で、見出しだけでなく記事の主要部分が事実に違反している」とより厳しい裁定を求めたが、事務局案の文面を若干厳しくした形にすることで意見が一致した。

ラーセン氏は私の取材に「こんな大勢の前で話すのは初めてで緊張したが、委員会の決定に満足している。新聞は読者の目を引くために、話をつくってはいけない」と語った。

ＰＣＣから叱責された同紙のブギル氏は「裁定を受け入れる。社内でなぜ誤った記事を載せてしまったかについて点検し、今後の取材、編集に生かしていく」と明言した。ボーエ氏も「私が審議に参加していたとしても、同じ結論になった」と潔い。

ベルゲンの地元紙記者は「メディアの専門家でない市民が、新聞のことを詳しく勉強し、報道倫理について切々と訴える姿に感銘を受けた。問題になった記事が出たあと、反論の声明を揶揄して報じたのは最悪で、委員会の〝有罪〟裁定は当然だ」と公開審理を高く評価した。

市民代表の委員として一一年前から委員を務めるイアン・ヨハンセン氏（オスロ大学医学部教授）は「私も仕事柄、メディアに取材されることが多いが、ＰＣＣにかかわって、メディアの側の事情も分かるようになった。報道の自由を守り、市民の人権も守るという大事な仕事なのでやりがいがある」と語った。

同紙は裁定が出たことを翌日、一般記事として詳しく報道。五月二二日には、長文の裁定文全文を半ページを使って載せると共に、ラーセン氏のインタビュー記事をサイドで掲載した。

集団取材に対応して綱領改定

ノルウェーの報道倫理綱領は一九三六年に締結され、四回改定された。〇二年一月の改定では、集団取材の人権侵害を防ぐため、取材の過程での人権侵害も綱領の対象とした。〇一年夏、ラリビクという小さい町で、一三歳の少女が殺害された事件で、多数の報道陣が駆けつけ、ヘリが飛び交ったため、住民の反発をかった。現場記者の一人が「恥辱のテントのようだ」と自己批判した。

それまでは、報道された内容だけが問題にされたが、記事になるまでの取材や調査における報道倫理も取り上げることになった。

またキリスト教系の有力新聞が、子どもをめぐる両親の対立を顕名で記事にした際、子どもの将来を考慮していないと問題になり、未成年のプライバシー保護の条項が強化された。

北欧のメディア責任制度は、主に犯罪報道における人権侵害を防止するために設立された。デンマークで会った犯罪担当記者のエバ・プレスネスさんは「よほどの理由がない限り、有罪が確定するまで被疑者・被告人の姓名は書かない。当局に疑われているだけであり、有罪判決が出るまでは無罪を推定されているから、報道してはならない」と断言した。

また新聞社編集幹部も「テレビや雑誌が、警察と一体になって捜査段階でリンチするケースが増えた。だからこそ、我々のような新聞は、当局から距離を置いて、権力を監視し、市民の人権を擁護しなければならない」と語った。北欧の匿名報道主義は変わっていない。

日本弁護士連合会は四半世紀前、報道界に自主規制機関の設立を提言。私は二〇年前に、北欧の報道評議会を紹介した。日本で初めて活字媒体を法規制する法律が成立しようとしている今、日本報道評議会をつくる好機だと思う。

ところが、メディア経営者はメディア横断的なメディア責任制度に関心をほとんど示さず、学会や労働界にも「報道評議会をいま日本でつくるのは危険だ」とか「新聞社の報道と人権に関する委員会は日本独自のオンブズマンだ」などというデマが公然と流れている。

英国では報道苦情委員会（ＰＣＣ）が十分に機能していないという批判が強まり、特別国会内に委員会が設立され、英国ＰＣＣは他の欧州諸国の報道評議会に支援を要請している。旧ソ連・東欧諸国などがメディア責任制度をつくるため、北欧、英国、ドイツなどに調査団を派遣している。欧州連合（ＥＵ）に加盟するには、報道の自由の確保が条件だ。権力による規制を排し、報道による人権侵害を防止し、救済するために自主規制制度を導入する必要があるからだ。日本の報道界から調査団が来たという形跡はなかった。

私は二十ヵ国以上の報道評議会を調査したが、北欧諸国とニュージーランドのメディア責任制度が最もうまく機能しているように思う。新聞、雑誌など活字メディアに限っている報道評議会が多いが、ノルウェー、フィンランドのように放送メディアも対象にした国もある。民事裁判放棄を申し立ての条件にするかどうかも国によって違う。国によっては、労働組合が離脱したり、一部の企業メディアが非協力的で運営に苦労しているところもある。しかし、メディア責任制度のある国では、政治権力によるメディア規制を跳ね返すことができる。

日本のメディア業界は世界各国の報道評議会を訪ね、日本に最もふさわしい制度を模索すべきである。そうしなければ、日本にはジャーナリズムは消え、情報産業しか残らないだろう。

法律に根拠を置くデンマーク

デンマークでは一九九一年に法規制の動きがあり、政府とメディア界が妥協した。

九二年にメディア責任法（The Media Liability Act）を施行した。放送メディアも対象になっている。第五部「報道倫理」

三四条に「報道倫理に違反したという苦情は報道評議会で対応する」と明記している。

ニールス・グルッペ議長（最高裁判事）含め八人のメンバーがいる。

報道倫理綱領A‐3は「ある個人を傷つけ、社会的評価を低下させると考えられる情報は報道する前にできるだけ完全にチェックしなければならない。それらの情報は、最初に当事者その人に提示しなければならない」と規定している。

デンマークが法律の中で報道評議会を位置づけている点に対する批判があるが、報道の自由はしっかり守られているように思えた。首相が報道評議会の裁定について批判的コメントをした際、メディアは総反撃。政権交代があり、情報の自由な流れが保障されているので、法規制だからだめとはなかなか言えない。

未調査だが、インドも同様に報道評議会が法律に基づいて設置されている。

ＰＣＣのプライバシー専門委員が来日

ロバート・ピンカー教授は、英国ＰＣＣを創立時から引っ張ってきた有力メンバーの一人だ。本職はロンドン大学経済学部（ＬＳＥ）の社会政策の大御所で、日本の年金・福祉問題にも詳しい。ＰＣＣでは報道によるプライバシー侵害を市民の立場から監視してきた。

ＰＣＣはスウェーデンなど北欧諸国の報道評議会プレスオンブズマン制度とほぼ同じだ。取材・報道の自由は民主的な社会で最も重要な権利であり、政府が法律でメディアを規制してはならないというのが大前提だ。

そのために、報道界が自らの責任で自主規制制度をつくっているのだ。この制度を私はメディア責任制度と名付けている。この制度は、メディア業界全体で報道倫理綱領を定めて、ジャーナリストがその綱領を遵守しているかどうかを監視する報道評議会、プレスオンブズマンの仕組みとのセットで運営される。

ピンカー教授は欧州連合（ＥＵ）内部の、メディア法制についてのまとめ役を務める傍ら、世界中を飛び回っている。旧ソ連東欧諸国や旧英国領の国々に、権力から独立した報道評議会をつくるための支援だ。

私はロンドンでの在外研究中、ＰＣＣ事務局に何度も足を運び、政府・議会からのメディア法規制に対抗するために自己改革してきた経緯を調べた。

ピンカー教授らが提唱して設立された欧州独立報道評議会連合の会合にも参加できた。ロンドンを拠点にして海外のメディア状況を調べた際、ピンカー教授はいつも私を支援してくれた。ロンドンを去る際、「日本にはまだ報道評議会がない。ぜひ日本で講演してほしい」とお願いしたところ、快諾してくれた。教授は〇三年九月末、東京で開かれた「人権と報道・連絡会」の第一九回シンポジウム「裁判員制度と犯罪報道」で基調講演した。犯罪報道の根本的な改革と、報道評議会の設立が遅々としてすすまない日本で、多くの市民がピンカー教授の熱いメッセージを受け止めた。

私は『犯罪報道の犯罪』を出版して以来、日本にマスメディア界全体で、メディア責任制度を確立するよう求める市民運動、「人権と報道・連絡会」を続けてきた。

新聞、雑誌、テレビの取材と報道で、生活を破壊された人々の悔しい思いに一人のジャーナリストとしてこたえる責任があると思ったからだ。

私の本が出てからの数年間は、報道界のみならず、さまざまな分野で「人権と報道」をめぐって活発な議論が行われた。八九年末にメディア界が一致して決めた「被疑者の呼び捨て廃止」などの改革もあった。北欧や英国からメディア責任制度の関係者が来日するなど、外国の制度を学ぼうという意気込みも感じられた。

新聞・通信社の労働組合でつくる新聞労連が欧州へ報道評議会調査団を送り、「新聞人の良心宣言」を発表した。

これらの試みは、放送界において、ＢＰＯとして結実した。ところが、印刷媒体の業界には、いまだにメディア責任制度は存在しない。それをつくろうという動きもほとんど見られない。

最近は何の罪もない犯罪被害者にも、ニュース性があれば、まとわりつき、人格を中傷するような集団取材による人権侵害も起きている。一時期は自粛していた、犯罪被害者へのしつこい取材も日常茶飯事になった。

朝日新聞と毎日新聞の自称「第三者機関」は、長崎で〇三年七月に起きた男児転落死事件などを取り上げ「被害者報道のあり方」について特集する中で、マスコミ企業の〝用心棒〟であるジャーナリストや大学教授の委員たちが、被害者の遺族が反対しても、犠牲者の実名・顔写真掲載が原則だという論を展開した。がっかりすると共に、こんなことを言い放つ新聞社は市民から見放されるだろうと思った。

学生たちが私に語ったところによると、マスメディア企業の入社試験の面接試験で、「デスクから事件事故の被害者の顔写真をとってこい」と命令されたら、あなたはどうするか、という設問が度々あったそうだ。新聞業界では、「雁首」（警察用語で顔写真）という顔写真とりが記者の訓練の場だ、という言説がいまもまかり通っている。

新宿・歌舞伎町の火災で、風俗店で働いていた女性たちが焼死した。ある全国紙では、本社社会部から全員の顔写真とりと、遺族の取材をせよという指令が飛んだ。ある記者は死亡した女性の男性友達の実家にまで出かけて、家族にマンションの手すりから突き落とされそうになったという。「あんなに怖い顔の人間をみたことがなかった」と振り返る。

〇三年六月にはマスメディア報道に規制を加える恐れのある個人情報保護法が成立し、取材活動に直接的な制限を加える人権擁護法案（衆院解散で廃案）が上程され、また、政府与党が導入を決めている裁判員制度で、「公正な裁判を実現するため」という理由で、裁判の評議に関する内容を裁判員やその経験者が外部に話すことを禁じ、違反した場合に懲役刑を科すことや、偏見報道をしないよう配慮を求めた規定を盛り込む方針だ。

いま、日本に報道評議会などの報道界全体を網羅する自主規制制度をつくるように提案しているのは、政府与党と新聞労連、市民運動だけだ。ロンドンにいる日本大使はピンカー教授に会ってＰＣＣについて勉強している。

新聞、雑誌を売って利益を上げている日本新聞協会と日本雑誌協会がピンカー教授の教えを乞うことを心から期待したい。

韓流の報道被害者「駆け込み寺」言論仲裁委員会

〇七年三月ソウルの韓国言論基金会館（プレスセンター）の中にある『言論仲裁委員会』を訪ねた。報道によって人権を侵害された個人・団体が報道機関（新聞・雑誌、放送、ネット）に、謝罪・訂正や損害賠償を求めた事案を審理して、調停や和解による仲裁を行う組織だ。

一九八一年に創設された準司法機関で、同委員会で合意が成立した場合、裁判所における「和解」と同じ効力を持つ。仲裁委員会は現在、〇五年一月に制定された「言論仲裁及び被害救済に関する法律」に基づき活動している。政府から独立した機関であり、テレビのＣＭから拠出される放送発展基金（約百億円）の一部を財源にして運営されている。

ソウルに六つの仲裁部があり、プサンなど地方一〇カ所に仲裁部がある。各仲裁部の委員は仲裁部長（現職の裁判官が出向）、弁護士、言論人ＯＢ、言論学専攻教授、女性・社会団体に所属する人の計五人で構成されている。

〇六年は約二三〇〇件の申立があり、約千件が各仲裁部に回された。

弁護士資格を持つヤン・ジェギュ事務局長は「裁判にまで行く時間やお金を節約し、双方で円満な妥協を求めるために作られた。本来は言論界が自分たちで自律的に取り組むことが望ましいので、将来そうなってほしい」と話した。

仲裁委員会を最もよく使ったのが盧武鉉前大統領で、青瓦台（大統領府）を通じて〇三年三月から〇七年七月までに計七〇二件の申立を行った。仲裁委員会はほとんどを却下したという。

「最近最も話題になった報道被害事案は何か」とヤン氏に聞いたところ、テレビ局が、捜査対象になった市民を犯人扱いした「江華島銃器事件」を挙げた。

〇六年一二月六日、仁川市江華郡で乗用車が巡回中の兵士二人をはねた後、銃器と手榴弾を奪って逃げる事件が発生した。兵士一人が死亡、別の兵士も軽傷を負った。

軍と警察の合同捜査本部は一二月一〇日、ソウル市内に有力容疑者がいるとの情報を受け、捜査員を勤務先へ送った。この男性は軍の特殊部隊出身で血液型も犯人と同じＡＢ型。犯人のモンタージュ写真と似ていたという。

二つのテレビ局が中継車を出して、記者が「間もなく逮捕される」とリポートした。ところが、事情聴取後、男性は犯人ではないことが明らかとなった。別人が一二月一二日に自首して逮捕された。テレビ局側は直ちに謝罪し、慰謝料を支払うことで和解が成立した。

三月二五日、ソウルの第三仲裁部で実際に審議された仲裁委員会の審理の模様を傍聴した。非公開だが、特別に許された。

ラウンドテーブルの片方に仲裁部の委員四人が並んだ。手前の申立人の席には、歯科医院の会計窓口のマネージャーを務める女性と代理人の弁護士が座った。奥の被申立人席には韓国放送公社（ＫＢＳ、ＮＨＫに似た公共放送）のプロデューサーと代理人の弁護士が着いた。

審理されたのは、「ビデオジャッキー特攻隊」という番組で、医療機関でクレジットカードを斡旋していることを批判した内容で、ある歯科医院を例に挙げて放送した。その医院の看板の一部が写され、患者の相談に応じた女性マネージャーの声などが流れた。

ＫＢＳは医院に対し取材依頼をしておらず、記者が患者として潜入取材していた。女性は番組を見ていなかったが、放送後、患者たちから番組のことを知った。女性は「私の許可もなく放送をした。病院が金儲け主義というイメージができ、私個人も精神的ショックを受けた」と抗議し、謝罪と損害賠償を求めていた。約四〇分の審理で、ＫＢＳ側が釈明した際、女性が激しい口調で反論する場面もあった。調査官が和解文を印刷して、双方に渡して結審した。和解内容は非公開だが、ＫＢＳ側が謝罪し、慰謝料を支払うことになったようだ。

韓国の制度は、北欧などのメディア界が市民と協力して自主的に運営する方式ではないが、日本に報道評議会をつくるために、韓国の方式も参考にしたい。

「市民は匿名、公人は実名」が定着する韓国

〇八年一一月二四日から二七日までソウルを訪れ、韓国における人権と報道について調査した。韓国では、市民が評議で有罪か無罪を決める陪審制を取り入れた「国民参与裁判」制度が〇八年一月から始まった。新聞、テレビ、ネットの記者たちに「陪審員が公判前の犯罪報道で被告人に予断や偏見を持つのではという議論はないか」と聞いたが、「同制度の導入で、事件報道をどうするかの議論はない」という答えしか返ってこなかった。

韓国では一九九〇年代から、報道界が国家人権委員会や裁判所と協議を重ね、「被告人の無罪推定の権利」と「報道の自由」を両立させるための仕組みを作ってきた。

青木理氏が「週刊金曜日」で、元厚生次官事件報道を取り上げ、《大型事件をめぐる狂乱報道》を《病的で醜悪》と指摘しているが、韓国でも同じような意見をよく聞いた。

二五日午前に会った「ハンギョレ」（一九八五年五月に市民が株主になって創立）のキム・ヒョスン元東京支局長は、「日本で実名、連行写真が一斉に報道されているのを見て韓国人は驚いている」と話した。

同日の朝鮮日報はソン・ウジョン東京特派員の《犯罪者の両親までひざまずかせる日本の言論　容疑確定前　成育歴・

顔写真の報道　両親に謝罪声明を慣習的に要求》との見出し記事を載せた。
《容疑者を「丸裸」にしている。日本のメディアは、警察出頭の情報と共に、疑惑も確定していない段階で直ちに顔写真、名前と年齢、出身大学を公開し、記者らを容疑者の故郷、今の居住地に送って取材を始めた。日本では社会的衝撃が大きい犯罪の場合、容疑者のプライバシーはほとんど保護されないし、両親の「謝罪声明」まで要求することが慣習化している》

ハンギョレの司法担当のイ・チャンゴン社会部副部長は「一般市民が逮捕、起訴された場合は、『キム〇〇』と書いて名前を伏せる。Aなど仮名も使う。しかし、公務員、政治家、芸能人などの公人は、家族に関係する情報も含め出すことがある。超凶悪事件は途中で実名になることもある。『公人』の基準は報道機関によって異なることもある」と述べた。

KBSのキム・ミンチョル報道本部調査報道班記者も「まずは匿名から始めて公人の職務上の犯罪嫌疑の場合は顕名にする」と述べた。北欧型の匿名報道主義が定着しているのだ。

東亜日報司法担当のイ・ジョンスク記者はソウルの裁判所庁舎の記者室でこう説明した。

「幼稚園児を殺害した事件があった時、被疑者の顔写真を出すか出さないかという議論があった。その時に社内で『日本の新聞みたいに顔写真を出そう』という意見があり、『日本では名前や顔写真を掲載する』と紹介したこともある。結局司法当局が顔写真を出すことはプライバシーの侵害だと表明して、新聞社もそうした。新聞社が独自に実名にする時もある。市民にとって重要な事実、情報かどうかで実名にするかを判断する」

イ記者に、「最近の記事で匿名報道している記事を見せてほしい」と頼んだ。イ記者は数日間の新聞をめくって記事を探したがなかった。そもそも事件記事が少ない。

やっと見つけたのが、刑務所にいる男性受刑者が息子に腎臓移植をするため、一週間の執行停止が認められたという記事。父親が子供を虐待して起訴されたという記事もあったが、父親は匿名だ。一面に載った前大統領の実兄絡みの経済事件は調査報道で実名がある。

韓国の通信社聯合ニュースは一一月三〇日、チュンチャン地裁が結婚詐欺罪に問われた女性に懲役三年の判決を言い渡したと報じた。被告人は《J（二九ヨ）シ》で、日本語にすると《J（二九女）氏》。住所も職業も出ていない。被害者は《ペンション経営者A（四五）シ》。「シ」は敬称の「氏」だ。

韓国には「ハリコミ」や「サツマワリ」という日本統治時代のマスコミ用語がそのまま残っているが、犯罪報道は日本と全く違う。

資料1　スウェーデンの報道倫理綱領

プレス（新聞・雑誌）、ラジオ、テレビには、報道自由法と放送責任法の枠組みのなかで、最大限の自由が与えられなければならない。それにより、新聞・雑誌、ラジオ、テレビは、ニュースの伝達者や公務の監視者として、またそのほかの役割を果たすことができる。しかしながら、このような職務を遂行するにあたって、報道の結果として個人が不当な被害を受けないよう保護されなければならない。

報道倫理とは、公式なルール集をどう応用すべきかを定めたものだとみなされてはならない。それは、ジャーナリストが仕事をするときにもつべき責任ある態度のことである。新聞・雑誌、ラジオ、テレビの報道倫理綱領は、このような態度を支援するものである。

Ⅰ　報道基準集（九四年七月改正、新たに挿入された箇所に筆者が傍線を付けた）

＊正確なニュースの提供

（1）社会におけるマス・メディアの果たす役割と、メディアに対する一般市民の信頼は、正確で全面的角度からの客観的なニュースの伝達を求める。

（2）ニュース・ソースに対して、まず批判的に対応すること。事情の許すかぎり、それがすでに報道された事実であろうと、できるだけ慎重に情報を検討、確認すること。読者・視聴者に対し、その記事が事実を客観的に述べているのか、それとも記者の意見や批評なのか、明確に区別できるようにしなければならない。

（3）貼り出し用の宣伝用ポスター、見出し、リード（記事の前書き）は、本文の内容に即していなければならない。

（4）写真を使うときは出所を明らかにするなど扱いに万全を期すること。写真、グラフィックは細心の注意をもって正しく使用し、誤解を招くような利用を避けること。

＊反論を広く受け入れること

（5）報道に事実誤認があると認められた場合は、直ちに訂正しなければならない。報道された記事に反論を申し立てる者には、その意見が理にかなっているならば、反論の機会を与えなければならない。訂正や反論は延引することなく、適切な形で、問題となった報道に関連、接触した人びとの注目を引くように報道されなければならない。反論掲載に編集部よりの注釈は必ずしも必要としないということを心得ておくこと。

（6）報道評議会に叱責されたメディアは、時を移さず、評議会の裁定文をその紙上、放送ネットにのせて報道しなくてはならない。

＊個人の尊厳を尊重すること

（7）個人生活のプライバシーを侵害する恐れのある報道に綿密な配慮を払うこと。一般市民の関心と利益が明白で報道する必要がある場合のほかは、その種の報道を避けること。

（8）自殺または自殺未遂の記事を報道する場合は、とくに親族への配慮と個人のプライバシー尊重に、非常に慎重な考慮を要する。

（9）犯罪および事故の犠牲者・被害者に対しては、常に最大の配慮を払うこと。名前、写真を掲載する際には、その犠牲者と家族への配慮をこめて検討すること。

(10)報道に関連してとくに重要な意味がなく、また一種の侮蔑をかもす恐れがある場合は、その人物の人種（民族）、性、国籍、職業、政党色、または宗教観を取り上げないこと。

＊写真の扱いを慎重に

(11)これら報道基準の示す各項の該当可能なものは、そのまま写真にも適用される。

(12)写真のモンタージュ、コンピューター操作による修正、または読者・視聴を誤解に導く写真説明は許されない。モンタージュや特殊操作によって画像を変化させた場合は、その画像のすぐ近くにその説明をつけること。これは、その画像を資料として保管する場合も同様である。

＊双方の申し立てを傾聴すること

(13)当局などへの提訴材料により批判された者には、同時に反論の機会を与えるよう努力すること。関連するすべての当事者の立場、意見を求める努力が必要である。各種の通報には、対象人物を傷つけ辱（はずかし）める目的だけのものもあり得ることに注意しなければならない。

(14)犯罪の被疑者・被告人は、有罪判決が言い渡されるまでの間、法律上常に無罪とみなされることを考慮すること。報道してきた事件は、最終的な結果まで報道しなければならない。

＊姓名の報道を慎重に

(15)姓名の報道により、当事者を傷つける結果を招くかもしれないことについて、注意深く考慮しなければならない。とくに一般市民の関心と利益の重要性が明白に存在しているとみなされる場合のほかは、姓名の報道は控えるべきである。

(16)姓名の報道を控えるのみでなく、写真や職業に関する情報、地位、年齢、国籍、性別、そのほか人物の特定を可能にする報道を避けること。

(17)姓名、写真を報道する全責任は、それを報道した者にあると銘記しておくこと。

◇報道基準集への注解

スウェーデン報道評議会は、主として「ジャーナリストとしてのよき実践」の概念を明確にすることに責任がある。一般市民のためのプレスオンブズマン（PO）は、報道評議会には持ち込まれない案件に関して、「ジャーナリストとしてのよき実践」の概念をどう解釈するかについて責任を負う。報道評議会と一般市民のためのPOは、ラジオやテレビ番組を監督する規則に逸脱した事例には裁決を下さない。これらの番組の内容の吟味には、全国放送評議会が責任を負う。

報道評議会の裁定は、叱責を受けた新聞紙上だけでなく、「ザ・ジャーナリスト」や「プレス・ジャーナル」にも公表される。

Ⅱ　職業的記者の規則

＊記者の心得

(1)編集部以外の者から記事に関する指示を受けてはならない。

(2)職務外の指示、招待、贈り物、無料旅行券、または自由で独立した記者としての立場を傷つけるような職務内外の恩典を受け入れてはならない。

(3)自分の利益のため、他人の利益のため、または特別の愛顧を得るために、記者としての立場を利用してはならない。

(4)自分自身または他人が拾集した未発表の政府、市当局、団体、会社または個人の経済状況や方策に関する情報を利用してはならない。

(5)記者は、自分の信念に反することを書いたり不当な指令を実行することを命令されてはならない、という記者共同協約のただし書きを心に銘記せよ。

＊情報拾集

(6)会見を受ける人からの、自分の話がどんな形で報道されるかを前もって知りたい、という筋の通った要求には従え。

(7)会見に慣れていない人に対してはとくに考慮を示せ。会見を受ける人に、その対談を公表するつもりであるのか、単に自分自身の知識のためであるのか、を明らかにせよ。

(8)会見をデッチ上げてはならない。

(9)とくに事故や犯罪に関係する場合は、写真を撮ったりもらったりすることに考慮せよ。

(10)正当な報道を妨害したり制限したりすることをねらった外部勢力の圧力に応じてはならない。

(11)著作権や引用に関する法律を尊重せよ。

(12)引用したり他人の作品を書きなおす場合には、その出所をはっきりと示せ。

Ⅲ　編集・広告基準（一部略）

＊基礎的基準

部外の不適切な者によって記事や番組の内容が影響を受けたという疑念を読者、視聴者からもたれないようにして、新聞・雑誌、ラジオ、テレビの尊厳を守り、一般市民の信頼を保持すること。それゆえ、ニュースまたは情報としての価値がなく、娯楽もしくは芸術的動機づけもなく、おもに広告を目的とした素材は、編集・報道スペースには使わないこと。

＊一般基準

(1)報道素材を使う場合は、ジャーナリズム的であるか、番組と関連があるかだけを考えて判断すること。製品やサービスをパブリシティ（宣伝広告）の形で報道してはならない。商業広告と混同されるような形で報道してはならない。

(2)記事と番組に関するアイディア、事実、提案を検討する際、それらがパブリシティ効果を生み出すか、何らかの利益の提供の申し出があるようならば、拒否すること。

(3)消費者に対する製品やサービスに関する情報記事は、ジャーナリズムの尊厳にかかわる。どのように製品・サービスが比較され、テストされたかを詳しく報告すること。商品の評価に関しては、とくに批判的で綿密であること。ジャーナリストの個人的意見が反映してはならない。事実とソースを明らかにするときは正確に。論評するときは熟慮すること。

(4)演劇、コンサート、映画、美術品展示、スポーツ行事、集会などを予告する場合は、通常のジャーナリズム的なニュース価値判断で伝えること。取材対象を批判的に検討し、ジャーナリズム活動の一環として扱うこと。新しい会社などからの情報や映像の提供があった場合、それにジャーナリズムとしてのニュース価値があるかどうかを十分に検討すること。

(5)ジャーナリズムとしての価値がない場合は、コンテスト、慈善パーティーなどを伝えないこと。スポンサーや主催者が贈り物や賞金を提供する場合、その団体や個人の名前を記載しないこと。

(6)国や自治体当局がメディアに対し、市民の権利もしくは義務に関する情報やその他の公共情報を伝えるよう要求してきても、編集スペースにそれらを載せないこと。ただし、夜間も開業している薬局や医院など一般市民にとって重要な情報は、報道してもよい。ジャーナリズムとして適切でないならば、会社や団体の営業時間、製品の展示、賞金付きのコンテストなどに関する情報を編集スペースで扱わないこと。

(7)商品やサービスの紹介は、広告とみなされる。

(8)写真の背景や一部に車、船、衣類、家具、台所用品などを使う際、それにジャーナリズムとしての必要性がある場合にかぎり、メーカー、販売員、小売店の名前を出すことができる。

(9)新聞・雑誌の特集ページや付録も、ジャーナリズムとしてふさわしいものでなければならない。「職業案内」「別荘案内」などの案内記事は、広告とみなされる。

(10)建築に関する受注者・請負者のリスト掲載は、広告とみなされる。

資料2　一般市民のためのプレスオンブズマン

一般市民のためのプレスオンブズマン（ＰＯ）は、市民の苦情を受け付け、それに対応するために、報道界自身によって創設された機関である。ＰＯは、報道機関が「報道者としてのよき実践」(訳者注、英訳で「報道者としてのよき実践」はGood Publicistic Practiceとなっている。「ジャーナリストとしてのよき実践」と同じ意味である）について定めた報道倫理綱領を遵守しているかどうかを監視する。市民は報道機関に対し、自己の権利を主張したいと思うとき、ＰＯ事務所で無料で助言や援助を受けられる。

個々の市民は、新聞に報道された事実や言説によって個人的に被害を被ったと考える場合、ＰＯに苦情を申し立てられる。このような苦情は、記事を書いたジャーナリストには関係しない。「責任ある発行者」によって代表される新聞社だけが責任を問われる。苦情は、問題の記事に関係する個人によって直接、文書にして、その記事が出てから三ヵ月以内に申し立てなければならない。苦情を申し立てる人には、それ以外は要請されない。手続は無料である。

ＰＯは新聞社に対し、苦情に関する釈明を求める。苦情を申し立てる人には、その後も釈明への反論の機会が与えられる。ＰＯはある程度の調査を実施できるが、ＰＯとしての判断を下す際は、主として問題の記事、苦情申し立て書、新聞社側の釈明にもとづいて行う。苦情を検討するにあたって、ＰＯは「報道者としてのよき実践」とも呼ばれる報道倫理綱領に従う。報道倫理綱領は、新聞社とジャーナリストたちが内部で守るべき「名誉の掟（慣例）」の根本原理である。

報道倫理綱領は法律的性格をもつ固定された規則と同じではない。むしろ、報道機関と市民の相互作用から生まれた慣習である。しかし、報道倫理の根本的な諸原理は、報道機関自身が採用した報道基準に成文化されている。

ＰＯは申し立てられた苦情に正当性があると認めた場合、その苦情を報道審判委員会、つまり報道評議会へ送付する。この報道評議会は、古くは「報道機関の名誉法廷」と呼ばれ、報道機関による個人の名誉侵害に関する問題を審理する法廷であり、九一年に設立された。今日、報道界から三名と市民代表三名（訳者注、九三年七月に改正）のメンバーで構成されている。市民代表は、報道機関とは無関係でなければならない。市民代表のうち一名は卓越した裁判官であるものとし、議長としての職務を果たす。賛否同数の場合は、議長が決定権をもつ。したがって、報道評議会のなかで報道機関は少数派であることが明らかである。ＰＯは報道評議会の審理に参加しない。

報道評議会は、意見の声明書（裁定書）を出すことによって裁決内容を知らせる。裁定書には、新聞社を非難または放免するという決定内容が書かれる。新聞社が非難された場合は、その裁定書を報道し、報道評議会に手数料を支払わなければならない。

ＰＯはまた、間違った事実の訂正や苦情申し立て人からの短い反論を新聞に掲載させるよう努めることができる。概して、このような要請に応じた新聞社は報道評議会からの非難を免れる。これはいわば、誤りの訂正への報酬である。

ＰＯや報道評議会は、司法制度には属さない。審理手続きは裁判所の裁判に代わるものである。報道された個人にとって、ＰＯへの苦情申し立ては裁判所へ行くよりずっと簡単で、はるかに安あがりである。しかし、ＰＯへ苦情を申し立てた個人は、通常の裁判所で新聞社に対し訴訟を起こすことを妨げられない。報道評議会の審理内容は法律上の審議に使われてはならないという点を認識すべきである。このように、報道評議会が新聞社を叱責する裁定を下した後で、同じ問題が裁判所の裁判にかけられた場合、報道評議会が出した裁定書は裁判では何の意味ももたない。

報道評議会への手続きが、苦情を申し立てる人に損害を与える結果に終わってはならない。新聞社に対して損害賠償要求をもち、これが第一の関心事である人は、名誉毀損訴訟のような法的手段を利用しなければならない。

会社、団体、当局は、ＰＯに苦情を申し立てる機会を制限されている。この制度は本来、個人のために設置されたものである。それでもなお、新聞社が必要な訂正や正当な反論掲載を拒否したときは、当事者からの苦情はＰＯにより考慮される。

ＰＯはもっぱら報道された記事についての苦情を取り扱う。ＰＯはジャーナリストが職業上とる行動や態度に関する問題を基本的に取り扱わない。そのような種類の苦情は、記者組合の職業倫理専門委員会に申し立てられる。

資料３　報道評議会憲章（九三年七月改正）

（１）報道評議会はジャーナリストの報道倫理綱領に関する事例を審理する。報道評議会は報道倫理綱領の概念の意味を、ふさわしいと思われるように解釈する資格を与えられている。報道評議会は、一般大衆が購読契約または一部売りで普通に手に入れられるすべての定期刊行物に関係する問題を審理する。

（２）報道評議会は、ＰＯから送られてくる事例のほか、ＰＯへの苦情申し立ての申請書をもとに、審理すべきだと判断した事例を取り上げる。ＰＯに苦情を申し立てたのにそれを却下された申請者は、問題を自ら報道評議会へ持ち込むことができる。その際、審理されるべき問題が申請者本人に直接関連していなければならない。申請書は個人が提出できる。会社、団体、当局からの申請書は、一般的に、報道された内容についての訂正や反論の機会を要求する場合にだけ検討されるべきである。

（３）報道評議会は、例外的な状況下で、前述した方法以外の申請書を審理したり、正規の方法ではないやり方で審理できる。

報道評議会は、申請書を審理のため取り上げるべきかどうかを自ら決定できる。また、審理の対象とした事例を、それがすでに進行中であっても停止できる。調査を行うことは、一般的に言って、報道評議会の義務の一部であるとは考えられない。

(4)報道評議会は、審理を求めて提出された問題に関する意見を報告し、一般市民に知らせなければならない。

(5)報道評議会は議長、第一・第二・第三副議長と、一〇人の一般メンバーから構成され、二つのグループに分けられる。それぞれのグループは、議長または副議長と五人の一般メンバーから成る。二つのグループのメンバーの配置は、六ヵ月に一回くじ引きで決定される。一般メンバー五人には、それぞれのメンバーにふさわしい代理人が計五人用意される。各代理人は、そのメンバーがそのグループに出席できない場合に、代理として活動する。

(6)全国パブリシストクラブ、スウェーデン記者組合、スウェーデン新聞発行者協会は、それぞれ二人ずつの報道評議会メンバーとそれぞれについての代理人一人を任命する。国会オンブズマンとスウェーデン弁護士会会長は共同で、スウェーデンの社会状況に広範囲な経験をもつ尊敬すべき市民であるメンバー四人と代理人二人を任命する。これらのメンバーは、どの新聞社や報道機関にも一切関係のない地位にある人でなければならない。在任期間は二年とする。現行の報道評議会の任期は(九三年)七月一日に始まる。メンバーの任命は、在任期間が始まる少なくとも二ヵ月前に行わなければならない。メンバーと代理人は通算六年以上務めることはできない。

議長と副議長は、正規の法廷裁判官としての勤務経験のある法律専門家でなければならない。在職期間は二年間で、共同報道協力委員会によって任命される。新たに選出が行われるとき、議長と副議長は相談を受けるべきである。議長と副議長は、通算在任期間八年以上務めることはできない。メンバーを任命する三つの組織のそれぞれは、必要があれば臨時の交替要員を任命できる。在任中の議長は、その他のメンバーと同等の力をもつ。

(7)報道評議会は書記一人を任命する。書記の任務は、審理される事例の下準備をしたり、議事録を取ったり、その他要求されるどのような処理にも対処できるように、議長の指示に従って行動することである。

(8)報道評議会は、議長か議長の交替要員のほかに、(6)に示された新聞三団体のそれぞれにより任命されたメンバー一人ずつか代理人、そして(6)に記された方法で任命された市民代表のメンバー二人か代理人が出席していれば、裁決できる。このような裁定は満場一致が当然と考えられる。

(9)報道評議会によって審理される事例にかかわりのある新聞社を代表したり、その新聞社に雇われた人は、このような審理に参加してはならない。

(10)報道評議会の各メンバーは、事例を裁決する際、一票ずつ投票権をもつ。票数が等しい場合は、議長が決定権をもつ。裁決は可能なかぎり満場一致であるべきである。意見の違いがある場合は、裁定書に但し書きを書き添えるべきである。裁決に際して意見の違いがある場合、議長は満場一致の裁定をめざし、その事例を継続審議にしてもよい。各メンバーによる投票の内容は、メンバー以外に明らかにしてはならない。代理人は、審議には参加する資格がある。しかし、正規のメンバーの代理として活動している場合を除き、裁決の投票には参加できない。根本的で重要な事例は、それが適当と思われる場合、メンバー、代理人の全員による裁決に付託できる。

⑾報道評議会によって叱責された新聞は、以下のような額の手数料を支払わなければならない。

平日の発行部数	クローネ
一万部まで	七六〇〇
一万部以上	二万七〇〇

請求される手数料は毎年、調整される。前年におけるPO・報道評議会の活動にかかわる総費用の上昇率に従って増額される。

⑿手数料は、報道評議会とPOの費用を賄うために使用される。手数料はスウェーデン新聞発行者協会へ支払う。

⒀報道評議会によって叱責された新聞社は、裁定書の全文を即刻、その新聞の目立つ場所に掲載しなければならない。新聞社はそのように裁定書を掲載したということを、特別な意見なしに報道評議会に報告しなければならない。

⒁報道評議会は毎年、活動報告書を（６）に記された新聞三団体、国会オンブズマンとスウェーデン弁護士会会長へ提出する。議長は、POに対し報道評議会の活動内容を定期的に連絡する。

⒂報道評議会の活動内容や構成に関する根本的な変更に関する問題は、報道評議会自身または共同報道協力委員会によって提案される。共同報道協力委員会は、国会オンブズマンとスウェーデン弁護士会会長との協議後、変更を決定する。

＊（3）に関する注解

（３）に定められたように、ある事例を審理の事例として取り上げるかどうかを決定するのは報道評議会である。さらに、報道評議会は、たとえその審理がすでに始まっていても、その事例の審理を打ち切ることができる。しかし、報道自由法にもとづく通常の裁判での訴訟手続きが行われようとしていたり、すでに行われている事例については、報道倫理の観点から同じ事例を審理することが本当に必要かどうか、報道評議会は厳密に検討すべきである。ここで、ジャーナリストに求められる報道倫理は、どんな場合においても、報道の自由を侵害してはならないということを忘れてはならない。

資料４　プレスオンブズマンへの指示（九三年七月改正）

⑴POの任務は、新聞や定期刊行物に報道されることによって不当な扱いを受けたり傷つけられたと感じた個人に対する、助言や援助の提供である。POは、PO自身が自発的に、または苦情を申し立てる人の申請書にもとづき、その事例がジャーナリストのための報道倫理綱領から逸脱しているかどうかを調査する。POは、必要と思われる場合は、報道評議会の決定に委ねるため事例を送付する。POはまた、報道倫理の高い水準を堅持するための世論づくりに努力する。

⑵POに対する補佐的業務は、主として副プレスオンブズマン（副PO）が行う。POがその職務を遂行できない場合、副

ＰＯが代わりに遂行する。また、副ＰＯはＰＯが決定したとき、ＰＯの代理として特定の事例や一連の事例を処理する。副ＰＯは、ＰＯによって出されたり堅持されるどんな指示や根本方針も引っくり返したり変えたりするような決定や行動をとることはできない。

（3）ＰＯは係争の初期段階で、仲裁や助言的な尽力の申し出によって、不利な報道により被害を被ったと主張する個人と新聞社の間の係争を迅速に解決するよう努める。ＰＯは、それが妥当と思われる場合は、申請者に問題とされた新聞社に直接アプローチすることによって、遅滞なく、申請者の救済や、申請者側が報道内容に返答するための十分な紙面を獲得できるよう努める。

（4）ＰＯは、その事例を報道評議会に送付するべきかどうかを決定する場合、次のような必要条件を満たしているかどうかを第一に考慮しなければならない。

a. 申請書には合理的な根拠がなければならない。

b. 報道評議会による事例の審理は、問題の記事が引き起こしたとされることが、報道倫理の基本原理と記事による被害の両面からみて意味のあるものでなければならない。

c. 申請は比較的最近の関心ある記事に関連したものでなければならない。

その申請が前記の必要条件を満たしていないとＰＯが判断した場合は、その事例を却下しなければならない。その際、損害を与えた新聞が訂正記事を出したかどうか、その苦情申し立てに対する返答の機会を与えたかどうかを考慮すべきである。ＰＯへの申請は、正当な理由がなければ、申請を受理した日より三ヵ月前以内に掲載された記事に関連したものでなければならない。ＰＯは、ＰＯ事務所の活動に関して定期的に報道評議会の議長に連絡する。

（5）報道被害を受けた本人以外による申請やＰＯ自身が取り上げた事例を報道評議会に送付する場合、ＰＯは損害を受けた側の本人から文書による同意を得なければならない。

（6）ＰＯへ提出されたものの却下された申請書は、審理されるべき問題が直接申請者本人に関連している場合、却下決定が出された日から一ヵ月以内に、申請者自身によって報道評議会へ提出できる。申請者が問題の記事や報道により直接影響を受けていない場合は、提出できない。

（7）苦情を申し立てられた新聞は、ＰＯにより要求された場合、その人に被害を与えたとされる記事が掲載された新聞の十分な数のコピーを用意しなければならない。

（8）（1）～（6）に規定された職務に加え、ＰＯは記者の職業倫理に関して、一般市民にできるかぎり情報を提供しなければならない。この種の情報や助言は無料とする。ＰＯは、記者や定期刊行物の発行者の職業上の倫理にかかわる問題についての一般的な情報の普及にできるかぎり寄与しなければならない。これには、専門的なものと一般向けの両方の定期刊行物に寄稿したり、討論や講演を行うことが含まれる。また、依頼されれば記者の訓練コースへの協力も含まれるべきである。

（9）ＰＯの職務を引き受けるべく任命された者は、報道倫理とそれに関連した分野について完全な理解をもつべきである。ジャーナリストとしての経験もまた考慮に入れられるべきである。POは、国会オンブズマン、スウェーデン弁護士会会長、共同新聞協力委員会委員長によって構成される委員会により任命され、プレスオンブズマン財団により雇用される。この財団は、全国パブリシストクラブ、スウェーデン記者組合とスウェーデン新聞発行者協会により運営、資金調達される。

　POの雇用と給与の条件は、POと財団の問で結ばれる特別の契約によって決定される。在任期間は三年とする。在任期間満了の一年以上前に財団によって、または在任期間満了の半年以上前にPOによって予告がなければ、自動的にさらに三年間契約が更新される。最初の在任期間に適用された予告の期間は、次の新しい在任期間にも適用される。副POは、PO財団理事会がPOと協議のうえ任命する。副POの雇用と給与の条件は、副POと財団の間で結ばれる契約によって決定される。

(10)　POは、財団へ知らせ、同意を得ることなしに、(8)に定義されたもの以外の職務を引き受けてはならない。

(11)　以上記されたPOへの指示を改正する問題は、共同新聞協力委員会により決定される。

資料5　浅野ゼミの「日本版メディア責任制度案」

1. 序文

　個人情報保護法・国民投票法の成立、「発掘!あるある大事典」捏造問題に対する放送法改正案など、近年、メディアに対する法規制の動きが速度を増している。鹿砦社社長の長期勾留、講談社単行本にかかわる精神科医の起訴、ビデオ倫理協会への強制捜査など警察・検察による報道関係者への弾圧も目立っている。

　本来政府などの権力を監視する〝watch dog(番犬)〟であるべきメディアが、逆に政府から監視・統制されようとしている危険に、人々は気付かなければならない。しかし、市民からメディア規制を懸念する声はほとんど上がらない。これは、市民のメディア離れの傾向が進んでいるためである。その不信の背景にはマスコミによる捏造、やらせ、過剰な暴力表現、人権侵害等の存在がある。どれも現代マスメディアにとって大きな課題である。

　マスコミはしばしば推定無罪を無視した犯人視報道や、狂乱的な取材手法によって罪のない市民の人権を傷つけてきた。古くは甲山事件やロス疑惑などの冤罪事件、最近では秋田の連続児童殺傷事件、香川県坂出市で起こった一家三人行方不明事件や富山の強かん冤罪事件、鹿児島の志布志事件報道が記憶に新しいが、このような人権侵害が繰り返されるのはマスコミ自身が犯罪報道の持つ犯罪性を省みてこなかった証拠である。マスコミはまずこのような状況を直視し、事態を受け入れなければならない。

　二〇〇九年五月二一日にスタートが決まった裁判員制度に向けた準備が、法曹界を挙げて刻一刻と進んでいる。市民の不信感を拭うために、この制度がメディアにとって明暗を分ける重要な契機になることをメディア関係者は真剣に受け止めなければならない。残された時間の猶予は少ない。裁判員制度の混乱の中で、メディアの法規制が容易に成立してしまう可能性はきわめて高い。裁判員制度の開始より前に、あらゆる事態を予測した対策が不可欠である。この点をメディア関係者は深く憂慮すべきである。メディアの危機はすぐそこまで迫ってきている。

　メディア規制の主な法案として個人情報保護法、人権擁護法案、青少年有害環境基本法案の三法が挙げられる。私たち四回生浅野健一ゼミは、これらの内容を学んだ上で、市民のメディア離れを引き起こしたと考えられる、マスメディアの問題を掘り起こしてみた。ゼミ員で、関西テレビ捏造問題、メディアによる人権侵害問題、テレビにおけるやらせ問題、過度な性・暴力表現と犯罪への影響問題等について検証してきた。こういった問題には、様々な社会問題も絡んでおり、一概にメディアの問題とは言えない見方もできる。しかし、マスメディアは自身の社会にもたらす影響力を自覚し、動向に細心の注意を払わなければならないことは歴史が証明している。

その上で私たちは、日本のマスメディアが辿るべき道を、スウェーデン、英国、米国、韓国など、海外メディアの動向も学びながら考えてきた。海外メディアについて学ぶ中で、報道界で統一した報道倫理綱領の制定、報道評議会・プレスオンブズマンといったメディアの自主規制を担保するメディア責任制度の有効性を確信した。これらの広告努力、訴える際の簡便性、判断基準となる倫理綱領・行動綱領の明確さには目を見張るものがあった。

日本には、放送界には放送倫理・番組向上機構（ＢＰＯ）が存在し、直近では光市事件裁判を報ずるテレビに対する意見の発表など多くの活動を行ってきた。しかし、新聞・雑誌業界にはまだ業界横断的な自主規制機関が存在せず、ルール作りも各社対応にとどまっている。さらに、日本の新聞倫理綱領や、ＢＰＯの各種規定の曖昧さやその未熟さは、上に挙げた海外の倫理綱領や行動綱領と比較すると歴然としている。これでは海外の評議会では審理対象には成り得ないような苦情が多数寄せられることが予想され、利用する市民の側にも戸惑いが生じる。これらの点から察するに、日本の現行制度は市民の立場に立ったものでは決してなく、対外的な体裁を取り繕うためのその場しのぎの制度でしかない。

そんな中、私たちは新聞労連・現代ジャーナリズム研究会が編集した、『新聞報道［検証］ＳＥＲＩＥＳ新聞人の良心宣言』を読み、日本の新聞労連が非常に綿密なルール作りを試みた事実を知った。この素晴らしい宣言が、新聞倫理綱領に盛り込まれなかったことに疑問を持った。そして、私たちは学生なりに「新聞人の良心宣言」を土台に、海外の綱領（スウェーデン、英国、韓国、米国）を参考にし、新・新聞倫理綱領を提案することにした。

同時にこの倫理綱領を判断基準として市民の苦情を受け付ける、活字メディアを対象とする報道評議会の設立も提案する。報道評議会の運営方法、メンバー選出の基準などについても見解を示し、労働組合、報道被害者の参加などが重要であると言及した。新設される報道評議会とＢＰＯとが協力して人権と報道について対応してほしい。

海外のメディアについて研究する中で、英国の報道苦情委員会（ＰＣＣ）の歴史に注目すべき点があった。英国でも、一九八〇年代末から大衆紙を中心とした相次ぐプライバシー侵害によって、政府による法規制の危機が訪れたことがあった。それまでの報道評議会の機能では不十分であった、ということが政府により警告されたのである。八九年に結成された、デイビッド・カルカット氏を中心とした委員会により、九〇年に自主規制の為の新機構の設立を推奨する報告書が出された。かつての英国報道評議会の問題の一つは、倫理綱領を設定していないことでもあった。その警告、報告書に対し、一八ヶ月の猶予を与えられた英国報道機関は、迅速に対応し、数ヶ月のうちに報道倫理綱領に策定し、翌年ＰＣＣを発足させたのである。

これは日本の現在の状況とよく似ている。日本も報道機関にも時間の猶予は少ないが、「新聞人の良心宣言」という土台があるのならば、この短い時間にメディア責任制度を作り上げることは可能である。法介入の影がしのびよってきた今だからこそ、マスメディア界の大胆な決断に期待したい。現在の状況を変えずに、日本のメディアが発展していくことは、このままでは難しい。裁判員制度への適応に失敗すれば、法規制によって権力監視の調査報道が衰退していく道を辿ることになる。

メディアが主張する表現の自由は、権力に立ち向かう手段として大きな武器となる。ただその力をいたずらに振りかざし、人々を傷つけるようなことをしては市民の信頼は離れていくばかりだ。今一度、報道機関に携わる方々にはこれから成すべきことについて思いを巡らせていただきたい。二〇〇九年五月の裁判員制度の導入が、メディア界の今後を左右する大きな転機になる。

以上、私たち浅野ゼミ一四期生が今回の共同研究、提案をすることに当たっての決意表明である。拙い学生の一意見ではあるが、是非、心に留めていただきたく願う。今後私たちのゼミでは、今回の提案を仮定とし、その立証を目指して更なる研究を進めていく。

2．日本版メディア責任制度・浅野ゼミ案

（1）はじめに

二〇〇九年五月二一日に裁判員制度実施を控え、報道のあり方が問われている今、権力による法介入を阻止するためにも報道評議会や業界横断的な倫理綱領の策定が急務となっている。今回、私たち浅野ゼミは一連のメディア責任制度がどのように設立・策定され、運営されるべきか実際に検証を試みた。今回の案が少しでも活字メディア界がその重い腰を上げるきっかけになればと考えている。

（2）日本報道評議会（浅野ゼミ案）

①報道評議会とは

新聞協会・雑誌協会に所属する活字メディアをその対象とする。インターネットニュースサイトもその限りではない。評議会では市民から申し立てのあった事案について、倫理綱領違反が認められる場合に審議を行い、議決結果を公表する。これによって活字メディアによって引き起こされた報道被害の救済、またメディアによる「犯罪」の再発防止のための抑止力となり、自浄能力を高めることで真の「表現の自由」を実現することを目指す。

②申し立て方法について

新聞・雑誌の報道倫理綱領に明確に違反した報道によって、人権を侵害された市民本人、もしくは本人より委任された代理人のみ評議会に申し立てを行うことができるものとする。

③基準となる報道倫理綱領

評議会が評決を下す際、その基準となる倫理綱領が必要となる。しかし、現在新聞協会が発表している報道倫理綱領は具体性を欠いている。そのため、浅野ゼミでは一九九七年に新聞労連が発表した「新聞人の良心宣言」を基本に、スウェーデン、イギリス、韓国の倫理綱領を参考にしながら新たな倫理綱領の策定を試みた。新聞労連の良心宣言と浅野ゼミ案の大きな違いは、匿名報道を原則とした点である。また、姓名などの報道について、記者と新聞社に、より重い責任を課した。実際の評議では、市民からの申し立てが本倫理綱領に違反しているかを中心に議論を進める。なお、浅野ゼミ版報道倫理綱領の詳細については「3、「新聞人の良心宣言」（浅野ゼミ

案)」の項で記す。

④財源について

運営に関する費用は日本新聞協会、雑誌協会が負担する。また、評決結果に関わらず、申し立てを受け評議の対象となり、倫理綱領に違反したと判断された新聞・雑誌社はその発行部数に応じて評議会に事務手数料を支払う（手数料はあくまで罰則としての意味合いが強く、予算の一部として期待されない）。また、申し立てを行った市民からは料金を一切徴収しない。

海外の評議会に目を向けるとメディア業界が財源を負担している国が大半であり、メディア責任制度自体がマスメディアが自発的に設置するべきものである以上、運営にかかる費用のすべてを業界が負担するのが最も妥当だと考える。

⑤評議会の構成

評議会の構成は議長を1人、メディア関係者を6人、ノンメディアから報道被害者を含む有識者を6人、計13人とする。任期は3年とし、ノンメディアに関しては再任することも可能。浅野ゼミが推薦する評議員候補は以下の通り。なお、下に挙げる各評議員候補の推薦理由は、別途資料（※資料①）として添付する。

議長：奥平康弘氏（東京大学名誉教授）

メディア側：新聞協会、新聞労連、雑誌協会、出版労連、から6名選出する

ノンメディア側：河野義行氏（松本サリン事件の報道被害者）
山田悦子氏（甲山事件の報道被害者）
野田正彰氏（関西学院大学教授、精神科医）
広河隆一氏（DAYS　JAPAN編集長）
角田由紀子氏（弁護士、性犯罪を中心に活動）
浅野健一氏（同志社大学教授）
北村肇氏（週刊金曜日編集長）
雨宮処凛氏（作家、週刊金曜日書評委員）
服部孝章氏（放送倫理検証委員会委員、立教大学教授）
野中章弘氏（アジアプレス・インターナショナル代表）など
※日弁連から必ず一人を選出する。

とくに、私たちはメディア側のメンバーに、新聞労連、出版労連の代表が入ることは非常に重要であると捉えている。報道被害を発生させるような狂乱的な取材、センセーショナリズムに偏った人権蹂躙報道を、良心を持つ記者たちが拒絶することができないのは、業界通念的な無言の圧力が存在しているからである。拒絶することで自らの会社での立場が悪くなったり、左遷、解雇になることを恐れるあまり現状の慣習に従わざるを得ない。それを苦にして記者の職を辞するケースも少なくないことは想像に難くない。高い志をもった記者が苦しみ、妥協し、書くことから遠ざかっていってしまうことは、社会的に大きな損害である。そのため、人権に配慮し、真実を追究しようとしている記者たちが不当な扱いを受けた際に、彼らを救済する役割も、評議会が持つべきであり、その為にも評議会で、労働組合が、各協会と同等の力を持つことはなによりも先に優先されるべきである。

また、上に挙げた以外にも、放送倫理検証委員会、放送と人権等権利に関する委員会、放送と青少年に関する委員会、関西テレビ再生委員会、関西テレビ「発掘！あるある大事典」調査委員会、「僕

はパパを殺すことに決めた」調査委員会、報道被害ネット東海など、メディアの倫理に関わって活動してきた団体のメンバーの中から、活動頻度の高い人物を選出する、という案も有効だと考える。それぞれのメンバーについては、参考資料（※資料②）として添付する。

⑥評議員を選ぶ母体とその選考基準

新聞協会、新聞労連、雑誌協会、出版労連、日弁連、日本マス・コミュニケーション学会から理事会を組織し、評議員を選出する。なお、外部からの信任、不信任を受け付ける審議委員会を別に設け、不当な、もしくは偏向した評議員選出に対して、申し立てを行う市民ら外部からの意見を受け付けるべきである。また、理事会では予算の承認等も行う。こういった機関の役割は、イギリスのPCCを参考にした。

⑦BPOとの協力について

市民の立場から考えれば、申し立てを受け付ける機関を一元化するのが最も理想的な形態だと思われる。しかし、放送と活字メディアの間にはそもそも体質的な違いがあり、早期の実現は困難であることが予想される。共同でオンブズマン制度を導入し、受付および予備審査を行う窓口だけでも一本化することができれば、市民にとって利用しやすく、制度としてうまく機能すると考えられる。

3．新聞人の良心宣言

一九九一年に新聞労連が策定した「新聞人の良心宣言」をもとに、学生主導で協議を行い改訂を試みた。改訂版を以下に記載するが、これをもって浅野ゼミ提案・日本版メディア責任制度下における記者の行動綱領としたい。

原典については参考文献を参照のこと。

「新聞人の良心宣言」（二〇〇八年六月七日浅野ゼミ改訂版）

はじめに

ジャーナリズムがかつてない危機に直面している。マルチメディア時代をにらんで大資本によるメディア関連産業への参入が進む中で、古い歴史を持ち、権力の監視や自由で公正な社会の実現に向けて最も大きな役割を果たしてきた新聞の現状を、新聞に携わる私たち新聞人は憂うべき状況と認識している。紙面の内容、記者のモラルなどがたびたび批判され、市民の信頼を損ない、読者離れを引き起こしているからだ。権力監視を怠り、戦争という悲劇を招いたかつての苦い経験を踏まえ、改善の努力はしてきたものの、それは十分ではなかった。

私たちは、市民の信頼や支持を失った新聞が大資本の介入を招きやすいことを知っており、それをなによりも懸念している。新聞が本来の役割を果たし、再び市民の信頼を回復するためには、新聞が常に市民の側に立ち、間違ったと反省し、自浄できる能力を具えなくてはならない。このため、私たちは、自らの行動指針となる倫理綱領を作成した。他及び自己を監視し批判することが職業の新聞人の倫理は、社会の最高水準でなければならない。私たちはこの倫理綱領を「新聞人の良心」としてここに宣言し、これを守るためにあらゆる努力をすることを誓う。

［基本姿勢］新聞人は良心にもとづき、真実を報道する。憲法で保障された言論・報道の自由は市民の知る権利に応えるためにあり、その目的は平和と民主主義の確立、公正な社会の実現、人権の擁護、地球環境の保全など人類共通の課題の達成に寄与することにある。

①市民生活に必要な情報を積極的に提供する。

②社会的弱者・少数者の意見を尊重、市民に対して常に開かれた姿勢を堅持する。
③十分な裏付けのない情報を真実であるかのように報道しない。
④言論・報道の自由を守るためにあらゆる努力をするとともに、多様な価値観を尊重し、記事の相互批判を行う。

（1）［権力・圧力からの独立］新聞人は政府や自治体などの公的機関、大資本などの権力を監視し、またその圧力から独立し、いかなる干渉も拒否する。権力との癒着と疑われるような行為はしない。
①公的機関や大資本からの利益供与や接待を受けない。
②公的機関の審議会、調査会などの諮問機関に参加しない。
③情報源の秘匿を約束した場合はその義務を負う。
④取材活動によって収集した情報を、権力のために提供しない。
⑤政治家など公人の「オフレコ発言」は、Public Interest（以下、市民の権益とする）が損なわれると判断される場合は認めない。

（2）［市民への責任］新聞人は市民に対して誠実でなくてはならない。記事の最終責任はこれを掲載・配信した社にあるが、記者にも重い道義的責任がある。
①記事は原則として署名記事にする。署名を入れない場合は、後でその理由を市民に説明できなければならない。
②市民の権益に反し、特定の団体や党派のために世論を誘導する報道はしない。
③情報源は取材先との秘匿の約束がない限り、記事の中で明示する。
④記事への批判や反論には常に謙虚に耳を傾け、根拠のある反論は紙面に掲載する。
⑤誤報は迅速に訂正し、訂正記事は掲載時の記事と同等以上の扱いにする。
⑥誤報により人権侵害が起きた場合は、一面で被害者に謝罪し、誤報に至った検証記事を掲載、再発防止策を明らかにする。

（3）［批判精神］新聞人は健全で旺盛な批判精神を持ち続ける。
①批判はあらゆる事象に向け、皇室も例外とはしない。
②批判の目的は市民の権益を守ることにあり、市民の権益を損なうような誹謗と中傷には陥らない。

（4）［公正な取材］新聞人は公正な取材を行う。
①記者は取材活動において、いかなる詐称もしてはならない。また、そのような詐欺的方法を用いた取材行為を行ってはならない。
②他人の著作物や記事を盗用したり、趣旨を変えて引用してはならない。

（5）［公私のけじめ］新聞人は会社や個人の利益を真実の報道に優先させない。また、取材過程で得た情報を本人、親類または、その他の知人の利益のために使用したり、他の個人や機関に渡してはならない。
①会社に不利益なことでも、市民に知らせるべき真実は報道する。自社に対しても躊躇することなく取材・調査を実施し、市民の権益に奉仕する。

②取材先から金品などの利益供与は受けない。
③例え法律で禁じられていない場合であっても、ジャーナリストは自ら入手した金融情報を一般公表の前に自分の利益のために利用してはならず、また他人に伝えてはならない。
④職業としての特性上、在職中は有価証券の売買を行ってはならない。

（6）［犯罪報道］新聞人は被害者・被疑者の人権に配慮し、捜査当局の情報に過度に依拠しない。また、市民に予断を与えるような報道を控える。被害者・被疑者の姓名については原則匿名とし、明白な市民の権益（14［市民の権益］の項を参照）があると判断されるときに限り、顕名とする。匿名、顕名の判断においては記者が己の良識と責任を持って判断を行い、なによりも報道の結果として市民が不当な被害を受けないように努める。

なお、犯罪報道を行う意義については「司法、警察当局等の権力を監視することで、冤罪の発生を未然に防ぐこと」と定義する。また、犯罪事実が確定した段階で、その犯罪がなぜ起きたのかの社会的背景を探り、加害者の社会復帰を助け、社会全体で類似犯罪の再発防止の方途を明らかにすることも重要である。新聞人は、被害者及びその関係者の人権を最大限に尊重すると同時に、無罪推定を基本として被告人の人権を重視し、報道機関自身が冤罪の発生を防止する役割を担うということを常に心に留め置かなければならない。
①横並び意識を排し、センセーショナリズムに陥らない報道する。
②被疑者に関する報道は「推定無罪の原則」を踏まえ、一般市民の犯罪に関しては匿名報道を徹底し、姓名を公表しない。被疑者の声にも耳を傾ける。
③被害者・被疑者の家族や周辺の人物には節度を持って取材し、その身元及び身元が特定につながるような情報の公開は行ってはならない。
④被害者の顔写真、被疑者の連行写真・顔写真は当事者の了解なしに掲載しない。
⑤姓名、写真を報道する全責任は、それを報道したものにあると紙面上に明記する。

（7）［プライバシー・表現］新聞人は取材される側の権利・プライバシーを尊重し、公人の場合は市民の知る権利を優先させる。
①人格、暴力、性的事象に関しては、適切な表現に努める。
②報道テーマに直接関係のない属性（国籍、人種、性別、年齢、皮膚の色、思想信条、政治傾向、宗教、性・性的志向、疾患、職業、地位、前科、生い立ちなど）の記述によって、差別や偏見を招いたり侮辱を与えたりしないよう配慮する。
③私人の肖像権を尊重し、当人の同意なしに写真を撮影、掲載しない。
④個人の私生活に対する同意なしの進入及び調査は、私的な場所にいる人びとの同意なしに望遠レンズを使って撮影することを含め、一般的に許されない。その公表が正当化されるのは市民の権益が存する場合だけである。

注：私的な場所とは、庭や付属の建物も含む私的な住居であって、隣接の公園や広場は含まない。さらにホテルの

寝室（ホテルの他の場所は含まない）並びに病院や療養施設農地で患者が治療を受け、休む場所と定義される。

⑤事件・事故、自殺などについては、個人のプライバシーを尊重し、遺族や関係者への配慮を欠かさず、慎重に取材・報道する。個人的な悲しみまたは精神的打撃を伴っている事件においては、思いやりと分別をもって取材し、接しなければならない。

⑥性的暴力の被害者、証人、または被告の身元及び身元の特定につながるような資料を公表してはならない。

(8)［情報公開］新聞人は、市民の知る権利に応えるため、公的機関の情報公開に向けてあらゆる努力をする。

(9)［記者クラブ］新聞人は日本固有の制度である閉鎖的な記者クラブの改革を進める。

①記者クラブには原則としてあらゆるメディア・ジャーナリストが加盟できる。

②記者クラブに提供された情報は、取材者だれもが利用できる。クラブ員は記者室への市民の出入りの自由を守る。

③記者クラブは、取材・放送に関して談合しない。人命にかかわる場合などを除き、報道協定を結ばない。

④権力側のいわゆる情報の「しばり」は、市民の知る権利に照らし合わせて、合理的で妥当なもの以外は受け容れない。

⑤報道機関の目的、役割を逸脱するサービスを受けない。

(10)［報道と営業の分離］新聞人は営業活動上の利害が報道の制約にならないよう、報道と営業を分離する。

①記者は営業活動を強いられることなく、取材・報道に専念する。

②記事と広告は読者に分かるように明確に区別する。

③市民の権益を著しく損なうと推定される広告の掲載を求められた場合、これを拒否する。

(11)［記事にするための金銭の支払い］

①審理中の刑事訴訟における証人または証人になる可能性のある者、もしくは犯罪者またはその関係者に対して、話の内容、写真または情報を得るために金銭の支払いをまたはそのような申し出を行ってはならない。ただし、市民の権益のために当該の資料を公表しなければならず、そのために金銭の支払いが必要である場合はその限りではない。

②金銭の支払いは、直接的にも代理人を通じても行ってはならない。

(12)［子どもへの取材］新聞人は、次代を担う子どもたちの人権に配慮し、報道によってその将来が損なわれることのないよう努める。

①一四歳以下の子どもの個人的福祉に関わる問題について、通常の場合その親または養育責任者の同席または同意なしにその子どもへの取材または写真撮影を行わない。

②学校当局の許可を得ずに、在校中の子どもに対して取材目的で接近したり、写真撮影を行ってはならない。

(13)［記者の権利］新聞人はその活動において、自らの信条や良心に反する取材・報道の指示を受けた場合、これを拒否する権利を有する。また、その結果として不当な扱いを受けない。

※万一、不当な扱いを受けた場合に備え、新聞労連が中心となって記者の救済機関の設置を目指す。

(14)［市民の権益］本綱領における「市民の権益」を次のように定義する。

①犯罪または重大な非行を発見し、あるいは、明らかにすること。

②市民の安全を守ること（被疑者が逃走中で放火、殺人など凶悪な累犯が明白に予想される場合、または指名手配中の犯人捜査に協力する場合等）。

③個人または組織の言動によって公衆が欺かれるのを防止すること。

④市民の権益に最も甚大な被害を与えるのは国家間の戦争、及びファシズムの勃興である。過去の歴史を踏まえ、これらの事態に対してはいかなる手段を講じてでも抵抗すること。

参考文献

新聞労連・現代ジャーナリズム研究会編（一九九七）『新聞人の良心宣言』新聞労連

浅野健一（二〇〇四）『新版　犯罪報道の犯罪』新風舎文庫

浅野健一編（一九九八）『英雄から爆弾犯にされて』三一書房

スウェーデン報道倫理綱領（一九九四年改訂）

資料①　各評議員の推薦理由

奥平康弘氏　東京大学法学部卒、ペンシルバニア大学ロースクール修了、比較法学修士。現在、東京大学名誉教授。『表現の自由とは何か』（中公新書）、『知る権利』（岩波書店）など著書多数。九条の会の呼びかけ人の一人。表現の自由を専攻分野とし、日本ビデオ倫理協会評議員を務めるなど、日本におけるこの分野の第一人者。憲法を中心に、幅広い法学知識で評議会決議に合理性を与えることが期待され、本評議会議長には最もふさわしい人物の一人と考えられる。

河野義行氏　二〇〇二年から二〇〇五年まで長野県公安委員。犯罪被害者支援のNPOリカバリー・サポートセンター理事、第二東京弁護士会市民会議委員。著書に『「疑惑」は晴れようとも』（文春文庫）。『妻よ！』（潮出版社）、『松本サリン事件』（近代文芸社）、『松本サリン事件報道の罪と罰』（浅野健一共著、新風社文庫）などがある。一九九四年六月に「松本サリン事件」に遭遇し、マスコミから大々的に容疑者扱いされた。結果的に無実が証明され、マスコミ各社は謝罪。河野義行さんは、報道被害に実際にあった自身の経験から、多くの講演を行ったり著書を残したりしており、マスコミの問題点を指摘できると感じ、今回推薦した。

山田悦子氏　一九七四年発生した甲山事件の冤罪被害者。一九九九年に三度目の無罪が確定するまで、二五年間にわたって捜査当局によって被疑者・被告人とされ、マスコミの犯人視報道によって甚大な報道被害を受けた。自身の経験から市民が法を理解することの重要性を主張し、また同時に日本答責会議の立ち上げに関わるなど戦後保障問題についても造詣が深い。報道評議会運営にあたり、実際にメディアの脅威にさらされた経験を持つ有識者の参加は欠かすことができない。人権救済の申し立てに対して一定の説得力のある発言が期待されるほかにも、報道被害者の参加によって評議会の場自体がメディア関係者が過去に犯した自らの罪と正面から向き合う機会になると考えられる。

野田正彰氏　精神科医。ノンフィクション作家。関西学院大学教授で、専攻は比較文化医学、文化人類学。主著に『狂気の起源を求めて』（中公新書）、『戦争と罪責』（岩波書店）、『犯罪と精神医療』（岩波現代文庫）、『子どもが見ている背中』（岩波書店）精神医学の観点から、ＪＲ尼崎線脱線事故、長崎県佐世保の事件、教育基本法などの諸問題において、マスメディアや社会の姿勢を批判し、それらが在るべき姿を追求する活動をしているところが、委員になる上で活かされると思う。

広河隆一氏　レバノン戦争とパレスチナ人キャンプの虐殺事件を記録し、一九八二年に「よみうり写真大賞」受賞。また四〇年間に渡って記録し続けた数万の写真、映像から生まれた長編ドキュメンタリー「ＮＡＫＢＡ」を制作。フォトジャーナリズム誌「ＤＡＹＳ ＪＡＰＡＮ」編集長。マスメディアが伝えるべきことを伝えていない、とくに被害者の側に立つ報道をしていないと考え、「ＤＡＹＳ ＪＡＰＡＮ」を刊行。本誌は戦争誘導型報道に警鐘を鳴らし、権力監視というジャーナリズム本来の役割を担うことや、「差別、抑圧、飢餓、男性の女性に対する暴力」などに取り組むことをテーマにした雑誌である。我がゼミが目指す報道像と一致する点が多いので、推薦する。

角田由紀子氏　東京大学文学部卒、弁護士（静岡県弁護士会）、明治大学法科大学院専任教員スタッフ。専門は、法とジェンダーの関わり。性暴力被害者の権利擁護活動から出発し、弁護士としての実践活動を行った。主な著作・論文に、『性の法律学』、『性差別と暴力』（いずれも有斐閣）がある。メディアの世界は依然として男性社会である。そのため性犯罪等は、偏見や誤解にあいやすく、法律の観点から理論的に展開でき批判できる人が必要である。角田さんは法とジェンダーの理論を構築した第一人者とも言える人物であり、知識・経験共にジェンダーの視点をメディアに生かせることのできる人である。

浅野健一氏　七二年、慶応義塾大学経済学部卒業・同大学新聞研究所修了後、共同通信社入社。八九年から九二年までジャカルタ支局長。帰国後、外信部デスク。七七～七八年、共同通信労組関東支部委員長。九四年三月末、共同通信退社。現在は同志社大学社会学部メディア学科教授。一九八四年、『犯罪報道の犯罪』にてメディア責任制度の必要性を訴えて以来、現在に至るまで日本での報道評議会設立に向け活動をしている。共同通信の記者時代から既存のメディアに疑問を呈しており、匿名報道など人権に配慮した報道のあり方を提唱し続けている。

北村肇氏　毎日新聞の記者時代に新聞労連の委員長となり、報道評議会の提言を行った。その後「サンデー毎日」の編集長を経て、現在は「週刊金曜日」の編集長として活躍している。著書には、『新聞記者をやめたくなったときの本』などがある。経歴からわかるように、新聞、雑誌の活字業界において実際に働いたことのある人物であり、内部の事情にも詳しい。そして何より、新聞労連が『新聞人の良心宣言』を策定したときの委員長であることが最大の要因である。彼は、なぜ良心宣言のような倫理綱領が必要なのかを、深く理解し、それを言葉にできる数少ない人物である。

雨宮処凛氏　二〇〇〇年、自伝『生き地獄天国』（太田出版）で作家デビュー。朝鮮民主主義人民共和国、イラクへの渡航を繰り返し、『自殺のコスト』（太田出版）、『暴力恋愛』（講談社）など多数のエッセイ、小説を出版。現在は生活も職も心も不安定さに晒される人々（プレカリアート）の問題に取り組み、取材、執筆、運動中。非正規雇用、フリーター問題に携わる団体に多く所属し、新自由主義の弱肉強食の社会で苦しむ人々の声となる。〇六年七月より「週刊金曜日」で編集委員をつとめる。自らの幼少期からのイジメ、十代のリストカット、右翼団体所属、ヴィジュアル系バンドボーカリスト、フリーター生活の体験などを消化し、現代の生きづらさの原因を、フィールドワークを行い鋭く批判する視点は、問題の真髄をつく力をもつ。

服部孝章氏　上智大学法学部卒業、同大学文学研究科新聞学専攻修士課程修了、博士課程単位取得退学。立教大学社会学部教授。二〇〇一年より日本マス・コミュニケーション学会、情報通信学会の理事を務めている。デジタル化とメディア規制を主要研究テーマとしており、主な著書に『二一世紀のマスコミ第2巻放送』（大月書店）等がある。また、九七年度から〇二度まで、「日本民間放送連盟・放送番組調査会委員」を歴任。放送事業に関する法制度と行政の在り方を研究し、また人権と報道をめぐる諸問題、報道内容規制およびマスメディアの統合について歴史的事例研究も行っている。

現在の日本社会が法に期待し、規制を求めているような風潮である。メディア規制に危惧し、諸メディアでアピールしていることから推薦する。

野中章弘氏　現在アジアプレス・インターナショナルの代表を務め、立教大学大学院二一世紀社会デザイン研究科の教授でもある。ジャーナリストとしてインドシナ難民、カンボジア紛争、東ティモール独立闘争、朝鮮半島問題、アフガニスタン空爆、イラク戦争などを取材してきた。またプロデューサーとしても二〇〇本以上のテレビ番組を製作しており、第三回「放送人グランプリ特別賞」を受賞している。〇三から〇四年にかけて朝日新聞紙面審議会委員を歴任。こうしたメディア、ジャーナリズムに関する幅広い経験、実績が評議会での議論に活かされるものと期待し、野中氏を推薦する。

資料②　評議員選考に関する資料

放送倫理検証委員会

委員長　川端和治…弁護士、大宮法科大学院大学教授、元第二東京弁護士会会長

委員長代行　上滝徹也…日本大学藝術学部放送学科教授

委員長代行　小町谷育子…弁護士

委員　石井彦壽…東北大学法科大学院教授、元仙台高等裁判所部総括判事

委員　市川森一…脚本家、小説家、コメンテーター、学校法人鎮西学院理事・評議員、長崎歴史文化博物館名誉館長

委員　里中満智子…漫画家

委員　立花隆…評論家、ジャーナリスト

委員　服部孝章…立教大学社会学部メディア社会学科教授、日本マス・コミュニケーション学会理事、情報通信学会理事
委員　水島久光…東海大学文学部広報メディア学科教授
委員　吉岡忍…ノンフィクション作家

放送と人権等権利に関する委員会
委員長　竹田稔…弁護士、元東京高等裁判所総括判事
委員長代行　堀野紀…弁護士、元日本弁護士連合会副会長
委員長代行　五代利矢子…評論家
委員　右崎正博…獨協大学法科大学院教授
委員　崔洋一…映画監督、脚本家、俳優、日本映画監督協会理事長、宝塚造形芸術大学教授
委員　武田徹…ジャーナリスト、評論家
委員　中沢けい…小説家、法政大学文学部日本文学科教授
委員　三宅弘…弁護士、元第二東京弁護士会副会長、獨協大学法科大学院特任教授、自由人権協会理事
委員　山田健太…専修大学文学部人文学科助教授、自由人権協会理事

放送と青少年に関する委員会
委員長　大日向雅美…恵泉女学園大学人間社会学部人間環境学科教授
副委員長　橋元良明…東京大学大学院情報学環教授
委員　小田桐誠…ジャーナリスト、放送批評懇談会常務理事
委員　軍司貞則…ノンフィクション作家
委員　是永論…立教大学社会学部メディア社会学科教授

委員　境真理子…桃山学院大学国際教養学部教授
委員　山田由紀子…弁護士

関西テレビ再生委員会
委員長　浅田敏一
委員　井上章一　音好宏　木村圭二郎　鈴木秀美

関西テレビ「発掘！あるある大事典」調査委員会
委員長　熊崎勝彦
委員　音好宏　鈴木秀美　村木良彦　吉岡忍

「僕はパパを殺すことに決めた」調査委員会
委員長　奥平康弘…東京大学名誉教授、日本ビデオ倫理協会評議員、自由人権協会評議員、九条の会呼びかけ人
委員　浅田敏一…弁護士
委員　井上章一…国際日本文化センター教授
委員　音好宏…上智大学文学部新聞学科助教授、コロンビア大学客員研究員、日本広報教会広報アドバイザー、元日本民間放送連盟研究所勤務
委員　木村圭二郎…関西学院大学大学院司法研究科教授、弁護士、弁理士、カリフォルニア大学デービス校米国法入門講座アドバイザリー委員会委員、日本知的財産仲裁センター仲裁委員
委員　鈴木秀美…大阪大学大学院高等司法研究科教授
委員　熊崎勝彦…弁護士、吉本興業株式会社顧問、元東京地方検察庁特捜部長

委員　村木良彦…メディアプロデューサー、元テレビマンユニオン社長
委員　吉岡忍…ノンフィクション作家、放送倫理検証委員会委員
委員　清水英夫…青山学院大学名誉教授、弁護士、放送批評懇談会名誉会長
委員　升味佐江子…弁護士、自由人権協会理事
委員　山田健太…専修大学文学部人文学科助教授、自由人権協会理事、放送と人権等権利に関する委員会委員、放送批評懇談会理事

報道被害ネット東海
代表　平川宗信…中京大学教授（名古屋大学名誉教授）
事務局長　澤健二…弁護士
委員　岩崎建弥…フリージャーナリスト・元中日新聞
委員　加藤悦子…日本福祉大学教員
委員　高橋恒美…フリージャーナリスト・元読売新聞
委員　野々垣真美…会社員・メディアリテラシー倶楽部会員

あとがき

本書の校了寸前に事件報道をめぐる大きな出来事が相次いだ。裁判員制度のスタートを約一ヵ月後に控えての大ニュースだ。

一九九八年に和歌山市園部地区で起きた毒入りカレー事件で、殺人罪などに問われた林眞須美さんに対し、最高裁第三小法廷（那須弘平裁判長、田原睦夫・藤田宙靖・堀籠幸男・近藤崇晴各裁判官）は〇九年四月二一日、上告を棄却する判決を言い渡した。死刑とした一、二審判決が確定する。判決は裁判官全員一致の意見だった。

小法廷の五人の裁判官のうち、裁判官出身は二人だけで、残る三人は弁護士、学者出身である。下級審で職業裁判官の経験のない最高裁判事三人を含め、全員が「死刑」に賛成した。

私は傍聴券を求めて同日午後一時過ぎに最高裁南門前に行った。一九六人の「市民」が最高裁の敷地の外の路上に並んだが、傍聴券は三六枚しかない。傍聴券を求めて列をなした人たちの大半がメディアの社員とアルバイトだ。最高裁記者クラブに加盟する新聞・通信社と放送局には、「新聞記者席」が与えられているのに、速報要員やイラストレーターのために並んでいる。「メディア関係者がここに並ぶのは、市民の傍聴権の侵害だ」と私は抗議したが、報道関係者は知らん顔だった。

林さんは約五百キロ離れた大阪拘置所に勾留されていて、出廷は認められなかった。被告人がいない法廷で、傍聴席のほとんどをメディア関係者と事件の遺族が占める中で、死刑が言い渡された。「国民参加の司法」を謳う最高裁の真の姿がここにあると思った。

第三小法廷は、自白も動機もないまま、目撃証言などの状況証拠だけで「被告が犯人であることは合理的な疑いを差し挟む余地のない程度に証明されている」と異例の言及をしたうえで、「殺害された四人は何ら落ち度がないのに楽しいはずの夏祭りの最中で突如前途を絶たれ、残忍さは論をまたない。社会に与えた衝撃は甚大で刑事責任は極めて重大」と述べた。判決は「被告のために酌むべき事情を最大限考慮しても死刑を是認せざるを得ない」と結論付けた。また、判決は「動機が解明されていないことは、被告が犯人との認定を左右しない」とも述べた。

林さんは最高裁判決を伝えるために面会した小田幸児弁護士を通じてコメントを出した。

《わたしは犯人ではない。カレー事件には全く関係しておらず、真犯人は別にいる。すべての証拠がこんなにも薄弱で、犯罪の証明がないにもかかわらず、どうして死刑にならなければならないのか。もうすぐ裁判員制度が始まるが、同制度でも死刑になるのだろうか。無実のわたしが、国家の誤った裁判によって命を奪われることが悔しくてならない。一男三女の母親として、この冤罪を晴らすため、これからも渾身の努力をしていきたい》

林さんの弁護団は「この程度の証拠で有罪認定し死刑にするのは、無罪推定の原則に反しあまりにむごい。(被告は)再審に取り組み、無罪を証明したいと願っており、弁護人もその任を果たす決意だ」とのコメントを発表した。

拙著『「報道加害」の現場を歩く』（社会評論社）などで詳しく書いたが、林さんを最初に犯人視報道したのは朝日新聞である。朝日は林さん逮捕の約四〇日前の九八年八月二五日朝刊一面トップで《事件前にもヒ素中毒和歌山毒物混入地区の民家で飲食の二人》（大阪本社版）と〝スクープ〟し、二百人を超える報道陣が林さん宅を二四時間取り囲み、林夫妻を「疑惑の夫婦」として報じた。林夫妻には保育園児から中学生まで四人の子どもがいたが、通学通園もできない状態が続いた。

私は同年八月末に林夫妻に手紙を送り、九月二日、林さんの自宅で初めて会った。私は松本サリン事件の被害者、河野義行さんを林夫妻に紹介し、夫妻は電話で連絡をとった。林さんは私の取材に、保険金詐欺はしたが、カレーに毒物を入れていないと明確に無実を訴えた。

林さんは夫と共に事件のあった日の午後四時ごろから、長女と三女と一緒に市内のカラオケボックスに出かけている。祭り会場に残った次女と長男が食べる可能性のあるカレーにヒ素を入れるはずがない。

私は林家を包囲する報道陣に、一般市民に対して、ペンとカメラによる暴力的な取材をやめるよう訴えた。

林さんについて「一審で黙秘を続けたのがよくなかった」とよく言われるが、「私はやっていない」「犯人ではない」

と法廷で明言している。裁判官に対し何も言わないのが、「黙秘」であり、住所、名前を明らかにして無実だと裁判官たちに伝えているのだから黙秘したわけではない。「被告人質問に答えなかった」と言うのが適切だ。二審からは被告人質問に答える形で具体的に無実を訴えた。

米ロサンジェルス銃撃事件をめぐり、日本で無罪が確定した故・三浦和義氏と「人権と報道・連絡会」メンバーが中心となって設立した「林真須美さんを支援する会」が最高裁で新しい弁護団（安田好弘弁護団長）をつくった。

河野義行さんは大阪拘置所にいる林さんに度々面会している。私も学生たちと一緒に面会し、文通を続けている。林さんはいつも家族のことを話し、「無罪を勝ち取って子どもたちと一緒に暮らしたい」と言っている。

林さんの最高裁死刑判決を報道するテレビも新聞もやや歯切れが悪かった。林さんを「犯人」との前提で、最高裁を傍聴した三人の遺族のコメントを伝えた。

ある学生はメールで次のように言ってきた。

《自宅でテレビの報道番組を眺めていました。判決内容が予想外であったといえば嘘になります。それでも、メディア報道の質は、とても正視できるようなものではありませんでした。中立性の欠如や、「ショー」を演出する下品さについてのみならず、私が心の底で感じたのは、「極刑」宣告を受けたひとりの人間に対する、ひたすらに冷たく、意地悪なまなざしでした。今日はずっと、とても不愉快な気持ちでいます。》

この最高裁判決は、自白も直接証拠もない全面否認事件でも、検察のこの程度の「状況証拠」があれば、死刑が言い渡せますよという裁判所の強いメッセージだと思う。裁判員制度が始まれば、市民が国家による無辜の市民に対する殺人の共犯者にされてしまう。

私は最高裁判決の翌日、林さんに電報を打って、「再審の実現までがんばってください。私たちはずっと支援を続けます」と伝えた。

最高裁が林さんに死刑を言い渡した日の夜、裁判員制度に反対する弁護士らでつくるグループ「裁判員制度はいらない！大運動」が東京・日比谷で集会を開き「制度は国民を強制的に参加させる『現代の赤紙』。実施は決して許されない」などと訴え、銀座などをデモ行進した。

同じ最高裁第三小法廷（田原睦夫裁判長）はカレー事件判決の一週間前の四月一四日、電車内で女子高生に痴漢行為をしたとして強制わいせつ罪に問われ、無罪を主張していた防衛医科大学校教授の上告審で、教授を懲役一年一〇月の実刑とした一、二審判決を破棄、逆転無罪判決を言い渡した。教授の無罪が確定した。最高裁が痴漢をめぐる事件で逆転無罪判決を言い渡したのは初めて。五人の裁判官のうち、二人が反対意見をつけた。

産経新聞によると、教授は記者会見で「収監される覚悟もしていた。司法への不信感が渦巻いていたが、それが拭われるような判決で、胸のすく思いがした」「無罪判決が得られず、萎えた気持ちを立て直す自分との戦いが一番つらかった」などと話した。

教授は、初動捜査や三〇日間にも及ぶ勾留、下級審について「人の一生をどう考えているのか。怒りを感じる」と語った。「やっていないのに犯人にされて服役した人も少なくないと思う。犯罪者の汚名を着せられた人や、その家族を思うと言葉もなく、有頂天になる気もない」とも述べ、自らの痴漢冤罪が〝氷山の一角〟であると位置づけた。

主任弁護人の秋山賢三弁護士（元裁判官）は「今後の冤罪救済に心強い判決だ」と評価した。

四月二三日には、人気グループ、SMAPの草彅剛さんが、酒に酔い東京都港区の檜町公園で全裸になって騒いだとして、警視庁赤坂署に公然わいせつの嫌疑で現行犯逮捕された。同署は同日午後に「全裸になった動機や背景を調べる」ために家宅捜索を実施したが、約三〇分で終了し、押収物もなかった。尿検査で薬物反応も出ていないという。

草彅さんは二四日、東京区検に送検された後、処分保留のまま釈放された。同日夜、謝罪会見した。

所属先のジャニーズ事務所は逮捕直後に、今後の活動を当面自粛すると発表した。テレビ各局は草彅さんの出演したCMを取りやめ、レギュラー番組を別の番組に差し替えて放送した。

警察が草彅さんを逮捕する必要があったのだろうか。泥酔者保護という措置で十分ではないか。また、この程度の嫌疑で、自宅を家宅捜索するのは違法な別件捜査の疑いがあり、捜索差し押さえ令状を出した裁判官の責任も重いと思う。

この逮捕について、元読売新聞記者でテレビコメンテーターの大谷昭宏氏は《逮捕は当然。（略）》これだけの騒ぎで逮捕しなければ、その方がおかしい》《警察は当たり前のことをしただけ》《（家宅捜索について）薬物の使用がないかを確認するためによくある。念を入れたということ》（四月二八日の東京新聞「こちら特報部」）と言い放っている。

ここまで警察を擁護するのかと驚いた。同じ記事で日隅一雄弁護士は逮捕の三条件（証拠隠滅・逃亡・自殺の恐れ）に該当しないと指摘している。

草彅氏がもし逮捕されていなかったら、泥酔に関する報道もなかったかもしれない。逮捕されていたとしても、当局が記者クラブに逮捕の事実を広報しなかったら騒ぎにならなかったと思われる。

小泉内閣のブレーンだった東洋大学教授（元財務官）が〇九年三月二四日、東京都内の温泉施設の脱衣所で財布や高級腕時計などを盗んだとされるケースでは、練馬署は「逃亡の恐れがない」として逮捕を見送り、東京地検へ書類送検した。被害総額は約三〇万円相当。メディアが報道したのは三月三〇日の書類送検の時だった。事件発覚から約一週間もたっていた。

教授は東大経済学部を卒業し、旧大蔵省に入省した。〇八年三月に退官、東洋大教授に就任した。東京地検が四月二四日付で起訴猶予としていたことが同月二八日の新聞に載った。

新聞報道によると、起訴猶予の理由について同地検は「勤務先を免職になるなど社会的制裁を受けており、被害品も戻されている」などと説明している。この事件に関する主要新聞の記事はすべて短いベタ記事だった。

同じようなことをしても、警察が逮捕するかどうかで、天と地ほどの差が出てしまうのだ。この教授の事案は、賽銭泥棒で刑務所に服役している舞鶴事件で逮捕された男性や草彅さんのケースに比べると、非常に冷静で抑制的だった。

裁判員制度と別個に導入された被害者参加制度との関連が困難で悩ましい問題だ。マスメディアの古いタイプの社会部記者は、「被害者の悔しい思いを胸に取材する」とよく言う。しかし、裁判で有罪が確定するまで被疑者・被告人は無罪を推定されるのであって、刑事裁判の法廷で、被害者または被害者遺族が被告人に対して、意見を陳述するのはそもそも裁判のルールに反しているのではないかと私は思う。

被害者が裁判に参加することで、被害者の救済につながるという見方が多いが、果たしてそうだろうか。「加害者」が死刑になることで、被害者やその遺族は癒されるのだろうか。自分の弟を保険金目当てに殺された愛知県の原田正治さんは「加害者に死刑が執行されても、被害者遺族は救われない。まず生きてもらうこと。それなくして償いはない」と訴える。

原田さんは〇八年六月《ＯＣＥＡＮ―被害者と加害者の出会いを考える会―》を設立した。私も運営委員の一人だ。

原田さんは一九八三年に末弟を殺害された。当時は事故死だと思われていたのが、一転して保険金殺人だと判明した。半田保険金殺人事件と呼ばれる事件だ。

加害者である長谷川俊彦氏を恨み続ける日々を送った。事件から一〇年後、遺族としては異例の面会に臨み、それ以降彼との対話を求め、被害者遺族が死刑確定者と面会し続ける権利を要求、法相に会って死刑の執行停止を求めてきたが、長谷川氏は処刑された。原田さんは〇四年八月に『弟を殺した彼と、僕』（ポプラ社）を出版して、長谷川氏を顕名にして彼との交流について書いた。

原田さんは四月二二日、同志社大学浅野ゼミでゲスト講義した。

《弟が殺された後、救済を求め、考えつく限りのところへは行ってみた。しかし救われなかった。被害者遺族は、家族を殺されておいて、なおかつ社会的な打撃を受ける。受け皿がないからだ。「被害者感情と国民感情から、死刑は当たり前だ」という意見をよく聞く。しかし、そういう人も、結局は被害者のことを考えていない》

「どうしてこのような活動を続けられるのか」という質問が出た。原田さんはこう答えた。

《死刑によって殺してもらっても、何のメリットもない。彼のことは憎んでも憎み足りないが、殺したらこの事件は終わってしまう。死刑はなくすべきだと思っている。法相に「執行の停止」を求めた。いまだに彼に死刑が行われた意味が分からない》

原田さんは裁判員制度について、《「裁判員制度に進んで協力したい」という人はほとんどいない。「裁判員制度に参加する」ということは、「罪を犯した被告を死刑にするか否か」という判断をしなければいけないということになる。法律の知識もほとんどない素人が、そのような重大な決定をできるわけがない。これだけ反対されている裁判員制度を実施する意味がどこにあるのか》と述べた。

〇八年一二月から被害者参加制度がすでに実施されている点についてはこう話した。

《これも非常に重要な問題で、被害者参加制度が始まることによって、裁判員の方々にかかる負担は大きくなる。仮に、法廷で被害者や遺族が容疑者の極刑を望み、被害者や遺族の発言に影響されて、法廷全体の空気がそうなったとき、果たして裁判員は冷静に判断できるのか。そこが問題となってくる》

原田さんは「みんな直接死刑に関わりたくないのではないか」と指摘した。

《現在の日本では、死刑制度を肯定する人が多い。死刑制度を肯定する人たちの多くは、加害者を罰した方がいいと考えている。それは、おそらく被害者の心情を察してのことだと思われるが、実際はそうではない。というのも、加害者を罰することで被害者が得することなど何ひとつないのである。

つまり、被害者側に立って発言している人たちは、実際には被害者の立場に立てていない。正義の錯覚に陥っているのである。では、正義とは何なのか。人を殺すことは正義ではない。加害者を死刑にしてしまったという罪悪感で、被害者がその後の人生でストレスを抱える場合もある。逆に、加害者と面会することが、被害者の癒しになることもある。それらのことを考慮すると、短絡的に死刑を行うのではなく、死刑制度そのものをやはり見直すべきである》

《メディアに関しても同様で、被害者の立場に立って報道しているようにみえるが、実際は加害者を罰することしか頭にない。また、それと同様に、加害者による被害者への償いの気持ちが報道されることもほとんどない。メディアはもっと加害者の立場に立つべきである》

裁判員制度と死刑制度について、最も強く訴えたいことはと聞いた。

《裁判員制度と死刑制度の廃止を願っているが、その前に、もう少し、裁判員制度と死刑制度のしくみについて、一般の人々に話をしていく必要がある。その上で、一般の人々が死刑を求めることについて考え直す必要がある》

原田氏が代表を務めるＯＣＥＡＮは四月末、森英介法相に《五月より開始される裁判員制度について、少なくとも、法定刑に死刑を含む事件については、その実施を見合わせ、国会の場で改めて審議することを求める》などとした要望書を送った。

《裁判員制度導入に際し、その広報費だけでも何一〇億円もの税金が使われたと聞きます。今後、この制度を導入し維持することにさらなる税金が投入されることでしょう。このような多額の税金を裁判員制度に費やすならば、被害者やその遺族を手厚く補償する制度を充実させることが先決と考えます。被害者補償制度の充実が図られない一方で、裁判員制度の導入により、死刑判決がたやすく出るようになり、被害者遺族の心情に近い判決が出るようになったなどと言われるのは本末転倒です》

私は四月中旬、平木正洋・最高裁判所事務総局刑事局総括参事官と懇談した。〇八年一二月に浅野ゼミがインタビューした記録を収録した浅野健一ゼミ発行の『DECENCY』第一四号（四月初旬発行）を渡した。

本書では平木氏が〇七年九月マスコミ倫懇大会で、「被疑者の逮捕以降、一斉に大量かつ集中的に報道される中で、捜査機関が取得した情報をあたかも事実であるかのように報道すること」を問題にし、具体的に《被疑者の「自白」など六項目について改善するよう求めたことを書いた。

平木氏は、被疑者の犯人性に関わる証拠について、被疑者が無実を主張している場合でも、証拠能力や信用性が認められるかどうか分からない段階でその内容を報道することは、こうした報道に触れた国民に、被疑者＝犯人という強い意識を生じさせる、と警告した。平木氏は「現行犯や自首した被疑者も刑確定までは無罪を推定され、公正な裁判を受ける権利がある」と学生たちに説いた。

平木氏は、京都府の舞鶴事件で逮捕された男性に関する報道で、「生い立ちや前科がどんどん報道され、捜査情報を中心に激しい報道になっている」と語った。「平木さんの六項目のすべてに違反しているのでは」と私は指摘した。新聞・通信各社の裁判員制度を前にした報道ガイドラインの策定については、「各社も社内で様々な意見があって、まとめるのに大変だったようだ」と話した。

〇九年三月に大学を卒業した浅野ゼミ（一四期）の学生たちは、「言論の自由とメディア規制」をテーマに二年間共同研究した。〇九年五月に裁判員制度が開始するにあたって、日本のマスメディア界には「メディア責任制度」の設立が不可欠と考え、現在のマスメディアによる犯罪報道の在り方をどう変革すべきかを研究した。

ゼミの学生の一人（四月から全国紙記者になった）が、〇八年一〇月に最高裁で裁判員制度の設計・広報を担当する平木氏にインタビューをお願いする手紙を送った。平木氏と、一四期生が「公正な裁判を実現するために犯罪報道を変えたい」という思いで一致して、三時間にわたって討論した。この出会いは、今後の犯罪報道を考えていくうえで大きな意味を持つと自負している。

学生たちは『新聞報道［検証］SERIES 新聞人の良心宣言』をたたき台に「日本版メディア責任制度、浅野ゼミ試案」を発表した。この試案の中に含まれている『新聞人の良心宣言（ゼミ改訂版）』には、ゼミ生がマスメディアに求めるすべてを凝縮した。また、日本報道評議会を設立する際に、こういう顔ぶれをメンバーに選任してはどうかという提案も行い、その方々にインタビューも行った。

学生たちは「報道関係者が高い職業倫理を持ち、日々迷いながら報道について考えることでしかマスメディアの抱える問題を解決することはできないと思う。私たちは多くの新聞人が、思考停止状態から脱却することを強く願っている」と強調している。

平木氏のインタビューは、「浅野ゼミの学生の研究に役立てるため」という条件付きだったので、本書では引用できなかった。本書の読者には、四万字を超えるインタビューの記録と浅野ゼミのメディア責任制度試案を併せて読んでほしい。

ここで、匿名報道主義とメディア責任制度に関して、平木氏との間で交わされた部分を『DECENCY』一四号から少しだけ紹介したい。

スウェーデンを含む欧州や韓国でも行われている「市民に関する報道は匿名にするなど徹底的に抑制し、公人の権力行使にかかわる事案は顕名にして詳しく伝える」という方法を導入したらいいのではないかという考えについて、平木氏はこう答えた。

《たしかドイツでは、被疑者の名前は出さない。「ドイツは（原則）匿名ですよね」という話を新聞記者の方とすると、

「いや、匿名報道は絶対できない」って言っていた。「それはなぜなんですか」と聞くと、「いやあ、Aさんとかだとリアリティがない」と言って、「平木さんが新聞読むとき『AがBにこうした』なんて書いていて読む気がしますか」と言われる。「山田が鈴木をどうこうした」とか書いていても、それが私にとってどういう意味があるのかと言われると、まあ知らない人たちなので匿名でもよいのかなって気もするので、なかなか難しいところだ。ただ、今の記者の方なんかと話していると、匿名報道っていうのはたぶん実現しないような感じで、もうありえないみたいな反応だ》

《ちょっと節操のないところなのだが、可能な範囲で妥当なところの着地点を目指したいっていうような発想がやっぱりある。絶対できないと言っているところをこう強く言うと全体としてなんか進まなくなってしまうかなというのがある。匿名（原則）を言うとなんか拒否反応されて他の事も進まなくなるんじゃないかなという気がする》

平木氏は《法律とか公権力とかで報道を規制するのは適当ではないし、馴染まない性質のものと思っている。報道について一番の専門家であるメディアの方々が自分たちでガイドラインだけなのか、BPOのような仕組みまでつくるのか分からないが、自分たちで工夫する、配慮するといった取り組みをするのが私は重要だと思っている。そういう意味で新聞協会が言う自主指針を作り、それに基づいて加盟各社が自社ルールを作るという取り組みをされているというのは、非常に注目すべき事ではないかなと感じている》と語った。

《他方、あまりにも抽象的な精神論的な業界団体のルールだけでは足りないと思われるので、新聞協会ぐらいの内容のものが出発点としては非常に意味、意義があったんじゃないかなと私自身は思っている。だからこれからじゃないかなと思っている》

日本で最初に匿名報道主義を導入した愛媛県の地域紙、南海日日新聞（七五年一一月創刊）は〇八年五月末で休刊となった。事務所は同年六月末に閉じた。故・斉間満編集長の後を継いだ妻の斉間淳子さんから五月二日にこんな手紙をもらった。

［休刊と言っても、復刊の希望はもうありません。満さん亡き後、懸命に頑張り、それなりに発行を続けていましたが、編集の中心だった近藤誠氏が重い病気になり、急遽閉めたのです。新聞発行は激務ですし、経済的なことなどを考えるととて

も続けられるものではなく、おまけに、このところの経済危機で、新聞は経営難で、市内の他のローカル紙も青色吐息が続いていますから、南海日日のような新聞は最初に消えていく運命だったようです。

平和憲法を返上しなければならないような恥ずかしい政府のソマリア沖の対策や、朝鮮に対する過度な「ミサイル」騒動など、経済危機で国民があたふたしている間に、いとも簡単に日本が軍事大国として立つのが当然のごとく進行している事に恐怖を覚えます。なんでもありの国になりつつあります。こういう時にこそ南海日日が必要なのにと悔しい思いです。現状を、満さんはどう思っているだろうと聞きたいです。

浅野先生も、いろんな苦労をされておられるのでしょう。冤罪事件の闘いは大変だろうとお察しいたします。日本は、江戸時代の封建制から少しも脱却していません。人間としての正当な権利を主張すれば、あの手この手で揉み消されるのです。どうかお体大切になさってください」

大手新聞社の幹部が南海日日新聞の匿名報道主義実践について「田舎の小さな新聞だからできる」とテレビでコメントしたことがある。斉間満さんは「地方の小さい新聞だから本当は実名報道をしなければ売れないという事情がある。それでも新聞が市民に信頼されるためには匿名原則が必要と思い踏み切った」と反論していた。斉間さんは創刊号から四八九四号までの新聞をすべて保存している。

「被疑者がすべてAとかBとかの匿名になったら誰が新聞を読むか」と言い放つメディア幹部や「匿名報道原則にすると冤罪が増える」というメディア御用学者・弁護士は八幡浜市を訪ね、斉間夫妻の二十三年にわたる実践から学ぶべきである。

斉間さんが私への手紙の最後に書いている「冤罪事件」とは、私が四年前に〝闇討ち〟に遭った〝セクハラ疑惑〟のことである。「週刊文春」〇五年一一月二四日号は《「人権擁護派」浅野健一同志社大教授「学内セクハラ」を被害者が告発！》という見出しで、《浅野教授の学内セクハラを、大学当局が認定した》と断定する四頁の記事を掲載した。

見出しは朝日と読売の新聞広告の中央に載った。

私はこれを「事実無根の捏造記事」として〇六年一月、文春編集長らを相手取り損害賠償などを求めた名誉毀損訴訟で、京都地裁（中村哲裁判長）は〇八年二月二七日、私の訴えを大筋で認め、被告文春側に二七五万円の支払いを命じる原告勝訴の判決を言い渡した。控訴審判決は五月一五日午後、大阪高裁（松本哲泓裁判長）で言い渡される。

詳しくは文春裁判支援会のHP（www.support-asano.net/）を参照してほしいが、文春記事による被害はネット上で今も続いている。私の学外での講演などの社会活動が非常に難しくなっている。新聞社の組合が私の講演会を開こうとすると、この記事を理由に取りやめになることも多い。

報道被害を調査研究してきた私自身が「報道被害者」になった。とてもつらいことであったが、活字による暴力の深刻さを実体験できた。

「週刊新潮」が〇九年一月、朝日新聞阪神支局襲撃事件の「実行犯」を名乗る男性の手記を四回載せたことで、新聞、雑誌の非難を浴びている。朝日新聞や文春は「伝聞情報だけで確認をとらなかった」と非難している。ならば、警察官からの一方的なリーク情報をそのまま報じている新聞社や、私の同僚教授らから受け取った伝聞情報だけで書きなぐった出版社も自分たちの「報道加害」を検証してほしい。

最近、メディア訴訟で被告の出版社の敗訴が続き、損害賠償額が高額化している。日本雑誌協会編集委員会（上野徹委員長＝文藝春秋社長）は四月二〇日、《一連の「名誉毀損判決」に対する私たちの見解》を公表し、各雑誌に掲載した。見解は《「裁判員制度」の実施が迫ってきたこの時期に、相次いでこのような判決が下されているのは決して偶然ではなく、司法権力の雑誌に対する明確な意思の表れ、といわざるを得ません》などと書いている。しかし、司法権力がこうした判決を出す背景には、市民一般にあるメディア不信があると思う。市民とメディアの間に大きな溝ができていることが最大の危機なのだ。

報道界には、自主規制も含めあらゆる「規制」に反対という意見も多い。

刑事事件、事故を取材・報道し、利益を得ているのは企業メディアである。企業メディアとジャーナリスト個々人に第一の責任があるのは当然である。

私が共同通信の現場記者として、犯罪報道のコペルニクス的転換を主張したのは、このままの官憲依存の実名報道主義（被害者は死亡した時点で実名・被疑者は逮捕段階で実名）を続けていると、取材・報道被害を受ける市民からメディアが非難され、ジャーナリズム全体が人民の信頼を失うと直感したからであった。捜査段階で警察・検察当局（警察のチェックを行う能力も意思も薄弱）から提供される公式・非公式（リーク）情報に九九％依拠し、「被疑者・被告人は無罪が確定するまで有罪」とみなす報道がほとんど変わっていない。

「人権と犯罪報道」をどう両立させるかは、本来裁判員制度の有無とは無関係に解決すべき課題であった。ところが、過去二〇数年、被疑者の呼び捨て廃止など一部に改善は見られたものの、逮捕されたら事件が解決してしまい、被疑者を犯人視して、彼や彼女の全プライバシーが暴かれる構造にメスを入れなかった。メディアが〝あだ討ち〟の感情を煽り、司法当局が推し進める処罰強化政策に手を貸した。

スウェーデン報道倫理綱領の前文は次のようにうたっている。《報道倫理とは、公式なルール集をどう応用すべきかを定めたものだとみなされてはならない。それは、ジャーナリストが仕事をするときにもつべき責任ある態度のことである。新聞・雑誌、ラジオ、テレビの報道倫理綱領は、このような態度を支援するものである。態度である》

メディア責任制度は報道機関を縛るものではない。メディアが市民の信頼を勝ち取るために自ら設置し、運営する制度である。裁判員制度の開始とともに、その必要性が市民に理解されるはずだ。報道界の中にも、報道評議会をつくろうという動きが本格化するであろう。とくに若い世代の記者と市民に「人権と犯罪報道」の問題を市民参加で解決しようという動きの出ることを期待している。

このままの犯罪報道が続けば、裁判員になった市民が、逮捕以降のマスコミ報道に影響されず、真っ白な気持ちで公正な判断を下せるはずがない。一般市民、報道記者を目指す学生、メディア関係者、法律家にこの本を読んでほしい。

本書は一九八四年に出版した『犯罪報道の犯罪』（学陽書房、一九八七年に講談社文庫、二〇〇四年に『新版　犯罪報道の犯罪』として新風舎文庫＝〇八年一月に倒産）を元にしている。私の第一作である『犯罪報道の犯罪』は通信社の記者としての体験から、一般事件の匿名報道主義を大胆に主張し、人権を守るための報道評議会制度を確立した北欧の実状を初めて日本へ伝え、当時、大反響をまき起こした。本書は、裁判員に偏見を与えない公判前「犯罪報道」の在り方、さらには「悪い点がすべて出た光市事件報道」「三浦和義さんの遺志を受け継ごう」「浅野ゼミ・メディア責任制度試案」などの書き下ろし論稿を入れ、新風舎版の『新版　犯罪報道の犯罪』の内容を大幅に加筆修正した。

過去二五年間、『犯罪報道の犯罪』が古典に入るようにメディア改革が進むようにと願ってきたが、今もこの本が必要なメディア状況である。

『犯罪報道の犯罪』が書店で買えなくなったことを知った昭和堂の村井美恵子さんが、本書を企画して出版してくれた。心より感謝したい。浅野ゼミの学生たちから教えられたことが多い。〇八年度はゼミの二、三、四年生が「報道の自由と法規制」「裁判員制度と犯罪報道」をテーマに共同研究した。本書は浅野ゼミ学生との共著である。本書を書くために協力をいただいた方々、そして「人権と報道・連絡会」メンバーのみなさんに感謝したい。

二〇〇九年四月二八日

浅野健一

本書は、『犯罪報道の犯罪』（一九八四年学陽書房、一九八七年講談社文庫、二〇〇四年に『新版　犯罪報道の犯罪』として新風社文庫から刊行）の一部を再録し、新たに加筆したものです。

●著者紹介

浅野健一（あさの・けんいち）

1948年香川県高松市生まれ。

1972年、慶應義塾大学経済学部卒業、共同通信社入社。本社社会部記者、ジャカルタ支局長などを歴任。1994年、共同通信を退社し、同志社大学教授。2002年から03年、英ウェストミンスター大学客員研究員。現在、同志社大学院社会学研究科メディア学専攻博士課程教授。

人権と報道・連絡会（連絡先：〒168-8691　東京杉並南郵便局私書箱23号）世話人。連絡会のHPはwww.jca.apc.org/~jimporen/

■主な著書:『犯罪報道は変えられる』（日本評論社)、『犯罪報道と警察』（三一新書)、『客観報道・隠されるニュースソース』（筑摩書房)、『出国命令』（日本評論社)、『日本は世界の敵になる　ODAの犯罪』（三一書房)、『メディア・ファシズムの時代』（明石書店)、『「犯罪報道」の再犯　さらば共同通信社』（第三書館)、『犯罪報道とメディアの良心』（第三書館)、『天皇の記者たち』（スリーエーネットワーク)、『メディア・リンチ』（潮出版)、『メディア規制に対抗できるぞ！報道評議会』（現代人文社)、『「報道加害」の現場を歩く』（社会評論社)、『戦争報道の犯罪　大本営発表化するメディア』（社会評論社)、『メディア「凶乱」（フレンジー）——報道加害と冤罪の構造を撃つ』（社会評論社）など多数。

■共著：『匿名報道』（山口正紀氏との共著、学陽書房)、『松本サリン事件報道の罪と罰』（河野義行氏との共著、講談社文庫)、『抗う勇気　ノーム・チョムスキー＋浅野健一　対談』（現代人文社)、『対論・日本のマスメディアと私たち』（野田正彰氏との共著、晃洋書房）などがある。監修ビデオに『ドキュメント　人権と報道の旅』（製作・オーパス、発行・現代人文社）がある。

■浅野ゼミＨＰはwww1.doshisha.ac.jp/~kasano/

裁判員と「犯罪報道の犯罪」

2009年6月15日　初版第1刷発行

著　者　浅 野 健 一

発行者　齊 藤 万 壽 子

〒606-8224　京都市左京区北白川京大農学部前

発行所　株式会社　昭 和 堂

振替口座　01060-5-9347

TEL（075）706-8818 / FAX（075）706-8878

印刷　モリモト印刷

ISBN 978-4-8122-0939-4

＊落丁本・乱丁本はお取替え致します。

Printed in Japan